TARIF CHRONOLOGIQUE

DES DOUANES

DE L'EMPIRE FRANÇAIS.

Les Exemplaires qui ne seroient pas revêtus de ma signature, ainsi que les traductions de cet ouvrage, seront considérés comme étant la contrefaçon de ce Tarif, et les Imprimeurs ou Débitans poursuivis conformément aux Lois sur les propriétés littéraires.

Ouvrages qui se rattachent à ce Tarif, soit pour les formalités et le contentieux, soit comme suite, et qui se trouvent à la même adresse.

LÉGISLATION DES DOUANES de l'Empire Français, d'après les seules dispositions en vigueur, rangées dans un ordre méthodique ; avec des explications puisées dans les Motifs des Lois, dans les Décisions ministérielles, dans les Circulaires administratives et surtout dans les Arrêts de la Cour de Cassation. Par DUJARDIN-SAILLY. — SECONDE ÉDITION, de format in-4°.

 Prix, à Paris,... 18 francs.
 Et franc de port.. 21.

Cet ouvrage, qui est la seconde édition, mise au courant, de l'Ouvrage publié en avril 1810, sous le titre de CODE DES DOUANES, est divisé en six Livres, qui traitent :

Le *premier*, de l'Organisation des Douanes : Personnel et matériel de l'Administration.

Le *second*, du Régime général des Marchandises à l'importation, exportation et circulation.

Le *troisième*, des Exceptions au Régime général, telles que marchandises qui ont un régime spécial, commerce par licence, etc.

Le *quatrième*, des Faveurs accordées au Commerce, telles que transit, entrepôts, traités de commerce, etc.

Le *cinquième*, de la Procédure, des Peines cumulatives et des Transactions.

Le *sixième*, de la Navigation marchande, et priviléges attachés aux bâtimens français.

L'ouvrage est précédé d'une table des titres, et terminé par deux autres tables, l'une historique des lois de Douanes, l'autre alphabétique des matières.

BULLETIN DES DOUANES, rédigé par DUJARDIN-SAILLY. — Ouvrage de format in-4°., paroissant par demi-feuilles qui sont expédiées franches de port.

Le Bulletin se compose des Décrets impériaux, des Ordres de Sa Majesté, des Décisions ministérielles, des Circulaires administratives, et enfin de toutes les dispositions qui ont les douanes pour objet. — On y rapportera aussi les Arrêts de la Cour de Cassation, lorsqu'ils décideront de nouvelles questions sur la matière.

Son but est de tenir le CODE et le TARIF des douanes au courant des changemens qui surviennent après l'impression de ceux-ci....... À cet effet, des notes explicatives sont jointes aux décisions nouvelles, afin de coordonner ces dernières, soit avec les numéros du Code, soit avec les articles du Tarif, et des renvois marginaux sont indiqués pour que ces trois ouvrages, en se rapportant l'un à l'autre, se trouvent réciproquement en harmonie avec ce qu'on a à faire.

Comme la publication des Lois, des Décrets, des Décisions et des Arrêts sur la matière, n'a pas lieu à des époques déterminées, on ne fixe pas non plus les jours de l'émission des demi-feuilles du Bulletin, et par la même raison le prix de la souscription, au lieu d'être établi par semestre, l'est par le nombre des feuilles d'impression.... Ce prix est de 6 francs par abonnement de 25 demi-feuilles, formant cent pages in-4°.

N. B. Le Bulletin n'est tiré qu'à très-peu d'exemplaires en sus du nombre demandé ; ainsi les personnes qui désirent se le procurer doivent se faire inscrire en prenant la Législation ou le Tarif des Douanes, sinon elles courroient la chance de ne pas avoir les numéros qui auroient été publiés.

TARIF CHRONOLOGIQUE

DES DOUANES

DE L'EMPIRE FRANÇAIS,

Avec des Explications, des Observations, et la Description des Marchandises, etc. ; le Tarif des Droits de Navigation, et un Tableau analytique des Contraventions aux Lois de Douanes, désignant les peines et amendes qu'elles déterminent ;

Le tout précédé d'une Instruction sommaire sur les Formalités de Douanes, l'Acquittement des Droits, les Entrepôts, le Cabotage, le Transit, le Commerce par Licences, etc.

PAR DUJARDIN-SAILLY.

HUITIEME ÉDITION.

PRIX, QUINZE FRANCS.

PARIS,

Chez L'AUTEUR, rue de Vaugirard, N° 60, vis-à-vis la grille du Luxembourg.

IMPRIMÉ CHEZ MAME.

AVRIL, 1813.

INSTRUCTIONS

Relatives aux Formalités à remplir par le Commerce de mer et de terre, à l'Acquittement des Droits, aux Entrepôts, au Cabotage, au Transit, au Commerce par Licences, etc.

L'ENTRÉE et la sortie des marchandises, ainsi que leur transport dans les quatre lieues frontières de terre ou à l'approche des côtes maritimes, sont soumis à des formalités dont le but est d'assurer le maintien des prohibitions et la perception des droits.

Dans le code des douanes que j'ai publié en avril 1810 et dont je viens de faire une seconde édition, *au courant*, sous le titre de LÉGISLATION, se trouve la lettre des nombreuses dispositions législatives qui règlent ces formalités ; je ne la répéterai donc pas ici, mais pour aider aux recherches, et surtout pour qu'on ne perde pas de mémoire ce que l'on a de plus indispensable à faire, je vais donner une analyse succincte de ce qui concerne plus particulièrement l'admission et l'exportation des marchandises.

Commerce de Mer.

Tout bâtiment, de quelque nation qu'il soit, *quel que soit son chargement*, expédié des ports d'Angleterre ou des Colonies anglaises, ou des pays occupés par les troupes anglaises, ou allant dans ces endroits, est déclaré de bonne prise, s'il n'est muni d'une licence ou d'un permis.

Tous les bâtimens qui, après avoir touché en Angleterre, par quelque motif que ce soit, entreront dans les ports de France, seront saisis et confisqués, ainsi que la cargaison, sans exception ni distinction de marchandises.

Tout bâtiment, de quelque nation qu'il soit, qui aura souffert la visite d'un vaisseau anglais, ou se sera soumis à un voyage en Angleterre, ou aura payé une imposition quelconque au Gouvernement anglais, est par cela seul déclaré dénationalisé et de bonne prise. (CODE, n° 224, et Législation, n° 271.)

A. 1. (INSTRUCTIONS. 1.)

Alors qu'il n'y a pas contravention à ces dispositions du Blocus, les navires étrangers sont admis dans nos ports, sous les formalités de douanes et du certificat d'origine, avec des cargaisons de marchandises du crû du pays auquel ils appartiennent ; mais celles d'une autre origine qu'ils auroient à bord devroient en être réexportées ou mises en entrepôt réel selon la volonté du capitaine ou subrécargue ; l'admission ne pouvant avoir lieu que pour les parties indigènes. (BULLETIN, n° 1108, et Législation, n° 1172.)

Formalités de Douanes. 1°. Il y a défense aux capitaines de bâtimens d'aborder dans nos ports, ou même de louvoyer et de jeter l'ancre dans l'étendue des quatre lieues des côtes, avec des marchandises prohibées. (*Code*, n°ˢ 73, et 217, ou Législation, n°ᵗ 114 et 235.)

2°. Il y a défense d'importer aucune marchandise sans un manifeste ou état général du chargement du bâtiment servant au transport ; ce manifeste, qui doit être représenté aux préposés qui se rendent à bord, doit être signé du capitaine et exprimer la nature de la cargaison avec les marques et numéros en toutes lettres des colis. (*Code*, n°ˢ 255 et 257, ou Législation, n° 294 et 305.)

3°. Les capitaines qui entrent dans les ports de France, doivent dans le jour de leur arrivée, faire, au bureau des douanes, une déclaration du lieu de leur départ, de ceux où ils ont relâché, et lui présenter leurs manifestes, connoissemens, papiers de mer et livres de bord. — Le capitaine signe cette déclaration. (*Code*, n° 225, et Législation, n° 272.)

4°. Tout bâtiment venant de l'étranger, quelle que soit sa cargaison, ne sera admis que lorsque SA MAJESTÉ en aura donné l'autorisation. (*Bulletin*, n° 1254, et Législation, sous le n° 1172.)

5°. Aucun bâtiment ne peut sortir des ports s'il

n'est muni d'une licence lorsque sa destination est pour
l'étranger, ou d'un acquit-à-caution lorsqu'il passe
d'un port de France à autre. (*Bulletin*, n° 1116, et
Législation, n° 1176.)

6°. Quoique munis de licence, il y a défense aux capitaines de bâtimens et maîtres de barques de s'éloigner
des ports et de se mettre en mer ou sur des rivières af-
fluentes, sans être porteurs des acquits de paiement ou
autres expéditions de douanes nécessaires pour con-
sommer la destination des marchandises chargées à
bord. (*Code*, n°. 263, et Législation, n° 297.)

7°. Il y a défense d'embarquer ou de débarquer et de
verser de bord à bord aucune marchandise sans le permis,
par écrit de la Douane, ou même avec le permis,
si ce n'est de jour et en présence des préposés désignés pour assister à ces opérations. (*Code*, n.°⁵ 263
et 264, et Législation, n°⁵ 297 et 298.)

Commerce de Terre.

1°. A l'entrée et à la sortie, les conducteurs des
marchandises sont tenus de combiner leurs marches de
manière à prendre la route directe du premier bureau
de douanes ; il leur est défendu de suivre aucun che-
min oblique, ou de passer le premier bureau sans y représenter leurs marchandises, ou de les introduire dans
des maisons et des auberges avant leur conduite au bureau. (*Code*, n°⁵ 246 *et* 249, et Législation, n°⁵ 289 à
291.)

2°. Les marchandises circulant sur le territoire frontière doivent être accompagnées d'une expédition de
douanes ; — elles ne peuvent être transportées de nuit,
même avec une expédition, à moins qu'elle n'en porte
la permission expresse ; — les conducteurs sont tenus de
suivre la route tracée par l'expédition, et ils ne peuvent
en faire usage après le délai qu'elle fixe. (*Code*, n°⁵. 160
et suivans, ou Législation, n°⁵ 281 et suivans.)

3°. Les marchandises arrivées, soit de l'étranger,
soit de l'intérieur, dans les communes de la demi-lieue
frontière, à l'exception de celles dont la population est
au moins de deux mille habitans, doivent être déclarées au bureau le plus prochain, et inscrites sur un registre d'après la représentation des expéditions qui ont
autorisé le transport. (*Code*, n° 157, et Législation,
n° 378.) — Dans le reste des quatre lieues limitrophes,
à l'exception des communes dont la population est
au-dessus de 2000 ames, il est défendu de former
des magasins ou entrepôts de marchandises. L'on
répute dans ce cas, celles désignées par le réglement pour lesquelles on ne représenteroit pas des
expéditions de douanes délivrées dans le jour pour
leur transport ultérieur. (*Code*, n°⁵ 156, 159 *et* 192
à 196, ou Législation, n°⁵ 377, 380 et 250 à 254.)

Quant aux marchandises sujettes aux droits, et qui
doivent sortir par mer ou par terre, elles doivent, à
l'égard des premières, être transportées immédiatement
à l'étranger, sans qu'elles puissent, hors les cas d'avarie, de naufrage et autres semblables, rentrer dans les
magasins des marchands, ni être entreposées dans d'autres maisons. (*Code*, n°⁵ 252 *et* 267, ou Législation,
n°⁵ 293 et 295.)

Lorsque j'aurai parlé du certificat dont les marchandises doivent être accompagnées pour constater leur origine, je dirai quelles sont les autres formalités à remplir dans les bureaux.

Certificat d'origine.

Aucunes marchandises ni denrées dont l'importation
est permise, ne peuvent être reçues si elles ne sont
accompagnées d'un certificat de leur origine ; l'admission n'en est accordée que sur le renvoi que fait M. le
directeur général des douanes du duplicata de ce certificat lorsqu'il a été légalisé par le ministre des relations extérieures. Le but de ces certificats est de constater que la marchandise ne provient ni des fabriques
ni du commerce, ni du crû de l'Angleterre ou des pays
sous sa dépendance.

Les certificats d'origine doivent être délivrés par les
commissaires des relations commerciales de S. M.
(*Code*, n° 234 *à* 245, ou Législation, n° 276 à 287.)

Il y a cependant exception en faveur,
1°. Des matières premières et denrées du crû d'Espagne. (*DI.* 29 *septembre* 1809 *et* 28 *août* 1810.)
2°. Des denrées et marchandises permises de Westphalie. (*LM.* 23 *mars* 1812.)
3°. Des mêmes objets du Grand-Duché de Berg. (*LM.*
25 *avril* 1812.)
4°. Des mêmes objets du royaume de Bavière. (*LM.*
7 *mai* 1812.)
Les marchandises des pays désignés ci-dessus sont admises, avec certificats des maires visés par les préfets
pour Berg et la Westphalie, ou avec ceux des magistrats
légalisés par la Légation française pour la Bavière.
Pareille faveur sera accordée à tous les pays de la con-
fédération. (*D.I.* 22 *mai* 1812)

Le droit à percevoir par les consuls généraux, consuls
et vice-consuls en pays étranger, à raison des certificats
d'origine qu'ils sont chargés de délivrer par la loi du
22 ventôse 12 et le décret impérial du 23 novembre
1807, est fixé ainsi qu'il suit, savoir :

Pour le chargement d'un bâtiment, dont le port
  est au-dessous de 200 quintaux décimaux   fr. c
  (environ 20 tonneaux.).   6
Pour un bâtiment de 200 à 400 quintaux décimaux. 10
——————————— de 400 à 750 *idem*. 15
——————————— de 750 à 1000 *idem*. 20
——————————— de 1000 à 1500 *idem*. 30
——————————— de 1500 à 2000 *idem*. 40
——————————— de 2000 à et au-dessus *idem*. . 50
Pour les marchandises transportées par terre⎫
  et qui seront sujettes au certificat d'origine⎬ 2
  pour le premier quintal décimal. . . . . .⎭
Et pour chaque quintal décimal excédant. .   0 25

Le certificat d'origine comprendra la totalité du
chargement. — . . . . Il ne sera délivré de certificats
partiels que sur la réquisition des expéditeurs : ces certificats partiels contiendront l'extrait requis du certificat
général et ne seront soumis qu'au droit d'expédition
lequel est fixé à 1 fr. 50 cent. — . . . . . Le montant du
droit perçu, tant pour le certificat d'origine que pour

les certificats partiels, sera énoncé en toutes lettres en marge desdits certificats. (*DI.* 11 *août* 1808.)

Déclarations en Douanes.

DÉCLARATIONS SOMMAIRES PAR MER.

Le capitaine du bâtiment est tenu de faire une déclaration *sommaire* à la Douane, et d'y déposer son manifeste dans les 24 heures de l'arrivée. — Le manifeste remis à la Douane y reste déposé ; on enregistre la déclaration sommaire, et le capitaine ou son courtier la signe au registre des déclarations en gros. (*Code*, n° 259, et Législation, n° 308.)

PAR TERRE. Les voituriers et conducteurs de marchandises qui ne présentent pas à leur arrivée des déclarations en détail, sont tenus de déclarer le nombre des ballots, leurs marques et numéros, et de rapporter une déclaration en détail desdites marchandises. (Législation, n° 304.) — Toutefois, lorsque le conducteur connoît la qualité de la marchandise et qu'il n'en ignore que le poids, il peut la faire peser pour donner sa déclaration en détail. Les marchandises arrivant après la clôture des bureaux, sont déposées dans les dépendances de la Douane jusqu'à l'heure de l'ouverture. (*Code*, n° 249, et Législation, n° 291.)

DÉCLARATIONS EN DÉTAIL.

Dans les trois jours de l'arrivée des marchandises, les propriétaires ou consignataires doivent présenter les déclarations *en détail* ; l'usage général est de fournir ces déclarations par écrit, mais la loi n'autorise pas à l'exiger dans cette forme ; dans tous les cas, elles doivent être transcrites sur les registres des déclarations en détail et signées au registre par les déclarans. (*Code*, n° 271 et 273, ou Législation, n°° 315 et 319.)

Les déclarations en détail doivent contenir la qualité, le poids, la mesure ou le nombre des marchandises qui doivent les droits au poids, à la mesure ou au nombre, et la valeur lorsque les marchandises doivent les droits suivant leur valeur. Elles énonceront également le lieu du chargement, celui de la destination, et dans les ports, le nom du navire et celui du capitaine. Les marques et numéros des colis seront mis en marge des déclarations. (*Code*, n° 272, et Législation, n° 315.)

La facture faite au lieu de l'exportation sera jointe à l'évaluation donnée au lieu d'importation. (*Code*, n° 274, et Législation, n° 316.)

La déclaration du poids et de la mesure des marchandises sujettes à coulage n'est point exigée. (*Code*, n° 282, et Législation, n° 318.) On répute marchandises sujettes à coulage, les huiles, les vins et liqueurs, les sucres bruts, etc. ; les anchois conservés dans la saumure, le thon mariné dans l'huile, etc.

Les déclarations doivent être faites d'après le nouveau système des poids et mesures ; depuis un arrêté du 14 fructidor an 9, il est le seul légal pour la perception des droits de douanes ; la réduction en a été appliquée, dans ce tarif, à tous les articles imposés avant cette détermi-

3. (INSTRUCTIONS. 3.)

nation.... Ainsi la dénomination *quintal* dont je me suis servi, désigne le quintal décimal qu'on divise en *dix* myriagrammes ou en *cent* kilogrammes; il équivaut à 204 livres, 4 onces, 4 gros, 59 grains, poids de marc.

Ceux qui ont fait leurs déclarations n'y peuvent plus augmenter ni diminuer sous quelque prétexte que ce soit, et la vérité ou fausseté des déclarations est jugée sur ce qui a été premièrement déclaré. — Néanmoins, si, dans le jour de la déclaration et avant la visite, les propriétaires ou conducteurs de marchandises reconnoissent quelque erreur dans les déclarations, quant au poids, au nombre, à la mesure ou à la valeur, ils peuvent rectifier lesdites déclarations, en représentant toutefois les colis en même nombre, marques et numéros que ceux énoncés aux déclarations, ainsi que les mêmes espèces de marchandises. (*Code*, n° 275, et Législation, n° 320.)

Nonobstant les manifestes et les déclarations sommaires, tous les colis qui ne sont pas déclarés *en détail* dans la forme ci-dessus, sont inscrits, le quatrième jour de leur dépôt dans les bureaux, sur un registre à ce destiné, et retenus dans le magasin de la Douane pendant deux mois ; s'il n'y a pas réclamation et déclaration en détail après ce délai, elles sont vendues au profit de l'État. (*Code*, n° 268, et Législation, n° 311.)

Les déclarations faites, les marchandises sont visitées, pesées, mesurées ou nombrées, si les préposés l'exigent, et ensuite les droits sont perçus. (*Code*, n° 276, et Législation, n° 321.)

Tare des Emballages.

Les marchandises qui acquittent les droits au *poids net*, sont les suivantes :

Cacao, Café, Coton en laine, *Dentelles, Drogueries* et *Epiceries*, dont le droit excède 40.. 80 du quintal, *Grains* à la sortie, *Ouvrages de Soie, Or et Argent, Plumes apprêtées, Poivres, Potasses, Soies, Sucres, Tabacs.* (*Code*, n° 287 à 289.) — *Les écailles de Tortue* ne paieront aussi qu'au net. (*DM.* 16 *mai* 1812.)

Les drogueries et épiceries, qui précédemment imposées à des droits inférieurs, se trouveront imposées à plus de 40 fr. du quintal, paieront également au poids net.

Les autres marchandises paient au poids brut. On entend par *poids brut*, le poids réuni des marchandises et des caisses, tonneaux, pailles et serpillières, servant à leur emballage. Le *poids net* est celui des marchandises seules, déduction faite de tout emballage et de toute enveloppe. — On répute *emballage* tout ce qui sert à envelopper un ballot, une boîte, etc., mais non les cartons sur lesquels peuvent être pliées ou roulées des étoffes ou dentelles, ni les épingles qui les attachent.

La *tare* à déduire pour les drogueries, épiceries et tabacs, est de 12 pour 100 lorsqu'ils sont en boucauts ;

elle n'est que de 2 pour 100, lorsque ces mêmes objets sont en paniers ou en sacs.

A l'égard des ouvrages de soie, or et argent, des soies, des dentelles et des plumes apprêtées, la perception en est faite sur la déclaration au poids net, sauf vérification de la part des préposés.

La tare des autres objets est indiquée au Tarif à chacun des articles qui la concerne ; et quant aux grains à la sortie, on fait déduction des sacs, barils, etc. : suivant les tares reçues dans le commerce.

Lorsque des marchandises qui doivent le droit au poids net ou à la valeur, se trouvent dans les mêmes balles, caisses ou futailles, avec d'autres marchandises qui doivent les droits au poids brut, la totalité desdites caisses, balles ou futailles, acquitte les droits au poids brut.

Toute marchandise qui étant tarifée au brut, se trouve dans une double futaille, ne paie le droit que déduction faite de la futaille qui lui sert de seconde enveloppe. S'il y a contestation, on fait constater le poids net de la double futaille.

Lorsqu'une balle ou futaille contient des marchandises assujetties à des droits différens, le brut est réparti sur chacune des espèces qui y sont contenues dans la proportion de leurs quantités respectives.

La tare réglée par la loi est essentiellement facultative ; mais pour jouir de cette faculté, il faut s'en réserver le droit d'une manière précise dans la déclaration primitive. — Ainsi, à la mise en entrepôt des marchandises imposées au net, le commerce doit déclarer le *poids effectif* de la marchandise, et renoncer à l'évaluation du brut, sans quoi il est censé avoir adopté le taux commun, et doit dans ce cas acquitter les droits sur le poids brut des objets, déduction faite de la tare accordée par la loi. (*Décision du Conseiller-d'État du 27 janv. 1807.*)

De l'acquittement des Droits.

Les droits ne seront payés que sur les quantités constatées par la vérification. (*Code, n° 296, et Législation, n° 333.*)

L'article 1er. du titre 1er. et l'article 30 du titre 13 de la loi du 22 août 1791, veulent que les droits soient payés comptant......... Cette disposition a éprouvé des difficultés, et, en conséquence, il a été consenti par décision du 8 ventôse an 9, à ce qu'il fût accordé un crédit de 20 jours pour le paiement des droits de toute espèce de marchandises. Le Gouvernement a porté, depuis, ce crédit à deux mois ; la lettre du ministre, du 18 nivôse an 10, qui en instruit l'Administration, autorise le propriétaire ou consignataire des marchandises dont la solvabilité est notoire, à les faire enlever après la visite, en donnant des *traites suffisamment endossées et acceptées pour être acquittées* dans le délai susdit, à compter du jour de la vérification, à peine d'y être contraint solidairement aux termes de l'article 31 du titre 13 de la loi du 22 août 1791.

Le narré des traites, données pour crédit, doit indiquer qu'elles sont données pour droits de douanes ; le passé à l'ordre en feroit mention si cette indication n'étoit pas reprise dans le corps de la traite. (*CD 22 décembre 1806.*)

Le crédit dont jouissent les SUCRES BRUTS *destinés à être raffinés*, est de quatre mois ; et celui des droits sur les SELS a été porté à 3, 6 et 9 mois, alors que la déclaration donne ouverture à un droit de plus de six cents francs.

Pour les autres marchandises le crédit n'est toutefois accordé qu'aux seules marchandises passibles de droits montant à 50 francs et au-dessus. (*D.M. 28 floréal an 9.*) *Voir* Législation, n° 348 et suivans.)

Lorsque les propriétaires ou consignataires de marchandises et denrées coloniales n'acquitteront pas immédiatement les droits d'entrée en espèces ou en traites à toutes satisfactions, les Receveurs des Douanes admettront des obligations commerciales à trois mois de date ; mais pour en garantir le paiement à l'échéance, une partie des marchandises ou denrées équivalente au montant desdits droits restera en dépôt dans le magasin de la Douane. (*DI. 6 février 1811, art. 1. Législation, n° 350.*)

Pour déterminer la quantité des marchandises ou denrées qui devra rester à la Douane, comme gage des droits acquis au gouvernement, les qualités de chaque espèce seront exactement vérifiées, et l'estimation en sera faite au cours de la place de commerce où se trouveront les marchandises, ou au dernier cours de la place de Paris, au choix du Receveur des Douanes, et sous la déduction de 20 pour cent, sur le prix du cours, qui servira de régulateur. (*Bulletin, n°.1227, et Législation, n° 351.*)

Nota. Les marchandises et denrées apportées de l'étranger dans un port de France, et destinées pour l'étranger ou pour un autre port de France, sont exemptes des droits d'entrée et de sortie lorsqu'elles ne sont pas déchargées des navires, mais il faut les déclarer et justifier de leur destination ultérieure. (*Code, n° 303, et Législation, n° 330.*)

Celui à qui des marchandises sont adressées ne peut être contraint d'en payer les droits lorsqu'il en fait par écrit l'abandon dans les douanes. (*Code, n° 305, et Législation, n° 331.*)

Marchandises mésestimées.

Quand un droit est imposé à la valeur, le préposé doit percevoir le droit sur la valeur déclarée, ou retenir la marchandise, en annonçant qu'il paiera la valeur déclarée et le dixième en sus, dans les quinze jours qui suivront la notification du procès-verbal de retenue. (*Code, n° 97, et Législation, n°s 167 et 168.*)

Savone. (*DI.* 27 *septembre* 1807.)
Strasbourg. (*Loi du 8 floréal* 11 , *art.* 40.)
Trieste. (*DI.* 27 *novembre* 1810.)

Les autres ports auxquels il a été accordé un **ENTRE-POT FICTIF** par la loi du 8 floréal 11 , sont , outre ceux qui ont un entrepôt réel ,

Boulogne ,
Brest ,
Calais ,
Dieppe ,
Fécamp ,
Granville ,
Morlaix.
Nice.
Rochefort.
Saint-Valery-sur-Somme.
Toulon.
Gand. (22 *ventose* 12.)

La ville de Bayonne jouit encore d'un entrepôt de six mois pour les peaux d'agneaux et de chevreaux en vert , venant d'Espagne , avec faculté de les faire apprêter dans l'intervalle et ressortir pour l'étranger. (*Code, n° 793 et Législation, n° 1005.*)

Les ports de Gravelines , Calais , Boulogne , Dieppe , Fécamp , Cherbourg , Saint-Malo , Morlaix , Roscoff , Ostende et Dunkerque , peuvent aussi entreposer les genièvres , rhum , tafia et raisins de Corinthe. (*Code, n° 788, et Législation, n° 1000 à 1004.*)

La ville de Paris a aussi un entrepôt pour les cotons de Naples et du Levant. (*Législation, n° 991.*)

On trouvera dans les notes de l'article Sel du tarif d'entrée quelles sont les villes qui jouissent de la faculté de l'entreposer.

Quant aux dispositions qui ont été décrétées pour la police spéciale de plusieurs des entrepôts ci-dessus dénommés, je les ai rapportées textuellement sous les numéros 630 à 793 du Code, sous les numéros 1140, 1157 et 1181 du Bulletin, et sous les numéros 883 à 1005 de la Législation.

Du Cabotage.

La navigation qui se fait le long des côtes de cap en cap, de port en port se nomme cabotage. — Dans le langage des douanes, ce mot désigne les transports qui s'opèrent d'un port à un autre par emprunt de la mer.

Les bâtimens francisés peuvent seuls faire le cabotage des côtes de l'Empire. (*Code, n° 997 et Bulletin, n° 1106, et Législation, n° 1179.*)

Les marchandises ainsi expédiées d'un port pour un autre de France, ne sont sujettes à aucun droit de sortie ni d'entrée, mais elles sont soumises aux formalités ci-après indiquées. (*Code, n° 635, et Législation, n° 817.*)

Les négocians qui font ces expéditions sont tenus d'en déclarer la valeur au bureau de la douane du lieu de l'enlèvement, d'y faire plomber les colis et d'y lever un acquit-à-caution si les marchandises sont prohibées à l'exportation ou sujettes à des droits de sortie. (*Code, n° 640 et 641, et Législation, n° 822 et 823.*)

L'estimation des marchandises doit être énoncée dans les acquits-à-caution, ainsi que leurs poids brut et net, l'aunage des étoffes et enfin tout ce qui peut assurer la

7. (Instructions. 7.)

reconnoissance des objets au bureau de destination (*Code sous le n° 642, et Législation, n° 824.*)

Lorsque des marchandises entreposées sont expédiées à destination d'un autre entrepôt, les acquits-à-caution doivent faire mention de l'époque de la mise en entrepôt. (*CD. 27 juin 1806.*)

Les marchandises exemptes de droits de sortie étoient expédiées par simples passavans, mais s'il s'agissoit d'objets dont les droits d'entrée s'ils fussent venus de l'étranger, eussent été au moins de 10 pour cent de la valeur, ils étoient plombés.... Aujourd'hui par suite du décret du 25 juillet 1810, tous bâtimens faisant le cabotage doivent être munis d'un acquit-à-caution et les marchandises plombées.... Il y a toutefois dispense du plombage en faveur des liquides , des métaux non ouvrés , des poissons salés , des sels pour salaisons , des poudres de la régie et des grains en sacs ; la même exemption est accordée à tous les objets expédiés par les agens du gouvernement pour le service de la marine. (*Code, n° 643, et Législation, n° 825.*)

Les Cordes et plombs sont aux frais des expéditionnaires. (*Code, n. 644, et Législation, n° 826.*)

Au port de destination , alors que les marchandises ont été reconnues , on accorde ou suspend la décharge de l'acquit-à-caution suivant les cas énoncés sous le n° 831 de la Législation.

Sur le rapport au bureau du départ de l'acquit-à-caution déchargé, la soumission est annulée. (*Code, n° 645 à 647, et Législation, n° 827 à 829.*)

Voir pour les défauts de formalités , le paragraphe Acquits-à-caution du tableau des contraventions , pages 279 à 281.

Les bâtimens français qui font le cabotage de la Méditerranée , peuvent être expédiés pour le royaume de Naples sous acquits-à-caution , lesquels seront revêtus du certificat d'arrivée du consul français à Naples , et ne seront annullés que par l'ordre de M. le directeur-général. (*Bulletin, n° 1116, et Législation, n° 1177.*)

Les bâtimens français peuvent aussi se rendre dans les ports d'Espagne soumis à l'autorité légitime , sous acquits-à-caution, qui seront revêtus du certificat d'arrivée par les autorités françaises , s'ils y transportent des produits des fabriques françaises , ou des objets destinés à l'approvisionnement des armées. (*DI.* 28 *août* 1810 , *art.* 5, et *Législation, n° 1178.*)

Les bâtimens espagnols et napolitains sont aussi admis en France avec des produits non prohibés de leur cru , pourvu qu'ils soient accompagnés de certificats des autorités françaises , ou du consul de Sa Majesté. (*Même décret et numero.*)

Du Transit.

C'est ainsi que se nomme le passage sur le territoire français, des marchandises expédiées de l'étranger à l'étranger. — On applique encore cette dénomination aux expéditions qui se font de France en France, par emprunt du territoire étranger.

§. I. *EXPÉDITIONS PAR EMPRUNT DU TER-RITOIRE ÉTRANGER.* Les marchandises, ainsi expédiées par terre d'un lieu à un autre de France, en empruntant le territoire étranger, ne sont sujettes à aucun droit de sortie ni d'entrée; mais cette faculté ne leur est accordée que lorsque leur transport ne peut s'effectuer directement sur les terres de l'empire, et sous les conditions suivantes : (*Code*, n°s 635 *et* 638, et *Législation*, n°s 817 et 820.)

Les marchandises prohibées à l'exportation, ou sujettes à des droits de sortie, doivent être déclarées, vérifiées et expédiées sous plombs, et par acquits-à-caution, portant soumission de rapporter dans le délai fixé, suivant la distance des lieux, un certificat de l'arrivée ou du passage desdites marchandises au bureau désigné. (*Code*, n°s 656 *et* 657, et *Législation*, n°s 818 et 819.)

Le certificat de décharge ne peut être expédié que dans le bureau où la marchandise doit être représentée. (*Code*, n° 659, et *Législation*, n° 821.)

Les soumissionnaires qui rapportent dans les délais les acquits-à-caution déchargés, doivent certifier au dos desdites expéditions, la remise qu'ils en font; ils sont encore tenus de déclarer le nom, la demeure et la profession de celui qui leur a remis le certificat de décharge. (*Code*, n° 645, et *Législation*, n° 828.)

Après quoi les soumissions sont annulées en leur présence et sans frais. (*Code*, n° 647, et *Législation*, n° 829.)

Quant aux marchandises exemptes de droits de sortie, voir les formalités de leurs expéditions au septième paragraphe de l'article *Cabotage* ci-dessus.

Et pour le défaut de formalités, consulter les paragraphes TRANSIT et ACQUITS-A-CAUTION du Tableau des Contraventions, pages 275 à 277.

§. II. — *EXPÉDITIONS PAR EMPRUNT DU TERRITOIRE FRANÇAIS.* — Aucun objet prohibé par les lois de l'Empire ne peut transiter sur le territoire français.

Les marchandises qui jouissent du transit franc ne sont soumises, à leur passage en France, qu'au simple droit de balance. (*D H. 2 complémentaire an 5.*) — Ce droit est perceptible à l'entrée, et il n'est rien dû à la sortie. (*CD. 5 vend. an 6.*)

Les marchandises étrangères qui transitent sur les terres de France y sont soumises aux formalités du plombage et de l'acquit-à-caution.

Le transit peut avoir lieu,

1°. PAR BAYONNE POUR L'ESPAGNE. Les denrées importées par mer dans ce port pourront passer par terre en Espagne, en sortant par les bureaux d'Ainhoa et de

Behobie. (*Code*, n° 676 à 680, et *Législation*, n° 86 à 864.)

Nota. Les laines non filées, arrivant d'Espagne à Bayonne, tant par mer que par les bureaux ci-dessus, pourront, à leur sortie de l'entrepôt, être réexportées à l'étranger, en transit sur le territoire français. (*Code*, n° 685, et *Législation*, n° 865. *Voir aussi l'article* LAINES, *au Tarif de sortie.*)

2°. PAR GÊNES, LA TOSCANE ET LES ÉTATS-ROMAINS POUR L'ITALIE, *et vice versâ*, en payant par anticipation, à la sortie de l'entrepôt, les droits portés au tarif de celui des deux états pour lequel les marchandises sont destinées. (*Bulletin*, n° 1162, et *Législation*, n° 850 859.)

3°. PAR LES ÉTATS-ROMAINS POUR LE ROYAUME DE NAPLES *et vice versâ*. Soit que les marchandises soient expédiées du royaume d'Italie, en entrant par les bureaux de Pietra-Mala, d'Abetone ou de Foligno, soit qu'elles soient des entrepôts de Civita-Vecchia, de Rome ou de la douane de Ripa-Grande, pour le royaume de Naples, elles sortiront par le bureau de Terracine, où les acquits-à-caution seront déchargés. (*Code, sous* n° 780, et *Législation*, n°s 858 et 859.)

4°. PAR L'ILLYRIE POUR L'ITALIE ET LA FRANCE, *et vice versâ*. — Les *fabrications françaises* n'acquitteront que le simple droit de balance. — Il en sera de même pour les *cotons du Levant*, et autres marchandises de même origine. — Les *fers* et *aciers* en lames et en barres, *soufre* en canons, venant des provinces illyriennes, ainsi que le *produit de leur sol*, destinés pour la France, en passant par l'Italie, n'y paieront que le droit de balance pour transit.

Les produits du sol ou de l'industrie d'Italie, transitant par l'Illyrie pour le Levant, *et vice versâ*, ne paieront également que le droit de balance. (*Bulletin*, n° 1181, et *Législation*, n° 765 à 770.)

5°. PAR LE DÉPARTEMENT CI-DEVANT DU MONT-TERRIBLE pour l'étranger. Les formalités nécessaires pour jouir de ce transit, sous le simple droit de balance, seront remplies aux bureaux de Rainach, Brislach, Cremine, Bienne, la Cibourg et Perle. (*Code*, n° 665 à 668, et *Législation*, n° 846 à 849.)

6°. PAR LES HAUT ET BAS-RHIN ET LE MONT-TONNERRE pour l'étranger. Les marchandises passeront par Bourg-Libre, Strasbourg et Mayence, *et vice versâ*. Elles n'acquitteront que le droit de balance. (*Code*, n°. 660 à 664, et *Législation*, n° 842 à 843.)

Ces marchandises doivent suivre leur destination pour l'étranger sans pouvoir être mises en entrepôt à Strasbourg. (*Mêmes numéros.*)

7°. PAR AMSTERDAM POUR L'ALLEMAGNE ET LA SUISSE. Les marchandises qui seront admises à l'entrepôt réel d'Amsterdam, pourront être expédiées en transit pour l'Allemagne et la Suisse, par la navigation du Rhin. Il sera statué, par un décret spécial, sur les conditions et formalités qui seront attachées à la faculté du transit, et sur les droits auxquels seront assujetties les mar-

La retenue n'est soumise à d'autre formalité que celle de l'offre souscrite par le receveur du bureau, et signifiée au propriétaire ou à son fondé de pouvoir. (*Mêmes numéros.*)

Les receveurs des douanes sont responsables des sommes à remettre aux propriétaires des marchandises retenues pour mésestimation; ils doivent prendre toutes mesures nécessaires, tant pour la vente que pour la remise des fonds. (*LA. 9 floréal an 7.*)

Marchandises non tarifées.

Avant d'appliquer aux articles qui ne sont pas tarifés nominativement les droits des MARCHANDISES OMISES, il faut faire attention si les objets présentés n'entrent pas dans la classe de ceux repris au Tarif sous des titres généraux, tels que *Bitumes* non dénommés, *Drogueries* omises, *Eaux médicinales* et de *senteur*, *Eaux minérales*, *Epiceries* non dénommées, *Essences* non tarifées, *Fruits cruds* et *Fruits secs*, *Gommes communes*, *Graines* grasses, de fourrage et de jardin, *Grains*, *Graisses*, *Herbes médicinales* non tarifées, *Herbes* propres à *la teinture* non dénommées, *Huiles essentielles de fleurs*, *Instrumens* non dénommés, *Légumes secs ou verts*, *Ratafiats*, *Mercerie* non dénommée, *Modes*, *Ouvrages*, *Parfums*, *Pelleteries* non dénommées, *Semences médicinales*, *Sirops* non tarifés, *Tapisseries*, *Toiles*, etc.

On conçoit que dès qu'une marchandise omise fait partie de la classe de celles indiquées génériquement, soit à l'entrée, soit à la sortie, le seul régime qui lui soit applicable, est celui de son espèce, et non la taxe des marchandises omises; il est donc indispensable de se pénétrer de l'esprit du Tarif pour bien opérer.

Les receveurs, dans leurs états d'importation et d'exportation doivent désigner les qualités des marchandises qui ont acquitté comme omises ou par assimilation, sous les dénominations qui leur sont propres;.... et indépendamment des noms et quantités des espèces qui payent au quintal, ils énonceront aussi les noms, le poids ou le nombre de celles qui payent à la valeur. (*CD. 12 juin 1810.*)

Marchandises avariées.

Les avaries ne donnent lieu à réduction de droits, que dans le cas d'échouement ou autres accidens de mer constatés suivant les formes prescrites, ou qui emportent recours contre les assureurs. (*Code, n° 308, et Législation, n° 344.*)

Les experts pour faire l'estimation de ces avaries, seront nommés par le directeur ou le receveur des douanes; ils y procéderont dans les vingt-quatre heures de la déclaration d'avaries; ils établiront, par leur rapport, la valeur primitive des marchandises au cours du jour, et la perte résultant de l'avarie. (*Code, n° 309, et Législation, n° 345.*)

Sur la question de savoir si la déclaration d'avaries, que l'article ci-dessus prescrit de faire dans les vingt-

quatre heures, consistoit dans le rapport de mer du capitaine, ou une déclaration particulière de la part des propriétaires ou consignataires des marchandises, il a été répondu, le 12 aout 1806, que la déclaration d'avaries doit être faite le même jour ou le lendemain du rapport de mer, à moins que des circonstances extraordinaires n'y mettent obstacle, mais que dans ce cas même, on ne doit s'écarter que le moins possible du délai fixé, ces sortes d'opérations exigeant autant de célérité que d'exactitude.

Le rapport des experts sera communiqué aux parties intéressées ou à leurs représentans, qui, dans les vingt-quatre heures, pourront donner eux-mêmes aux marchandises une estimation supérieure à celle des experts.

Les préposés des douanes ne pourront user du droit de préemption qu'à l'expiration de ce délai, et seulement d'après la nouvelle valeur, s'il en a été donné une par les parties intéressées ou par leurs représentans: sinon, que d'après la valeur résultant du rapport des experts. (*Code, n° 310, et Législation, n° 346.*)

Si les préposés des douanes reconnoissent que les experts ont donné aux marchandises dont les droits se payent au poids, une estimation supérieure à leur valeur primitive avant qu'elles eussent été avariées, le paiement des droits et la remise des marchandises entre les mains du propriétaire ou consignataire, seront suspendus. Des échantillons seront levés, mis sous le cachet des experts, et adressés au directeur-général des douanes, qui les soumettra à l'examen du Ministre du commerce. Cependant, si le propriétaire ou consignataire désire avoir la libre disposition des marchandises, elles pourront lui être remises, sous soumission valablement cautionnée de payer les droits, conformément à la décision du Ministre de l'intérieur. (*Code, n. 511, et Législation, n° 347.*)

Lorsque la marchandise est vendue publiquement, comme dans les cas d'échouement, etc., la réfraction du droit peut s'établir d'après le prix de la vente publique, comparé avec celui du cours ordinaire des objets avariés; dans ce cas, le rapport des experts ne sert qu'à établir le prix courant. (*LD. 9 ventôse 12.*)

Quant aux marchandises imposées à la valeur, le droit étant toujours relatif à cette valeur, en quelque état qu'elles soient, la réduction du droit pour cause d'avaries ne leur est point applicable. (*Circulaire du 5 thermidor an 10.*)

La réduction ne peut également être demandée sous prétexte d'avarie survenue dans le transport des marchandises par mutation d'entrepôt. (*DM. 28 niv. an 11.*)

Si celui à qui une marchandise avariée est adressée en fait l'abandon par écrit, il est dispensé d'en payer les droits. (*Code, n° 305, et Législation; n° 351.*)

Les avaries que les navires éprouvent à l'étranger ne peuvent être constatées légalement que par les commissaires consuls français. Tout certificat délivré dans cet objet par d'autres seroit rejetté. (*LD. 17 juillet 1807.*)

Droit de Magasinage.

Les propriétaires des marchandises qui, à défaut de déclaration détaillée, ont été déposées dans le magasin de la douane, sont tenus d'un droit particulier de magasinage, d'un pour cent de la valeur. (*Code*, n° 268, et *Législation*, n° 311.)

Il n'est que de demi pour cent sur les objets déchargés par suite d'une relâche forcée, et rechargés faute de vente. (*Code*, n° 521, et Législation, n° 1174.)

Celui d'un pour cent est dû, après le délai d'entrepôt, sur les marchandises provenant de confiscation. (*LM*. 28 *floréal* 8.)

Il est dû aussi sur les marchandises de prises, après le délai d'entrepôt, quel que soit le lieu du dépôt. (*DM* 28 *thermid* 9.)

Il est encore dû sur les effets des marins morts en mer, et des déserteurs de la marine, à raison du séjour de ces effets dans les douanes. (*Circ. du* 12 *fruct.* 10.)

Le droit n'est pas perçu sur les marchandises mises en dépôt par suite de relâche forcée à l'étranger.
Le droit de magasinage est exempt du décime par franc.

Des Entrepôts.

On nomme ainsi l'asile donné à une marchandise en attendant sa destination ultérieure.

La faveur de l'entrepôt consiste généralement dans la faculté accordée au commerce, de mettre en magasin des marchandises étrangères pour un temps déterminé, pendant lequel il a l'option de les déclarer pour la consommation ou de les réexporter.

L'ENTREPOT est réel ou fictif : RÉEL, quand il se trouve subordonné à la condition de mettre les marchandises dans un magasin sous la clef de la Douane ; FICTIF, quand on permet au négociant d'entreposer les marchandises dans ses magasins, sous la soumission cautionnée de les réexporter ou d'en payer les droits au moment où elles sortiront de l'entrepôt pour la consommation.

Les villes auxquelles l'entrepôt réel est accordé, n'en jouissent qu'à la charge de fournir sur le port des magasins convenables, surs et réunis en un seul corps de bâtiment, pour y établir ledit entrepôt ; à l'effet de quoi le plan du local est présenté au Gouvernement, qui, après avoir fait examiner s'il est propre à sa destination, l'y affecte, s'il y a lieu, par un arrêté spécial. (*Code*, n° 688, et *Législation*, n° 879.)

Tous les magasins servant d'entrepôt sont fermés à deux clefs, dont l'une reste entre les mains des préposés des douanes, et l'autre entre les mains du commerce, qui doit fournir et entretenir lesdits magasins. (*Code*, n° 689, et Législation, n° 879.)

6. (INSTRUCTIONS. 6.)

Les marchandises étrangères mises en entrepôt ne doivent à leur entrée que le droit de balance du commerce ; et en cas de réexportation, elles sont exemptes de tous droits à la sortie......... Cette disposition ne peut plus cependant s'appliquer aux denrées coloniales, puisque, pour pouvoir sortir, elles doivent avoir acquitté les droits d'entrée et de sortie. Ainsi le droit de balance ne doit plus être perçu à leur entrée en entrepôt. (*DM.* 10 *février* 1813.)

Les négocians qui ont des marchandises entreposées dans des magasins à eux appartenant, sont responsables des soustractions, vols ou enlèvemens qui pourroient y être faits. (*LA.* 22 *frimaire an* 7.)

Les propriétaires des marchandises en entrepôt fictif ne peuvent les changer de magasin sans un permis spécial de la douane, à peine de payer immédiatement les droits en cas de mutation non autorisée, et du double droit dans le cas de soustraction absolue, indépendamment d'une amende qui pourra s'élever au double de la valeur des marchandises soustraites.

On ne peut refuser aux propriétaires ou consignataires des denrées en entrepôt la faculté de les transvaser ou changer d'emballage ; le moyen de prévenir les abus dans ces manipulations, est d'établir, dans la soumission passée à l'entrée en entrepôt, le poids brut des denrées et la tare à déduire suivant qu'elles sont en futailles ou en sacs ; à la sortie de l'entrepôt, on vérifie, par une nouvelle supputation de la tare des denrées qui ont été transvasées, si elles sont représentées en même poids net que celui constaté à l'entrée ; au surplus on est fondé d'après l'arrêté du 7 fructidor an 10 à empêcher qu'il soit fait aucune opération sur les denrées coloniales en entrepôt, sans la participation de la douane.

Il y a ENTREPOT RÉEL de marchandises et denrées étrangères, coloniales et autres dans les ports suivans. (8 *floréal* 11, *art.* 23.)

Anvers,	La Rochelle,
Bayonne,	Le Havre,
Bordeaux.	Lorient,
Bruges.	Marseille,
Cette,	Nantes.
Cherbourg,	Ostende.
Dunkerque,	Rouen.
Honfleur,	Saint-Malo.

Ces ports jouissent aussi de l'*Entrepôt fictif.*

L'entrepôt a aussi été accordé aux villes suivantes :
Alexandrie. (*Loi du* 30 *avril* 1806, *art.* 60.)
Amsterdam. (*DI.* 18 *octobre* 1810.)
Civita-Vecchia. (*DI.* 1ᵉʳ *février* 1810.)
Cologne. (*Loi du* 1ᵉʳ *pluviôse* 13, *art.* 51.)
Embden. (*DI.* 18 *octobre* 1810.)
Fiume. (*DI.* 27 *novembre* 1810.)
Florence. (*DI.* 22 *octobre* 1808.)
Gênes. (*Loi du* 30 *avril* 1806, *art.* 42.)
Livourne. (*DI.* 25 *septembre* 1810.)
Lyon. (*Loi du* 30 *avril* 1806, *art.* 29.)
Mayence. (*Loi du* 1ᵉʳ *pluviôse* 13, *art.* 48.)
Rome. (*DI.* 1ᵉʳ *février* 1810.)
Rotterdam. (*DI.* 18 *octobre* 1810.)

chandises qui en jouiront, et sur les bureaux de sortie
où elles devront être déposées et vérifiées.

Du commerce par licences.

Les licences ne se rapportent qu'au commerce de
mer ; ce sont des autorisations spéciales d'importer certaines marchandises par exception aux lois de blocus.

Aucun navire ne peut sortir des ports de France,
(*sauf pour le cabotage de Naples et de l'Espagne*), s'il
n'est muni d'une licence du nouveau système, ou d'une
décision spéciale de SA MAJESTÉ. (*Bulletin*, n°s 1116
et 1177, ou Législation, n° 1176.)

Les licences sont valables pour six mois, à dater du
jour de leur signature par SA MAJESTÉ. (*Bulletin*,
n°. 1189.)

Aucun bâtiment, à l'exception des américains et des
ottomans, ne peut jouir de sa licence et sortir des ports
s'il n'est français et n'a rempli toutes les conditions de
l'acte de navigation. (*C.M. 18 février* 1812.)

Nonobstant l'irrégularité dans l'expédition ou le terme
de la patente, les navires munis de licences ou de permis, seront provisoirement admis s'ils sont chargés de
riz. (*CM. 23 mars* 1812.)

Sauf le cas ci-dessus, les navires pourvus de licences ne peuvent faire leur retour qu'avec une cargaison d'une valeur égale à celle de leur exportation.
Tout ce qui excéderoit 25 pour 100 en sus seroit confis-
qué. (*CD. 28 avril* 1812.)

Néanmoins les armateurs sont autorisés à balancer,
par différens navires, les importations et les exportations, pourvu que les licences appartiennent à la même
division. (*Bulletin*, n° 1272.)

Les cargaisons devront à leur arrivée être mises sous
la clef de la douane et y rester jusqu'à ce que la balance
ait été établie. (*CD. 24 avril* 1812.)

Les navires à licences sont tenus d'effectuer leur retour dans le port de leur division ; il n'y a d'exception
que pour les cas de force majeure, mais on doit en
référer au Ministre, attendu que SA MAJESTÉ prononce elle-même sur l'admission de ces bâtimens.
(*Bulletin*, n°. 1272.)

La valeur des cargaisons se règle par le conseil du
contentieux, formé à Paris près M. le directeur-général des douanes. On ne peut se prévaloir de sa sen-
tence pour le paiement des droits. (*DI. 31 août* 1810.)
C. 9. (INSTRUCTIONS. 9.)

Les bases et calculs des évaluations sont déterminés
par la décision impériale du 17 avril 1812.

Les marchandises dont le prix n'est pas indiqué par
le cours des places, ou sur la valeur desquelles le conseil
du contentieux ne peut pas se procurer des renseignemens exacts, n'entrent pas dans la balance des importations et exportations. (*DI. 15 mars* 1811.). — Les
tableaux et ouvrages d'arts, qui n'ont qu'une valeur
d'opinion, sont dans ce cas; leur exportation peut, toutefois, avoir lieu, mais sans que leur valeur soit portée
dans les comptes des contre-valeurs. (*Même décret.*)

Les articles de librairie française peuvent faire partie
des chargemens des navires munis de licences, et compter
comme valeur dans l'exportation. (*CD. 3 avril* 1812.)

Les articles auxquels les dénominations de *meubles*,
bijouterie et *horlogerie* sont propres, peuvent entrer dans
la balance lorsqu'ils proviennent de fabriques françaises,
sous les exceptions suivantes :

1°. Les bustes et bronzes antiques qui ne seroient pas
le produit de l'industrie nationale, peuvent être exportés,
mais sans donner droit à aucune importation. Il en est
de même des porcelaines de Sèvres et autres qui auroient
servi ;

2°. Il en est encore de même pour les diamans, perles,
pierres précieuses, mosaïques et autres ouvrages d'art
et marchandises précieuses qui présentent une valeur
d'opinion, ou une grande valeur sous peu de volume ;

3°. Quant aux meubles exécutés dans le siècle de
Louis XIV, d'une grande valeur, des porcelaines *dites de
vieux Sèvres*, qui datent de la même époque, des corps
de bibliothèque d'un grand prix, des cheminées de
porcelaine, etc. Ils seront admis dans les comptes de
balance, non à la valeur primitive, mais au prix que
ces marchandises peuvent avoir sur le marché de France ;

4°. Les marchandises sur le prix desquelles les experts
déclareroient ne pouvoir prononcer, rentrent dans l'exclusion portée par le décret du 15 mars 1811, telles que
des bijouteries en mécaniques organisées, cages et ta-
batières à oiseaux, pendules organisées, etc. (*CD.
6 mai* 1812.)

Les huiles d'olive peuvent être exportées, mais leur
valeur ne sera pas admise dans les comptes de balance.
(*LM. 4 avril* 1812.)

Les fils de lin de Crème et de Salo pourront être
chargés par navires munis de licence mais leur valeur
ne sera pas prise en compte de balance. (*CD. 27 août* 1811.)

Lorsque les licences imposent l'obligation d'exporter
des soieries, on peut reconnoître comme telles toutes
fabrications quelconques de soie, à la seule exception
des dentelles, des soies à coudre, des tulles de fil et
galons d'or, spécifiés dans la décision de 1811.

Sont conséquemment reconnus comme soieries les articles de passementerie, bonneterie et rubannerie fabriqués en soie, les étoffes composées de cette matière, soit unies, brochées, brodées ou lamées en soie, coton, or et argent vrais ou faux, les tulles de soie unis ou brodés, les galons d'or et d'argent filés sur soie, et les brocards. Cependant les perles et pierres précieuses dont ces étoffes seroient enrichies, ne peuvent être comprises dans leur évaluation. (*DM. 4 mai* 1812.)

Les dentelles et les blondes seront admises dans les comptes de balance, non comme soieries, mais comme fabrications nationales, sous les formalités prescrites par le décret du 4 février 1812. (*CD. 6 mai* 1812.)

Les objets expédiés sous plomb et par acquit-à-caution de la douane de Paris, où leur évaluation et faite par un expert du gouvernement, ne peuvent être réexpertisés au port d'embarquement ; l'ouverture des colis ne doit y être faite que pour s'assurer qu'il n'y a pas eu de soustraction ou de substitution en route. (*LM. 25 avril* 1812.)

Les contraventions relatives aux licences sont indiquées à la page 291 de ce Tarif.

Voir d'ailleurs les numéros 774 à 816 de la Législation des Douanes ; j'y ai consigné toutes les dispositions rendues sur le commerce par exceptions aux lois du blocus.

ISLES FRANÇAISES EN EUROPE,

Qui ont pour les Douanes un régime particulier.

Iles d'Ouessant, Molène, Hoedic, de Sain et île Dieu.

Ces îles ne sont point sujettes aux droits du tarif.

Leurs habitans peuvent introduire, en exemption de droits, ... les produits de leur pêche, et recevoir les bois nécessaires à leur consommation. (*Loi du* 10 *Juillet* 1791.)

Pour les sels, voir les notes de cet article au tarif.

L'article 5 du titre 1er. de la loi du 4 germinal an 2, exempte les autres denrées et productions du sol ; il porte encore qu'il ne pourra être importé desdites îles aucun objet manufacturé, tant qu'il ne sera pas justifié qu'il est le produit de manufacture y existante et reconnue par le Gouvernement.

Iles de Croix, de Bouin et de la Crosnière.

La perception des droits de douane a lieu à l'entrée et à la sortie des îles de Croix, Bouin et la Crosnière ; et cependant, pour empêcher qu'elles servent d'entrepôt à des productions étrangères, les habitans desdites îles peuvent seulement apporter, en exemptions de droits, les produits de leur culture et de leur pêche. Toute autre importation est traitée comme étrangère, si elle n'est accompagnée d'un acquit des droits payés à l'entrée desdites îles. (*Loi du* 10 *juillet* 1791, *art.* 1.)

Ils peuvent encore importer, en exemption, les autres denrées et productions de leur sol, mais non des objets manufacturés. (*Loi du* 4 *germinal an* 2, *tit.* 1, *art.* 5.)

L'article 4 du titre 1er. du décret du 4 germinal an 2, défendoit l'admission dans les îles ci-dessus, hors le cas de relâche forcée, des bâtimens étrangers et des bâtimens français venant de l'étranger. Il y a été dérogé pour l'île de Noirmoutiers, par arrêté du 2 thermidor an 10, qui rétablit les relations commerciales entre cette île et l'étranger, ainsi qu'elles existoient avant le décret du 4 germinal.

Belle-île et Noirmoutiers.

Les marchandises et denrées expédiées du Continent français pour ces îles, ne sont soumises à aucun droit de sortie et d'entrée. (8 *floréal XI, art.* 72 *et* 65.)

Les marchandises et denrées du crû et des fabriques

de ces îles sont également exemptes des droits de sortie et d'entrée, lorsqu'elles sont accompagnées d'un certificat d'origine et d'une expédition de la douane du port d'embarquement. (*Art.* 66.)

Les objets dont l'exportation à l'étranger est prohibée ne peuvent être expédiés du Continent pour ces îles, que sur des permissions particulières du Gouvernement. (*Art.* 67.)

Les marchandises étrangères dont l'importation n'est pas défendue, qui, après avoir été introduites dans ces îles, sont expédiées pour le Continent, n'y sont admises, en exemption de droits, qu'en représentant les acquits de paiement de ceux qui ont été perçus à leur entrée dans ces îles, et une expédition de la douane du port d'embarquement. (*Art.* 69.)

Les marchandises qui y sont manufacturées, et de l'espèce de celles dont l'importation est défendue, qui sont expédiées de ces îles pour les ports du Continent, n'y sont admises qu'en justifiant, par des certificats authentiques, qu'elles y ont été fabriquées. (*Art.* 70.)

Iles de Corse et de Capraja.

Le régime des Douanes dans les îles de Corse et de Capraja est supprimé... Celui de navigation y est seul maintenu. (*DI.* 12 *juillet* 1808.)

En conséquence toutes les relations commerciales des ports de la France continentale avec ces îles, seront considérées comme étrangères ; leur navigation réciproque continuera à jouir des avantages de la nationalité. (*D.* 2 *septembre* 1808.) — Cependant quelques productions de l'île de Corse ont été exemptées des droits d'entrée.. (En voir la nomenclature, p. 182.) — Mais les marchandises de l'île de Capraja ne jouissent pas de la même faveur. (*Lettre au Directeur de Gênes du* 31 *août* 1811.)

La Corse étant hors du rayon des Douanes, on doit laisser aux habitans la liberté de s'approvisionner de denrées coloniales pour leur consommation, et, dès-lors, on ne doit saisir que les marchandises de fabrication anglaise. (*Décision impériale du .. avril 181..*)

Ile d'Elbe.

Ses ports et son territoire sont francs des droits de douanes. (*Loi du* 8 *floréal an* 11, *art.* 5.)

Les droits de navigation y ont été établis.

EXPLICATION DES ABRÉVIATIONS.

Aux citations des dispositions qui fixent la quotité des droits, plusieurs abréviations ont été employées pour indiquer les espèces d'ordres qui ordonnent les régimes à suivre. En voici l'explication :

DI. *signifie* Décret impérial.		OM. *signifie* Ordre du Ministre.	
AC....... Arrêté des Consuls.		CM........ Circulaire du Ministre.	
AD....... Arrêté du Directoire.		CD........ Circulaire du Directeur-général.	
DM....... Décision du Ministre.		CA........ Circulaire de l'Administration.	
LM....... Lettre du Ministre.		LD........ Lettre du Directeur-général.	

Lorsqu'il n'y a aucun de ces signes, c'est que la date citée est celle d'une loi.

Quoique le régime à suivre soit naturellement indiqué par la dernière loi, et qu'il se trouve en conséquence placé le seul ou le dernier de chaque article, j'ai, pour plus de régularité, indiqué le régime *au courant*, en mettant des *poins* (......) entre les chiffres ; or, les *traits* (..—..) signifient que les dispositions y rapportées n'ont plus lieu, du moins en vertu de la loi citée. Ces *traits* finissent quelquefois la chronologie d'un article, ou parce que cette marchandise a été assimilée à une autre, ou parce que son régime est devenu douteux : une note indique alors ce qui en est.

Pour qu'on puisse tenir ce Tarif au courant, j'ai laissé exister entre chaque article, des blancs assez grands pour y écrire cinq lignes ; on conçoit dès-lors que cinq changemens peuvent y être annotés à la suite les uns des autres ; seulement on aura le soin, pour éviter la confusion, de placer à la colonne des chiffres un *trait* (—), au régime supprimé.

La loi du 15 mars 1791, fondatrice du tarif actuellement existant, ayant rangé les marchandises qu'elle imposoit sous un ordre alphabétique, et les états de balance se formant d'après la mauvaise méthode de cette loi, j'ai dû en suivre la classification principale pour que cet ouvrage ne s'écartât pas de la marche ordinaire des recettes.... Cependant les règles orthographiques et les noms français ou plus connus de certaines espèces m'ont obligé quelquefois d'interrompre cet ordre de la loi de 1791 ; mais dans ce cas, pour le faire reconnoître, j'ai fait précéder d'un trait (—) la dénomination donnée à la marchandise par la loi ; ainsi toutes celles, qui dans les colonnes des RENVOIS, ont ce signe — devant elles, sont classées dans ce Tarif, sous le nom qui leur est le plus propre, et non sous celui qui leur est donné par la loi de 1791 ; par exemple :

— Aigle est à Aëtite.	— Folium gariofilatum, à Girofle (feuilles de.)
— Aigre, à Acide sulfurique.	— Groisil, à Verre cassé.
— Alana, à Craie.	— Juncus odoratus, à Schenaute.
— Bisnague, à Visnage.	— Pirestres, à Pyrethres, etc.

TARIF GÉNÉRAL

A L'IMPORTATION.

Il sera perçu, à titre de subvention extraordinaire de guerre, *dix centimes par franc*, en sus des droits de Douanes et de Navigation. (*Loi du 6 prairial an 7.*) Ce droit, imposé d'abord pour une année, a été prorogé depuis, et est encore en vigueur.

Les Productions étrangères qui jouissent d'une franchise absolue à l'entrée, paieront (à l'exception des Bestiaux, Grains, Habillemens des voyageurs, et Objets d'histoire naturelle destinés pour le Muséum) un droit de 51 *centimes par quintal*, ou de 15 *centimes par valeur de* 100 *francs*, au choix du redevable. (*Loi du* 24 *nivôse an* 5.) Ce droit, nommé *de Balance du Commerce* (1), a été établi pour assurer les tableaux d'importation et d'exportation, et subvenir aux frais de leur confection. (*Code*, n.° 307, ou *Législation*, n.° 342.)

Les Marchandises et Denrées qui ne sont pas tarifées génériquement à l'Entrée, acquitteront les Droits suivant leurs espèces, d'après la fixation indiquée dans cet ouvrage à l'article MARCHANDISES OMISES.

PROHIBITIONS LOCALES. — On ne peut admettre, par les frontières de terre,

Aucunes PRODUCTIONS DES DEUX INDES, DROGUERIES ni ÉPICERIES; — toutefois cette exclusion n'affecte pas les herbes médicinales, ni les drogues pharmaceutiques d'origine européenne. — L'Anis vert, la Coriandre, la Garence verte, le Safran et le Saffranum, justifiés provenir d'Europe, peuvent aussi entrer par terre. (*L D.* 19 *juillet* 1812.)

On ne peut également admettre par les Bureaux de terre non placés sur les grandes routes,

Plus de 25 kilogrammes de TOILES DE LIN ET DE CHANVRE, *blanches* ou *écrues*, de BAZINS *de fil*, BOUGRANS et TREILLIS;

Aucunes SOIES et FILOSELLES, telle modique qu'en soit la quantité, ni aucuns LINONS et BATISTES.

Quant aux autres RESTRICTIONS d'Entrée, elles sont indiquées aux articles qui les concernent.

MARCHANDISES.		QUOTITÉ des DROITS.	DATES DES LOIS.
		fr. c.	
ABSINTHE. [Plante à tige cannelée et branchue, feuilles découpées, d'un vert blanchâtre, odeur aromatique très-forte, saveur très-amère.]..............................(2)	*Quintal*..... Idem......	0—51 1.. 2	15 mars 1791. DI. 8 février 1810.
ACACIA. [Suc épaissi, dur et cassant, dont il y a de deux sortes. Le *vrai*, d'un brun un peu rougeâtre, vient du Levant en boules de 5 à 6 onces, enveloppées dans des vessies. Le *commun*, fait avec le fruit non mûr des prunes sauvages, est noir, et vient d'Allemagne aussi dans des vessies.]...............	*Quintal*..... Idem......	12—24 24..48	15 mars 1791. DI. 8 février 1810.

RENVOIS.

ABEILLES mouches, 3 pour 100. (*L D.* 6 octobre 1812.)

ABELMOSC. *Voyez* Ambrette.

ABLETTE (Écailles d'). *Voyez* à Écailles.

ABSINTHE (Extrait d'). *Comme* Liqueur (*Lettre du* 5 *therm. an* 12.)

(1) Le droit de Balance n'est pas un droit de douanes: il ne peut conséquemment être doublé ni diminué.

(2) Le décret du 8 février 1810 s'exprime ainsi : « Les droits fixés par le tarif sur » les marchandises coloniales, dans lesquelles sont comprises les Drogueries et Épi- » ceries, et généralement les productions des deux Indes, soit qu'elles proviennent » de prises, de saisies ou autres confiscations, soit qu'elles entrent en vertu d'au- » torisation, sont doublés. »

Ce doublement, qui n'affecte que les tarifications antérieures au 8 février 1810, a été appliqué, dans cette édition, à toutes les marchandises auxquelles on le fait supporter, soit à cause de leur propriété, soit par suite de leur origine.... Il est cependant certains objets, tels que la *cire jaune*, les *fruits*, les *poissons*, les *parfums*, les *sirops non dénommés*, etc., qui n'y sont assujettis que lorsqu'ils arrivent directement de l'Inde ou des colonies étrangères: ceux-là donc qui ne sont soumis au double droit qu'à raison des lieux de leur exportation, ont été laissés sous leurs anciennes tarifications, parce que les certificats d'origine qui accompagnent les marchandises peuvent seuls, dans ce cas, indiquer si le décret du 8 février 1810 leur est ou non applicable.

Les tarifications indiquées dans cette édition sont exactement conformes aux perceptions voulues; .... Je ne m'y suis permis que des observations sur les régimes qui ne m'ont pas paru être en harmonie avec les principes ou avec la science; .... Mais ces observations, que j'ai consignées dans des notes, ne peuvent ni ne doive[n]t entraver la marche des receveurs.... Mon seul but, en les faisant, est d'appeler des rectifications, soit sur ce que je crois *erreurs*, soit sur mes opinions particulières....

(2) L'absinthe n'étoit pas reprise au Tarif de 1664.

D. 13. (ENTRÉE. 1.)

Désignation des marchandises	Unité	Droits	Époque
Acaja. [Prunes des Indes, de couleur jaune, succulentes, d'un goût très-agréable et de bonne odeur. C'est un fruit médicinal.] (1).	*Quintal*.....	2— 4	15 mars 1791.
	Idem......	4.. 8	DI. 8 février 1810.
Acajou (*Noix d'*.) [Fruit de la forme d'un rein, de couleur d'olive, à écorce dure et ligneuse, renfermant une amande blanche et douce. L'enveloppe contient une liqueur huileuse, brune et caustique.]....................................(1)	*Quintal*.....	3— 6	15 mars 1791.
	Idem......	6..12	DI. 8 février 1810.
Acide *sulfurique*. [Il est blanc, liquide, transparent et très-caustique. On le retiroit autrefois de diverses espèces de vitriols ou sulfates de fer, de cuivre et de zinc ; mais aujourd'hui on le fait par la combustion vive et rapide du soufre dans des chambres de plomb.]............................. (2)	*Quintal*.....	40—80	15 mars 1791.
	Idem......	20—40	1 août 1792.
	Idem......	2— 4	12 pluviôse 3.
	Idem......	20—40	3 frimaire 5.
	Idem......	40..80	DI. 8 février 1810.
Acier *non ouvré* et Acier *fondu*. [C'est un fer combiné avec le charbon par le moyen de la cémentation et ensuite trempé ; il est plus blanc et d'un grain plus fin que le fer. L'*Acier fondu* est produit par la fonte de l'acier de cémentation : il se reconnoît en ce qu'il est si bien martelé qu'on le croiroit laminé ; c'est le plus parfait.]..................................	*Quintal*.....	3— 6	15 mars 1791.
	Idem......	0—61	12 pluviôse 3.
	Idem......	3— 6	3 frimaire 5.
	Idem......	9.. 0	DI. 17 pluv. 13 et loi du 30 avr. 1806.
Acier *en feuilles* ou *en planches*. [Cet article s'étend aux planches d'acier pour ressorts de voitures, aux garnitures de couteaux et aux feuilles broussées pour ressorts de montres. (*CA*... *mai* 1792.)........................ (3)	*Par 100 fr*...	10.. 0	1 août 1792.
Acier (*Limaille d'*) et *d'aiguilles*. [Elle est d'usage en médecine. On la reconnoît en la mettant sur la lumière d'une chandelle : si elle ne brule qu'à moitié et souffle la chandelle, c'est de la limaille de fer, ou elle en est mélangée. Le plus d'éclat et de blancheur la distingue aussi de celle de fer.]	*Quintal*.....	3.. 6	15 mars 1791.
Acorus *vrai* ou *faux*. (Droguerie.) [Le vrai, nommé aussi *calamus aromaticus*, vient de Tartarie, de Lithuanie et de Java. C'est une racine grosse comme le doigt, noueuse, rougeâtre en dehors et blanche en dedans, odorante et âcre au goût. Le faux est une espèce de glayeul à fleurs jaunes, dont la racine est tubereuse, blanche, remplie de suc, odorante, âcre et astringente.].....................................	*Quintal*.....	3— 6	15 mars 1791.
	Idem......	6..12	DI. 8 février 1810.

Acajou (Bois d'.) *Voyez* à Bois.
Acajou (Gomme d'.) *Voyez* à Gomme.
Acetate de potasse, comme droguerie omise. (*L D* 15 avril 1812.)
Acétite de plomb. *Voyez* Sel de Saturne.
Acide muriatique. *Voyez* Esprit de sel.
Acide nitrique. *Voyez* Esprit de nitre.
Acide vitriolique. *Voyez* Acide sulfurique.
Acier (Fil d'.) *Voyez* à Fer.
Acier (Fil d') roulé sur bobines. *Voy.* Cordes métalliques.
Acier (Paille d'.) *Voyez* à Fer.
Acier en vieilles limes, *comme* Acier non ouvré. (*LD.* 1er *juin* 1808.)
Acier ouvré. *Voyez* Mercerie, Quincaillerie et Ouvrages en Acier, suivant la différente qualité de ces ouvrages.
Adiante. *Voyez* Capillaire

14. (Entrée. 2.)

(1) L'acaja ni la noix d'acajou n'étoient repris au Tarif de 1664.

(2) Il diffère de l'eau forte en ce que cette dernière a une odeur désagréable, est plus légère, et présente toujours un coup-d'œil citrin. (*CA*. 18 *nivôse* 10.)

L'aigre, ou esprit de vitriol, appelé aussi *huile de vitriol* ou *acide vitriolique*, paye le même droit. (1 *août* 1792.)

La faculté d'entrer leur est continuée, mais avec certificat d'origine, pourvu qu'ils ne viennent pas d'Angleterre. (*A*. 27 *messid.* 8.)

Les bouteilles qui ont servi à leur exportation peuvent rentrer en payant le droit de balance. (*Décis. du* 17 *flor.* 6.)

(3) Quoique la décision de la Régie soit antérieure à la loi du 10 frumaire an 5, ces sortes d'Aciers ne peuvent être compris dans la prohibition, par cela que la dénomination d'*Ouvrages* leur est d'autant moins applicable qu'ils ne peuvent être consommés dans cet état.

Désignation	Unité	Droits	Base légale
Aes-Ustum. (Droguerie.) [C'est du cuivre brûlé avec du soufre et du sel marin réduit en petits morceaux carrés , plats et cassans , de couleur noirâtre en dehors, rouge et brillante en dedans.]..	*Quintal*.....	3— 6	15 mars 1791.
	Idem......	6..12	DI. 8 février 1810.
Aëtite , *Œtite* ou *Pierre d'Aigle.* [Mine de fer limoneuse , très-pauvre en métal, qui s'y trouve à l'état d'oxide. Ce minéral est formé de couches concentriques disposées autour d'un noyau qui a servi de premier point d'appui. C'est à l'isolement de ce noyau, occasionné par la retraite de l'argile, qu'est dû le petit bruit qu'on entend lorsqu'on secoue une de ces pierres qui sont rondes ou ovales.]........... (1)	*Quintal*.....	2.. 4	15 mars 1791.
Agaric *en trochisques.* (Droguerie.) [C'est ordinairement de l'agaric de mélèze réduit en poudre très-déliée, incorporé avec quelque liqueur, et refait alors en petits pains de diverses figures et grosseurs.]...	*Quintal*.....	15—30	15 mars 1791.
	Idem......	30..60	DI. 8 février 1810.
Agaric (*tout autre*). [Excroissance qui naît, comme un champignon, sur divers arbres. Il y en a de trois sortes : celui de chêne, qui est jaunâtre, sert en chirurgie ; celui de mélèze, qui est blanc et friable, sert en médecine ; le faux agaric est rougeâtre et très-pesant : il sert pour teindre en noir.]... (2)	*Quintal*.....	8—16	15 mars 1791.
	Idem......	16..32	DI. 8 février 1810.
Agnus-Castus (*Graine d'*). [Elle est ronde, grise, grosse comme le poivre, ayant un goût âcre et aromatique, d'usage en médecine. Elle provient d'un arbrisseau à fleurs pourpres.]......	*Quintal*.....	4— 8	15 mars 1791.
	Idem......	8..16	DI. 8 février 1810.
Agrés et **Apparaux** *de navires.* [Voiles, Poulies, etc. ; ce qui comprend tout ce qui est nécessaire pour mettre un vaisseau en état de naviguer.]................................... (3)	*Par* 100.*fr*...	10— 0	15 mars 1791.
	Idem......	1— 0	12 pluviôse 3.
	Idem......	10.. 0	9 floréal 7.
Ail. [Racine potagère à douze à quinze gousses charnues, oblongues pointues, d'une odeur très-forte ; d'usage en médecine et pour la cuisine.]...................................	*Quintal*.....	0..31	15 mars 1791.
Aimant. [Substance ferrugineuse connue par la propriété qu'elle a d'attirer le fer et d'avoir des poles qui se dirigent vers les poles de la terre. La pierre d'aimant est compacte, très-dure, fort pesante, d'une couleur grise tirant sur le noir, à-peu-près comme celle du fer forgé.].................................... (4)	*Quintal*.....	2.. 4	15 mars 1791.

RENVOIS.

Adipocire, nom donné aux substances dont la consistance est analogue à celle de la cire et qui participent aux propriétés physiques de la graisse.

Adragante. *Voyez* aux Gommes.

Agathe. *Voyez* Pierres fines et fausses.

Agneaux. *Voyez* Bestiaux.

Agoural. *Voyez* Fenugrec.

Agraffes de fer. *Voyez* Fer.

—**Aigle** (Pierre d'). *Voyez* Aëtite.

—**Aigre.** *Voyez* Acide sulfurique.

Aigrettes. *Voyez* Modes.

Aiguilles. *Voyez* Mercerie commune.

Aiguillettes. *Voyez* Passementerie.

(1) Il est constaté que la pierre d'Aigle n'a aucune vertu médicinale . on ne lui en a jamais prêté de colorante, conséquemment c'est à tort que je lui ai appliqué le double droit dans la cinquième édition de cet ouvrage.

(2) *Voyez* Éponges servant à la fabrication de l'amadou.

(3) Les agrès et apparaux des navires de prises sont exempts de droits (19 *mai* 1795), c'est-à-dire soumis seulement au droit de balance lorsqu'ils sont vendus avec la coque : mais ceux qui sont chargés dans la cale ne jouissent pas de cette faveur.

Quand ils sont vendus séparément du navire de prises (non pour son service), ils doivent 10 pour 100. (*Lettre au Directeur principal à Amsterdam*, 1 *août* 1811.)

(4) De ce que l'ordonnance de 1654 a classé l'aimant parmi les drogueries sous son nom latin de *Lapis magnes*, je lui avois appliqué le décret du 8 février 1810 dans la cinquième édition de ce tarif, mais depuis il a été arrêté que l'aimant ne paieroit que le simple droit.

ALBATRE. [Pierre calcinable, un peu moins dure que le marbre. Sa transparence est d'autant plus grande, qu'elle approche du blanc de cire. Il y en a de roussâtre, de rougeâtre, d'un blanc sale, d'un beau blanc, et de couleur citron.]...............	*Exempt*......	...—...	15 mars 1791.
	Droit de bal.	....	24 nivôse 5.
ALKECANGE (*Baies* et *Feuilles d'*). [Plante à tiges rondes, menues et rougeâtres. Les feuilles ressemblent à celles de la morelle, et les baies aux cerises. D'un goût d'abord acide, ensuite très-amer.]..	*Quintal*.....	2— 4	15 mars 1791.
	Idem......	4.. 8	DI. 8 février 1810.
ALLIAIRE (*Graines d'*). [Semences oblongues, menues et noires, d'une plante à plusieurs tiges; d'une odeur d'ail et d'usage en médecine.]...	*Quintal*....	1— 2	15 mars 1791.
	Idem......	2.. 4	DI. 8 février 1810.
ALLUMETTES. [Petits brins de bois soufrés par les deux bouts, servant à allumer les chandelles.]...........................	*Quintal*.....	1..22	15 mars 1791.
ALOÉ. [Droguerie en suc épaissi d'une plante portant le même nom. Il y en a de noirâtre et citrin en dedans, d'autre de couleur de foie, et un troisième fort noir, compacte et pesant.]...	*Quintal*....	8—16	15 mars 1791.
	Idem *net*..	100— 0	DI. 17 pluv. 13.
	Idem *net*..	100— 0	30 avril 1806.
	Idem *net*..	200.. 0	DI. 8 février 1810.
ALPAGATES. [Ce sont des souliers de corde.]....................	*Les 12 paires*	1..50	15 mars 1791.
ALPISTE. [Semences d'une plante de ce nom, à épis, et dont les feuilles ressemblent à celles du bled. Ses graines sont oblongues et luisantes comme le millet, ayant la figure et la grosseur de celles de lin.].................................(1)	*Quintal*.....	1.. 2	15 mars 1791.

(1) Par cela qu'il a été reconnu par décision du Conseil du 6 avril 1757, que le millet avoit été classé par erreur dans le tarif des drogues de 1664, il en résulte que l'alpiste qui ne sert qu'au même usage, celui de nourrir les oiseaux, ne doit pas le double droit.

RENVOIS.

AIRAIN. *Voyez* Bronze.
AIRAIN ouvré. *Voyez* à Ouvrages.
—ALANA. *Voyez* Craie.
ALCOOL. *Voyez* Esprit de vin.
ALCOOL AQUEUX. *Voyez* Eau-de-vie.
ALÈNES. *Voyez* Quincaillerie fine.
ALKALI MINÉRAL. *Voyez* Soudes.
ALKERME (Confection d'). *Voyez* la note à Confection.
—ALKERMÈS. *Voyez* Kermes.
ALISARI. *Voyez* Garance.
ALPAGAS. *Voyez* Draperie.
ALOÈS (Bois d'). *Voyez* l'art. Bois.

Alun *brûlé* ou *calciné*. [C'est de l'alun qu'on a chauffé fortement dans un creuset. Il se fond d'abord dans une eau de cristallisation, se boursoufle, perd sa demi-transparence et acquiert de la causticité. On s'en sert en chirurgie.]...............	*Quintal*.....	3o—6c	15 mars 1791.
	Idem *net*..	61..20	DI. 8 février 1810.
Alun (*tout autre*). [Espèces de sels fossiles et minéraux, cristallisés par la fabrication. Ceux de Rome et du Levant sont rougeâtres ; les autres sont blancs. Ils sont d'usage en médecine, et sur-tout pour la teinture. On s'en sert aussi pour clarifier les liqueurs, pour raffiner le sucre, pour dessaler le poisson, etc.]	*Quintal*.....	o—51	15 mars 1791.
	Idem......	o—25	12 pluviôse 5.
	Idem......	o—51	3 frimaire 5.
	Idem. (1)..	1— 2	DI. 8 février 1810.
	Idem......	10.. o	DI. 11 juillet 1810.
Amadou. [C'est l'agaric de chêne préparé, et dont on a séparé la substance calleuse et ligneuse. Il est mou et de deux couleurs : noir si on l'a préparé avec la poudre à canon, jaune s'il a été trempé dans une solution de nitrate de potasse.]............	*Quintal*.....	6..12	15 mars 1791.
Ambre *gris* et *liquide*. [Le premier est un adipocire, de couleur cendrée, parsemée de taches blanches, odoriférant, d'usage antispasmodique, servant aux parfums, qu'on croit être l'excrément endurci d'une espèce de cachalot ; — le second est une sorte de résine claire et rougeâtre, qui découle, dit-on, des ococuls.].................................	*Kilogr. net*..	3o—6o	15 mars 1791.
	Idem......	61..20	DI. 8 février 1810.
Ambre *jaune*. [Matière dure, transparente et cassante. On en trouve dans les mines de la Prusse et sur les bords de la mer Baltique. Il y en a de citrin, de blanc et de brunâtre. On s'en sert pour faire des colliers, des bracelets, etc. Il est aussi d'usage en médecine.]....................................(2)	*Quintal*.....	18—36	15 mars 1791.
	Idem......	36..72	DI. 8 février 1810.

RENVOIS.

—Alquifoux. *Voyez* Plomb minéral.
—Amandes en coques. *Voyez* à Fruits.
—Amandes cassées. *Voyez* à Fruits.
Amandes en pâte. *Voyez* Pâte d'amande.
Ambre (Huile d'). *Voyez* à Huile.
Ambre jaune travaillé. *Voyez* à Mercerie commune.

(1) Une lettre du 21 mai 1810 avait ordonné d'appliquer le double droit à l'Alun quoiqu'il fût réputé *marchandise* par l'ordonnance de 1664, mais le décret du 11 juillet 1810. en le retarifant, rappella son droit prim.tif. ce qui semble indiquer que l'Alun ordinaire ne devoit pas être frappé du double droit...

Si la loi de 1791 avoit été bien pensée, bien divisée, rien n'eût été aussi facile que d'appliquer le décret du 8 février 1810.... Les difficult s qui se sont présentées démontrent combien il seroit ut le, et pour les o érations des employés, et pour la prospérité du commerce même, qu'on s'occupât de refondre entièrement cette loi, et de classer les marc' a dises non-seulement sous leur véritable énomination et relativement aux lieux de leur origine, mais encore d'après leur principale propriété et leur usage le plus commun.

Au fait, dès qu'une nouvelle disposition réimpose une espèce sans dénommer ou sa synonymie de propriété ou ses produits, il intervient presque toujours une discordance de tarification....

(2))L'Ambre jaune étoit, en 1664, classé parmi les drogueries, et il a été maintenu *drogue* par lettre du 14 mai 1810.

E. 17. (Entrée. 5.)

Ambrette ou **Abelmosc**. [Semence de la grosseur de celle du millet, ayant la figure d'un rein, de couleur brune, d'une odeur de musc et d'un goût un peu amer. Elle arrive sèche de la Martinique et de l'Égypte. Elle sert aux apothicaires, aux parfumeurs et aux distillateurs.].................. (1)	*Quintal*.....	5..10	15 mars 1791.
Amiante. [Matière fossile de deux formes bien différentes : l'une est en pierre brunâtre, dure, mais s'étendant sous le marteau ; l'autre est disposée en filets très-fins, souples et soyeux, ordinairement d'une couleur blanche et nacrée.]...........	*Quintal*.....	0..51	15 mars 1791.
Amidon. [Pâte sèche, friable et très-blanche, fabriquée avec de la farine et découpée en petits morceaux. On s'en sert pour faire de la colle, de l'empois, de la poudre à poudrer, etc.]	*Quintal*.....	10..20	15 mars 1791.
Ammi. [Semence menue, presque ronde, ressemblant à des grains de sable, grise-brune, de goût et d'odeur aromatiques. Le meilleur vient de Candie ou d'Alexandrie. Il sert en médecine.]	*Quintal*..... *Idem*......	4— 8 8..16	15 mars 1791. DI. 8 février 1810.
Amome en grappe. *Amomum racemosum*. [Gousses rondes disposées en grappe comme le raisin, de couleur blanchâtre, contenant des grains purpurins presque carrés, dont le goût est âcre et mordicant et l'odeur aromatique. L'amome nous est apporté des Grandes-Indes en coques et non pas en grappes.].... (2)	*Quintal*..... *Idem*......	15—30 30..60	15 mars 1791. DI. 8 février 1810.
Amurca. [C'est le marc de l'huile d'olive qui se dépose dans les vaisseaux où on a mis, pour l'épurer, celle nouvellement exprimée.]................................	*Exempt*..... *Droit de bal*.	..——..	15 mars 1791. 24 nivôse 5.
Anacardes. [Espèce de fèves de la grosseur d'une châtaigne, ayant la figure du cœur d'un oiseau. Elles sont de couleur noire et contiennent deux amandes blanches qui ont le goût de pistaches. Elles croissent à un arbre des Indes et servent en médecine.]..	*Quintal*..... *Idem*......	6—12 12..24	15 mars 1791. DI. 8 février 1810.
Anatron. [Matière saline qui se forme journellement à la surface des terreins sablonneux, sur-tout en Égypte. Il est tantôt sous une forme pulvérulente et tantôt en masses solides et compactes comme la pierre. Sa couleur est d'un blanc grisâtre, et il est communément mêlé de parties terreuses et de sel marin. On s'en servoit pour faire du savon et du verre et pour préparer les cuirs : on lui a substitué le *Natron* factice, qu'on réduit en consistance de sel.]................................	*Exempt*..... *Droit de bal*.	..——..	15 mars 1791. 24 nivôse 5.

RENVOIS.

(1) Dans la cinquième édition de ce tarif, j'avois appliqué le décret du 8 février 1810 à l'ambrette, et parceque les apothicaires en font usage, et parceque l'Île de la Martinique est réellement le lieu de son origine ... On a répondu à cela que l'emploi le plus considérable de l'ambrette étoit fait par les parfumeurs, que lorsqu'il en arrivoit en France c'étoit d'Égypte, et qu'en conséquence il falloit laisser l'ambrette au simple droit, sous la restriction de percevoir le doublement lorsqu'il en seroit importé de l'Inde.

(2) Parmi les véritables *amomes* on distingue le *gingembre*, le *zédoaire*, le *cardamome*, la *graine de paradis*, qui sont tarifés particulièrement. On donne aussi le nom d'*amome* à la *graine de sison* et à celle d'une espèce de *myrte*. Les jardiniers appellent encore de ce nom la *morelle faux-piment*.

Anes ou Anesses..	Pièce.......	0..25	15 mars 1791.
Angélique (*Graines, Racines* et *Côtes d'*). [Plante à plusieurs tiges, creuses et odorantes. La racine est brune à l'extérieur et blanche à l'intérieur. La graine est oblongue, cannelée et ailée.]	Quintal..... Idem... (1)	8—16 16..32	15 mars 1791. DI. 8 février 1810
Anis *vert* (*Graines* ou *Semences d'*). [Plante à fleurs disposées en parasol. Les semences sont cannelées et d'un gris verdâtre, de goût et d'odeur très-suaves.].................... (2)	Quintal..... Idem...... Idem...... Idem......	6—12 18— 0 18— 0 36.. 0	15 mars 1791. DI. 17 pluv. 13. 30 avril 1806. DI. 8 février 1810.
Anis *étoilé*, ou Badiane. [Fruit d'un arbre de la Chine, de Tartarie et des îles Philippines, qui a la figure et la grosseur d'une coloquinte, dans laquelle sont des semences en forme d'étoile à sept rayons qui ont le goût et l'odeur de notre anis.]	Quintal..... Idem *net*.. Idem *net*.. Idem *net*..	10—20 75— 0 75— 0 150.. 0	15 mars 1791. DI. 17 pluv. 13. 30 avril 1806. DI. 8 février 1810.
Antale. [Coquillage de mer fait en tuyau courbé en croissant, de couleur blanche, quelquefois nuancée de vert, de rose ou d'aurore. Il renferme un vermisseau et contient un peu de sel volatil et fixe.]................................ (3)	Quintal.....	3.. 6	15 mars 1791.
Antimoine *cru*, ou Sulfure d'antimoine. [Substance minérale pesante, luisante et cristalline, ou disposée en longues aiguilles; de couleur noire à reflet argentin. On le débarrasse de sa gangue en le faisant fondre dans des creusets percés à leur partie inférieure, d'où il coule dans des pots.]......(4)	Quintal..... Idem......	5— 6 6..12	15 mars 1791. DI. 8 février 1810.
Antimoine *préparé*. [Les principales préparations de l'antimoine sont : 1º. le verre d'antimoine, 2º. le foie d'antimoine, 3º. l'antimoine diaphorétique, 4º. l'huile d'antimoine, 5º. la teinture d'antimoine, 6º. le régule d'antimoine.].........	Quintal..... Idem......	8—16 16..32	15 mars 1791. DI. 8 février 1810.
Antore. [Plante d'usage en médecine, dont les feuilles sont découpées en lanières. Ses fleurs, en manière d'épi, se forment en fruits qui renferment des semences anguleuses, ridées et noirâtres. Sa racine est composée de deux navets ressemblant à l'olive.]................................	Quintal..... Idem......	2— 4 4.. 8	15 mars 1791. DI. 8 février 1810.

RENVOIS.

Angélique (fausse). *Voyez* Appios.
Anguilles marinées. *Comme* Poissons de mer. (*CD*. 13 *oct*. 1807.)
Angustura. *Comme* droguerie omise.
Animé. *Voyez* Gomme animée.
Anis (Essence d'). *Voyez* aux Essences.
Anis (Huile d'). *Voyez* aux Huiles.
Anisette. *Voyez* Liqueurs.
Anneaux d'or ou d'argent. *V*. Bijouterie.
Anneaux de cuivre, *comme* mercerie commune. (*LD*. 8 *septembre* 1805.)
—Antofle de Girofle. *Voyez* Girofle.

(1) C'est par lettre du 25 mai 1810, que l'angélique a été maintenue dans la classe des drogueries.

(2) L'anis-vert étoit réputé drogue par le Tarif de 1664 et une Lettre du 8 mai 1810 a confirmé cette classification.

(3) On ne veut pas que sous le nom d'*Antale*, ce coquillage paye le double droit, et on le lui fait payer sous celui de *Lapis entalis*......

(4) La loi du 15 mars 1791 ne tarife que l'antimoine cru et l'antimoine préparé, ceux-là sont des drogueries reconnues pour telles par lettre du 21 mai 1810, mais cette loi ne parle pas de l'antimoine métal, de celui uniquement destiné à s'allier avec d'autres métaux, comme pour la composition des miroirs de télescopes, des caractères d'imprimerie, etc. — Voir la note à *Régule*.

Apocin (*Graine d'*). [Plante grasse dont les fleurs, en forme de cloches, se forment en un fruit gros comme le poing. Ce fruit contient une espèce de ouate dans laquelle se trouvent des semences rougeâtres et d'un gout amer.]............(1)	*Quintal*..... Idem......	0—51 1.. 2	15 mars 1791. DI. 8 février 1810.
Appios. [Plante à petites feuilles courtes ; fleurs jaunes en godet, fruit relevé de trois coins ; racine en forme de poire, empreinte de lait, noire en dehors, blanche en dedans.]....	*Quintal*..... Idem......	5—10 10..20	15 mars 1791. DI. 8 février 1810.
Arbres *en plants*. [On nomme ainsi ceux qui ont leurs racines et qui sont propres à être transplantés.]....................	*Exempts*.... *Droit de bal.*	..—..	15 mars 1791. 24 nivôse 5.
Ardoises *ordinaires*. [Espèce de pierre de couleur bleue ou grise, divisée en lames minces, plates et unies, employées pour la couverture des maisons.]...........................	*Le 1000 en N.* Idem......	3— 0 7..50	15 mars 1791. DI. 17 pluv. 13 et loi du 30 avr. 1806.
Ardoises *en table*. [Ce sont celles choisies du cœur de la pierre, et qu'on apprête pour écrire.]..........................	*Le 100 en N.* Idem......	2—50 30.. 0	15 mars 1791. DI. 17 pluv. 13 et loi du 30 avr. 1806.
Arec. [Fruit ovale du *mimosa catechu*, arbre des Indes ; ôté d'une écorce qui l'enveloppe comme la noix, ce fruit ressemble à une muscade cassée. On peut en faire du cachou.].......(2)	*Quintal*..... Idem......	5—10 10..20	15 mars 1791. DI. 8 février 1810.
Argent *faux* ou *cuivre argenté*, et **Argent** *faux* en *lames*, en *feuilles*, *trait* et *battu*. L'argent faux est un lingot de cuivre rouge couvert en plusieurs fois de différentes feuilles d'argent que l'on applique sur le cuivre par l'action du feu. Ceux *en lames*, etc. sont décrits à **Argent** *fin*.]................(3)	*Quintal*.....	102.. 0	15 mars 1791.
Argent *faux* filé sur fil ou filé faux. [C'est du fil de cuivre argenté connu dans le commerce sous le nom de traits de cuivre argentés ; ces fils propres à la broderie ont le brillant de l'argent et ne doivent pas être confondus, pour la perception ou la prohibition, avec les fils de cuivre ordinaires. *CD. 8 janvier 1812.*]	*Quintal*.....	163..20	15 mars 1791.

---

(1) Ce n'est pas comme droguerie que je double les droits sur l'apocin d'abord parce qu'il est très-peu en usage en médecine, et que d'ailleurs, il n'étoit pas coté au tarif de 1664 ; ce n'est pas non plus à raison de son origine puisqu'il vient d'Egypte, mais c'est parce qu'on s'en sert actuellement au lieu de coton, et que l'esprit de la circulaire du 5 mars 1810, est d'appliquer le doublement des droits non seulement à la marchandise, qui par sa nature doit ce nouveau droit, mais encore à celle de même espèce. — D'ailleurs, une lettre du 16 avril 1810, a ordonné de percevoir le double droit sur l'apocin.

(2) L'arec n'est pas repris au tarif de 1664, mais le cachou l'est ; donc l'un devant suivre la classification de l'autre, il doit le double droit ; il le devroit également comme production de l'Inde.

(3) Les paillons, paillettes et cannetilles de cuivre argenté sont susceptibles de ce droit.

Dans les bureaux on y comprenoit aussi les chandeliers, réchauds, et autres ouvrages argentés de ce genre ; mais la loi du 10 brumaire an 5, en prohibant toute sorte de plaqués et tous ouvrages en cuivre, étain ou autres métaux, polis ou non polis, purs ou mélangés, doit nécessairement les avoir compris dans cette prohibition.

Désignation des marchandises	Unité	Droits	Date
ₛRGENT *faux* filé sur soie................................... (1)		Prohibé............|........|15 mars 1791.
ₛRGENT *fin* en *trait*, en *lames*, en *feuilles* et *filé*. [L'argent *en trait* ou fil d'argent est celui qu'on a tiré au travers les trous d'une filière et qui n'a que la grosseur d'un cheveu. Celui *en lames* est de l'argent trait aplati entre deux rouleaux d'acier pour le disposer à être filé sur la soie, ou pour servir aux broderies. L'argent *filé* est le même que celui en lames, dont on recouvre un fil en soie avec lequel il est ensuite tordu par le rouet pour en faire ce que l'on nomme un fil d'argent. Celui *en feuilles* ou battu est celui que les batteurs d'or réduisent en feuilles très-minces et très-déliées pour l'usage des doreurs.].... (2)	*Kilogr. net.*.	24..48	15 mars 1791.
ₛRGENT en masse et en lingots, en espèces monnoyées et *Argenterie* cassée..	*Exempt*........|.....—..| *Droit de bal.*|.......| 15 mars 1791. / 24 nivôse 5.
ₛRGENTERIE *de toute espèce*, sauf celle ci-après. [On appelle *argenterie* la vaisselle et autres ouvrages d'orfévrerie faits avec ce métal.].. (3)	*Kilogr. net.*.	24..48	15 mars 1791.
ₛRGENTERIE *vieille*, quelle que soit son origine................	*Exempte*....|.....—..| *Droit de bal.*|.......| 1 août 1792. / 24 nivôse 5.
ₛRGENTERIE *neuve* au poinçon de France, revenant de l'étranger....	*Exempte*....|.....—..| *Droit de bal.*|.......| 1 août 1792. / 24 nivôse 5.
ₛRGENTINE (*Graine d'*). [Petite plante à feuilles dentées garnies de petits poils argentins. Son fruit, presque rond, est composé de plusieurs semences enveloppées par le calice de la fleur.]	*Quintal*..... / Idem... (4)	1 — 2 / 2.. 4	15 mars 1791. / DI. 8 février 1810.
ₛRGILE ou *terre glaise*. [C'est une terre grasse adhérente à la langue, qui, humectée, se pétrit facilement. Elle est grise-blanche ou roussâtre, et sert à faire la poterie.]..................	*Exempte*....|.....—..| *Droit de bal.*|.......| 15 mars 1791. / 24 nivôse 5.

—ARGENT VIF. *Voyez* Mercure.
ARGENT MONNOYÉ. *Voyez* la note à Monnoies, de métal, pour les espèces de cuivre ou de billon.

(1) L'erreur dans laquelle peut jeter cette marchandise est la cause de sa prohibition. Pour distinguer le faux du vrai, il suffit d'en faire rougir une lame au feu; cette opération fait reprendre au cuivre sa couleur rouge.

(2) Les paillettes, paillons et cannetilles doivent être compris dans cet article.

(3) Toute espèce d'ouvrages d'or et d'argent doit en outre un *droit de garantie* de 20 francs par hectogramme d'*or*, et d'un franc par hectogramme d'*argent*. Ils doivent être expédiés sous plomb et par acquit-à-caution au bureau de garantie le plus voisin. (*Loi du* 19 *brumaire* 6.) Les ouvrages d'or et d'argent *vieux* seront assujettis à ce droit, à moins qu'on ne consente à les briser au premier bureau d'entrée, pour être simplement considérés comme matière. (*DM.* 12 *prairial* 7.) Dans ces deux cas ils doivent le droit de balance. Sont exceptés des dispositions ci-dessus les objets d'or et d'argent appartenant aux Ambassadeurs et Envoyés des Puissances étrangères, les bijoux d'or à l'usage personnel des voyageurs, et les ouvrages en argent servant également à leur personne, pourvu que leur poids n'excède pas en totalité cinq hectogrammes. (*Loi du* 19 *brumaire* 6.)
Il ne doit pas être fait de différence entre l'argenterie marquée au poinçon des pays faisant partie intégrante de l'Empire français et celle qui porte le coin de France. (*DM.* 17 *vent.* 12, *rendue en faveur de la Belgique.*)
L'argenterie pour laquelle les propriétaires obtiennent une exemption de droits du ministre, ne concerne que celui de douane et non celui de garantie, qui dans tous les cas doit être assuré. (*Décis. du 6 messid.* 1.)

(4) Quoique non comprise au Tarif de 1664, l'argentine est une droguerie.

ARISTOLOCHES. [Plantes à fleurs rondes ou oblongues à-peu-près comme celles de lierre, d'usage en médecine, et dont il y a quatre espèces. On se sert aussi de leurs racines, principalement de la *ronde*, qui est solide, charnue, cassante, brune en dehors, jaunâtre en dedans, et fort amère.]............	*Quintal*.....	3— 6	15 mars 1791.
	Idem......	6..12	DI. 8 février 1810.
ARMES *blanches*. [Ce qui s'entend des Epées, des Sabres, des Couteaux de chasse, des Baïonnettes, etc.]............... (1)	*Quintal*.....	81—60	15 mars 1791.
	Exemptes...	...—..	22 août 1792.
	Idem......	...—..	19 mai 1793.
	Droit de bal.	...—..	24 nivôse 5.
	Quintal.....	81—60	A.C. 6 messid. 10.
	Idem......	200.. 0	A.C. 20 vend. 11 et loi du 8 flor. 11.
ARMES *à feu*. [Ce sont les Fusils, Pistolets et autres armes dont l'effet est produit par l'emploi de la poudre à tirer.]..... (1)	*Quintal*.....	73—44	15 mars 1791.
	Exemptes...	...—..	22 août 1792.
	Idem......	...—..	19 mai 1793.
	Droit de bal.	...—..	24 nivôse 5.
	Quintal.....	73..44	A.C. 6 messid. 10 et loi du 8 flor. 11.
ARSENIC, ou OXIDE *blanc d'arsenic*. [Substance minérale, pesante, luisante, blanche, opaque. On en distingue de trois espèces, dont l'une, l'*orpiment*, est tarifée particulièrement. Il ne s'agit ici que de l'arsenic *blanc*, lequel est très-luisant, et du *rouge* qui est ou naturel ou artificiel. Ce sont des poisons très-violens. On s'en sert en teinture, pour la verrerie, etc.]......... (2)	*Quintal*.....	1— 2	15 mars 1791.
	Idem......	7—50	DI. 17 pluv. 13.
	Idem......	7—50	30 avril 1806.
	Idem......	15.. 0	DI. 8 février 1810.
ARSENIC (*Régule d'*). [C'est l'oxide d'arsenic réduit à l'état métallique. Exposé à l'air, il se couvre bientôt d'une efflorescence noirâtre, mais il est intérieurement gris, brillant et grenu comme l'acier : il est très-cassant et ne donne pas le moindre signe de ductilité.]............................. (3)	*Quintal*.....	8..16	15 mars 1791.
ASARUM. [Petite plante nommée en français *cabaret, nard sauvage* ou *oreillette*. Sa racine, dont on se sert en médecine, est de la grosseur d'une plume à écrire, de couleur grise, d'odeur forte et agréable.].............................	*Quintal*.....	1— 2	15 mars 1791.
	Idem......	2.. 4	DI. 8 février 1810.
ASPHALTE, ou *Bitume de Judée*. [Substance solide, fragile, d'un brun noirâtre, ressemblant à de la poix noire, d'une odeur résineuse très-forte quand on la chauffe. Il se trouve nageant sur la superficie du lac Asphaltide.].....................	*Quintal*.....	10—20	15 mars 1791.
	Idem......	20..40	DI. 8 février 1810.

RENVOIS.

ARMÉNIENNES (Pierres). *Voyez* à l'art. Pierres.

ARMES ENRICHIES, 15 pour 100.

ARQUEBUSERIE. *Voyez* Armes.

—ASCLÉPIAS. *Voyez* Contrayerva blanc.

ASPALATUM. *Voyez* à Bois.

ASPHALTE (Huile d'). *Voyez* l'art. Huiles.

ASPIC (Huile d'). *Voyez* l'art. Huiles.

—ASPINI. *Voyez* Epines anglières.

(1) La loi du 22 août 1792 spécifioit les armes dont elle autorisoit l'entrée en exemption de droits sous la dénomination d'*armes de guerre*, telles que canons, mortiers, obusiers, coulevrines, fusils de rempart, de munition, de chasse, mousquetons, pistolets, damas, sabres, et généralement toutes sortes d'armes à feu ou armes blanches, soit montées, soit en pièces détachées, telles que canons ou platines de fusils, de mousquetons et pistolets, les montures et lames de damas, sabres, briquets et épées..... Les armes blanches et à feu, pour être admises, doivent être accompagnées d'un certificat d'origine.... La destination des armes de guerre dans l'intérieur doit en être assurée par un acquit-à-caution qui sera visé par la municipalité du lieu où réside la personne chez laquelle elles auront été déchargées. Ces dispositions de l'article 2 de la loi du 22 août 1792, restent conservées indéfiniment. (CD. 14 *brum.* 11.)

(2) Encore que la plus grande consommation de l'oxide d'arsenic se fasse dans les fabriques de toiles peintes ; je le traite comme droguerie parce qu'il est classé ainsi par le Tarif de 1664.

(3) Le Tarif de 1791 comprend le régule d'arsenic et le régule de cobalt dans le même article ;...... comme il a été arrêté qu'on ne doubleroit pas le droit sur ce dernier, il s'ensuit naturellement que le décret du 8 février 1810, n'affecte pas non plus le régule d'arsenic.

Désignation	Unité	Droit	Loi ou décret
Assa-Fœtida. [Gomme-résine, molle et obéissante comme la cire, en partie jaune et rousse, garnie de larmes, souvent blanche intérieurement et quelquefois rose, d'une odeur très-désagréable. Elle découle d'un arbrisseau des Indes.]...........	*Quintal*.....	6—12	15 mars 1791.
	Idem......	25— 0	DI. 17 pluv. 13.
	Idem......	25— 0	30 avril 1806.
	Idem *net*..	50.. 0	DI. 8 février 1810.
Aulne (*Écorce d'*). [Arbre de grosseur médiocre, dont l'écorce raboteuse, fragile, noirâtre en dehors et jaunâtre en dedans, sert pour teindre les cuirs et les chapeaux en noir.]........	*Exempte*....	..—..	15 mars 1791.
	Droit de bal.	....	24 nivôse 5.
Aulnée, ou *Enula campana* (Racine d'). [Plante à feuilles longues d'une coudée, dont la racine, d'usage en médecine, est longue, grosse et charnue, brune en dehors, blanche en dedans, d'odeur aromatique quand elle est sèche.]...... (1)	*Quintal*.....	0—51	15 mars 1791.
	Idem......	1.. 2	DI. 8 février 1810.
Autour. [On dit que c'est une écorce assez semblable à la cannelle, mais plus pâle en dessus qu'en dedans ; qu'elle a la couleur de la noix muscade avec des points brillans ; qu'elle vient par le Levant ; qu'elle est sans odeur, d'un goût insipide, et qu'elle entre dans la composition du carmin. Tout cela est beaucoup plus douteux.... Voir la note à *Carmin.*]......(2)	*Quintal*.....	20—40	15 mars 1791.
	Idem *net*..	40..80	DI. 8 février 1810.
Autruche (*Poil, Ploc* ou *Duvet d'*). [Le duvet de cet oiseau est de deux sortes : le fin dont on fabrique des chapeaux communs, et le gros dont on fait les lisières des draps noirs les plus fins.]...	*Exempt*.....	..—..	15 mars 1791.
	Droit de bal.	....	24 nivôse 5.
Avelanède. [Cosse du gland de chêne. On s'en sert pour passer les cuirs.]...	*Exempt*.....	..—..	15 mars 1791.
	Droit de bal.	....	24 nivôse 5.
Aventurines. [Pierres qui, sur un fond coloré et demi-transparent, offrent une multitude de petits points qui semblent dorés ou argentés. Il y en a de naturelles et d'artificielles : ces dernières sont un mélange de paillettes de cuivre et de verre en fusion.]...	*Par* 100 *fr*..	5— 0	............(3)

RENVOIS.

Astérie, comme pierres fausses ou fines.
Aufte. *Voyez* Ouvrages de paille.
Autruche (Plumes d'). *Voyez* l'art. Plumes.
—**Avelines.** *Voyez* Fruits.
Avignon (Graine d'). *Voyez* aux Graines.
—**Avoine** (Gruau d'). *Voyez* Farine d'avoine.
Avoine. *Voyez* à Grains.

(1) Encore que le Tarif de 1664 ne parle pas de l'aulnée, c'est une droguerie
(2) Il y auroit discordance à ne pas doubler le droit sur l'*autour*, puisqu'on le double sur le *chouan*, autre ingrédient qu'on dit aussi entrer dans la composition du carmin. ...... Son origine, si l'autour existe, est d'ailleurs l'Inde, conséquemment elle se trouve frappée par le décret du 8 février 1810.

(3) Je ne sais en vertu de quelle disposition, ni par quelle assimilation, les aventurines ont été tarifées à 5 pour 100 de la valeur; elles étoient omises au Tarif de 1791, et, par leur nature et par leur usage, elles devroient être traitées comme Pierres fausses ou fines...... Avec beaucoup de sévérité, on ne pourroit tout au plus que leur faire payer le droit de 3 p. ur 100, comme marchandises omises.

Désignation	Unité	Droit	Loi ou décret
AVIRONS *de bateaux.* [Longues pièces de bois, plates par un bout et rondes de l'autre. Elles servent à faire aller les bateaux sur les rivières.]......	*Le* 100 *en N.*	1 .. 0	15 mars 1791.
AZUR *de roche fin,* ou *Lapis lazuli.* [Pierre très-dure, opaque, d'un bleu vif, parsemé de paillettes ou de mica jaune, ou d'or ; elle est quelquefois d'un bleu foncé.].............. (1)	*Quintal net..* Idem......	122—40 244..80	15 mars 1791. DI. 8 février 1810.
AZUR *en pierre* ou *en poudre.* [C'est une vitrification de métaux, de sable et de soude d'Alicante fondus et mêlés ensemble. On en fait de plusieurs couleurs. Les émailleurs, les orfévres, les potiers de terre, etc., en font usage.].........(2 et 3)	*Quintal....* Idem...... Idem......	20— 0 20— 0 40.. 0	DI. 17 pluv. 13. 30 avril 1806. DI. 8 février 1810.
AZUR, ou *Émail ouvré.* [Ce qui s'entend des ouvrages en émail non enrichis.].................	*Quintal....*	91..80	15 mars 1791.
BALAIS *de bouleau* et autres communs. [Masse de branches très-menues liées ensemble.]............	*Par* 100 *fr...*	5.. 0	15 mars 1791.
Ceux de *millet*.............. *Comme* Balais de Bouleau.		....	1 août 1792.
BALAUSTES *fines* et *communes.* [Ce sont les fleurs du grenadier sauvage. Elles sont d'un rouge purpurin et ont la forme d'une cloche pleine, dont les feuilles du calice sont très-échancrées. D'usage en médecine et quelquefois en teinture. On les répute *fines* lorsqu'elles sont revêtues de leurs pétales, et *communes* quand elles en sont dépouillées.]..........	*Quintal....* Idem......	5—10 10..20	15 mars 1791. DI. 8 février 1810.
BALEINE *en fanons.* [Sorte de cornes noires qui se trouvent au lieu de dents dans la bouche du cétacée de ce nom.]............	*Quintal....* Idem...... Idem......	30—60 5— 6 30..60	15 mars 1791. 12 pluviôse 3. 3 frimaire 5.

—AZARUM. *Voyez* Asarum.
AZER. *Voyez* Assa-fœtida.
AZUR DE CUIVRE. *Voyez* Bleu minéral.
BABELAER. *Comme* Sucre candi. (*LD.* 20 vend. 13.)
BADIANE. *Voyez* Anis étoilé.
BADILLE. *Voyez* Vanille.
BAGUES d'Or ou d'Argent. *Voyez* Bijouterie, Ouvrages à pierres de composition, ou Pierres fines et fausses, suivant le cas.
BAGUES de Cuivre ou Etain. *Voyez* Mercerie.
—BAIES de laurier. *Voyez* Laurier.
BAIES de bois d'Inde, *comme* poivre. (*La Rochelle, mars* 1810.)
BAIES des autres plantes. *V.* à leurs noms propres.
BAILLARGE. *Voyez* Grains.
BAIONNETTES. *Voyez* Armes blanches.
BALAIS de Crin. *Voyez* Brosserie.

24. (ENTRÉE. 12.)

(1) L'azur de roche, par lettre du 14 mai 1810, a été maintenu dans la classe des drogueries, où déjà il avoit été classé par le Tarif de 1664 et la loi du 22 août 1792.

(2) L'azur d'émail est réputé droguerie-épicerie par le Tarif de 1664, comme par lettre du 10 mai 1810.

(3) La loi du 15 mars 1791 tarifoit par quintal décimal l'*azur en pierre* ou *smalt* à 51 cent., l'*azur en poudre* ou *émail* à 6 fr. 12 cent., et l'*émail brut* à 12 fr. 24 cent. Ces trois dénominations ne désignant que la même marchandise, et le décret impérial du 17 pluviôse an 13 l'imposant à un même taux sous le nom générique d'*azur en poudre* ou *en pierre* (*CD.* 23 *pluviôse* 13.), je ne rapporte comme premier droit que celui de l'an 13, parce qu'étant la rectification de trois erreurs, il a semblé que ce seroit les perpétuer que de maintenir les différentes taxes de 1791, dans ces colonnes.

Baleine *coupée* et *apprétée*. [C'est celle fendue en baguettes et façonnée pour être employée à la fabrication des parapluies, manches de couteaux, etc.]............................	*Quintal*.....	61..20	15 mars 1791.
Baleine (*Blanc de*). [C'est la cervelle du cachalot épurée par plusieurs fontes, et qu'on réduit en écailles huileuses. D'usage en médecine et dans la parfumerie.].................. (1)	*Quintal*..... 30—60	15 mars 1791.
	Idem...... 3— 6	12 pluviôse 3.
	Idem...... 30—60	5 frimaire 5.
	Idem *net*.. 61..20	DI. 8 février 1810.
Baleine (*Bougies de blanc de*), ou de *Sperma ceti*. [Elles sont d'un poli supérieur à celui des plus belles bougies de cire, transparentes et ne tachent point les étoffes quand elles ne sont pas falsifiées.]................................ (2)	*Quintal*..... 61..20	15 mars 1791.
Balles *de paume*. [Petites pelottes rondes, faites ordinairement de rognures d'étoffes, recouvertes de drap ou de peau.].......	*Quintal*..... 12..24	15 mars 1791.
Bambous. [Sorte de roseaux des pays maritimes des Indes orientales, de différentes grosseurs. Ils sont creux et moelleux en dedans, et divisés par des nœuds très-durs.].....................	*Par* 100 *fr*... 12.. 0	15 mars 1791.
Bandoulières et **Baudriers**. [Les bandoulières sont des bandes de cuir, le plus souvent en buffle, servant à l'équipement des troupes; les baudriers se font actuellement en draps, sont galonnés et ne servent guère qu'aux Suisses d'églises ou d'hôtels.]	*Quintal*..... 40—80	15 mars 1791.
	Prohibés	10 brumaire 5.
Bangue. [Plante des Indes assez semblable au chanvre. Les Indiens en mangent les semences pour s'exciter à l'acte vénérien. Cette semence est moins blanche et plus menue que celle du chanvre.]............................... (3)	*Quintal*..... 6—12	15 mars 1791.
	Idem...... 12..24	DI. 8 février 1810.
Barbotine, ou *Semen-contra*. Semence menue, oblongue, verdâtre; d'une odeur désagréable, d'un goût amer et aromatique. C'est un vermifuge qui vient de Perse.]......................	*Quintal*..... 10—20	15 mars 1791.
	Idem...... 30— 0	DI. 17 pluv. 13.
	Idem...... 30— 0	30 avril 1806.
	Idem *net*.. 60.. 0	DI. 8 février 1810.

RENVOIS.

<table>
<tr><td>

Balances, **même du pays de Berg**, *comme* ouvrages en fer, prohibées. (*LD*. 21 *fruct*. 14.)

Baleine (Huile de). *Voyez* l'art. Huiles.

Baleine (nageoires de), *comme* omises, 3 pour 100. (*Brest, mai* 1810.

Balles de fusil. *Voyez* Munitions

Bandes de roues, *comme* Fers en verges.

Barbançons. *Voyez* Poterie de terre.

Barbues. *Voyez* Poterie de terre.

</td><td>

(1) Le blanc de baleine est dans l'Ordonnance de 1664 tarifé à drogueries-épiceries sous la dénomination de *nature de baleine*.

(2) Il a été décidé que les bougies de blanc de baleine ne paieroient pas le double droit.

(3) D'après des renseignemens puisés dans les écrits des anciens visiteurs, il paroîtroit que c'est la semence de la bangue et non la plante elle-même qui est l'objet du tarif.

La bangue n'est pas reprise au Tarif de 1664; à proprement parler elle n'est pas une droguerie, mais elle doit le double droit comme production des Indes.

</td></tr>
</table>

Désignation	Unité	Droit	Loi ou date
BARDANE (*Racine de*). [Plante à tiges anguleuses, lanugineuses et rougeâtres ; sa racine est longue, grosse, noire en dehors, blanche en dedans, d'un goût douceâtre.] .... (1)	*Quintal*.....	0—51	15 mars 1791.
	Idem......	1.. 2	DI. 8 février 1810.
BASIN *piqué*. [C'est une étoffe de coton, croisée.]	*Quintal*.....	306— 0	15 mars 1791.
	Prohibé.....	....	10 brumaire 5.
Celui *uni*................... (2) *Sera traité comme* le Basin piqué.	....		1 août 1792.
BATEAUX, CANOTS et autres BATIMENS DE MER *hors d'état de servir*. (3)	*Exempts*....	...—.	15 mars 1791.
	Idem......	...—.	3 frimaire 5.
	Droit de bal.	....	24 nivose 5.
Les mêmes, *en état de servir* .... (4)	*Prohibés*....	...—.	15 mars 1791.
	Idem.....	...—.	13 mai 1791.
	Exempts....	...—.	31 janvier 1793.
Y compris leurs agrès et apparaux.................	*Par* 100 *fr*...	2..50	19 mai 1793.
Les mêmes , *de Savoie* (5) et du Rhin , *neufs*............	*Par* 100 *fr*...	10.. 0	15 mars 1791.
BATISTE. [Tissu de fil de lin très-fin et très-serré.]	*Kilogramme*.	12..24	15 mars 1791.
BATS. [Selles grossières dont on se sert particulièrement pour harnacher les ânes.]	*Pièce*.......	0..50	15 mars 1791.

RENVOIS.

(1) La bardane qu'on nomme aussi *glouteron* ou *herbe aux teigneux*, n'est pas reprise au Tarif de 1664 ; toutefois cette plante sert en médecine.

(2) En disant que le Basin uni sera traité comme Basin piqué, c'est annoncer assez qu'il est compris dans la prohibition par la loi du 10 brumaire an 5.

(3) Les navires de prise ne doivent que le droit de balance. (*Même loi et* 24 *nivose* 5.) Cette exemption s'étend aux droits de navigation. (*DM.* 5 *therm.* 12.) Les canons dont ils sont armés sont également exempts. (*Décis.* 11 *mars* 1806.)

Les bâtimens confisqués pour contravention aux lois sur le blocus, doivent, quant aux droits, être traités comme les navires de prises. (*LD.* 5 *mai* 1812.)

(4) Ceux échoués ou vendus pour rester en France comme étant hors d'état de naviguer, doivent être considérés comme matières premières, et exempts du droit de deux et demi pour cent. (*LA.* 25 *brumaire* 6.)

L'admission des bâtimens étrangers n'autorise pas celle de la *francisation*, cependant les navires de prise peuvent l'obtenir sous certaines conditions. *Voyez* le Tarif de Navigation. (*CD.* 23 *pluviôse* 10.)

(5) L'importation des bateaux de Savoie n'est plus assujettie aux droits depuis la réunion de ce pays à la France.

Battin *non ouvré.* [Espèce de jonc qui croît sur les bords de la mer, et qu'on nomme aussi *Sparte.* On en fabrique des cordes, des tapis, des nattes, etc.]............................(1)	*Exempt*.....	.....— ...	15 mars 1791.
	Droit de bal.	....	24 nivôse 5.
Baume *du Canada.* [Résine plus ou moins liquide, très-limpide, presque sans couleur ni odeur, mais d'un goût de térében- thine le plus agréable.]..................................	*Kilogr. net..*	1— 2	15 mars 1791.
	Idem......	2.. 4	DI. 8 février 1810.
Baume *de Copahu.* [Liqueurs d'un arbre de l'Amérique, dont celle qui sort d'abord des incisions est huileuse, d'un blanc jau- nâtre et d'odeur aromatique; l'autre a la consistance du miel et une odeur pénétrante.].............................	*Kilogr. net..*	0—51	15 mars 1791.
	Idem......	1—50	DI. 17 pluv. 13.
	Idem......	1—50	50 avril 1806.
	Idem......	3.. 0	DI. 8 février 1810.
Baume *du Pérou, noir, liquide, sec.* [Il y en a de trois espèces : le *blanc,* qui est liquide; le *rouge,* qui est sec; le *noir* ou *brun,* qui est liquide. Tous trois sont odorans, et découlent d'un arbre du Pérou, du Mexique et du Brésil.]................	*Kilogr. net..*	2—55	15 mars 1791.
	Idem......	6— 0	DI. 17 pluv. 13.
	Idem......	6— 0	50 avril 1806.
	Idem......	12.. 0	DI. 8 février 1810.
Baume *de la Mecque.* [Il est liquide, blanc jaunâtre, et d'une odeur approchant celle de l'huile de citron. Il découle du *xilo- balsamum.*]....................................	*Kilogr. net..*	2—55	15 mars 1791.
	Idem......	5.. 10	DI. 8 février 1810.
Baume *du Tolu.* [Il est résineux, glutineux, de couleur d'or ou d'un blond roussâtre, d'odeur du benjoin et d'un goût agréable. On en apporte de deux espèces, l'une renfermée dans de petites callebasses bouchées avec un épi de maïs dont on a retiré le grain, et l'autre en masses, dans des caisses ou tonneaux.]..	*Kilogr. net..*	2—55	15 mars 1791.
	Idem......	5.. 10	DI. 8 février 1810.
Bdelium. [Gomme odorante, jaunâtre ou roussâtre, qui découle d'un arbre épineux des Indes. On l'apporte en morceaux transparens de différentes figures. Il s'amollit dans la bouche et s'attache aux dents]..................................	*Quintal*......	12—24	15 mars 1791.
	Idem......	24.. 48	DI. 8 février 1810.
Ben (*Noix de.*) [Fruit oblong, arrondi ou triangulaire, couvert d'une coque grise, contenant une amande blanchâtre et assez grosse, dont on retire par expression une huile inodore qui ne rancit point en vieillissant.]........................(2)	*Quintal*.....	12—24	15 mars 1791.
	Idem.....	24..48	DI. 8 février 1810.

RENVOIS.

Battin ouvré. *Voyez* Nattes de jonc ou Ou- vrages en jonc, suivant la qualité, et s'il est en cordes, il sera traité comme cordages de jonc. (*LD.* 6 févr. 1806.)

Baudriers. *Voyez* Bandoulières.

Baume de Riga. *Comme* Drogueries omises. (*LD.* 20 janv. 1806.)

Bêches. *Voyez* Quincaillerie.

Belemnites. *Voyez* Flin.

(1) L'exemption qui lui est accordée est fondée sur ce qu'il est matière première; ainsi, lorsqu'il a reçu une main-d'œuvre quelconque, il devient susceptible des droits suivant l'usage auquel il est employé. (*Voyez* Nattes ou Ouvrages en Jonc.)

(2) Voyez la note 1 de la page suivante.

Ben (*Semences de*). Cette semence n'est autre chose que la noix de Ben débarrassée de sa coque, en un mot l'amande elle-même, que les Indiens vendent comme les fèves au marché.]........(1)	*Quintal*.....	4— 8	15 mars 1791.
	Idem......	8..16	DI. 8 février 1810.
Benjoin *de toute sorte*. [Gommes résineuses fort odorantes qui sortent d'un bel arbre des Indes par incision. On l'apporte en larmes claires, transparentes et rougeâtres, ou en masses de couleur grise, jaunâtre ou rougeâtre, ayant des larmes blanches à l'intérieur.]................	*Quintal*.....	20—40	15 mars 1791.
	Idem *net*..	60— 0	DI. 17 pluv. 13.
	Idem *net*..	60— 0	30 avril 1806.
	Idem *net*..	120.. 0	DI. 8 février 1810.
Bestiaux *de toute sorte*, *comme* Agneaux, Béliers, Bœufs, Boucs, Brebis, Chevreaux, Chèvres, Cochons, Génisses, Moutons, Taureaux, Vaches et Veaux.].....................	*Exempts*....	...—...	15 mars 1791.
	Idem........	....	24 nivôse 5.
Betel (*Feuilles de*). Plante des Indes orientales qui s'attache comme le lierre. Ses feuilles ressemblent à celles du citronnier et ont un goût d'amertume.]......................... (2)	*Quintal*.....	20—40	15 mars 1791.
	Idem *au net*.	40..80	DI. 8 février 1810.
Beurre *frais*. [Substance grasse et onctueuse, de couleur jaune clair; d'usage en cuisine.]...................................	*Exempt*.....	...—...	15 mars 1791.
	Droit de bal.	....	24 nivôse 5.
Celui *salé* et *fondu* (ainsi apprêté pour pouvoir le conserver)....................................	*Quintal*.....	5—10	15 mars 1791.
	Exempt.....	...—...	19 mai 1793.
	Droit de bal.	....	24 nivôse 5.
Beurre *de Saturne*. [Médicament onctueux, de couleur jaunâtre et d'odeur de vinaigre.]............................. (3)	*Quintal*.....	5—10	15 mars 1791.
	Idem......	10..20	DI. 8 février 1810.
Bezoard, ou **Pierre de fiel**. (Les Bézoads sont des concrétions dans l'état de carbonate calcaire, formées par couches concentriques ou lamelleuses, qui se trouvent dans le corps de certains animaux frugivores de l'Asie méridionale, de l'Afrique et de l'Amérique.— Il y a aussi des *Bézoards fossiles*; et ce que les pharmaciens préparent sous le nom de *Bézoard minéral*, est un oxide d'antimoine au dernier degré d'oxidation..........(4)	*Quintal net*.	122—40	15 mars 1791.
	Idem......	244..80	DI. 8 février 1810.

RENVOIS.

(1) Le droit le plus fort paroîtroit donc n'être applicable qu'aux amandes de ben revêtues de leurs coques; cependant ces coques ne sont d'aucun usage et ne donnent point de qualité au ben. Il existe bien une autre espèce de ben; mais il présente les mêmes difficultés que celui-ci, nommé par Linné *guilandina moringa*... Il y a donc erreur dans l'une ou l'autre des tarifications de la loi du 15 mars 1791.

(2) Le bétel n'est pas repris dans la nomenclature des drogues du Tarif de 1664, et en effet, ce n'en est pas positivement une; toutefois il doit le double droit comme productions des Indes.

(3) Le beurre de Saturne n'étoit pas repris au Tarif de 1664.

(4) Les perles fines, les yeux d'écrevisses, sont aussi des Bézourds : mais ces espèces sont tarifées particulièrement.

Bière. [Liqueur brassée avec du sucrion et de la fleur de houblon, dont les habitans du nord de l'Europe font leur boisson ordinaire.].....................................	268 *litres*.... Idem...... Idem...... Idem......	10— 0 1— 0 10— 0 15.. 0	15 mars 1791. 12 pluviôse 3. 3 frimaire 5. DI. 17 pluv. 13 et loi du 30 avr. 1806.
Bière (*Levain de*). [Écume qui provient de la bière en fermentation, et qui sert de levure aux boulangers, etc.]. (1) *Comme* omis.	*Par* 100 *fr.*.	3.. 0	22 août 1791.
Bijouterie *de toute sorte*. [Ce qui comprend les divers ouvrages en or et argent ou garnis de ces matières, tels que Bagues, Boîtes, Boucles d'oreilles, Boutons, Bracelets, Breloques, Cachets, Chaines de montres, Colliers, Dez à coudre, Étuis, Flacons, Garnitures de toilettes, et enfin toute espèce de Bijoux.]..(2)	*Par* 100 *fr.*...	12.. 0	15 mars 1791.
Bimbeloterie. [On comprend sous ce nom tout ce qui sert à l'amusement des enfans, les Joujoux coulés en plomb ou faits en bois, les Poupées, Chapelles, etc.]............(3)	*Par* 100 *fr.*. *Comme* Mercerie commune. *Quintal*.....	12— 0 ....—.... 80.. 0	15 mars 1791. 1 août 1792. DI. 17 pluv. 13 et loi du 30 avr. 1806.
Biscuit *de mer*. [C'est du pain qui a reçu deux cuissons.].........	*Exempt*..... *Droit de bal.*	....—....	15 mars 1791. 24 nivôse 5.
Bistorté. [Plante ainsi nommée parce que sa racine, noirâtre, oblongue et noueuse, est repliée sur elle-même comme un serpent. Elle sert en médecine.].................... (4)	*Quintal*.... Idem......	1—53 3.. 6	15 mars 1791. DI. 8 février 1810.
Bistre. [Couleur brune et un peu jaunâtre dont les dessinateurs se servent pour faire les lavis. Il se met dans le commerce en petits pains d'un brun foncé.]...................... (5)	*Quintal*.... Idem......	1—53 3.. 6	15 mars 1791. DI. 8 février 1810.
Bitumes, *autres que ceux dénommés au présent Tarif*. [Les bitumes sont, comme les huiles et les graisses, composés d'hydrogène, de carbone et d'azote, mais dans un état particulier et modifiés par l'oxigène : ils sont ou fluides, ou dans un état de mollesse, ou secs et friables. On en rencontre dans le sein de la terre et quelquefois nageant à la surface des eaux.] ... (6)	*Quintal*.....	2.. 4	15 mars 1791.

RENVOIS.

Bigarrades. *Voyez* Fruits.
—**Bismuth.** *Voyez* Étain de glace.
—**Bisnague.** *Voyez* Visnage.
Bisquains. *V.* Peaux de moutons avec la laine.
Bitume de Judée. *Voyez* Asphalte.

(1) C'est par décision du 8 germ. an 10 que ce droit a été appliqué au levain de bière.

(2) *Voyez* la note à ARGENT, pour le droit de garantie, et observez que par arrêté du 1.er messidor an 6, les ouvrages de joaillerie dont la monture est très-légère et contient des pierres ou perles, dont la surface est entièrement émaillée, ou, enfin, qui ne pourroient supporter l'empreinte sans détérioration, sont aussi dispensés du droit de garantie. (*Code n.*° 415.)

La bijouterie cassée ne doit que le droit de balance, comme matière première.

(3) La bimbeloterie doit être accompagnée d'un certificat d'origine.

(4) La bistorte n'étoit pas reprise au Tarif de 1664.

(5) Le bistre n'étoit pas repris au Tarif de 1664 et ce n'est pas une droguerie; toutefois il a été décidé que le décret du 8 février 1810 lui étoit applicable.

(6) Il a été convenu que, dans les Tarifs, on ne porteroit pas le double droit sur les bitumes non dénommés; que, si ceux présentés étoient des drogueries, les receveurs appliqueroient le déc. et du 8 février 1810....... Comme ceci s'accorde avec la note de la 5.e édition, je laisse, sous cette restriction, les bitumes au simple droit.

Blanc *à l'usage des femmes.* [Matière blanche, pesante et pulvérante. Il y en a aussi de liquide.]	*Quintal.....*	48..96	15 mars 1791.
Blanc *de plomb.* [Ce sont des morceaux de plomb dissous par la vapeur du vinaigre et convertis en une matière blanche et cassante. On l'emploie dans les onguens, dans la peinture et on en fait la céruse.......... (1)	*Quintal.....* *Idem......*	12—24 20.. 0	15 mars 1791. DI. 11 juillet 1810.
Bleu *de Prusse.* [Couleur qui sert en peinture et qui est faite avec une lessive de sel alcali calcinée avec une substance animale, une dissolution de vitriol vert et d'alun.]............. (2)	*Quintal.....* *Idem net..*	61—20 122..40	15 mars 1791. DI. 8 février 1810.
Bois communs comme suit : Bois *à bâtir et à brûler*..........................	*Exempt.....* *Droit de bal.*	....	15 mars 1791. 24 nivôse 5.
Bois *de construction navale* ou *civile.*	*Exempt....* *Droit de bal.*	....	15 mars 1791. 24 nivôse 5.
Bois *en planches* et *madriers*........................	*Exempt.....* *Droit de bal.*	....	1 août 1792. 24 nivôse 5.
Ceux *sciés* importés par les départemens de la *Lys,* de l'*Escaut* et des *Deux-Nèthes.* [La Hollande couvrant le département des Deux-Nèthes, le droit est dû à l'importation de ces bois en Hollande.] (*LD.* 30 *octobre* 1811.)................................. (3)	*Par* 100 *fr..*	10.. 0	19 thermidor 4.

RENVOIS.

—Blanc de baleine. *Voyez* Baleine.
Blauwsel, *comme* Azur en poudre. (*LD.* 26 décembre 1811.)
Blé. *Voyez* Grains.
Bleu de cobalt, *comme* azur en poudre. (*DM.* ... octobre 1812.)
Bleu céleste, *comme* droguerie omise.
Bleu minéral ou de Montagne, dont le cuivre fait la base. *Comme* droguerie omise. (*LD.* 25 *mai* 1810, *et* 9 *mars* 1812.)
Bleu vert, *comme* droguerie omise.
Blondes de Fil. *Voyez* Dentelles.
Bœufs. *Voyez* Bestiaux.
Bois de chêne. (Ecorces de). *Voyez* à l'article Écorces.

30. (Entrée.) 18.

(1) Le blanc de plomb n'étoit pas réputé drogue par le Tarif de 1664 . . . toutefois une lettre du 25 mai 1810 l'avoit, à assez juste titre, rangé dans cette classe . . . mais, par circulaire du 19 juin 1810, il a été reporté à marchandises, et depuis le décret du 11 juillet l'a tarifé à 20 fr. en rappelant le droit primitif.

(2) Par décision du 10 août 1736, le Bleu de Prusse fut classé à drogueries, et il y a été maintenu par lettres des 10, 14 et 22 mai 1810.

(3) C'est pour favoriser les moulins à scier de la Belgique, que ce droit de 10 pour 100 a été établi........ Dès-lors il ne porte pas sur les bois disposés pour le charronnage, lorsqu'ils n'ont reçu d'autre main-d'œuvre que la division et le dégrossissement; ceux-ci ne doivent donc que le droit de balance.

Bois communs (*Suite des*).

Bois *d'éclisses* [Bois fendu en planches très-minces, pour tamis, seaux, cribles, etc.].......................... } *Par* 100 *fr.*.	5.. o	15 mars 1791.
Bois *feuillard*. [Ce sont des lattes à faire cercles, cerceaux, etc.]................................. (1) } *Le* 1000 *en N.*	o..25	15 mars 1791.
Bois *merrain*. [Ce sont des planches de chêne apprêtées pour douves de tonneaux.].............................. } *Exempt*..... ..—..	} *Droit de bal.*	15 mars 1791. 24 nivôse 5.
Bois *à tan*. [C'est principalement l'écorce de chêne laquelle est épaisse, raboteuse, crevassée et rude.]........... (2) } *Exempt*..... ..—..	} *Droit de bal.*	15 mars 1791. 24 nivôse 5.
Bois *ouvrés*, de toute sorte. [Ce qui s'entend de tous les ouvrages en bois non tarifés particulièrement.]......... (3) } *Par* 100 *fr.*.	15.. o	15 mars 1791.

Bois de marqueterie et de tabletterie, à l'exception de ceux tarifés ci-après.. Les principaux bois de l'espèce qui restent soumis aux droits ci-contre sont le bois d'*amaranthe*, espèce de mahagoni veiné, plus ou moins rouge ; bois de *citron*, jaunâtre ; bois de *corail*, rougeâtre ; bois de la *Chine*, violet ; bois d'*ébène*, qui est noir ; bois de *fer*, rougeâtre ; bois de *lettres*, jaune ou fond rouge moucheté de jaune ; bois de *rose de la Chine*, noir rougeâtre, parsemé de veines très-fines. (*Celui-ci n'est pas le bois de Rhodes.*) bois *tapiré*, mêlé de rouge et de jonquille ; bois *vert*, ainsi nommé de sa couleur, etc........................ (1)	*Exempts*... ...—.. *Droit de bal.* ...—.. *Quintal*.... 15— 0 Idem..... 15— 0 Idem..... 3o.. 0		15 mars 1791. 24 nivôse 5. AC. 3 therm. 10. 8 floréal 11. DI. 8 février 1810.
Bois d'acajou. [Arbre qui naît dans l'Amérique, le Brésil et les Indes. Il est fort dur et d'une couleur rougeâtre plus ou moins foncée, veiné ou moucheté. On l'apporte en madriers de 3 à 4 mètres de long sur 6o à 15o centimètres de large. On en fait les plus beaux meubles.]....... (2)	*Quintal*..... 15— 0 Idem...... 15— 0 Idem...... 25— 0 Idem...... 25— 0 Idem...... 5o— 0 Idem...... 5o.. 0		AC. 3 therm. 10. 8 floréal 11. DI. 17 pluv. 13. 3o avril 1806. DI. 8 février 1810. DI. 5 août 1810.
Bois de Buis. [Il y en a de deux espèces, le nain qu'on emploie pour bordures dans les jardins, et la grande sorte dont il est ici question, qui a un bois dur, compacte, pesant, jaune et sans moelle. Il est employé par les tourneurs, graveurs et très-peu en médecine.]....................	*Quintal*..... 2.. 4		15 mars 1791.
Bois de palixandre. Ce bois est compacte, pesant, d'une belle couleur tirant sur le violet ; il a la douce odeur de la violette, et est importé en madriers. On le nomme aussi *bois violet*..	*Quintal*.... 3o.. 0		DI. 12 sept. 1810.
Bois rouge, dénomination qui provient de la couleur de ce bois, et qu'on applique au *copahier*, nommé aussi *bois de copahu* et *bois de sang*. Le bois d'*olive* de l'île Bonaparte, et *l'olivetier* de l'île de France y sont aussi appelés bois rouge .... (3)	*Quintal*..... 15o.. 0		DI. 12 sept. 1810.
Bois satiné *de Cayenne*. Ce bois, dont le fond est rouge veiné de jaune, ou jaunâtre à veines rouges, présente, lorsqu'il est poli, le reflet du satin. Il a été trouvé, pour la première fois, à Cayenne, sur l'habitation de M. Ferolles, d'où lui vient son surnom de *bois de Ferolles* ; à Saint-Domingue, on le nomme *bois marbré*, et dans les Antilles *bois benoist*..	*Quintal*.... 3o.. 0		DI. 12 sept. 1810.

RENVOIS.

Bois d'acajou et de marqueterie, venant des colonies françaises. *Voyez le tarif particulier des productions coloniales des îles françaises.*

Bois de bimaes, *c'est* une sorte de Bresillet.

Bois de Cèdre, *comme* Bois de Marqueterie. (*DM.* 24 août 1812.)

Bois de crabe. *Voyez* à Girofle.

Bois et Racines d'Epine-Vinette 3 pour 100. (*LD.* 28 *juillet* et 21 *octobre* 1810.)

Bois Fustet. *Voyez* Fustet.

Bois Fustique. *Comme* Bois jaune. (*Avis des experts*, 27 *août* 1811.)

Bois Fustok. *Comme* Bois jaune.

Bois de Gaïac. *Voyez* Gaïac.

Bois de Girofle. *Voyez* à Girofle.

32. (Entrée. 20.)

(1) C'est comme productions des Indes, que ces différens bois sont soumis au double droit.

(2) Les bois d'Acajou en planches ou en feuilles doivent le même droit que ceux en madriers (*LD.* 20 *fructidor* 10.)

Par DM., 13 octobre 1810, le bois jaune a été assimilé, pour les droits, au bois d'acajou.... Par avis des experts du gouvernement, en date du 27 août 1811, il a été reconnu que le bois jaune dont il s'agit ici est celui connu dans le commerce sous le nom de *Fustique* ou *Fustok*, lequel est jaune, dur, solide et brillant, en grosses bûches : bien différent du *Fustet* qui n'est qu'un arbrisseau dont on expédie les branches en paquets de baguettes, c'est-à-dire refendues et dépouillées de leur écorce.—La raison de l'assimilation, pour les droits, du bois fustok au bois d'acajou, est que l'un et l'autre ont la même valeur commerciale.

(3) A Anvers, on a traité le bois de *nicaragua* comme le bois rouge : c'est à tort ; le nicaragua n'est autre chose que du bois de campêche, nonobstant la lettre du 15 mars 1811 qui ordonne de l'assimiler au bresillet.

Bois médicinaux et odorans, comme suit :

Bois d'aloes. L'arbre ressemble à un olivier ; son bois est léger (*et non pas pesant comme on le dit.*) Il est résineux, de couleur tannée, jaspé, luisant en dehors, et jaunâtre en dedans.

L'*aspalat*, seconde espèce d'aloës, est pesant, de couleur purpurine, obscure et marbrée. — Le *calambouc*, ou *bois d'aigle*, troisième espèce d'aloës, est peu résineux, d'une odeur agréable, d'un brun verdâtre, et de saveur amère. . . .

Quintal	40 — 80	15 mars 1791.
Idem *net* . .	81 — 60	DI. 8 février 1810.
Idem *net* . .	800 . . 0	DI. 12 sept. 1810.

Bois de baume, ou *Xilobalsamum*. Il est blanchâtre ou moëlleux, d'une odeur douce et agréable. Il est apporté du Caire en morceaux très menus. . . . .

Quintal	40 — 80	15 mars 1791.
Idem *net* . . .	81 . . 60	DI. 8 février 1810.

Bois néfrétique. [C'est un bois d'un jaune rougeâtre, qui est apporté de la Nouvelle-Espagne en gros morceaux sans nœuds.] . . . .

Quintal net.	51 — 0	15 mars 1791.
Idem *net* . .	102 — 0	DI. 8 février 1810.
Idem *net* . . .	500 . . 0	DI. 12 sept. 1810.

Bois de Rhodes. [Il est tiré d'un arbre fort haut qui croît aux Canaries, à la Martinique, etc. Son bois est de couleur jaunâtre, d'odeur de rose : il est couvert d'une écorce blanchâtre ; son cœur est jaspé de blanc, de noir et de jaune.]. On le nomme encore *bois de Chypre* et *bois de rose*, et on s'en sert aussi en *ébénisterie*. . . . .

Quintal	10 — 20	15 mars 1791.
Idem	20 — 40	DI. 8 février 1810.
Idem *net* . . .	200 . . 0	DI. 12 sept. 1810.

Bois de santal citrin. [Il est apporté de l'Inde en bûches mondées de leur écorce. Ce bois est compacte, pesant, de couleur citrine, d'une odeur douce et fort agréable. Il sert en médecine, aux parfumeurs et même aux tourneurs et tabletiers.] Le bois de *santal blanc* est le produit du même arbre, avec la seule différence relative à l'âge ; sa couleur est moins foncée que celui nommé *citrin*. . . . .

Quintal	20 — 40	15 mars 1791.
Idem *net* . .	40 — 80	DI. 8 février 1810.
Idem *net* . . .	250 . . 0	DI. 12 sept. 1810.

RENVOIS.

Bois jaune. *Comme* Bois d'acajou. (*DM.* 15 *octobre* 1810). *V.* la note à Bois d'acajou.

Bois de Nicaragua. *V.* la note à Bois rouge.

Bois de rose inodore, *comme bois de marqueterie.* (*LD.* 20 *juin* 1811.)

Bois de Surinam. 20 pour 100. (*Anvers, Dunkerque et Brest.*)

Bois de Saint-Martin, comme Bresillet. (*LD.* 28 *mai* 1811.)

Bois de sappan, *comme* Bresillet. (*LD.* 18 *sept.* 1811.)

— Bois tamaris. *Voyez* Tamaris.

Bois. Pour les autres espèces, *voyez* à leurs noms propres.

I 33. (Entrée. 21.)

BOIS DE TEINTURE, *en bûches ou éclisses*, comme suit :			
BOIS DE BRÉSIL ou de FERNAMBOUC. [Ce bois a une saveur douce ; il est rouge, pesant, fort sec et pétille dans le feu, où il ne fait presque pas de fumée. On nomme *Fernambouc* celui de coupe royale, et *Brésil* celui de coupe particulière]...	*Exempt* ....—..		15 mars 1791.
	Droit de bal.. ...—..		24 nivôse 5.
	Quintal ..... 120..	o	DI. 5 août 1810.
BOIS BRÉSILLET. [Ce bois, d'un rouge pâle, est assez dur. Sa propriété est inférieure à celle du *Fernambouc* ; il porte différens noms qui lui viennent de ceux des pays d'où on le tire, ainsi les bois de *Sappan*, de *Lamon*, du *Japon*, des *Isles Antilles* et de *Sainte-Marthe*, ne sont autre chose que du Brésillet]............................	*Exempt* ....—..		15 mars 1791.
	Droit de bal.. ...—..		24 nivôse 5.
	Quintal...... 15..	o	DI. 12 sept. 1810.
BOIS DE CAMPECHE. [Ce bois est dur, compacte, d'un beau brun marron tirant sur le violet ou le noir. On le nomme indifféremment bois d'*Inde*, bois de la *Jamaïque* ou Assouru]..............	*Exempt* ....—..		15 mars 1791.
	Droit de bal.. ...—..		24 nivôse 5.
	Quintal...... 80..	o	DI. 5 août 1810.
BOIS DE SANTAL ROUGE. [Il n'a que le nom de commun avec le Santal citrin ; c'est un autre arbre qui croît à la Jamaïque et dans la Caroline ; son bois de couleur noirâtre au-dessus et rouge-brun au-dedans est difficile à fendre parcequ'il n'a pas de fil. On l'importe en grosses et longues buches et il sert aussi pour la marqueterie]..........................	*Exempt* ....—..		15 mars 1791.
	Droit de bal.. ...—..		24 nivôse 5.
	Quintal ..... 20..	o	DI. 12 sept. 1810.
Celui de CALIATOUR. [D'après l'avis des experts du gouvernement en date du 21 février 1811, il a été mandé que le *bois de Caliatour* n'étoit autre chose que du Santal rouge, mais d'une qualité inférieure, puisqu'il est tarifé à un taux plus modique. Celui-ci vient de la côte d'Angola en Afrique............................	*Quintal* ..... 15..	o	DI. 12 sept. 1810.
BOIS DE TEINTURE *moulus*. [Ce sont ceux ci-dessus réduits en très-petites parties.]............................	*Quintal*...... 6—12		15 mars 1791.
	Idem....... 10—	o	9 floréal 7.
	Idem....... 20—	o	DI. 8 février 1810.
	Quintal..... 100..	o	DI 5 août 1810.

Boîtes *de bois blanc*..	*Quintal*.....	15..30	15 mars 1791.
Boîtes et **Tabatières** *de carton* et *de papier*...............	*Quintal*.....	183..60	15 mars 1791.
Boîtes et **Tabatières** *de cuir*...........................	*Quintal*..... / *Prohibées*...	183—60 /	15 mars 1791. / 10 brumaire 5.
Bol *d'Arménie*. [Terre argileuse, très-pesante, grasse, friable, d'un goût astringent, de couleur de safran ou rougeâtre, et d'usage en médecine. Ce bol s'attache à la langue, teint les mains, et se divise facilement dans l'eau. On l'emploie aussi pour dorer.]	*Quintal*..... / *Idem*......	4— 8 / 8..16	15 mars 1791. / DI. 8 février 1810.
Bonneterie de laine ou étame........................... payoit	*Quintal*.....	204— 0	
de coton..	*Idem*......	285—60	
de fil...	*Idem*......	183—60	
de laine, fil et coton, poil et autres matières mêlées...	*Idem*......	183—60	
de poil de lièvre, de lapin et de chèvre..............	*Idem*......	183—60	
de filoselle ou fleurets.............................	*Kilogramme*.	9—18	15 mars 1791.
de soie..	*Idem*......	12—24	
de soie mêlée d'autres matières.....................	*Idem*......	9—18	
de castor..	*Idem*......	3—57	
de vigogne...	*Idem*......	3— 6	
Bonneterie de toute espèce...........................	*Prohibée*....	...—..	1 mars 1793.
Celle en laine.................... *Moitié des droits du Tarif de* 1791.		...—..	12 pluviôse 3.
Bonneterie de toute espèce, de coton ou en laine, unie ou mélangée.. (1)	*Prohibée*....	....	10 brumaire 5.
Borax *brut* ou *gras*. [Sel minéral qui se trouve principalement en Perse. Il est graisseux et rougeâtre, ou grisâtre en sa superficie..	*Quintal*..... / *Idem*...... / *Idem*...... / *Idem net*..	6—12 / 25— 0 / 25— 0 / 50.. 0	15 mars 1791. / DI. 17 pluv. 13. / 30 avril 1806. / DI. 8 février 1810.
Borax *purifié* et *raffiné*. [Il est en cristaux blancs, nets et à demi-transparens. D'usage en médecine.].....................	*Quintal*..... / *Idem net*.. / *Idem net*.. / *Idem net*..	25—30 / 90— 0 / 90— 0 / 180.. 0	15 mars 1791. / DI. 17 pluv. 13. / 30 avril 1806. / DI. 8 février 1810.

RENVOIS.

Borate de sou e. *Voyez* Borax brut.
Bombes et boulets à munitions.
Bottes, **Bottines**. *Voyez* Cordonnerie.
— **Bouchons** de liége. *Voyez* Liége ouvré.
Boucles de cuivre. *Voir* la note à Mercerie fine.
Boucles de fer, *comme* Mercerie commune.
    (**D.M.** 6 *nivose* an 7.)
Boucles d'oreilles en or. *Voyez* Bijouterie.
Boucles d'oreilles en pierres fausses ou fines.
    Voyez Pierres fausses ou fines.
Boucs. *Voyez* Bestiaux.
Bougettes. *Voyez* Mercerie commune.
— **Bougies** de Blanc de Baleine *Voyez* Baleine.
Bougies de Cire. *Voyez* Cire ouvrée.
Bougran. *Voyez* Toile gommée.
    35. (**Entrée**. 23.)

(1) Cette disposition annulle l'exception faite par la loi du 12 pluviôse an 3 ; ce qui fait que toutes les espèces de Bonneterie sont prohibées.
    On ne comprenoit pas dans la Bonneterie le Tricot en pièces, servant à faire des vêtemens, toutefois, il se trouve, comme elle, prohibé par la loi du 10 brum. an 5.

Désignation	Unité	Droits	Date
BOULES *de mail*. [Elles sont ordinairement de buis, et servent à jouer à ce jeu.] .... (1)	*Quintal*.....	8..16	15 mars 1791.
BOULES *de terre*. [Ce sont des tourbes ou mottes faites d'une espèce de terre noirâtre : elles servent à faire du feu. On les nomme *boules* parce qu'on leur donnoit autrefois cette forme.]......	*Exemptes*... / *Droit de bal*.	..—.. /	15 mars 1791. / 24 nivôse 5.
BOURDAINE. [Grand arbrisseau à écorces noirâtres, du genre nerprun, dont le bois, qui est blanc et tendre, fournit le charbon le plus léger ; aussi est-il employé pour la fabrication de la poudre à feu.]	*Exempte*.... / *Droit de bal*.	..—.. /	15 mars 1791. / 24 nivôse 5.
BOURGEONS *de sapin*. [Ce sont les boutons épanouis et développés de cet arbre.] .... (2)	*Quintal*..... / Idem......	1—53 / 3.. 6	15 mars 1791. / DI. 8 février 1810.
BOURRES ou PLOCS *de toutes sortes*, comme *rouge* et autres à faire lits, *lanisse* ou *nolisse*, *tontisse*, *de chèvres*, etc. [On nomme *bourre* le poil des animaux que les tanneurs détachent des peaux lorsqu'ils les préparent. Celle *tontisse* provient de la tonte des draps.]	*Exemptes*... / *Droit de bal*.	..—.. /	15 mars 1791. / 24 nivôse 5.
BOUTARGUE. [On donne ce nom, sur les côtes de la Méditerranée, à une préparation des œufs de Muge, poisson à tête grosse et à corps oblong.]	*Quintal*.....	6..12	15 mars 1791.

BOUTONNERIE *de toute sorte*, payoit, savoir :

Désignation	Unité	Droits	Date
Boutons de fil d'or fin, trait ou clinquant............	*Kilogramme*.	18—36	
de fil d'argent.................	Idem......	14—28	
de soie.....................	Idem......	6—12	
de soie mêlée de crin, de poil, de fil, de laine et autres matières................	Idem......	2— 4	
de fil..................................	*Quintal*.....	204— 0	15 mars 1791.
de laine..............................	Idem......	146—88	
d'étoffes, de draps et autres faits au métier....,	Idem......	40—80	
de nacre de perle.....................	Idem......	81—60	
de cuivre ou d'autres métaux...............	Idem......	110—16	
de crin............. *Comme* Boutons de soie mêlée de crin.		..—..	1 août 1792.
Boutons de cuivre ou d'autres métaux...............	*Prohibés*....	..—..	1 mars 1793.
Boutonnerie de toute espèce......................... (3)	*Prohibée*....	....	10 brumaire 5.

RENVOIS.

BOULETS et BOMBES. *Voyez* Munitions de guerre.
BOURRE de soie. *Voyez* Soies.
BOURSES à cheveux. *Voyez* Mercerie fine.
BOURSES de Cuir, de Fil et de Laine. *Voyez* Mercerie commune.
BOUSSOLES. *Voyez* Instrumens d'astronomie.
BOUTEILLES de Grès. *Voyez* Poterie de terre.
— BOUTEILLES de Verre. *V.* Verre en Bouteille.
BOUTONS (Moules de). *Voy.* Moules de Boutons.
BOUTONS de Coco. *Voyez* Mercerie commune.
BOUTONS de manches en Étain. *Voyez* Mercerie commune.
BOUTONS D'Os et de VERRE, prohibés. (*LD.* 7 juin 1808.)
BOUTS DE LAINE. *Voy.* Pennes.
BOYAUX SALÉS, 10 p. 100 (*LD.* 5 février 1815).

(1) Les boules de mail, comme ouvrages de tabletterie, devroient être prohibées.

(2) Les bourgeons de sapin n'ont pas été repris au Tarif de 1664, toutefois, comme ils ne servent qu'en médecine, ils doivent le double droit; une lettre du 25 mai 1810, l'a d'ailleurs décidé ainsi.

(3) On en excepte, en vertu de la loi du 19 pluviôse an 5, les Boutons de coco, ceux de manches en étain et autres métaux communs, qui sont classés dans la Mercerie. (Voir cet article.)

Désignation	Unité	Droit	Loi
Brai gras. [Ce qu'on nomme Brai gras n'est autre chose que du *goudron* qui a été retiré des branches vertes des *pins*, au lieu de l'être des tiges, des racines ou des souches ; c'est au moyen de leur combustion dans des fourneaux construits de ces branches, qu'on obtient ces résines qui servent principalement à caréner et à enduire les navires. . . . . (1)	*Quintal*.....	3.. 0	3 avril 1806.
Brai sec et Arcanson. [C'est le résidu de la distillation de la résine de pin et de sapin ; c'est-à-dire, la résine dont on a retiré l'huile essentielle.].	*Quintal*..... Idem...... Idem...... Idem......	0—51 0—10 0—51 3.. 0	15 mars 1791. 12 pluviôse 3. 3 frimaire 5. 30 avril 1806.
Briques, Tuiles et Carreaux *de terre*. [Terre argileuse pétrie et moulée, puis séchée au soleil et ensuite cuite au feu. Servant à la bâtisse.].	*Le* 1000 *en N.*	0..75	15 mars 1791.
Bronze ou Airain *non ouvrés*. [Alliages de cuivre, de zinc et d'une fort petite quantité d'étain. Ils ne diffèrent que par la proportion de l'étain.]. . . . . (2)	*Quintal*.....	12..24	15 mars 1791.
Bronze *ouvré*, en statues, vases, urnes et autres ornemens de bronze.] (3)	*Quintal*..... *Prohibé*.....	61—20	15 mars 1791. 10 brumaire 5.
Brosses et Brosserie. [Ce qui comprend les vergettes, balais de crins, de poils et de racines. (*LD.* 3 *août* 1808.].	*Comme* Mercerie commune.	. . . .	15 mars 1791.
Brun-Rouge. [Oxide de fer naturellement jaune, mais auquel la calcination donne une couleur rouge obscure. D'usage en peinture.]. . . . . (4)	*Quintal*.....	0..51	15 mars 1791.
Bruyères *à faire vergettes*. [Sous-arbrisseau dont les rameaux petits et très-souples sont employés pour la brosserie.].	*Quintal*.....	0..51	15 mars 1791.

(1) Le brai gras qui n'est pas dénommé dans la loi du 15 mars 1791, n'est pas, comme on le lit dans certains livres, un composé de goudron, de brai sec et de suif ; pareil mélange seroit un brai factice ;.... mais comme on veut aujourd'hui que, pour les droits, il y ait de la différence entre le goudron et le brai gras, je fais deux articles de cette marchandise ; au titre COUDRON, j'en parlerai plus longuement.

(2) Les bronzes en vieux canons seront traités comme cuivre en rosette, mitraille et lingots. (*Décision du* 1 *complém.* 12.)

(3) Voyez le dernier paragraphe de la note 5 à l'art. OUVRAGES : ceux des *Arts* sont exceptés de la prohibition. — Des statues antiques ont été admises à Marseille pendant le trimestre de juillet 1808, en payant le droit de la loi du 15 mars 1791.

(4) Le Tarif de 1664, avoit classé le rouge-brun, comme terre rouge, à marchandises, mais le rouge d'Inde étoit réputé droguerie... le Tarif de 1791, tire le brun-rouge à 51 cent., et la terre rouge ou rouge d'Inde, à néant : de manière donc, qu'en 1664, on disoit, que le brun-rouge étoit de la terre rouge et non pas du rouge d'Inde, et au contraire, en 1791, on prétend, que la terre rouge est du rouge d'Inde et non pas du brun-rouge.... Voilà bien se torturer sans sujet, car, enfin, ces différens rouges ne sont dans la réalité que de l'ochre de fer plus ou moins soumis à l'action du calorique.

BURAILS et CRÉPONS *de Zurich*. [Etoffes croisées, entièrement de laine, dont celle de la chaîne est filée plus torse que celle de la trame. Les pièces ont $\frac{1}{4}$ de large sur 26 aunes de long.]	*Quintal*.....	142..80	DM. 28 brum. 9.
CACAO et ÉPLUCHURES DE CACAO (1). [Amandes un peu plus grosses qu'une olive, charnues, lisses, de couleur brunâtre, d'odeur très-agréable. Elles forment le principal ingrédient du chocolat, et croissent sur un arbre de l'Amérique, enveloppées, au nombre de vingt-cinq à quarante, dans un fruit ayant à-peu-près la forme d'un concombre.] .... (1)	*Quintal net*.	51— 0	15 mars 1791.
	Idem......	5—10	12 pluviôse 3.
	Idem......	20—40	3 frimaire 5.
	Idem......	75— 0	AC. 3 therm. 10.
	Idem......	75— 0	8 floréal 11.
	Idem......	120— 0	DI. 17 pluv. 13.
	Idem......	200— 0	DI. 4 mars 1806.
	Idem......	200— 0	30 avril 1806.
	Idem *net*.	400— 0	DI. 8 février 1810.
	Kilogr. net.	10— 0	DI. 5 août 1810.
	Quintal net	500.. 0	DI. 7 nov. 1810.
CACHOU (*Suc de*). [Fécule que l'on retire du fruit d'un arbre indien nommé *cat-cho*. Il arrive en morceaux gros comme un œuf, communément d'un rouge noirâtre à l'extérieur; sans odeur, d'un goût amer d'abord, ensuite très-agréable.]	*Quintal*.....	24—48	15 mars 1791.
	Idem *net*..	48—96	DI. 8 février 1810.
	Quintal net.	600.. 0	DI. 12 sept. 1810.
CAFÉ. [On donne ce nom à la graine du fruit que porte un arbrisseau toujours vert, cultivé dans les régions situées entre les tropiques. Ce fruit, de la forme d'une cerise, sert d'enveloppe à deux petites féves : ce sont ces féves qu'on nous apporte en Europe.] .... (2)	*Quintal net*.	61—20	15 mars 1791.
	Idem......	12—24	12 pluviôse 3.
	Idem......	61—20	3 frimaire 5.
	Idem......	25— 0	9 floréal 7.
	Idem......	75— 0	AC. 3 therm. 10.
	Idem......	75— 0	8 floréal 11.
	Idem......	100— 0	DI. 17 pluv. 13.
	Idem......	150— 0	DI. 4 mars 1806.
	Idem......	150— 0	30 avril 1806.
	Idem......	300— 0	DI. 8 février 1810.
	Quintal net.	400.. 0	DI. 5 août 1810.

38. (ENTRÉE. 26.)

(1) Une lettre du 3 juillet 1807 ordonne de classer les pelures de cacao parmi les drogueries omises.... Il faut une bien grande habitude pour distinguer les pelures des épluchures.

(2) Les droits d'entrée et de consommation sur les Cafés et Cacaos seront perçus au net. La tare à déduire sera, pour ceux en futailles, de 12 pour 100; elle ne sera que de 3 pour 100 lorsqu'ils arriveront en sacs. (8 *floréal* 11.)

Caillou *à faïence* ou *porcelaine.* [Sorte de pierre blanche et sablon-neuse.]	*Exempt.....* / *Droit de bal.*	.....—.. /	15 mars 1791. / 24 nivôse 5.
Calamine ou Cadmie. [Oxide de zinc et de fer mêlé de suie, qui se ramasse dans les cheminées des usines où on fabrique le laiton; sa couleur est d'un gris rougeâtre; il est très-pesant. On nomme aussi *calamine* ou *pierre calaminaire* un minerai composé pour l'ordinaire d'oxide de zinc, d'oxide de fer et de parties terreuses; ce qui forme un mélange couleur de rouille.]	*Exempte....* / *Droit de bal.*	.....—.. /	15 mars 1791. / 24 nivôse 5.
Calamine *blanche,* ou Pompholix. [Espèce de fleur de zinc com-pacte et friable qui se trouve attachée au couvercle du creuset dans lequel on a mis fondre du cuivre avec la pierre cala-minaire.]	*Quintal.....* / Idem......	6—12 / 12..24	15 mars 1791. / DI. 8 février 1810.
Calamus verus, ou Amarus. [Racine d'une espèce de roseau noueux qu'on nous apporte sèche des Indes. Elle est rou-geâtre en dehors et blanche en dedans, d'un goût très-amer.] .... (1)	*Quintal.....* / Idem......	4—59 / 9..18	15 mars 1791. / DI. 8 février 1810.
Calebasse *de terre.* [Plante à grandes feuilles rondes et lanugi-neuses; fleur à cloches coupées en cinq parties; fruit cylin-drique très-gros, recouvert d'une écorce dure, ligneuse et jaunâtre. Il renferme beaucoup de semences qui contiennent une petite amande blanche.] .... (2)	*Quintal.....* / Idem......	1— 2 / 2.. 4	15 mars 1791. / DI. 8 février 1810.
Calebasses *et* Courges *vidées.* [C'est l'écorce de la calebasse d'herbe. Il suffit, pour la transformer en bouteille, en seau ou en assiette, de la vider de sa pulpe, et de la couper plus ou moins à son sommet.]	*Quintal.....*	6..12	15 mars 1791.

RENVOIS.

Cahout-chouc. *Voyez* Gomme élastique.
Caillette. *Voyez* Présure.
Calamus aromaticus. *Voyez* Acorus verus.
—Calcantum. *Voyez* Vitriol rubéfié.
Calagnala (racine de) *Comme* droguerie omise. (*Lettre du* 30 *juillet* 1807.)
Calin, métal plus beau que le plomb, mais inférieur à l'étain, dont on double les boîtes à thé; *comme* Étain. (*LD.* 1 *fé-vrier* 1811.)

(1) La loi du 15 mars 1791 a compris le *calamus aromaticus* sous ce droit; c'est une erreur, le *calamus aromaticus* étant la même chose que l'*acorus verus.*

(2) La calebasse de terre, plante, n'est pas une drogue; elle n'est pas non plus le fruit de l'arbre *crescentia cujete*, nommé ici calebasse des Antilles; conséquem-ment n'étant ni drogue, ni production de l'Inde, la calebasse de terre ne doit pas le double droit; cependant elle y a été soumise, parce que sa graine est une des quatre semences froides.

Désignation des marchandises	Unité	Droits	Date
CAMOMILLE (*Fleurs de*). [Plante dont il y a plusieurs espèces. Les fleurs naissent au sommet des tiges dispersées de part et d'autre, radiées, ayant le disque jaune et la couronne blanche, d'odeur aromatique très-forte.] .... (1)	*Quintal.....*	6—12	15 mars 1791.
	Idem......	12..24	DI. 8 février 1810.
CAMPHRE *brut et raffiné*. [Substance blanche, transparente, légère, très-volatile et combustible, d'odeur forte et pénétrante, retirée principalement par sublimation du laurier-camphrier. Il arrive ordinairement en pains orbiculaires, percés d'un trou à la partie supérieure.]	*Quintal....*	12—24	15 mars 1791.
	Idem. *net..*	100— 0	DI. 17 pluv. 13.
	Idem......	100— 0	30 avril 1806.
	Idem......	200.. 0	DI. 8 février 1810.
CANNELLE FINE. [Seconde écorce d'un arbre aromatique de cette île, qu'on nous apporte roulée en tuyau. Elle est menue, un peu pliante, de l'épaisseur d'une carte à jouer, de couleur tirant sur le jaune, d'odeur suave, d'un gout doux, piquant et aromatique.]	*Kilogr. net..*	3— 6	15 mars 1791.
	Idem......	6—12	DI. 8 février 1810.
	Kilogr. net..	20.. 0	DI. 5 août 1810.
CANNELLE ORDINAIRE. [Plus la canelle est commune, plus elle est dure et cassante, plus aussi elle est piquante, épaisse, brune ou noirâtre. Elle vient ordinairement de Chine et a une odeur de punaise.]	*Kilogr. net..*	1—53	15 mars 1791.
	Idem......	3— 6	DI. 8 février 1810.
	Kilogr. net..	14.. 0	DI. 5 aout 1810.
CANTHARIDES. [Mouches oblongues, de couleur verdâtre, luisante, azurée, tirant sur le doré, d'odeur désagréable. Celles qu'on apporte sont desséchées et très-légères.]	*Quintal.....*	30—60	15 mars 1791.
	Idem *net..*	61..20	DI. 8 février 1810.
CAPILLAIRE. [Plante de la classe des fougères, à tiges menues et rougeâtres, garnies de feuilles vertes, d'odeur et de saveur assez agréables. Il y en a de plusieurs espèces.] .... (1)	*Quintal....*	6—12	15 mars 1791.
	Idem......	12..24	DI. 8 février 1810.
CAPRIER (*Racines et Écorces de*). [Les racines de cet arbrisseau sont longues et grosses. On en sépare l'écorce qu'on fait sécher : elle est jaunâtre, grisâtre, difficile à rompre, de consistance tenace et solide comme le cuir.] .... (2)	*Quintal.....*	6—12	15 mars 1791.
	Idem......	12..24	DI. 8 février 1810.

RENVOIS.

CAMBAGIUM. *Voyez* Gomme gutte.
CAMÉLÉON. *Voyez* Carline.
CAMELOTS de laine. *Voyez* Draperie.
—CANÉFICE. *Voyez* Casse.
CANETILLES. *Voyez* les notes à Or ou Argent, suivant leur nature.
CANNELLE blanche. *Voyez* Costus doux.
CANNELLE (Essence de). *Voyez* l'art. Essences.
CANNELLE (Huile de). *Voyez* l'art. Huiles.
CANNELIER (fleurs de), *comme* droguerie omise.
(*LD.* 4 *février* 1813.)
—CANNES. *Voyez* Joncs.
CANONS. *Voyez* Munitions de guerre.
CANONS (vieux) *Voyez* la note à Bronze.
CANOTS. *Voyez* Bateaux.
CAPARAÇONS. *Voyez* Harnois de chevaux.

(1) La *camomille*, ni le *capillaire*, ne sont repris au Tarif de 1664; toutefois, ce sont des drogues, et comme telles, elles doivent le double droit.

(2) Les écorces de câprier étoient tarifées en 1664, sous les dénominations de *cortex capraris*, et d'écorces de câpres.

Désignation des marchandises	Unité	Droit	Date
CARACTÈRES *d'imprimerie*, en langue française. [Petits parallélipipèdes de fonte de plomb et de régule, à l'extrémité desquels se trouve une lettre en relief ou tout autre signe.]....	*Quintal*.....	81..60	15 mars 1791.
CARACTÈRES *d'imprimerie*, en langues étrangères. (Ce qui se reconnoît lorsque la lettre est du caractère grec, hébreu, arabe, allemand, etc., en un mot n'est pas celle française.].......	*Quintal*.....	40..8o	15 mars 1791.
CARACTÈRES (*vieux*) *d'imprimerie*, en sacs ou en blocs. [On entend par vieux caractères ceux dont la lettre est usée ; alors ils sont considérés comme *matière*.].................... (1)	*Exempts*.... *Droit de bal.*	..........—	15 mars 1791. 24 nivôse 5.
CARDAMOME. [Espèce d'amome. Celle dont il s'agit ici est apportée en gousses triangulaires de couleur cendrée, attachées à de petites queues de même couleur. Ces gousses sont remplies de semences plus menues que les graines de paradis, presque carrées, arrangées les unes sur les autres, mais séparées par des pellicules très-déliées.]................................	*Quintal net*. Idem.....	61—20 122..40	15 mars 1791. DI. 8 février 1810.
CARDES *à carder*. [Petites planches garnies d'un côté de petits fils d'archal courbés et rangés de suite. Elles servent à peigner les laines.].....................................	*Quintal*.....	9..18	15 mars 1791.
CARLINE, CAROLINE ou CAMÉLÉON. [Plante dont la fleur à tête garnie de poils blancs naît entre les feuilles sur sa racine, qui est longue et droite, de la grosseur du pouce, d'un brun obscur en dehors, blanchâtre en dedans.]............... (2)	*Quintal*..... Idem......	4— 8 8..16	15 mars 1791. DI. 8 février 1810.
CARMIN *fin*. [C'est une poudre d'un très-beau rouge foncé et velouté qu'on tire de la cochenille.]......................... (3)	*Kilogramme*. Idem *net*..	28—56 57..12	15 mars 1791. DI. 8 février 1810.
Le commun. [C'est le même que celui ci-dessus, mais allongé avec l'alumine ou base de l'alun.].......... (3)	*Quintal*..... Idem......	16—32 32..64	15 mars 1791. DI. 8 février 1810.

L 41. (ENTRÉE. 29.)

(1) Les difficultés auxquelles cet article pourroit donner lieu sont faciles à résoudre : l'exemption n'est accordée aux vieux caractères que comme matière première ; ainsi on peut exiger qu'ils soient fondus.

(2) La carline n'a pas été reprise au Tarif de 1664, mais comme c'est une drogue, elle doit le double droit.

(3) J'ai dit, sur la foi des livres, que l'*autour* et le *chouan* entroient dans la composition du carmin ; ceci est plus que douteux, puisque l'existence même de l'autour et du chouan n'est pas positivement reconnue.

Comme le carmin n'étoit pas repris au Tarif de 1664, on le traitoit alors comme vermillon ou cinabre, classé à marchandises... Mais une lettre du 21 mai 1810, ayant rangé le cinabre dans la classe des drogueries, il devient clair que le carmin s'y trouve implicitement porté et qu'en conséquence, il doit le double droit.... Il le devroit, d'ailleurs, à raison de sa matière première, car, enfin, c'est bien effectivement avec des cochenilles qu'on fait le carmin, et les cochenilles se ramassent dans les Indes.

Désignation des marchandises			
CARPOBALSAMUM. [C'est le fruit du xylobalsamum qu'on nous apporte séché. Dans cet état il est ridé et sans suc ; mais il conserve son goût et son odeur. Il est de la grosseur du cubebe.]……………………………………	*Quintal*…..	12—24	15 mars 1791.
	Idem……	24..48	DI. 8 février 1810.
CARREAUX *de pierre*. [Ce sont des pierres blanches ou bleues qu'on a sciées et taillées en carré ou en octogone.]………….	*Exempts*….	…—..	15 mars 1791.
	Droit de bal.	…….	24 nivôse 5.
CARROBE, ou CARROUGE. [Fruits à gousses d'un rouge obscur, contenant des semences plates assez semblables à la casse. Ils croissent sur un arbre toujours vert dont le bois raboteux l'emploie dans la marqueterie. Les feuilles peuvent servir à sa préparation des cuirs, en manière de tan.]……….. (1)	*Quintal*…..	0..51	15 mars 1791.
CARTHAME (*Graine de*). [C'est la graine d'une plante à une seule tige dont la semence oblongue, un peu plus grosse que des grains d'orge, est lisse, blanche, luisante, couverte d'une écorce dure et pleine de moëlle blanche, douce et huileuse.]	*Quintal*….	3— 6	15 mars 1791.
	Idem……	6..12	DI. 8 février 1810.
CARTES *géographiques*. [Ce sont de grandes feuilles de papier sur lesquelles on a imprimé et souvent colorié la position de quelque pays.]……………………………………	*Par* 100 *fr*…	5.. 0	15 mars 1791.
CARTES *à jouer*. [Ce sont de petits cartons fins coupés en carré long, marqués de quelque figure et de quelque couleur.]……..	*Prohibées*…	…—..	15 mars 1791.
	Idem……	…—..	9 vendém. 6.
	Idem……	…—..	AD. 3 pluviôse 6.
	Idem……	…….	DI. 13 fruct. 13.
CARTON *gris*, ou PATE *de papier*. [Ce sont des drilles réduites en pâte qu'on a mise dans des espèces de caisses où elle s'est séchée.]……………………………………	*Exempt*….	…—..	15 mars 1791.
	Droit de bal.	…….	24 nivôse 5.
CARTONS *en feuilles* et *de toute espèce*. [Composition compacte et pesante de mauvais papier, qui a beaucoup de surface et très-peu d'épaisseur.]…………………………… (2)	*Quintal*…..	48—96	15 mars 1791.
	Idem……	4—90	12 pluviôse 3.
	Idem……	48..96	3 frimaire 5.

RENVOIS.

CARREAUX de faïence. *Comme* Faïence.
CARREAUX de Marbre *comme* Marbre ouvré. (*LD.* 9 *août* 1809.)
—CARREAUX de terre. *Voyez* Briques.
CARREAUX de terre vernissée. *Voyez* la note à Poterie de terre.
CARTHAME (Fleurs de). *Voyez* Safran bâtard.
CASIMIR. *Voyez* Draperies.

(1) Le carrouge n'a pas été tarifé par l'ordonnance de 1664 ; mais à raison de ce que ses feuilles et son fruit s'emploient en médecine, je lui avois appliqué le décret du 8 février 1810 dans na cinquieme édition…. Néanmoins comme son fruit sert aussi à la nourriture des bestiaux et qu'il est propre à produire une eau-de-vie, il a été arreté qu'on le laisseroit au simple droit.

(2) Ceux propres à presser les draps sont soumis à ce droit.

Désignation	Unité	Droit	Loi ou décret
Carvi. [Semences jointes ensemble deux à deux, planes d'un côté, convexes de l'autre, et marquées de cinq nervures, d'odeur aromatique très-agréable.].........................(1)	*Quintal*.....	6—12	15 mars 1791.
	Idem......	12..24	DI. 8 février 1810.
Casse ou **Canéfice.** [Fruit d'un grand arbre, pendant en gousses droites et longues d'environ un demi-mètre : dans les loges de ces gousses se trouvent une ou deux semences en cœur, dures et plates, enveloppées d'une pulpe moelleuse, noire et un peu sucrée. C'est à cette pulpe que le commerce donne le nom de *casse*.]............................	*Quintal*....	14—28	15 mars 1791.
	Idem......	9— 0	AC. 3 therm. 10.
	Idem......	9— 0	8 floréal 11.
	Idem......	18— 0	DI. 8 février 1810.
	Quintal net..	150.. 0	DI. 12 sept. 1810.
Casse *confite*. [C'est la pulpe dont nous venons de parler, qu'on confit avec du sucre ou du sirop de violette, et qu'on aromatise avec de la fleur d'orange. On confit aussi les bâtons ou gousses de casse encore jeunes, tendres et vertes.].................(2)	*Quintal*.....	30—60	15 mars 1791.
	Idem *net*..	61—20	DI. 8 février 1810.
	Quintal net.	150.. 0	DI. 12 sept. 1810.
Cassia lignea. [Ecorce du laurier-casse, qu'on nous apporte roulée en tuyau et dépouillée de sa pellicule extérieure, d'un jaune rougeâtre, ressemblant beaucoup à la cannelle, mais moins aromatique. Mâchée, elle porte avec elle une espèce de mucilage très-sensible.]..........	..............*Quintal*. . *Comme* Cannelle ordinaire.	16—32	15 mars 1791. AC. 18 brum. 11, loi du 8 flor. 11 et DI. 12 sept. 1810.
Castine. [Pierre calcaire d'un gris blanchâtre dont on se sert pour faciliter la fonte du minerai de fer.].....................	*Exempte*....	...—..	15 mars 1791.
	Droit de bal.	....	24 nivôse 5.
Castoreum. [Matière animale et gélatineuse, contenue dans deux grosses vésicules situées aux aines des castors des deux sexes. Elle est brune et d'une odeur forte et fétide.].............	*Quintal net*.	91—80	15 mars 1791.
	Idem......	185..60	DI. 8 février 1810.
Catapuce, ou **Palma Chrysti.** [On donne ce nom à la graine du *ricin officinal*. Elle cache, sous une coquille mince, rayée et tachetée de gris et de noir, une amande blanche partagée en deux lobes, contenant deux huiles, l'une douce, l'autre âcre.].................................... (1)	*Quintal*.....	6—12	15 mars 1791.
	Idem......	12..24	DI. 8 février 1810.

RENVOIS.

(1) Le carvi ni le catapuce n'étoient pas repris au Tarif de 1664.

(2) A la vérité le décret du 12 septembre 1810 n'impose pas nominativement la casse confite à son nouveau droit, mais ce seroit agir contre tout principe d'économie politique, que de ne pas le lui appliquer.

Désignation	Unité	Droit	Loi ou décret
CENDRES *bleues* et *vertes*, à l'usage des peintres. [Poudre bleue ou verte, préparée avec la pierre arménienne ; mais en général celles du commerce sont un nitrate de cuivre précipité par la chaux ou par l'ammoniaque.]	*Quintal net*.. Idem......	81—60 163..20	15 mars 1791 DI. 8 février 1810.
CENDRES *de bronze*. [C'est un oxide ou chaux de cuivre quelquefois mélangé de zinc ou d'étain.]	*Quintal*.....	6..12	15 mars 1791.
CENDRES *à l'usage des manufactures*, telles que cendres communes, cendres d'orfévres, cendres de chaux, etc.	*Exemptes*... *Droit de bal*.	...—...	15 mars 1791. 24 nivôse 5.
CERF (*Cornes de*) et de SNACK. [Cornes à plusieurs branches, assez connues par leur usage en coutellerie et en médecine.].. (1)	*Quintal*.....	2..55	15 mars 1791.
CERF (*Cornes de*) *rapées*. [Rasures blanches dont on se sert pour faire de la tisanne, de la gelée, etc.]................... (1)	*Quintal*..... Idem.......	4— 8 8..16	15 mars 1791. DI. 8 février 1810.
CERF (*Esprit, Huile* et *Sel de*). [Produits de la distillation de la corne de cerf. L'esprit et l'huile sont des liquides de couleur brune et d'odeur pénétrante et désagréable. Le sel, de forme cristalline, est de couleur blanchâtre............. (1 et 2)	*Quintal*..... Idem......	6—12 12..24	15 mars 1791. DI. 8 février 1810.
CERF (*Os de Cœur de*). Petit os plat et mince, ordinairement triangulaire, blanc, long comme la moitié du petit doigt et large comme l'ongle.]	*Quintal*..... Idem *net*..	20—40 40..80	15 mars 1791. DI. 8 février 1810.
CERF (*Moelle, Nerfs* et *Vessie de*). [La moelle est jaunâtre tirant sur le blanc ; c'est un résolutif. Le nerf est la partie génitale desséchée. La vessie sert pour la teigne.]............ (1 et 3)	*Quintal*..... Idem......	6—12 12..24	15 mars 1791. DI. 8 février 1810.
CÉRUSE *en pains* ou *en poudre*. [C'est du blanc de plomb altéré par un mélange de craie souvent d'un quart et quelquefois à parties égales qu'on broye avec de l'eau et dont on forme de petits pains pyramidaux. On la reconnoît en versant dessus de l'acide de vinaigre : alors il y a dégagement de l'acide carbonique de la craie, tandis que le blanc de plomb bien pur ne fait point d'effervescence.].................... (4)	*Quintal*..... Idem...... Idem...... Idem......	8—16 12— 0 12— 0 20.. 0	15 mars 1791. DI. 17 pluv. 13. 30 avril 1806. DI. 11 juillet 1810.

RENVOIS.

CEINTURES de laine. *Comme* Bonneterie. (D. 3 *vendém*. 15.)

CENDRÉE de plomb. *Voyez* Plomb à tirer.

CENDRES d'azur. *Voyez* Azur en poudre.

CENDRES d'ivoire. *Voyez* Spode.

CENDRES gravelées. *Voyez* Potasse.

CERCLES de bois. *Voyez* Bois feuillard.

CERCLES en fer des futailles. *Voyez* la note à Futailles

(1) Ni les rapures de cornes de cerf, ni l'huile, ni le sel, ni la moelle du même animal, n'étoient repris au Tarif de 1664 ; toutefois, l'usage unique de ces ingrédiens, comme drogues, les soumet au double droit.

Mais les cornes de cerf entières étoient classées à marchandises dans le Tarif de 1664 ; c'est à cette raison que je ne leur applique pas le décret du 8 févr. 1810.

(2) En classant le sel de cerf avec l'esprit et l'huile, je suis ponctuellement le texte de la loi du 15 mars 1791 : c'est probablement par erreur que ce sel étoit tarifé à 6 fr. 12 cent., puisque la même loi le cotoit, dans l'article *sel volatil*, à 122 francs. J'ai cru nécessaire d'indiquer cette discordance, afin d'éviter de fausses perceptions, puisque c'est la même marchandise sous deux dénominations.

(3) Cet article de la loi du 15 mars 1791, à l'égard des *Nerfs*, n'est nullement concordant avec cet autre du même ta if, *Nerfs de bœufs et autres animaux*, qui sont tirés à néant.

(4) La céruse n'étoit pas réputée drogue par le Tarif de 1664 ;... une circulaire du 19 juin 1810, a également décidé qu'elle devoit être classée à marchandises ... Voir la note à BLANC DE PLOMB.

Désignation	Unité	Valeur	Date
CÉTÉRAC. [Espèce de capillaire, Sa racine est noirâtre et filamenteuse ; elle pousse un grand nombre de petites feuilles ondées, dorées, vertes en dessus , couvertes de petites écailles en dessous. Séchées, elles se recoquillent].......................... (1)	*Quintal*..... *Idem*......	1— 2 2.. 4	15 mars 1791. DI. 8 février 1810.
CÉVADILLE (*Graine de*). [Elle naît à une plante qui porte un épi semblable à celui de l'orge ; elle est noire, très-caustique et brulante ; elle ressemble à l'avoine et vient de la Nouvelle-Espagne.].. (1)	*Quintal*..... *Idem*......	4— 8 8..16	15 mars 1791. DI. 8 février 1810.
CHAIRS *salées*. [C'est la viande des animaux qu'on a salée pour la conserver.]...	*Quintal*..... *Exemptes*... *Droit de bal*.	10—20 ...—..	15 mars 1791. 19 mai 1793. 24 nivôse 5.
CHAMPIGNONS *secs*. [Genre de plantes sans feuilles , ayant un pédicule qui soutient un chapiteau convexe en dessus et concave en dessous.]...	*Quintal*.....	30..60	15 mars 1791.
CHANDELLES *de suif*. [Mèche de coton entourée de suif qu'on allume le soir pour éclairer les appartemens.].....................	*Quintal*..... *Idem*...... *Idem*......	6—12 1—22 6..12	15 mars 1791. 12 pluviose 3. 3 frimaire 5.
CHANVRE *en masse*, même celui *apprêté* ou *en filasse*. [Ecorce filamenteuse de la plante qui porte le chenevis. Pour le mettre en filasse, on prend celui roui, qu'on roule en paquets; on le bat et on le peigne sur deux grandes cardes dont l'une est plus fine que l'autre.]..............................	*Exempt*..... *Droit de bal*.	...—..	15 mars 1791. 24 nivôse 5.
CHANVRE (*Étoupes de*). [C'est le rebut du peignage du chanvre.]..	*Exemptes*... *Droit de bal*.	...—..	15 mars 1791. 24 nivôse 5.
CHAPEAUX *de castor* et *demi-castor*. [Ce sont les plus beaux , les plus fins et les plus chers.]................................	*Pièce*.......	6.. 0	15 mars 1791.

RENVOIS.

CHADECS. *Voyez* l'art. Fruits.

CHAGRIN. *Voyez* Peaux.

CHAÎNES de fer. (Grosses.) *Comme* ouvrages de Serrurerie. (1er.)*août* 1792.)

CHAÎNES de montres en acier. *Voyez* Ouvrages en acier.

CHAÎNES de montres en or ou argent. *Voyez* Bijouterie.

CHAISES COMMUNES en bois. *Comme* ouvrages en bois. (*Lettre du* 23 *février* 1807.

CHAMBRES noires. *Voyez* Instrumens d'optique.

CHAMPIGNONS FRAIS, 3 pour 100 de la valeur. (*LD.* 12 *novembre* 1808.)

CHANVRE (Fil de). *Voyez* l'article Fils.

M 45. (ENTRÉE. 33.)

(1) Ni le cétérac ni la cévadille ne sont repris au Tarif de 1664 , mais tous deux sont des drogues.

Désignation	Unité	Droit	Loi
CHAPEAUX *en poils communs* et *en laine*, de toute espèce. [Ce sont ceux dont les hommes font leur coiffure ordinaire.]........ }	*Pièce*.......	3.. 0	15 mars 1791.
CHAPEAUX *de crins*. [Ourdissage de crins auquel on donne différentes formes, suivant la mode].................... }	*La douzaine.*	2..50	15 mars 1791.
CHAPEAUX *de cuirs*. [Ce sont ceux faits de cuir verni.]...........	*La douzaine.* *Prohibés....*	15—0	15 mars 1791. 10 brumaire 5.
CHAPEAUX *d'écorces de bois*. [Ce sont ceux faits avec certaines écorces très-minces.].........................(1) }	*La douzaine.* Idem......	2—50 5.. 0	15 mars 1791. DI. 17 pluv. 13 et loi du 30 avr. 1806.
CHAPEAUX *de paille*, autres qu'anglais.] Ce sont des nattes de paille cousues ensemble dans la forme de chapeaux, et dont les femmes se coiffent en été.].........................(2) }	*La douzaine.* Idem......	4— 0 8.. 0	15 mars 1791. DI. 17 pluv. 13 et loi du 30 avr. 1806.
CHAPES *de boucles*, de fer ou d'acier. [La chape est la partie de la boucle par laquelle celle-ci s'accroche.]................. }	*Quintal....* *Prohibées...*	40—80	15 mars 1791. 10 brumaire 5.
CHARBONS *de bois* et *de chenevottes*. [Branches d'arbres ou éclats de la partie boiseuse du chanvre, réduits, par la combustion, en corps noirs, friables et légers.]...................... }	*Exempts....* *Droit de bal.*	—.	15 mars 1791. 24 nivôse 5.
CHARBON *de terre*. [Substance inflammable, composée d'un mélange de terre, de pierre, de bitume, et quelquefois de soufre. Elle est d'un noir foncé, feuilletée, et sa nature varie suivant les endroits d'où elle est tirée.]..................... *Importé* en *Hollande* de tout autre pays que de l'empire français .... }	*Prohibé*		DI. 6 janv. 1811.

RENVOIS.

CHAPEAUX anglais. *V.* Marchandises anglaises.
— CHAPEAUX marc de roses. *Voyez* Roses.
CHAPELETS de bois *et* de rocaille. *Voyez* Mercerie commune.
CHARNIERES de fer, *prohibées* comme Ouvrages en fer. (*CD.* 21 *frim.* 14.)

(1) Ces chapeaux sont ordinairement importés en deux parties, la *coque* et le *plateau*. Le ministre de l'intérieur a décidé, le 17 ventôse an 10, que le droit à la douzaine porte sur la réunion de ces deux élémens de chapeaux; qu'ainsi une douzaine de coques et une douzaine de plateaux n'en forment qu'une de chapeaux; cependant s'ils étoient présentés les uns sans les autres, ils acquitteroient le droit au nombre de douze. Cette circonstance a été prévue dans la lettre d'envoi au directeur général. — Au surplus quels que soient leur dégré de confection ou leurs dimensions, les chapeaux de paille doivent le droit de 8 francs. (*LD.* 24 *février* 1808.)

(2) Les chapeaux de paille de tout autre pays que l'Angleterre sont admissibles avec certificat d'origine. (*DM.* 2 *messidor* 5.)

Ceux dits *sparterie* ou *spanneterie* payent 10 pour 100 de la valeur.

Désignation	Base	Droit	Loi ou décret
CHARBON *de terre.*			
Importé par mer, depuis *Anvers* inclusivement, jusqu'à l'*Authie* aussi inclusivement............(1 et 2)	*Tonn. de mer.*	15.. o	AC. 11 prair. 10 et loi du 8 floréal 11.
— dans le département de la *Somme*, et depuis *Rédon* jusqu'aux *Sables d'Olonne*............	*Tonn. de mer.*	10.. o	AC. 11 prair. 10 et loi du 8 floréal 11.
— dans les ports de la *Méditerranée*............	*Tonn. de mer.*	10.. o	AC. 11 prair. 10 et loi du 8 floréal 11.
— dans les autres ports de *France*............	*Tonn. de mer*	8.. o	AC. 11 prair. 10 et loi du 8 floréal 11.
Importé *par terre*............(3)	*Baril* 118 *kil.*	0—20	15 mars 1791.
	Idem......	o..10	19 mai 1793.
CHARBON *à bonnetier* et *à drapier.* [Sorte de plante qui produit, à l'extrémité de ses tiges, une espèce de globule un peu long et épineux dont on se sert pour tirer la laine du fond des étoffes, afin de les couvrir de poils sur leur superficie.]....	*Exempt*.....	......	15 mars 1791.
	Droit de bal.	......	24 nivôse 5.
CHAUX *à brûler.* [Pierres calcaires calcinées au feu, et dont on fait du mortier pour bâtir.]............	*48 pieds cub.*	0—50	15 mars 1791.
	Mètre cube..	o..3o	CD. 16 therm. 12.
CHEVAUX, **JUMENS** et **POULAINS**.... *La pièce de* { *valeur de 300 fr. et au-dessous.*		6— o	15 mars 1791.
{ *valeur au-dessus de 300 fr.....*		3o— o	*Même décret.*
Exempts....		...—...	16 avril 1793.
Droit de bal		......	24 nivôse 5.
CHEVAUX *anglais.* [Ils ont l'encolure longue, fine, peu chargée de crins, la tête bien faite et moutonnée, le garrot menu et relevé, les reins courts et droits, les flancs et les côtes ronds, la croupe longue, la queue placée un peu haut, les jambes bien faites et sans poils, le paturon long.]............	*Prohibés....*	......	AC. 13 therm. 9.

CHARUE. *Comme* quincaillerie en instrumens aratoires.

CHATAIGNES. *Voyez* Fruits.

CHAUX (Pierres à). *Voyez* l'art. Pierres.

CHÊNE (Ecorce de). *Voyez* l'art Ecorces.

CHENEVI. *Voyez* Graine de colza.

—**CHENEVOTTES.** (charbon de) *V.* Charb. de bois.

CHEVAL (Huile de). *Voyez* l'art. Huiles.

(1) Avant l'arrêté du 11 prairial an 10, le charbon de terre importé par les ports de l'Océan, depuis *Bordeaux* inclusivement jusqu'aux *Sables d'Olonne* aussi inclusivement, et depuis *Redon* jusques et y compris *Saint-Vallery-sur-Somme* et *Abbeville*, étoit tarifé, par tonneau de mer, à 6 fr. par la loi du 15 mars 1791, réduit à 3 fr. par celle du 19 mai 1793, seulement taxé à 60 centimes par la loi du 12 pluviôse an 3, et reporté à 3 fr. par celle du 3 frimaire an 5. Celui importé par les autres ports de France étoit taxé, aussi par tonneau, à 10 fr. par la loi du 15 mars 1791, à 5 fr. par celle du 19 mai 1793, à 1 fr. par la loi du 12 pluviôse an 3, et reporté à 5 fr. par celle du 3 frimaire au 5. Celui importé par les départemens de la *Meurthe*, de la *Moselle* et des *Ardennes*, étoit exempt par la loi du 15 mars 1791.

(2) Les droits d'entrée sur le charbon de terre seront perçus sur le pied du tonneau, lorsque le chargement entier du bâtiment sera en charbon de terre, et d'après la pesée réelle, lorsque le navire sera chargé de marchandises diverses assujetties à différens droits. (*Loi du 1 août 1792.*) — Par arrêté du 13 brumaire an 9, le poids d'un tonneau de mer a été fixé à mille kilogrammes; cependant cette disposition ne peut pas s'appliquer au charbon puisqu'il a été reconnu par la loi du premier août 1792, qu'un tonneau de ce combustible pèse réellement 1077 kilogrammes.

(3) L'importation du charbon de terre par les fleuves et ports qui s'y trouvent jusqu'à leur embouchure, doit être assimilée à l'importa-

Désignation des marchandises		Droits	Époque
CHEVEUX. [Poils longs et déliés qui viennent à la tête de l'homme. On en fait des perruques et autres ouvrages.]	*Exempts*....	........—...	1 août 1792.
	Droit de bal.	....	24 nivôse 5.
CHICORÉE *moulue*. [Racine amère de la plante de ce nom, qu'on a desséchée et brûlée, et qu'on moud comme le café, dont elle a à-peu-près la couleur.]....... *Comme* droguerie omise. (1)	*Par* 100 *fr.*.	5— 0	22 août 1791.
	Idem......	20— 0	DI. 17 pluv. 13.
	Idem......	20.. 0	30 avril 1806.
CHICOTIN. [Sacs de peau de chien de mer, propres à contenir du tabac à mâcher.] *D'abord comme* omis, *et ensuite comme* Ouvrages en peaux. (*LA.* 15 *thermidor* 9.)............. (2)	*Par* 100 *fr.*.	10— 0	22 août 1791.
	Prohibés....	....	10 brumaire 5.
CHIENS *de chasse*. [Sont compris dans cette classe les bassets, les limiers, les lévriers, les chiens courans et couchans, etc.]..	*Pièce*......	0..50	15 mars 1791.
CHOCOLAT, et CACAO *broyé et en pâte*. [Le chocolat est une composition de cacao, de sucre, de cannelle et quelquefois de vanille, réduite en pâte brunâtre, séchée sous la forme de tablettes carrées ou rondes; le cacao en pâte est ordinairement en rouleaux: tous deux d'une odeur et d'un goût très-agréables.]..(3)	*Quintal net*.	102— 0	15 mars 1791.
	Idem *net*..	180— 0	DI. 21 germ. 13.
	Idem *net*..	260— 0	DI. 21 mars 1806.
	Idem *net*..	260— 0	30 avril 1806.
	Idem *net*..	520.. 0	DI. 8 février 1810.
CHOUAN *ou* COUAN. [On dit que c'est une semence qu'on apporte du Levant, de couleur verte jaunâtre, d'un goût légèrement aigrelet et salé. On dit encore qu'elle entre dans la composition du carmin, mais tout cela est plus que douteux.]... (4)	*Quintal*....	51— 0	15 mars 1791.
	Idem *net*..	102.. 0	DI. 8 février 1810.
CHOU-CROUTE. [Choux découpés en rubans qu'on a salés et mis fermenter dans un tonneau. Les Allemands en font une grande consommation.]................................	*Quintal*....	4.. 8	15 mars 1791.
CIDRE. [Jus de pommes pressurées, rendu vineux par la fermentation, et dont on fait une boisson.]......................	*Les* 268 *litres*.	6.. 0	15 mars 1791.

48. (ENTRÉE. 36.)

tion par terre. (*CA.* 15 *messidor* 6.) Ainsi celui venant de la Prusse ou de l'Allemagne par les ports de la rive gauche du Rhin, n'est passible que du droit de 10 centimes.

(1) Une circulaire de M. le directeur général, en date du 6 ventôse an 13, porte que la *chicorée moulue*, qui par la torréfaction ayant acquis en partie la propriété du café, et qui le remplace dans la consommation qu'en font quelques départemens, appartient à la droguerie, où l'ont précédemment rangée deux décisions du 27 prairial an 4 et 23 nivôse an 8; qu'en conséquence cette sorte de droguerie, n'étant point tarifée, doit être assujettie au droit de 20 pour 100.

(2) La signification donnée ici au mot *chicotin* n'est pas celle du Tarif de 1664; ce qu'il nommoit ainsi, étoit une espèce de coloquinte, et comme telle il l'avoit classée parmi les drogueries.

(3) Quoique les décrets impériaux ne tarifent que le chocolat, le cacao broyé et en pâte ayant été assimilé au chocolat par la loi du 15 mars 1791, il doit être assujetti au même droit. (*LD.* 24 *mars* 1806.)

(4) Il a été décidé que le chouan payeroit le double droit..... Il n'étoit pas repris au Tarif de 1664.

Désignation		Droit	Loi ou décret
Ciment. [Ce qui s'entend de toute espèce de mortier, soit pour la maçonnerie, la verrerie, l'orfévrerie, etc.]	*Exempt*	...—..	15 mars 1791.
	Droit de bal.	....	24 nivôse 5.
Cinabre *naturel* et *artificiel.* [Le premier est tantôt en masse compacte, dont la couleur varie depuis le rouge jusqu'au rouge foncé et noirâtre; quelquefois il est en cristaux transparens couleur de rubis; on le rencontre aussi en écailles ou lames feuilletées, et c'est celui-ci qu'on a nommé plus particulièrement *vermillon natif* ou *cinabre* en fleurs. — Celui artificiel est un composé de mercure coulant et d'une partie de soufre, sublimés ensemble par un feu gradué. .... (1)	*Quintal*	20—40	15 mars 1791.
	Idem net	40..80	DI. 8 février 1810.
Cire *jaune,* non ouvrée. [Matière dure, huileuse, jaune, provenant du travail des abeilles, et qu'on recueille de leurs ruches.] (2)	*Quintal*	6—12	15 mars 1791.
	Idem	0—61	12 pluviôse 3.
	Idem	6..12	3 frimaire 5.
Cire *jaune,* ouvrée. [Ce qui s'entend des ouvrages en cette cire, tels que cierges de cire jaune, etc.] .... (2)	*Quintal*	48..96	15 mars 1791.
Cire *blanche,* non ouvrée. [C'est la cire jaune qu'on a fondue, lavée plusieurs fois, etc. Elle est dure, blanche, transparente et insipide au goût.] .... (2)	*Quintal*	61..20	15 mars 1791.
Cire *blanche,* ouvrée. [Ce qui comprend tous les ouvrages en cire blanche, comme bougies, cierges, figures moulées, etc.] (2)	*Quintal*	81..60	15 mars 1791.
Cire (*Crasse de*). [C'est la croûte noire qu'on a enlevée de dessus les pains de cire. C'est aussi l'écume qu'on retire de la cire lorsqu'elle est en fusion pour la purifier] .... (2)	*Quintal*	3.. 6	15 mars 1791.
Cire *à cacheter.* [Composition de gomme laque, de cire, de résine, de térébenthine, et d'oxide métallique pour la colorer, qu'on vend en petits bâtons de différentes couleurs.] .... (3)	*Quintal*	97..92	15 mars 1791.

RENVOIS.

(1) Le cinabre n'a pas été réputé drogue par le Tarif de 1664, mais une lettre du 22 mai 1810 a ordonné de lui appliquer le décret du 8 février même année.

Par circulaire du 15 octobre 1810, il a été ordonné de percevoir sur le cinabre *pulvérisé* le droit qui affecte le vermillon, ... pareil ordre devroit être donné pour le cinabre en masse ou en lames, car enfin le cinabre, sous quelque forme qu'il se présente, n'est autre chose que du vermillon. — Voir la note à Vermillon.

(2) Les cires jaunes et blanches étoient, dans le Tarif de 1664, classées à *drogueries-épiceries*... Mais par lettres du 16 avril et 23 mai 1810, ces cires et la crasse de cire ont été rangées à *marchandises;* de manière donc que le décret du 8 février 1810 ne leur est pas applicable.

(3) La cire à cacheter n'a pas été réputée drogue-épicerie par le Tarif de 1664; mais comme elle est un produit dans lequel entre la gomme laque et le vermillon, elle me paroît devoir être soumise au double droit... toutefois, avant de le lui appliquer il faudroit que l'autorité l'eût décidé.

Désignation des marchandises	Unité	Droits	Date
Cire *à gommer*, pour les tapissiers. [Composition de cire , de térébenthine et de poix grasse, fondues ensemble et mises dans des moules en forme de gobelets.]	*Quintal*.....	12..24	15 mars 1791.
Cire *à souliers*. [Composition noire propre à lustrer les bottes, souliers , etc.]....................................	*Quintal*.....	61..20	15 mars 1791.
Civette. [Matière congelée , onctueuse , blanchâtre , d'une odeur forte et désagréable. Elle jaunit et brunit en vieillissant. Elle se trouve dans une vessie placée sous la queue de l'animal de ce nom.]....................................	*Kilogr. net*.. *Idem*......	122—40 244..80	15 mars 1791. DI. 8 février 1810.
Cloches (*Métal de*). [Alliage de quatre-vingts à quatre-vingt-cinq parties de cuivre jaune avec douze à quinze parties d'étain et quelques parties d'antimoine. Il est dur, aigre, cassant et nullement ductile.]................................	*Quintal*..... *Idem*......	36—72 2.. o	15 mars 1791. DI. 12 janv. 1813.
Cloches, Clochettes, Mortiers *de fonte* et *de métal*...........	*Quintal*..... *Prohib*... (1)	36—72	15 mars 1791. 10 brumaire 5.
Cloporte. [Insecte dont le corps écailleux, oblong, convexe en dessus, plat en dessous, peut se contracter ; il est de couleur grise cendrée sur le dos, blanc en dessous, ayant six ou sept paires de pattes.].............................(2)	*Quintal*..... *Idem net*...	3o—6o 61..20	15 mars 1791. DI. 8 février 1810.
Clous *de toute sorte*. [Ce sont de petits morceaux de fer qui ont ordinairement une tête et une pointe.]................ (3)	*Quintal*..... *Prohibés*....	16—32	15 mars 1791. 10 brumaire 5.
Cobalt *ou* Cobolt. [Métal de couleur blanche tirant un peu sur le rouge, quelquefois sur le vert jaunâtre, et plus souvent de couleur grise obscure. Il n'est nullement ductile. Sa cassure présente un grain fin et serré.] — Il ne s'agit sans doute dans cette tarification que des différentes *mines* de cobalt.......	*Quintal*.....	2.. 4	15 mars 1791.
Cobalt (*Régule de*). [Ce seroit l'oxide de cobalt revivifié et amené à l'état métallique; mais ce que la loi nomme ainsi est probablement la matière métallique qui reste au fond du creuset lorsqu'on fond le *safre* pour faire l'azur; matière que les Allemands nomment *spaiss*.].........................(4)	*Quintal*.....	8..16	15 mars 1791.

RENVOIS.

Ciseaux. *Voyez* Coutellerie.
Cistres. *Voyez* Instrumens de musique.
Citouaire. *Voyez* Zédoaire.
Citrin (bois de). *Voyez* à l'art. Bois.
Citron. *Voyez* à Fruits, à Écorces, à Esprits ou à Huiles, suivant l'état sous lequel on le présente.
Clapons. *Comme* Cornes de béliers.
Clarinettes. *Voyez* Instrumens de musique.
Clavecin. *Voyez* Instrumens de musique.
Cloches cassées, *comme* métal de cloches. (*LD*. 6 décembre 1808.)
Clous de cuivre. *Voyez* Cuivre laminé.
Clous de girofle. *Voyez* Girofle.

(1) C'est en vertu d'une décision du 27 ventôse an 5 que les cloches ont été comprises parmi les objets prohibés par la loi du 10 brumaire an 5.

(2) Les cloportes n'étoient pas repris au Tarif de 1664 ; ils doivent néanmoins le double droit comme drogueries.

(3) On en excepte les clous de cuivre durcis au gros marteau, et ceux alliés pour doublage et pentures de gouvernail : ils sont tarifés à Cuivre *laminé*.

(4) Le safre est tarifé à 5o fr. 60 c.

Désignation des marchandises	Unité	Droits	Loi ou date
Cochenille *de toute sorte, même en grabeau.* [Petit insecte qu'on tue dans l'eau froide et qu'on fait sécher. Il est de couleur rouge, argenté à sa surface. Par *grabeau*, on entend toute drogue écrasée qu'on sépare à l'aide d'un crible.]	*Quintal*.....	4— 8	15 mars 1791.
	Idem......	8—16	DI. 8 février 1810.
	Kilogr. net..	20.. o	DI. 5 août 1810.
Coco (*Noix de*). [Fruit d'un arbre de la famille des palmiers. On nous envoie cette noix séchée. Sa première écorce est unie et lisse en dehors, de couleur grise claire ; elle est garnie en dedans de bourre rougeâtre et filamenteuse sous laquelle on trouve une noix ovale et grise de la grosseur d'une poire de coing.] ....(1)	*Quintal*.....	12—24	15 mars 1791.
	Idem......	24..48	DI. 8 février 1810.
Coco (*Coques de*). [C'est la coque ligneuse du fruit dont on vient de parler. On la polit et on en fabrique des tasses et autres petits meubles.]	*Exemptes*...	...—...	15 mars 1791.
	Droit de bal.	....	24 nivôse 5.
Colle *de poisson.* [C'est une espèce de colle faite avec la membrane interne de l'estomac des esturgeons ou autres poissons de ce genre. Elle est en petits cordons contournés, blanche ou jaunâtre, claire, semi-transparente et sans odeur, ou en grosses masses plates et oblongues.]	*Quintal*.....	40—80	15 mars 1791.
	Idem net...	80— o	DI. 17 pluv. 13.
	Idem net...	80— o	30 avril 1806.
	Idem net,.	160.. o	DI. 8 février 1810.
Colle (*toute autre*). [Ce qui s'entend de toute matière factice et tenace, propre à joindre différens objets ensemble. Il y a de la colle de farine, de peaux de gants, colle forte en feuillets, colle pour dorer, colle à miel, colle à verre, colle à pierre, colle à bouche, etc.]	*Quintal*.....	12..24	15 mars 1791.
Colophane. [Préparation de térébenthine réduite en consistance solide, de couleur brunâtre : réduite en poudre, elle devient blanche. On la nomme aussi *Arcanson*.] .... (2)	*Quintal*.....	0—51	15 mars 1791.
	Comme Brai sec.	....	
Coloquinte. [Fruit à coque, de la grosseur d'une orange, de couleur blanche étant débarrassée de son écorce mordorée ; rempli de semences plates, dures, grises roussâtres, d'un goût âcre et amer.]	*Quintal*.....	6—12	15 mars 1791.
	Idem......	12..24	DI. 8 février 1810.
Confection. [Espèce de médicament en forme d'électuaire solide, dont il y a plusieurs sortes.] .... (3)	*Prohibée*....	....	15 mars 1791.

RENVOIS.

Cocons. *Voyez* aux Soies.
Cochons. *Voyez* Bestiaux.
Coffres garnis. *Voyez* Meubles.
Coffres non garnis. *Voyez* Mercerie commune.
Colcotar. *Voyez* Vitriol rubéfié.
Colliers de perles *et de* pierres fausses. *Voyez* Mercerie commune.
Colliers en grenat. *Voyez* Mercerie commune.
Colliers en or ou argent. *Voyez* Bijouterie.
Colza. *Voyez* Grains.
Colombao (racine de, *comme* droguerie omie. (19 *novembre* 1808.)
Colombine (fiente de Pigeon.) *Voyez* Engrais.
Compas. *Voyez* Mercerie commune.

(1) Les noix de cocos étoient classées parmi les drogueries, dans le Tarif de 1664, sous la dénomination de *noix d'Indes.*

(2) Cette perception ne se fait plus ainsi : la colophane est de l'arcanson, et l'arcanson ayant toujours été assimilé au brai sec, il s'ensuit qu'il doit comme résine de pin et de sapin. *Voyez* donc les droits au courant à **Brai** sec.

(3) Cette prohibition est de la plus haute importance : elle a pour objet la salubrité publique : elle porte sur toutes les préparations médicales en forme d'électuaire ou marmelade : elle comprend celles d'alkermès, d'hyacinthe, d'anacardines, d'Harlem, et la thériaque. Cependant le beurre de saturne est tarifé particulièrement.

Confitures. [Nom qu'on donne aux fruits, aux racines, aux fleurs et à certains sucs, quand ils ont été préparés et cuits avec du sucre ou du miel.].................................. (1)	*Quintal*..... Idem...... Idem......	3o—6o 70— o 70.. o	15 mars 1791. A.C. 14 fruct. 10. 8 floréal 11.
Contra-Yerva. [Racine du Pérou, de la grosseur d'une féve, noueuse, entourée de fibres longues, rougeâtres ou de couleur tannée en dehors, blanchâtre en dedans; d'une odeur de feuilles de figuier, d'un goût aromatique un peu âcre.].....	*Quintal*..... Idem......	10—20 20..40	15 mars 1791. DI. 8 février 1810.
Contra-Yerva *blanc*, ou **Asclépias**, ou **Vincetoxicum**. [Plante dont le caractère est d'avoir les feuilles en cœur. Son fruit contient de la laine blanche et des semences rousses. Sa racine, d'usage en médecine, est menue, composée de fibres blanches, d'une odeur forte et d'un gout désagréable.]......	*Quintal*..... Idem......	8—16 16..32	15 mars 1791. DI. 8 février 1810.
Coques *du Levant*. [C'est une espèce de petit fruit ou baie sèche, de la grosseur d'un pois, d'un brun noirâtre : il contient une semence jaunâtre plus ou moins friable, mais très-sujette à être vermoulue. Dans le commerce on trouve toujours ces baies avec une petite queue.]...........................	*Quintal*..... Idem......	8—16 16..32	15 mars 1791. DI. 8 février 1810.
Coquillages *et autres morceaux d'*Histoire naturelle.......... (2)	*Exempts*.... *Droit de bal*	....—.	15 mars 1791. 24 nivôse 5.
Coquillages *de mer*...................................... (3)	*Exempts*.... *Droit de bal*.	....—.	1 août 1792. 24 nivôse 5.
Corail *non ouvré*, en fragmens. [Genre de polypier ressemblant à un arbrisseau. Il est d'un rouge vif, quelquefois rose ou jaunâtre : il s'en trouve même de blanc et de noir ; mais toujours la tunique intermédiaire est blanche.]............ (4)	*Quintal*.....	20..40	15 mars 1791.
Corail *ouvré ou taillé*. [C'est celui avec lequel on fait des bijoux. On le taille comme le diamant.]........................	*Par* 100 *fr*..	15.. o	15 mars 1791.
Corail *en poudre*. [C'est celui qu'on a réduit ainsi. Il sert à nettoyer et blanchir les dents. Il est d'un rose très-pâle.]...........	*Prohibé*....	....	15 mars 1791.

RENVOIS.

Conserve. *Voyez* la note à Confitures.
Consoude (racine de), *comme* droguerie omise.
    (*Bayonne*, *octobre* 1819.)
Contre-basses. *Voyez* Instrumens de musique.
Copal (Gomme). *V.yez* aux Gommes.
Coquelicots. *Voyez* Pavots rouges.
—Coquilles de nacre. *Voyez* à Nacre.
Cor de chasse. *Voyez* Instrumens de musique.
Corail de jardin. *Voyez* Poivres de toute sorte.

52. (Entrée. 40.)

(1) Si des confitures arrivaient des colonies étrangères, elles paieroient le double droit, c'est-à-dire, 140 francs. — Elles devroient même le payer venant de tous pays, car, enfin, c'est une sorte d'épicerie dans laquelle, d'ailleurs, entre près de moitié sucre.

La Conserve est comprise dans la dénomination générique de confitures de toutes sortes, et doit le même droit. (*LD*. 24 *octobre* 1811.).... Mais la consere dans laquelle il n'entre ni sucre ni miel, ne doit que dix pour cent de sa valeur, comme omise au Tarif. (*LD*. 27 *novembre* 1811.)

(2) Comme l'histoire naturelle embrasse un grand nombre d'objets, il faut veiller à ce qu'on ne présente pas sous cette dénomination des marchandises sujettes aux droits.

La manière de prévenir l'abus est d'observer si on ne présente pas en grand nombre ou en grande quantité la même substance ou le même objet.

(3) Les *antales*, les *coris* ou *couris*, les *huitres*, le *lapis entalis*, sont tarifés particulièrement, par conséquent non compris dans cet article.

(4) Dans la cinquième édition de ce tarif, j'avois appliqué le décret du 8 février 1810 au corail, parceque l'ordonnance de 1664 avoit classé le blanc et le rouge

CORALLINE, ou MOUSSE MARINE. [Autre espèce de polypier qu'on avoit pris pour un lichen. Il ne sert guère qu'à orner les cabinets des curieux ; mais je crois que celui dont il est ici question est la *coraline officinale* ou *mousse de Corse*, d'usage en médecine, et dont le caractère est une tige bipennée et les articulations presque turbinées : couleur brune rougeâtre.]

Quintal.....	4— 8	15 mars 1791.
Idem......	8..16	DI. 8 février 1810.

CORDAGES *de chanvre* et *autres ouvrages de corderie.* [Ce qui comprend toutes les espèces de cordes et de ficelles autres que celles de jonc et de tilleul.] (*CD. 23 pluviôse 13 et Lettre du 21 mars 1807.*)...

Quintal.....	8—16	15 mars 1791.
Idem......	o—82	12 pluviôse 13.
Idem......	8—16	3 frimaire 5.
Idem......	15.. o	DI. 17 pluv. 13 et loi du 30 avr. 1806.

CORDAGES *de jonc* et *de tilleul.*...................... (1)

Quintal.....	2— 4	15 mars 1791.
Idem......	o—20	12 pluviôse 3.
Idem......	2— 4	3 frimaire 5.
Idem......	4.. o	DI. 17 pluv. 13 et loi du 30 avr. 1806.

CORDAGES et CABLES *usés.* [On s'en sert pour calfater les vaisseaux ou pour faire du papier à sucre.]........... (2)

Exempts....	...—..	15 mars 1791.
Droit de bal.	....	24 nivôse 5.

CORDES MÉTALLIQUES *à l'usage des forté-pianos et autres instrumens.* [Ce sont ces fils de laiton et d'acier roulés sur bobines, que la loi de 1791 avoit classés à MERCERIE, sous le nom de *Manicordion.*]
Les JAUNES paieront....... ....

Quintal.....	100.. o	DI. 26 nov. 1811.

Les BLANCHES acquitteront...................:....

Quintal......	70.. o	DI. 26 nov. 1811.

CORDONNERIE (*Ouvrages de*). [Ce qui comprend les bottes, souliers, brodequins, bottines, et enfin toute espèce de chaussures en cuir.]..

Quintal.....	142—80	15 mars 1791.
Idem......	71—40	19 mai 1793.
Prohibés....	....	10 brumaire 5.

RENVOIS.

CORBEILLES. *Voyez* Ouvrages d'osier.
CORDAGES D'HERBES, comme ceux de jonc. (*LD. 24 avril 1811.*)
CORDES à violon. *Voyez* Mercerie fine.
CORDES de clavecin. *Voyez* Cordes métalliques.
CORDES A BOYAUX à l'usage des fabriques et manufactures, *comme omis,* 10 p. 100.
CORDONNETS de fil, etc. *Voyez* Rubans.
CORDONS de laine, de fil, de chanvre. *Voyez* Rubans.

aux drogueries.... On a considéré que l'emploi dont la bijouterie faisoit actuellement du corail étant considérable, et la pharmacie n'en usant qu'accessoirement, il étoit de l'intérêt des fabriques françaises de retirer le corail de la classe des drogues pour le porter dans celle des marchandises, d'où il suit que le corail ne doit pas le double droit.... Cette décision est très sage et l'on devroit en faire un principe en matière de douanes.

(1) Les cordages d'herbes seront traités comme ceux de jonc et de tilleul. (*LD. 24 avril 1811.*)

(2) Ils ne sont traités ainsi que comme matière première, d'où on peut exiger qu'ils soient réduits à cet état s'il s'élevoit des difficultés.

Désignation	Unité	Droit	Loi
CORIANDRE (*Graine de*). [Semence ronde d'une plante de ce nom, qui, séchée, est d'un jaune blanchâtre, légère, de goût et d'odeur aromatiques assez agréables.]......................	*Quintal*..... Idem......	1—53 3.. 6	15 mars 1791. DI. 8 février 1810.
CORIS ou CAURIS. [Petites coquilles toutes blanches que l'on pêche aux îles Maldives et qui servent de monnoie. On en fait des colliers et autres ornemens de femmes.]..................	*Exempts*.... *Droit de bal.*	...—..	15 mars 1791. 24 nivôse 5.
CORNES *de béliers*, *moutons* et *autres animaux*, sauf celles ci-après. [Les cornes sont ces parties dures souvent contournées, pointues, noirâtres, jaunâtres, qui sortent de la tête de certains animaux.]....................	*Exemptes*... *Droit de bal.*	...—..	15 mars 1791. 24 nivôse 5.
CORNES *de bœufs* et *de vaches*..........................	*Le* 1000 *en N.*	0..25	15 mars 1791.
CORNES *de licorne*. [C'est la dent d'un poisson. Elles ont environ deux mètres de long, sont droites, tortillées en spirales et ressemblent à l'ivoire.]..................(1)	*Kilogramme.*	6..12	15 mars 1791.
CORNES *en feuillets transparens*. [Ce sont celles apprêtées pour lanternes, etc.]....................payoient.. *Comme mercerie.*		...—..	15 mars 1791.
Les 104 *feuillets* paieront : *de* 19 *à* 24 *centimètres de long*, *sur* 19 *à* 22 *de large*.		8.. 0	
de 14 *à* 16.....................*sur* 11 *à* 14.		6.. 0	AC. 4 pluv. 11 et
de 11 *à* 14......................*sur* 11.............		4.. 0	loi du 8 flor. 11.
de 11 *et au-dessous*............*sur* 11 *et au-dessous*.		3.. 0	
CORNES *plates* à faire peignes............................	*Quintal*..... Idem......	3— 6 24.. 0	15 mars 1791. AC. 4 pluv. 11 et loi du 8 flor. 11.
CORNES *rondes* à faire peignes.....................	*Quintal*.....	3.. 6	15 mars 1791.
CORNES *brûlées* et *ébauchées* pour manches de couteaux..............	*Comme celles rondes pour peignes.*	....	1 août 1792.

RENVOIS.

—CORNES de cerf et de snack. *Voyez* Cerf.
CORNES de Rhinocéros, 5 pour 100. (*Saint-Malo, mai* 1809.)

(1) Par cela que l'ordonnance de 1664 a classé les cornes de Licorne parmi les drogues, j'en avois doublé le droit dans la cinquième édition de ce tarif, mais le bon raisonnement qui a fait retirer le corail de cette classe, ayant été appliqué aux cornes de Licorne que les tablettiers employent actuellement en place de l'ivoire, il a été arrêté qu'on ne les frapperoit pas du décret du 8 février 1810, à moins qu'elles ne soient apportées des Indes.

CORNICHONS *confits.* [Espèce de concombre préparé dans le vinaigre, de couleur verte et de la longueur du petit doigt.].......(1)	*Quintal*.....	8..16	15 mars 1791.
COSTUS *doux,* ou CANNELLE *blanche.* [Ecorce en rouleau long, mondée de celle extérieure, blanchâtre en dedans et en dehors; goût aromatique âcre, odeur agréable. Sous ce nom est aussi comprise la racine, qui est assez semblable à celle du *costus* amer.]........................	*Quintal*..... *Idem*......	8—16 16..32	15 mars 1791. DI. 8 février 1810.
COSTUS *indicus et amarus.* [Racine forte, grosse, oblongue, coupée en deux, de couleur grise ou pâle en dehors, blanche en dedans; goût aromatique amer, et d'une odeur approchant celle de l'iris de Florence.].....................	*Quintal net*.. *Idem*......	1224 0 244..80	15 mars 1791. DI. 8 février 1810.
COTON *en rame, en laine* ou *en graine* (2). [La capsule de cet arbrisseau est de la grosseur d'un petit œuf et est divisée en trois ou quatre loges remplies de semences verdâtres ou noirâtres, entourées d'un duvet blanc, quelquefois jaunâtre ou rougeâtre, plus ou moins long, fin et soyeux. On le recueille lorsqu'il a crevé sa coque. C'est ce duvet que l'on nomme coton.]..........(3)	*Exempt*..... *Droit de bal*. *Quintal*..... *Idem*...... *Idem*...... *Idem*...... *Idem net*.. *Idem net*..	..—.. ..—.. 3— 0 3— 0 1— 0 1— 0 60— 0 60— 0	15 mars 1791. 24 nivôse 5. AC. 3 therm. 10. 8 floréal 11. AC. 6 brum. 12. 22 ventôse 12. DI. 22 fév. 1806. 30 avril 1806.
Coton de NAPLES seulement.........................(4)	*Idem net*... *Idem net*...	120— 0 120.. 0	DI. 8 février 1810. DI. 5 août 1810.
Et de plus, sur le même coton, il sera perçu le droit additionnel ci-contre, dont il sera tenu compte séparé..	*Quintal net*..	60.. 0	DI. 12 déc. 1810.

RENVOIS.

CORNETS à jouer, de corne et de cuir. *Voyez* Mercerie.

CORTEX ANGUSTURA, *comme* droguerie omise. (*Anvers* et *le Havre,* 8 oct. 1808, et *mai* 1810.)

CÔTES d'angélique. *Voyez* Angélique.

COTON DE LIN, ayant beaucoup de ressemblance avec le coton en laine, l'entrée doit en être refusée. (*LD.* à *Strasbourg,* 27 déc. 1810.) -

La tare sur les cotons du levant sera de 10 pour 100, lorsqu'il seront recouverts de doubles emballages ou de nattes de jonc, que le poids de la balle soit au-dessus ou au-dessous de 50 kilogrammes. (*DM.* 30 *mai* 1812.)

Il sera également déduit 10 pour 100 lorsque l'emballage sera en tissu grossier de poil de chèvre. (*DM.* 23 *juillet* 1812.)

(4) L'entrée des cotons de Naples est restreinte par les ports de mer depuis Rome jusqu'à Cette inclusivement, et par les bureaux des départemens au-delà des Alpes, auxquels celui de Brigg a été ajouté, par ordre du 30 décembre 1811.

Les cotons de Naples et du levant peuvent être expédiés de Brigg par acquit-à-caution et sous plomb, pour Genève, où ils paieront les droits. (*DM.* 19 *février* 1812.) — Il en est de même pour Lyon et Paris.

(1) Considérés comme comestibles, il a été arrêté qu'on ne feroit pas payer le double droit aux cornichons.

(2) Il ne faut pas confondre *la graine de coton* avec le coton en graine... Celui-ci est la capsule de l'arbrisseau divisée en trois ou quatre loges, remplies de semences verdâtres ou noirâtres et entourée de ce duvet qu'on nomme *coton;* au lieu que la graine de coton est la semence du cotonnier, cette même semence contenue dans la coque, mais dépouillée de tout duvet.. elle peut entrer sous le droit de balance.

(3) Il est accordé, pour les cotons en laine, une déduction de 6 pour 100 sur les ballots et de 8 pour 100 sur les ballotins au-dessous de 50 kilogrammes. (*Décis.* de *S. M.* du 9 *avril* 1806, et *LM.* du 22 *dito.*)

Cotons (*Suite des*).

Coton du Levant , arrivant par mer.......................... (Les seuls ports ouverts à l'entrée de ce coton, sont ceux de Marseille, de Gênes et de Livourne (*DI.* 12 *novembre* 1810 , art. 3.)..	*Quintal net..*	400.. o	DI. 5 août 1810.
Le même , arrivant par terre....................... Ils ne pourront entrer que par les bureaux de Verceil, de Casatisme et de Piétra-Mala. (*DI.* 12 *novemb.* 1810, *art.* 3.). ils seront aussi admis par le bureau de Brig. (1)	*Quintal net.*	200.. o	DI. 5 août 1810.
Coton du Brésil , de Cayenne , de Surinam et Demerari , et Géorgie , *longue soie*...............................	*Quintal net.*	800.. o	DI. 5 août 1810.
Coton du cru d'Espagne, connu sous le nom de Motril. [Ces cotons ont un lainage extrêmement soyeux, un brin très-délié, et sont d'ailleurs de couleur *nankin* très-claire]. (2) Celui entrant par mer.............................	*Quintal.....*	500.. o	DI 6 déc. 1811.
Le même, entrant par terre......	*Quintal......*	600.. o	DI. 6 déc. 1811.
Coton de tous autres pays que ceux dénommés ci-dessus....	*Quintal net.*	600 .. o	DI. 5 août 1810.
Coton (*Ouate de*). [La ouate du commerce est du coton cardé, étendu en feuilles gommées d'un côté. Mais la ouate, proprement dite , est la bourre très-douce et lustrée qui se trouve dans les gousses de l'*apocin*, ou *herbe à la ouate.*]..........	*Quintal net.* *Idem net..* *Idem net..*	61—20 122—40 800.. o	15 mars 1791. DI. 8 février 1810. DI. 18 sept. 1810.

RENVOIS.

Coton (Etoffes de). *Voyez* Draps de Coton.
Coton (Toiles de). *Voyez* Toiles de coton.

(1) Pour la tare , voir la note 3 à la page qui précède. — Par le décret du 5 août 1810, les cotons du Levant étoient admis par tous les ports et par les bureaux de Cologne, Coblentz, Mayence et Strasbourg ; mais le décret du 12 novembre 1810 ne leur a laissé cette faculté que jusqu'au 1er janvier 1811, par ces trois premiers bureaux, et une décision impériale, du 21 janvier 1811, a aussi fermé celui de Strasbourg à dater du 1er juillet 1811.

Ainsi , aux termes du décret précité, du 12 novembre 1810, les cotons du Levant ne peuvent plus être admis par les bureaux de terre, qu'après avoir transité par la Bosnie et l'Illyrie.

Les cotons du Levant peuvent être entreposés à Milan. (*DI.* 1 *mai* 1812.) Ils peuvent aussi venir à l'entrepôt de Paris, sous plomb, et par acquit-à-caution. (*DI.* 21 *mars* 1812.)

(2) Les cotons motril seront admis par Bayonne, où ils seront entreposés jusqu'à la reconnoissance des échantillons et la vérification des certificats d'origine, qui ne peuvent être délivrés que par les cultivateurs propriétaires espagnols, soumis à l'autorité légitime, et visés par les administrations locales. — Par faveur spéciale, ces cotons pourront aussi être admis par Perpignan , à charge d'y payer le droit de magasinage.

L'admission du coton motril n'est accordée qu'à charge d'exporter sa contre-valeur en soieries. Cette exportation doit précéder la sortie d'entrepôt. (*Décis. Imp. du* 30 *janvier* 1812.)

Par une nouvelle décision impériale, du 23 février 1813, la disposition d'exporter des soieries a été rendue facultative ; mais, dans

COTON *filé*. [C'est celui qui, ayant été soumis à la filature, a perdu sa forme de duvet pour prendre celle d'un fil plus ou moins délié.]	*Kilogr*......	4—59	15 mars 1791.
	Prohibé....	.—...	10 brumaire 5.
Payoit par kilogramme { jusqu'au nº. 30 inclusivement.		4— 0	AC. du 6 brum.
du nº. 31 à 60............		4—50	an 12, et loi du
du nº. 61 à 100.........		5— 0	22 vent. an 12.
du nº. 101 et au-dessus......		6— 0	
	Kilogr......	7— 0	DI. 22 févr. 1806.
	Idem......	7— 0	30 avril 1806.
	Prohibé....	....	DI. 22 déc. 1809.
COTON *filé* pour mèches................ *Comme omis*.	*Par* 100 *fr*..	10— 0	DM. 27 nivôse 5.
	Prohibé.....	....	DI. 22 fév. 1806 et loi du 30 avr. 1806.
COULEURS *à peindre, de toute sorte*, en sacs, en vases, en boites et en tablettes.........................(1) et (2)	*Quintal*.....	14—28	15 mars 1791.
	Idem......	28..56	DI. 8 février 1810.
COUPEROSE *blanche* ou *bleue*. [La couperose blanche est le sulfate de zinc : elle est en gros morceaux blancs, purs, nets, ressemblant à du sucre en pain. La couperose bleue est le sulfate de cuivre : elle est en cristaux d'une belle couleur bleue céleste.] ....(3)	*Quintal*.....	15—30	15 mars 1791.
	Idem......	1—53	12 pluviôse 3.
	Idem......	15..30	3 frimaire 5.
COUPEROSE *verte*. [C'est le sulfate de fer. Elle est en cristaux de couleur verte, et presque toujours humide.].............. (3)	*Quintal*.....	6—12	15 mars 1791.
	Idem......	5—10	1 août 1792.
	Idem......	0—51	12 pluviôse 3.
	Idem......	5—10	3 frimaire 5.
	Idem......	10— 0	DI. 30 therm. 12.
	Idem......	20.. 0	1 pluviôse 13.
COUTELLERIE (*Ouvrages de*). [Ce qui comprend toutes ces sortes d'ouvrages, tels que canifs, ciseaux, couteaux, rasoirs, etc.]	*Quintal*.....	40—80	15 mars 1791.
	Prohibés....	....	10 brumaire 5.

RENVOIS.

COUFFINS de palme. *Comme* Cordages de jonc et tilleul. (*Lettre du* 6 *février* 1806.)

COULILAWAN. *Voyez* l'art. Ecorces.

COURGES vidées. *Voyez* Calebasse.

COURTES-POINTES. *Voyez* Couvertures.

COUTEAUX de chasse enrichis. *Voyez* Bijouterie.

COUTEAUX de chasse non enrichis. *Voyez* Armes blanches.

COUTELLERIE en instrumens de chirurgie. *Voyez* Instrumens d'astronomie.

—COUTILS. *Voyez* Toiles.

COUVERTURES DE PUR FIL, teintes ou peintes, *comme* toiles peintes. (*LD. premier mai* 1811.)

le cas où l'on voudroit se dispenser de cette obligation, les cotons motril paieront, indépendamment des droits ci-dessus, un droit additionnel de 6 pour 100 de la valeur desdits cotons; laquelle valeur sera établie sur le cours moyen de la place de Paris, dans les six jours qui suivront l'arrivce des cotons en France.

Le décime par franc n'est pas dû sur ce droit de 6 pour 100. (*DM. ... mars* 1813.)

(1) Celles en poudre ou en nature sont tarifées particulièrement à leurs noms propres.

(2) Les couleurs ne sont pas réputées drogueries-épiceries par le Tarif de 1664 : toutefois il a été décidé que le décret du 8 février 1810 leur étoit applicable.

(3) Les couperoses, bien que classées à drogueries dans le Tarif de 1664, ne seront pas assujetties au double droit. (*DM.* 12 *novembre* 1811.)

Désignation des marchandises	Unité	Droits	Loi
COUVERTURES. [Pièces d'étoffe qu'on étend sur les lits pour se garantir du froid.] Celles de *soie*, *filoselle* ou *fleurets*.............	*Quintal*.....	204.. 0	15 mars 1791.
Celles de *laine* (1), de *coton* et de *fil et coton*.........	*Quintal*.....	102— 0	15 mars 1791.
	Idem......	51— 0	12 pluviôse 3.
	Idem......	102— 0	3 frimaire 5.
	Prohibées...	....	30 avril 1806.
Celles de *plocs* et autres basses matières. [Le ploc est le poil de vaches, de chevrotins et de chiens.].........	*Quintal*.....	48..96	15 mars 1791.
CRAIE ou ALANA et TRIPOLI. [Pierres calcaires plus ou moins friables, ordinairement blanches, mais quelquefois colorées, sur-tout de rouge. Elles n'ont ni saveur ni odeur.].................	*Quintal*.....	1.. 2	15 mars 1791.
CRAYONS *en pastel*, et autres de toute sorte. [Sortes de terres colorées, de différentes nuances, réduites en pâte, à laquelle on donne, tandis qu'elle est molle, la forme de petits rouleaux.].............................(2, 3 et 4)	*Quintal*....	10—20	15 mars 1791.
	Idem......	20..40	DI. 8 février 1810.
CRAYONS *noirs*. [Ce sont ceux de Blende ou de mine de plomb, qui souvent sont incrustés dans du bois.]...............(3 et 4)	*Quintal*.....	1.. 2	15 mars 1791.
CRÉME ou CRISTAL *de tartre*. [C'est le tartre de vin purifié : il est en cristaux nets, bien blancs, détachés, secs, d'un goût aigrelet, agréable.].............................(5)	*Quintal*.....	9—18	15 mars 1791.
	Idem......	0—92	12 pluviôse 3.
	Idem......	9—18	9 floréal 7.
	Idem......	18..36	DI. 8 février 1810.
CRIN *frisé* ou *uni*. [Poils longs et rudes qui croissent à la queue et à la crinière des chevaux et de quelques autres animaux. Le crin frisé est celui qui a été cordé et bouilli ; l'uni est celui qui n'a reçu aucune préparation.].................	*Quintal*.....	4— 8	15 mars 1791.
	Idem......	12.. 0	DI. 17 pluv. 13 et loi du 30 avr. 1806.
CRISTAL *de roche* non ouvré. [Pierre transparente avec ou sans couleur, qui fait feu contre le briquet. Elle a ordinairement la forme d'un prisme à six pans, terminé par une pyramide hexagone.].................	*Quintal*.....	30..60	15 mars 1791.

CRABE. *Voyez* Bois de crabe.
— CRASSE de cire. *Voyez* Cire.
CRASSE de Sel. *Voyez* Sel.
— CRÊPES de soie. *Voyez* Etoffes de soie.
CRÉPONS. *Voyez* Burail.
CREUSETS d'orfèvres ou propres aux monnoies. *Voyez* Poterie de terre.
CRICS. *Prohibés* comme ouvrages en fer. (*Lettre du 14 mai 1807.*)

(1) J'avois observé, dans la première édition de cet ouvrage, qu'on avoit improprement assimilé les couvertures de laine aux étoffes prohibées par la loi du 1er brumaire an 5, puisqu'une loi postérieure (celle du 5 frimaire an 5) avoit rétabli, à l'égard des couvertures de laine, les droits auxquels elles avoient été imposées par le Tarif de 1791..... Cette observation étoit juste relativement à l'assimilation ; mais M^r. le Directeur Général, par sa lettre du 2 décembre 1806, a jugé, relativement au régime, que les couvertures de laine seroient prohibées.... Ce ne peut être comme étoffes, puisque jamais leur régime n'a été semblable, mais seulement par assimilation aux couvertures de coton, prohibées nominativement par la loi du 30 avril 1806. C'est donc cette loi que j'indique, et non celle du 10 brumaire an 5, qui n'a jamais été applicable aux couvertures, quoiqu'actuellement ce qui est prescrit pour les marchandises anglaises le leur seroit probablement.

(2) Il ne faut pas leur assimiler la sanguine, qui est tarifée particulièrement.

(3) Des crayons incrustés dans du bois, ont néanmoins, dans une prise, été traités comme crayons en pastel.

(4) Ce qu'en 1664 on nommoit *crayon* étoit classé à drogueries.... Mais une lettre du 16 avril 1810, avoit à juste titre, réputé *marchandises* tout ce qui aujourd'hui porte cette dénomination ; toutefois il a été arrêté, depuis, que le décret du 8 février 1810 seroit appliqué aux crayons en pastel et autres que la loi du 15 mars 1791 tarife à 10 fr. 20 cent.

(5) Par le Tarif de 1664 le cristal de tartre étoit réputé *marchandise* et la crème de tartre *drogue*... des lettres des 14 et 15 mai les ont classés à drogueries.

Désignation	Unité	Droit	Loi
CRISTAL *de roche* ouvré. [C'est celui gravé, taillé ou arrangé en lustres, girandoles, etc.]	*Par* 100 *fr*..	15— 0	15 mars 1791.
	Prohibé....	....	10 brumaire 5.
CUIRS *secs*, en poils. [Ce sont les peaux de bœufs, vaches, buffles, etc. qu'on a fait sécher sans en ôter le poil ou bourre.]........	*Exempts*....	..—...	15 mars 1791.
	Droit de bal.	..—...	24 nivôse 5.
	Par cuir....	0—40	AC. 3 therm. 10.
(1) *Idem*......		0—25	AC. 14 fruct. 10.
Ceux d'Amérique *payoient*..................... *Idem*......		0—25	8 floréal 11.
Les mêmes et ceux de tous autres pays , *payoient*....... *Idem*......		2—50	DI. 12 sept. 1810.
Ceux de Bœufs et Vaches d'Amérique *payoient*...... *Par cuir*....		5— 0	DI. 5 nov. 1810.
Cuirs de Bœufs, de Vaches d'Amérique *payoient*...... *Quintal*....		30— 0	DI. 23 août 1811.
Cuirs de Bœufs, de Vaches, secs en poils, de toute origine, *payeront*.....................(2) *Quintal*.....		30.. 0	DI. 16 déc. 1811.
Cuirs de Cheval, secs en poils, de toute origine....... *Quintal*.....		20.. 0	DI. 23 août et 16 décembre 1811.
Cuirs *bouillis*. [Ce sont des cuirs forts qu'on a fait bouillir dans de la cire mêlée de quelques gommes ou résines.]............	*Quintal*.....	16—32	15 mars 1791.
	Prohibés....	....	10 brumaire 5.
Cuirs *dorés* et *argentés*. [Espèces de tapisseries faites de cuir où sont représentées diverses figures relevées en or, en argent, en vermillon, etc.]....................	*Quintal*.....	76—50	15 mars 1791.
	Prohibés....	....	10 brumaire 5.
Cuirs *ouvrés*, autres que de cordonnerie......................(3)	*Quintal*.....	81—60	15 mars 1791.
	Prohibés....	....	10 brumaire 5.

Cristal de tartre. *Voyez* Crème de tartre.
Cristaux. *Voyez* Mercerie.
Croisés. *Voyez* Draperie.
Cruches de grés. *Voyez* Poterie.
—Cubèbe. *Voyez* Poivre à queue.
Cudbear, c'est l'orseille desséché. (*LD.* 8 janvier 1811.)
Cuillers et Fourchettes d'étain. *Voyez* à Mercerie commune.
Cuillers de laiton, *comme* mercerie commune. (*DM.* 28 *janvier* 1813.)
Cuillers d'os, prohibées, *comme* tabletterie. (*LD.* 3 octobre 1812.)
Cuir (Chapeaux de). *Voyez* Chapeaux.
Culottes de peaux. *Voyez* Ouvrages en peaux.
Cuirs ouvrés. *Voyez* Ouvrages en cuirs ou peaux, suivant la différence.

(1) Quelques éditions de la loi du 8 floréal an 11 ont porté ce droit à 40 cent. ; mais c'étoit une faute d'impression ou une erreur de copiste.

(2) Ce droit n'affecte pas les peaux de veaux sèches en poil et en vert, qui, tirées à néant au Tarif d'Entrée , doivent continuer à n'acquitter que celui de balance. (*CD.* 28 *fructidor* 10.) *Voyez* l'art. PEAUX.

(3) Les havresacs en cuir seront traités comme les cuirs ouvrés autres que de cordonnerie. (1 *août* 1792.)

Désignation			
CUIVRE ROUGE *brut*, fondu en *gâteau*, en *plaque*, *lingot* ou *rosette*, et MITRAILLE *rouge* de toute espèce. [Le cuivre est un métal imparfait, d'un rouge éclatant, sonore, dur, ductile et malléable. On en distingue plusieurs sortes, soit brutes, soit préparées.].. (1)	*Exempt*..... ...—... *Droit de bal.*........		15 mars 1791. 24 nivôse 5.
CUIVRE *rouge en flaons*, pour les monnoies. [Ce qui s'entend des pièces de cuivre coupées en rond et préparées pour être marquées à la monnoie.].............................. (2)	*Quintal*..... *Exempt*..... *Droit de bal.*	36—72 ...—..	15 mars 1791. 19 mai 1793. 24 nivôse 5.
CUIVRE *rouge laminé* en planches et fonds plats de toute dimension (3). *Excepté celui pour doublage de navires*	*Quintal*..... *Idem*......	24—48 4—90 24—48 76—50 75.. 0	15 mars 1791. 12 pluviôse 3. 9 floréal 7. AC. 5 brum. 11. 8 floréal 11.
Celui *laminé*, pour doublage de navires..............	*Exempt*..... *Droit de bal.* *Quintal*..... *Idem*......	...—.. ...—.. 76—50 75.. 0	19 mai 1793. 24 nivôse 5. AC. 5 brum. 11. 8 floréal 11.
CUIVRE *rouge battu* en fonds de chaudières relevés, baquets, casseroles, barreaux carrés ou ronds, anses, poignées et clous de toute espèce en œuvre.................................	*Quintal*..... *Prohibé*.....	36—72 ...—..	15 mars 1791. 10 brumaire 5.
Celui à fonds de chaudières, les barres à chevilles, les clous de cuivre rouge durcis au gros marteau, les clous de cuivre allié pour doublage et les pentures de gouvernail...................................	*Quintal*..... *Idem*......	76—50 75.. 0	AC. 5 brum. 11. 8 floréal 11.
CUIVRE *rouge ouvragé* ; savoir : alambics avec leurs chapiteaux et serpentins, bassinoires, baguettes de Guinée, bouilloires, cafetières, lingots vernis pour les Indes, pompes, robinets...	*Quintal*..... *Prohibé*.....	40—80	15 mars 1791. 10 brumaire 5.
CUIVRE *ciselé*, *vernis* et *plaqué*, comme vases et urnes de toute espèce, théières étamées ou vernies, garnitures de pendules, flambeaux et ornemens dépendans du ciseleur, doreur, et toute espèce de quincaillerie avec cuivre rouge, jaune ou plaqué..	*Quintal*..... *Prohibé*.....	48—96	15 mars 1791. 10 brumaire 5.

RENVOIS.

CUIRS tannés, corroyés ou apprêtés. *V.* Peaux.
CUIRS en vert et salés. *Voyez* à Peaux.
CUIVRE brûlé. *Voyez* Aes-Ustum.
CUIVRE EN PLAQUES propre à faire verdet, *comme* cuivre laminé. (*D.M.* 29 *sept.* 1810.)
CUIVRE en chandeliers, flambeaux, tire-bouchons, etc. *Voyez* Mercerie commune.
CUIVRE autrement ouvré. *Voyez* Ouvrages en cuivre.
CUIVRE (Régule de). *Voyez* Régule de Vénus.

(1) Les vieux canons doivent être assimilés au cuivre rosette ou en lingots. (*DM.* 1 *complém.* 12.)

(2) Les médailles ou pièces de cuivre étoient traitées comme cuivre en flaons par la loi du 1 août 1792, mais le décret du 3 septembre de la même année, la loi du 10 brumaire an 5, et un arrêté du 5 germinal an 12, les ont frappées de prohibition. Une lettre du Directeur Général, en date du 29 juin 1806, confirme ce régime en disant que les médailles et jetons étant exclusivement dans les attributions de l'établissement des monnoies, sont prohibés. .... Cependant la prohibition n'affecte point les médailles antiques ou celles frappées relativement à des événemens survenus dans les pays étrangers et qui seroient de différentes formes et en foible nombre pour chaque espèce.

(3) Une décision ministérielle, du 22 thermidor an 5, a déclaré que ces cuivres n'étant en quelque sorte qu'une matière première, propre à nos manufactures, l'admission n'en est pas défendue.

Cuivre (*Fil de*) de 14 millimètres de diamètre et au-dessous. Lorsqu'il n'est pas poli............................ }	*Quintal*.....	40..8o	15 mars 1791.
Lorsqu'il est poli. .... (1)	*Prohibé*.....	....	DI. 3 octobre 1811.
Cuivre (*Limaille de*). [Particules de ce métal qu'on a enlevées avec la lime. Elles servent à la teinture des métaux.]...... }	*Exempte*.... ⎰ *Droit de bal.* ⎱	....	15 mars 1791. 24 nivôse 5.
Cuivre jaune, ou Laiton, *en lingots* ou *en mitraille*. [Alliage qu'on obtient par la cémentation d'un mélange de cuivre rouge, de calamine ou oxide natif de zinc et de poussière de charbon. Il est d'une belle couleur jaune, dur, ductile et malléable.]........................... }	*Comme* cuivre brut.	....	1 août 1792.
Cuivre *jaune*, ou Laiton *battu* et *laminé* en planches de toutes dimensions, *gratté*, *noir* et *décapé*. [Le cuivre *gratté* est celui qui est brillant des deux côtés : le *noir* n'est brillant que d'un seul côté : le *décapé* est seulement nettoyé de son vert-de-gris.]................................... }	*Quintal*..... *Idem*...... *Idem*......	3o—6o 6—12 3o..6o	15 mars 1791. 12 pluviôse 3. 9 floréal 7.
Cuivre *jaune*, ou Laiton *ouvré*, comme chaudières, poëlons, bassines, et toute espèce de *Dinanderie*................... (2)	⎰ *Quintal*..... ⎱ *Prohibé*.....	40—8o	15 mars 1791. 10 brumaire 5.
Cuivre *jaune*, ou Laiton *de toute espèce*, en instrumens de quincaillerie et mercerie.............................. (3)	⎰ *Quintal*..... ⎱ *Prohibé*.....	48—96	15 mars 1791. 10 brumaire 5.
Cuivre *jaune filé*, ou Fil de laiton noir. [C'est du cuivre jaune tiré et passé à travers la filière.].................... }	*Quintal*.... *Idem*...... *Idem*...... *Idem*...... *Idem*...... *Idem*......	2— 4 o—41 2— 4 12— 0 12— 0 24.. 0	15 mars 1791. 12 pluviôse 3. 9 floréal 7. DI. 17 pluv. 13. 3o avril 1805. DI. 4 déc. 1809, et 3 octobre 1811.

R E N V O I S.

Cuivre. Fils de laiton roulés sur bobines. *Voy.* Cordes métalliques.

(1) La prohibition du fil de laiton poli ne s'étend pas à celui connu dans le commerce sous le nom de traits de cuivre jaunes et de traits de cuivre argentés, porté au Tarif à Argent et à Or faux filés. (*CD.* 8 janvier 1812)

(2) Les *chaudières de cuivre, cuivre et clous à doublage* venant de l'étranger et destinés pour les colonies, pourront être mis en entrepôt réel, à la charge du paiement de 12 fr. par quintal au moment de l'expédition pour les colonies. (8 *floréal* 11.) Ces dispositions se rapportent à l'article 5 d'un arrêté du 5 brumaire an 11. Les trois objets y déterminés seront admis en franchise dans les magasins d'entrepôt. Ce x qui dans le délai de l'année d'entrepôt seront expédiés pour nos îles, acquitteront le droit de 12 francs.

(3) *Voyez* à Mercerie quels sont les articles qui sont admis.

Désignation des marchandises	Unité	Droits	Loi
CUMIN. [Semences oblongues, cannelées, d'un gris jaunâtre ou verdâtre, pointues par les deux bouts, convexes d'un côté, aplaties de l'autre, de saveur âcre, amère et aromatique, d'odeur forte et désagréable.]......................	*Quintal*.....	2— 4	15 mars 1791.
	Idem......	4.. 8	DI. 8 février 1810.
CURCUMA, ou TERRA MERITA. [Racine tubéreuse, oblongue, noueuse, jaunâtre, de la grosseur du doigt, d'un goût un peu âcre et d'une odeur approchant de celle du gingembre. Elle est d'usage en médecine, en teinture et en vinaigrerie.]	*Quintal*.....	0—51	15 mars 1791.
	Idem......	1— 2	DI. 8 février 1810.
	Quintal net..	125.. 0	DI. 12 sept. 1810.
CUSCUTE ou ÉPITHIME. [Plante parasite à fibres longues, déliées et sans feuilles, de couleur rougeâtre, grimpant et s'entortillant aux plantes voisines. Sa semence est menue et brune.].....	*Quintal*.....	4— 8	15 mars 1791.
	Idem......	8..16	DI. 8 février 1810.
CYPRÈS (*Noix de*). [Fruit de l'arbre de ce nom, d'usage en teinture. Elles sont grosses comme des muscades, rondes, sèches, grises, s'ouvrant et se crevassant en écailles du centre à la circonférence, et laissant voir dans leurs fentes des semences aplaties, anguleuses, rousses et moelleuses.].............	*Quintal*.....	2— 4	15 mars 1791.
	Idem......	4.. 8	DI. 8 février 1810.
DAUCUS (*Graine de*), ou SEMEN DAUCI. [Semences oblongues, cannelées, velues, convexes d'un côté et aplaties de l'autre, d'un brun rougeâtre et d'un gout âcre et aromatique.].......	*Quintal*.....	10—20	15 mars 1791.
	Idem......	20..40	DI. 8 février 1810.
DENTELLES *de fil* et *de soie*. [Sorte d'ouvrage plat et à jour, composé de plusieurs fils entrelacés les uns dans les autres par le moyen des fuseaux. Il y en a à réseau, à brides, à fleurs, etc., de brodées à la main, etc.].................................	*Kilogr. net*..	30—60	15 mars 1791.
	Le mètre....	2.. 0	DI. 17 pluv. 13 et loi du 30 avr. 1806.
DENTELLES *grossières de fil*, fabriquées aux environs de Nimègue...	*Par* 100 *fr*..	10— 0	DM. 2 brum. 7.
	Par mètre...	0..10	DI. 17 pluv. 13 et loi du 30 avr. 1806.

RENVOIS.

CURCUBITES. *Voyez* Instrumens de chimie.
CYPERUS. *Voyez* Souchet.
CYPRÈS (Gomme de). *Voyez* l'art. Gommes.
DATTES. *Voyez* l'art. Fruits.
DEGRAS de peaux. *Voyez* Huiles.
DENRÉES COLONIALES. Voir aux instructions; et pour les droits de celles françaises, recourir au Tarif particulier des productions coloniales françaises.
DENTALE ENTALE. *Voyez* Antale.

Dentelles *d'argent fin*..	*Kilogr. net.*.	81..60	15 mars 1791.
Dentelles *d'or fin*..	*Kilogr. net.*.	122..40	15 mars 1791.
Dentelles *d'or et d'argent faux*..	*Kilogr. net.*.	24..48	15 mars 1791.
Dents de Loup. [Elles ressemblent assez aux dents de chiens; on en fait des hochets d'enfant, et elles servent de polissoires aux orfèvres et aux relieurs............................... (1)	*Quintal*.....	1..55	15 mars 1791.
Derle, ou Terre *de porcelaine*. [Terre argileuse blanche. Elle est fine et grasse : son vrai nom est *petunt-zé.*].............	*Exempte*.... *Droit de bal.*	..—..	15 mars 1791. 24 nivôse 5.
Dibidivi. [Drogue propre à la teinture, tirée d'Espagne.]........	*Exempte*.... *Droit de bal.*	..—..	15 mars 1791. 24 nivôse 5.
Dictame. [Nom marchand des feuilles de la plante de ce nom. Elles sont rondes, de la longueur d'un pouce, tirant sur le vert, couvertes de duvet et d'un poil épais, odorantes et d'un goût brulant. On nomme aussi *radix dictami* la racine d'une autre plante que celle ci-dessus, et qui a la grosseur du doigt, blanche, d'odeur forte, sentant le bouquin et de saveur amère.]..	*Quintal*..... Idem......	4— 8 8..16	15 mars 1791. DI. 8 février 1810.
Dominoterie. [Ce qui s'entend des marchandises de papier dont le trait, les dessins et les personnages sont imprimés avec des planches de bois, ensuite les couleurs mises avec un patron.]..	*Comme* mercerie.	....	15 mars 1791.

RENVOIS.

—Dents *d'éléphans. Voyez* Ivoire.
Dents marines. *Voyez* Cornes de licorne.
Dessins à la gouache. *Comme* Tableaux. (*Lettre du* 27 *février* 1807.)
Dez à coudre, en corne, cuivre, fer, os et ivoire. *Voyez* Mercerie commune.
Dez à coudre en or et argent. *Voyez* Bijouterie.
Dez à jouer. *Voyez* Mercerie.
Diagrède. *Voyez* Sca nonée.
Diamans. *Voyez* Bijouterie.
Dinanderie. *Voyez* Cuivre ouvré.

63. (Entrée. 51.)

(1) Il y a divers outils qui portent aussi le nom de dents de loup; on doit en percevoir les droits comme articles de *mercerie non dénommée*.

Désignation des marchandises		Droit	Date
Dragées *de toute sorte.* [Ce qui s'entend de tous petits fruits, racines, écorces, graines, confitures, entourés et couverts de différentes couches de sucre épuré et durci par le travail.] (1)	*Quintal*	3o ..6o	15 mars 1791.
Draperies, ou **Étoffes** *de laine,* savoir : *Draps* fins, façon de Sedan, de Louviers, d'Elbœuf, et autres dénominations, sur largeur de $\frac{2}{3}$, $\frac{1}{2}$, $\frac{1}{3}$, $\frac{1}{4}$ de l'ancienne aune. — *Draps* dits à longs poils ou à poils raz, avec ou sans lustre. — *Draps* de Vigogne, poil de chameau, castor et autres matières. — *Draps* fins rayés et unis, façon de Silésie ou de royale, et autres dénominations, sur largeur de $\frac{1}{2}$, $\frac{1}{3}$, et $\frac{1}{4}$ aune ancienne. — *Draps* dits rayés, unis, à poils. — *Ratines* en $\frac{2}{3}$ et $\frac{1}{2}$ d'aune ancienne de large, façon de Hollande. — *D'Andely* de Vienne, et autres dénominations. — *Casimir.* — *Raz-de-castor* croisés et unis. — *Flanelles* croisées et unies. — *Espagnolettes,* façon de Rouen, et autres dénominations, croisées et unies, en blanc ou en couleur. — *Camelot* en poil, laine et soie. — *Serges de satin* ou *Satin turc, Prunelle* et *Turquoise.* — *Tricots* en pièces ou gilets. — *Etamines* ou *Burats* imitant les voiles de Rheims, et autres *Etoffes,* sous quelque dénomination que ce puisse être, fabriquées avec de la laine fine ...... (2)	*Quintal* ..... *Prohibées* ...	612— o .... o	15 mars 1791. 10 brumaire 5.
Draps *communs,* forts; ceux à poils, sur une aune ou demi-aune ancienne de large, croisés, rayés ou unis. — *Moltons,* façon de Sommiers, et autres dénominations. — *Ratines* communes. — *Croisés* communs. — *Kalmoucks* ordinaires. — *Camelots* en laine, unis ou rayés. — *Sagatis,* et autres genres d'*Etoffes* fabriquées avec de la laine commune	*Quintal* ..... *Prohibés* .... Idem	3o6— o 153— o	15 mars 1791. 12 pluviôse 3. 10 brumaire 5.
Draps et **Étoffes** *de coton,* et **Velours** *de coton* .... (3)	*Quintal* ..... *Prohibés* .... Idem	3o6— o ..—..	15 mars 1791. 1 mars 1793. 10 brumaire 5.
Drilles ou **vieux Linges.** [Ce qui s'entend des vieux chiffons de toiles de lin, de coton et de laine, propres à la fabrication du papier.]	*Exempts* .... *Droit de bal.*	..—..	15 mars 1791. 24 nivôse 5.
Duvet *de cygne, d'oie* et *de canard.* [On donne le nom de duvet aux plumes menues et chaudes qui touchent immédiatement le corps des oiseaux.] .... (4)	*Quintal* ..... Idem	3o—6o 100.. o	15 mars 1791. DI. 17 pluv. 13 et loi du 3o avr. 18o6.

RENVOIS.

Drogueries omises. *V.* Marchandises omises.

Drogueries médicinales en poudre, prohibées comme médicamens pouvant être falsifiés. (*DM.* 19 *janvier* 1815.)

Duobus (Sel de). *Voyez* Sels.

Duvet d'Autruche. *Voyez* Autruche.

Duvet d'Eider. *Voyez* Edredon.

(1) Il faut comprendre sous la dénomination de dragées, les pastilles et en général tout ce qu'on appelle bonbons.

Le Tarif de 166¾ n'a pas rangé les dragées parmi les drogueries épiceries, je ne me permettrai donc pas de leur appliquer le décret du 8 février 1810.... toutefois il seroit assez juste qu'elles surportassent au moins le doublement des droits à raison du sucre qui entre dans leur composition, s'il ne l'étoit pas plus de les prohiber ou de les imposer à un droit proportionnel à celui actuel du sucre.

(2) Les étoffes de laine connues sous le nom de *casimir* avoient déjà été prohibées par la loi du 1 mars 1795.

(3) *Voyez* la note à **Etoffes** *de coton.* . . .

(4) Les duvets d'autruche et d'eider sont tarifés particulièrement; voyez ces mots.

Désignation		Droit	Loi
EAU-DE-VIE, *autre que de vin.* [Ces eaux-de-vie sont des liqueurs qui se tirent, par la distillation, de différentes substances fermentées, telles que le grain, le riz, les figues, les carottes, les pois, le genièvre, la cire, etc.]	*Prohibée*....	....	15 mars 1791.
EAU-DE-VIE SIMPLE *de vin.* [C'est celle provenue par la distillation du vin.] .... (1)	*Les 268 litres.*	24— 0	15 mars 1791.
	Le litre	0—15	9 floréal 7.
	Idem......	0..20	DI. 17 pluv. 13 et loi du 30 avr. 1806.
EAU-DE-VIE DOUBLE *et rectifiée.* [C'est celle au-dessus de 22 degrés jusques et compris 32.] .... (1)	*Les 268 litres.*	48— 0	15 mars 1791.
	Le litre	0—30	9 floréal 7.
	Idem......	0..40	DI. 17 pluv. 13 et loi du 30 avr. 1806.
EAU-DE-VIE *au-dessus de 32 degrés.* (Esprit-de-vin.) [On appelle *esprit-de-vin* l'eau-de-vie qui a été distillée deux fois.] .. (1)	*Les 268 litres.*	72— 0	15 mars 1791.
	Le litre	0..45	9 floréal 7.
EAU FORTE. [C'est l'acide nitreux le plus pur et le plus fort. Cette eau est ou blanche, ou rouge, ou verte.]	*Quintal*.....	16—32	15 mars 1791.
	Idem......	20—40	1 août 1792.
	Idem......	2— 4	12 pluviôse 3.
	Idem......	20—40	3 frimaire 5.
	Idem *net*..	40..80	DI. 8 février 1810.
EAU *de fleurs d'orange.* [C'est l'eau distillée de ces fleurs: elle en conserve toute l'odeur.] .... (2)	*Comme* eau médicinale.	....	1 août 1792.
EAUX *médicinales et de senteur.* [Les principales sont celles d'*arquebusade*, *styptique*, *cordiale*, *vulnéraire*, *eaux des Carmes*, *de Cette*, *de Cologne*, *impériale*, *de lavande*, *de mélisse*, *de menthe*, *de miel*, *de la reine de Hongrie*, *de thim*, etc.] (2)	*Quintal net.*	61—20	15 mars 1791.
	Idem......	122..40	DI. 8 février 1810.
EAUX *minérales.* [Ce qui comprend les *eaux sulfureuses*, les *eaux ferrugineuses*, les *eaux gazeuses* et les *eaux salines*, froides ou chaudes, simples ou composées.] .... (3)	*Exemptes*...	...—...	15 mars 1791.
	Droit de bal.	....	24 nivôse 5.

RENVOIS.

EAU de Cerises. *Voyez* Kirschwaser.
EAU-DE-VIE d'Andaye, *comme* Liqueurs.

(1) La différence des droits entre l'eau-de-vie double et l'eau-de-vie simple exige que les Préposés s'assurent avec exactitude du degré réel de sa force, que l'on pèse avec un aréomètre ou pèse-liqueur; plus elle est spiritueuse, plus le pèse-liqueur enfonce; lorsqu'il ne descend pas à plus de 22 degrés, l'eau-de-vie est réputée simple; au-delà elle est réputée double, et passé 32 degrés c'est de l'esprit de vin. Mais il est essentiel de se fixer sur le degré de température, et d'observer qu'elle influe tellement sur les liquides, que le pèse-liqueur qui se trouve juste lorsque le thermomètre n'est qu'à 10 degrés, enfonce d'un degré de plus par chaque 5 degrés de chaleur; c'est-à-dire, que lorsque le thermomètre est à 15 degrés, l'eau-de-vie de 22 degrés en pèse 23, et que quand il monte à 20, la même eau-de-vie en pèse 24, et n'en doit pas moins être reputée simple

(2) Les eaux de fleurs d'orange et de senteur n'étoient pas réputées drogueries par le Tarif de 1664, mais les eaux médicinales toient traitées comme drogueries omises; dès-lors le Tarif de 1791 et la loi du 1er. août ayant assimilé toutes ces eaux, il en résulte que le double droit leur est applicable.

(3) Les bouteilles qui contiennent ces liquides sont sujettes au droit; de manière qu'il faut percevoir le droit de balance sur les eaux, plus celui fixé sur les bouteilles. Pour ce dernier droit, *voyez* à VERRE.

Désignation des marchandises		Droits	Lois et dates
ÉCAILLES *d'Ablette.* [L'ablette est un petit poisson de rivière dont les écailles argentées servent à colorer les fausses perles. On les conserve ordinairement dans de l'ammoniaque ou alcali volatil.]...	*Quintal.....*	2.. 4	15 mars 1791.
ÉCAILLES *de Tortue*, de toutes sortes. [Elles se lèvent de dessus la carapace de ces animaux. Celles dont on se sert principalement sont tirées des TORTUES CARETS. Toutes ont trois couleurs, le blond, le brun et le noirâtre, d'une demi-transparence agréable.]...	*Quintal.....*	20—40	15 mars 1791.
	Idem......	2— 4	12 pluviôse 3.
	Idem......	20—40	9 floréal 7.
	Idem......	45— 0	AC. 3 therm. 10.
	Idem......	45— 0	8 floréal 11.
	Idem......	120— 0	DI. 17 pluv. 13.
	Idem......	120— 0	30 avril 1806.
	Idem......	240— 0	DI. 8 février 1810.
	Kilogr. net.	15.. 0	DI. 12 sept. 1810.
ÉCHANTILLONS *de Gants* et *de Bas de soie*, dépareillés et n'excédant pas le nombre de trois. [Ceux des autres marchandises ne peuvent non plus supporter les droits imposés sur les espèces, pourvu qu'ils ne présentent qu'une fois le dessin sans le répéter. (*CA.* 18 *octobre* 1791.)]...............................	*Exempts............* *Droit de bal.*	.....—.	1 août 1792. 24 nivôse 5.
ÉCORCES *de bois* propres à faire des chapeaux pour femmes. (*Comme omises. L.* 18 *prairial* 13.)...............................	*Par* 100 *fr...*	10.. 0	22 août 1791.
ÉCORCES *de Chêne* et autres à faire du tan. [Celle de chêne est épaisse, raboteuse, crevassée et rude.]...............................	*Exemptes...* *Droit de bal.*	.....—.	15 mars 1791. 24 nivôse 5.
ÉCORCES *de Citron*, *d'Orange* et *de Bergamotte*. [Peaux des fruits de ce nom : elles sont jaunes en dehors et blanches en dedans.] (1)	*Quintal.....*	8..16	15 mars 1791.
ÉCORCES *de Coulilawan.* [Écorce gommo-résineuse d'un arbre aromatique des îles Moluques : elle est épaisse et compacte, brune en dehors et d'une couleur claire en dedans, facile à réduire en poudre, d'une odeur suave et forte. C'est une nouvelle espèce d'épicerie.]...............................	*Quintal.....* *Idem......*	12—24 24..48	15 mars 1791. DI. 8 février 1810.
ÉCORCES *de Grenadier.* [C'est l'écorce du fruit de l'arbre de ce nom : elle est dure comme du cuir, de couleur purpurine obscure en dehors, jaune en dedans. On s'en sert en médecine, et pour préparer les cuirs.]...............................	*Exemptes...* *Droit de bal.* ....(2)....	.....—.	15 mars 1791. 24 nivôse 5.

RENVOIS.

ÉBÉNISTERIE. *Voyez* Marqueterie.
— ÉCARLATE (Graine d'). *Voyez* Kermès.
ÉCHALAS. *Voyez* la note à Bois feuillard.
ÉCLISSES. *Voyez* Bois d'éclisses.
ÉCORCES de chêne blanc. *Voyez* Quercitron.
ÉCORCES de chêne blanc moulues. *Voyez* Quercitron.
ÉCORCE de Cannellier, *comme* droguerie omise. (*LD.* 5 *novembre* 1806)
— ÉCORCES de Câprier. *Voyez* Câprier.
— ÉCORCES de Gaïac. *Voyez* Gaïac.
ÉCORCES de Quercitron *V.* Quercitron.

66. (ENTRÉF. 54.)

(1) Il s'agit ici d'écorces desséchées et non mélangées avec du sucre ; car dans ce dernier cas elles devroient comme confitures.

(2) Une lettre administrative du 26 avril 1806 a ordonné de percevoir, en conformité du décret du 17 pluviôse an 13, le droit de 20 pour 100 de la valeur sur les ÉCORCES DE GRENADES ou malicorium, comme devant être rangées dans la classe des drogueries omises....

ÉCORCES DE GRENADIER, ou ÉCORCES DE GRENADES, ou MALICORIUM, ou SIDIUM, sont la même chose sous quatre noms différens ; tirées à *néant* par la loi du 15 mars 1791 sous la dénomination D'ÉCORCES DE GRENADIER, il s'ensuit donc qu'elles ne sont pas omises.

Or, si l'on porte les *écorces de grenades* à 20 pour 100, et celles de *grenadier* au droit de balance, il doit en résulter que, si réellement ces écorces doivent comme drogueries omises, elles n'acquitteront que 51 centimes du quintal ou 15 centimes de la valeur, si on les présente sous le nom *d'écorces de grenadier*, qui effectivement est un nom impropre, mais c'est celui du commerce et du tarif.

Depuis que j'ai fait cette note, il a encore été prescrit, par lettre à Strasbourg du

Désignation des marchandises	Unité	Droits	
Écorces *de Mandragore* ou *Faux-ginseng.* [Ce sont celles de la racine de la plante de ce nom : il y en a deux espèces, l'une dont l'écorce est blanchâtre en dehors, cendrée et grisâtre en dedans ; l'autre, au contraire, est blanche en dedans et brune au dehors ; de saveur âcre, gluante et amère. On envoie quelquefois la racine coupée par tranches comme le jasap.]	*Quintal*.....	18—36	15 mars 1791.
	Idem......	36..72	DI. 8 février 1810.
Écorces ou **Brou** *de Noix.* [Écorce verte, charnue, acerbe et un peu amère qui recouvre la coque ligneuse de la noix. Elle sert en médecine et en teinture.]	*Exemptes*...	...—...	15 mars 1791.
	Droit de bal.	....	24 nivôse 5.
Écorces *d'Orme pyramidal.* [Seconde écorce de cet arbre, très-souple, jaune en dehors et en dedans. On l'importe en petites lanières. Elle contient un suc mucilagineux et gluant.]	*Par* 100 *fr.*.	2..50	15 mars 1791.
Écorces *de Simarouba.* [C'est celle de la racine de la plante qui produit le bois de cayan. On l'apporte de la Guyane en lanières et en paquets de 35 kilogrammes. Cette écorce est brune et jaunâtre.] (1)	*Quintal*....	15—50	15 mars 1791.
	Idem......	30..60	DI. 8 février 1810.
Écorces *de Tilleul.* [Écorces jaunâtres qu'on importe en lanières minces et longues pour en faire des cordages.]	*Exemptes*...	...—...	15 mars 1791.
	Droit de bal.	....	24 nivôse 5.
Eiderdon ou **Edredon.** [Plumes de l'estomac de l'*eider*. C'est une sorte de duvet très-doux, très-moelleux, fort léger et fort chaud, très-élastique et très-durable.] (2)	*Kilogramme.*	2— 4	15 mars 1791.
	Idem......	6.. 0	DI. 17 pluv. 13 et loi du 30 avril 1806.
Ellébore *noir* ou *blanc* (*Racines d'*). [Celles de l'ellébore noir ont cette couleur en dehors et sont grises en dedans. La racine de l'ellébore blanc est en tête assez grosse, également blanche. Toutes deux sont garnies de beaucoup de fibres ; mais on les apporte ordinairement dégarnies de ces filamens.]	*Quintal*....	4— 8	15 mars 1791.
	Idem......	8..16	DI. 8 février 1810.
Émeril *en poudre* et *en grains.* [Minéral particulier sur lequel les naturalistes ne sont pas d'accord : on en connoît trois espèces, l'une, qui naît dans les mines d'or, est jaunâtre, parsemée de points d'or et d'argent ; la seconde est unie et d'un gris rougeâtre : on la trouve dans les mines de cuivre ; la troisième est noirâtre, très-dure. Elles servent à couper et nettoyer les pierres précieuses. On les pulvérise pour polir les métaux et les glaces.]	*Quintal*....	1.. 2	15 mars 1791.

Écorces de Scavisson. *Comme* droguerie omise. (*Lettre du* 5 *nov.* 1806.)
— Écorces de Tamaris. *Voyez* Tamaris.
Écorces. Pour les autres il faut voir à leurs noms propres.
Écritoires simples. *Voyez* Mercerie commune.
Écume de Verre. *Voyez* Anatron.
Effets militaires. *Voyez* la note à Munitions de guerre.
Effets à l'usage des voyageurs. *Voyez* Linge de corps et Habillemens.
Élastique (Gomme). *Voyez* aux Gommes.
Électuaires de toutes sortes. *V.* Confection.
Démi (Gomme). *Voyez* aux Gommes.
— Émail. *Voyez* Azur, et sa note.
Emportes-Pièces. *Voy.* Quincail

4 juin 1811, de traiter ces écorces comme drogueries, et par suite on les liquides aujourd'hui à 20 pour 100 sous quelque dénomination qu'on les déclare........ Ceci, cependant, ne concorde avec les principes qu'autant qu'elles contiennent du tanin.

(1) Les écorces de simarouba n'ont pas été reprises au Tarif de 1664, mais comme leur seul usage est dans la pharmacie, elles doivent conséquemment le double droit.

(2) Le titre Duvet de Canard est en contradiction avec cette tarification de l'ciderdon.

Désignation des marchandises	Unité	Droit	Loi ou décret
ENCENS *commun*, ou GALIPOT. [Poix odoriférante qui sort par les incisions qu'on a faites au pin, et qui n'a point été cuite. Elle se sèche, est blanche et nette.]	*Quintal*.....	0—51	15 mars 1791.
	Idem......	20— 0	DI. 17 pluv. 13.
	Idem......	20— 0	30 avril 1806.
	Idem......	40.. 0	DI. 8 février 1810.
ENCENS *fin*, ou OLIBAN. [Substance résineuse qui découle d'un petit arbre de l'Arabie. Elle est d'un jaune pâle ou transparent, en larmes dures, d'un goût âcre et résineux, d'odeur pénétrante.]	*Quintal*.....	10—20	15 mars 1791.
	Idem......	20— 0	DI. 17 pluv. 13.
	Idem......	20— 0	30 avril 1806.
	Idem......	40.. 0	DI. 8 février 1810.
ENCRE *de la Chine*. [Substance noire, en tablettes carrées longues, revêtues de quelques caractères chinois ou en relief, ou dorés, ou de couleur rouge.] (1 et 2)	*Quintal*.....	81—60	15 mars 1791.
	Idem......	163..20	DI. 8 févr. 1810.
ENCRE *à écrire*. [Composition liquide, le plus ordinairement noire, résultante d'une infusion de noix de galle, gomme arabique, bois de Brésil, alun et sulfate de fer.] (1)	*Quintal*.....	24..48	15 mars 1791.
ENCRE *à imprimer* et *en taille-douce*. [C'est un composé de térébenthine, d'huile de noix ou de lin et de noir de fumée, qu'on réduit, par la cuisson et le broiement, en une espèce de pâte presque solide.] (1)	*Quintal*.....	12..24	15 mars 1791.
ENGRAIS *de toutes sortes* pour les terres. [Ce qui comprend toutes les matières propres à engraisser les terres, telles que fumier, colombine, clapous, cornes râpées, etc.]	*Exempts*.......	—.	15 mars 1791.
	Droit de bal........		24 nivôse 5.
EPINES *anglières*, ou ASPINI. [Je n'ai pu découvrir jusqu'à présent à quoi pouvoit s'appliquer cette dénomination *Aspini*; je prie donc les personnes qui en auroient connoissance de vouloir bien m'en instruire.] (3)	*Quintal*.....	2.. 4	15 mars 1791.
ÉPINGLES *blanches*. [Bouts de fil de laiton coupés de certaine longueur, et qui ont une tête et une pointe.] — Les *Épingles jaunes* leur ont été assimilées par lettre du 1er. décembre 1809	*Quintal*.....	61..20	15 mars 1791.

(1) A raison de ce qu'une partie des ingrédiens qui entrent dans la composition des encres doive le double droit, il pourroit se faire qu'ils y fussent également soumis; toutefois, jusqu'à décision positive, je ne leur appliquerai pas le décret du 8 février 1810.

(2) De ce que l'*encre à lavis* porte le nom d'encre de la Chine, ce n'est pas un motif pour lui appliquer le double droit plutôt qu'aux autres encres. . . . . . Ce nom de *la Chine* fait d'autant moins à la chose que celle dont on se sert généralement en Europe, s'y fabrique avec des ingrédiens d'Europe. . . . . Conséquemment, à moins qu'elle n'arrive directement des Indes, l'encre de la Chine ne devroit ni plus ni moins être affectée par le décret du 8 février 1810, que les autres encres. Mais nonobstant ces raisons on a donné des ordres de percevoir le double droit, c'est pourquoi je le lui applique.

(3) Si ce que le Tarif nomme *Aspini* est une drogue, elle doit alors le double droit

Éponges *communes*. [Espèce de champignons marins très-poreux qu'on trouve attachés aux rochers : ceux-ci sont de couleur brunâtre.].. (1)	*Quintal*..... Idem......	6—12 60.. o	15 mars 1791. DI. 17 pluv. 13 et loi du 30 avr. 1806.
Éponges *fines*. [Elles sont plus légères, plus blondes, et ont les trous plus serrés que celles ci-dessus.].........................	*Quintal*..... Idem......	51— o 200.. o	15 mars 1791. DI. 17 pluv. 13 et loi du 30 avr. 1806.
Éponges *servant à la fabrication de l'amadou*. [Quoique l'amadou se fasse ordinairement avec l'agaric de chêne préparé, on en fait aussi avec le *bolet amadouvier*, gros champignon qui croît autour des vieux arbres. C'est de ce champignon dont il est ici question.]...................................	*Exemptes*........ *Droit de bal.*........	——.	15 mars 1791. 24 nivôse 5.
Escayolles. [Graines propres à nourrir les oiseaux, qu'on tire de Tunis et d'Alger.]................................... (2)	*Quintal*.....	o..51	15 mars 1791.
Esprit de nitre. [C'est une sorte d'eau forte blanche qui, exposée aux rayons du soleil, se colore en rouge.]....................	*Quintal*..... Idem...... Idem *net*..	20—40 20—40 40..80	15 mars 1791. 1 août 1792. DI. 8 février 1810.
Esprit de sel. [Fluide de couleur d'ambre jaune tiré du sel marin, d'un goût acide, fort et pénétrant. C'est l'acide muriatique.]	*Quintal*..... Idem *net*..	30—60 61..20	15 mars 1791. DI. 8 février 1810.
Esprit de soufre. [Liqueur provenant de la combustion du soufre, plus ou moins acide, suivant son degré de concentration.] (3)	*Quintal*..... Idem...... Idem *net*..	10—20 20—40 40..80	15 mars 1791. 1 août 1792. DI. 8 février 1810.
Esquine. [Grosse racine noueuse, genouillée, pesante, ligneuse, à tubercules inégaux, d'un brun rougeâtre en dehors et d'un blanc rougeâtre en dedans, un peu résineuse, d'un goût terreux et astringent.].................................	*Quintal*..... Idem......	6—12 12..24	15 mars 1791. DI. 8 février 1810.
Essaye. [Racine dont on se sert dans les Indes orientales pour teindre en écarlate. Sa couleur est d'un rouge obscur, son goût ressemble à celui du sel de nitre.]..................... (4)	*Quintal*..... Idem......	1— 2 2.. 4	15 mars 1791. DI. 8 février 1810.

RENVOIS.

Époussettes. *Voyez* Brosserie.
Epsum (Sel d'). *Voyez* l'art. Sels.
Équipemens militaires. *V.* la note à Munitions.
Escourgeon. *Voyez* Grains.
Espagnolettes. *Voyez* Draperies.
Esparcettes. *Voyez* l'art. Graines.
Esprit de Cerf. *Voyez* Cerf.
— **Esprit-de-Vin**. *V.* Eau-de-vie de 52 degrés.
Esprit de Vitriol. *Voyez* Acide sulfurique.
Esprits. Pour les autres, *voyez* à leurs noms propres et à Essences.

(1) La loi du 1er août 1792 a dit qu'en douanes, les éponges seroient réputées communes, lorsque la valeur du quintal n'excéderoit pas 300 fr.

Les éponges les plus communes excèdent aujourd'hui cette valeur; ainsi il y a lieu de prélever des échantillons, et de les envoyer à Paris avant de liquider les droits.

(2) En raison de la note de l'article alpiste, l'escayolle ne doit pas le double droit.

(3) L'esprit de soufre n'est autre chose que de l'acide sulfurique étendu d'eau; lorsqu'il est plus concentré, il devient huile de soufre. La tarification pour l'huile n'est pas la même. (*Voyez* la note de cet article.)

(4) L'essaye doit le double droit comme productions des Indes.

ESSENCES ; c'est en chimie l'huile aromatique très-subtile qu'on obtient par la distillation des plantes ; cela s'appelle aussi *huile essentielle*. ESPRITS ; c'est un mélange d'alcool et d'huile essentielle : ils sont incolores.......................... (1)

Essence ou *Quintessence d'*ANIS. [Liqueur très-souvent congelée, blanche ou verdâtre ; produit de la distillation de la semence d'anis.]....................	*Quintal net..*	204— 0	15 mars 1791.
	Idem......	408.. 0	DI. 8 février 1810.
Essence ou *Esprit de* BERGAMOTTE *et de* CITRON. [Celle de bergamotte est jaune; celle de citron , *obtenue par distillation*, est incolore, fluide, et d'une odeur très-suave..............................(1)	*Kilogr. net..*	1—53	15 mars 1791.
	Idem......	3.. 6	DI. 8 février 1810.
Essence de CANNELLE. [Fluide très-aromatique de couleur ambrée , produit de la distillation de l'écorce de cannelier.]............................ (1)	*Kilogr. net..*	146—88	15 mars 1791.
	Idem......	293..76	DI. 8 février 1810.
Essence ou *Esprit de* GIROFLE. [Celle du commerce est brune ; celle qui se fait dans les laboratoires est incolore. Odeur forte , goût âcre et brûlant.]......... (1)	*Kilogr. net..*	4— 8	15 mars 1791.
	Idem......	8..16	DI. 8 février 1810.
Essence de ROMARIN , et *autres semblables*. [Celle de romarin est d'un jaune verdâtre, provenant de la distillation des feuilles et fleurs de romarin.]........... (1)	*Quintal net.*	81—60	15 mars 1791.
	Idem......	163..20	DI. 8 février 1810.
Essences de ROSES et *de* RHODES. [Celle de *roses* est une huile très-facile à congeler , provenant de la distillation de ces fleurs ; elle est tantôt jaune, verte ou blanchâtre. Celle de *Rhodes* est toujours fluide et de couleur jaune : elle provient de la distillation du bois de Rhodes......,.................... (1)	*Kilogr. net..*	48—96	15 mars 1791.
	Idem......	97..92	DI. 8 février 1810.
Essence ou *Esprit de* TÉRÉBENTHINE. [Liqueur incolore, produit de la distillation de la térébenthine ; d'odeur désagréable et de saveur brûlante.]................	*Quintal....*	6—12	15 mars 1791.
	Idem......	12..24	DI. 8 février 1810.
ESTAMPES *de toutes sortes*. [On nomme *estampes* les empreintes d'une planche gravée qui se tirent sur du papier.]............ (2)	*Par* 100 *fr..*	15.. 0	15 mars 1791.
ESULE. [Petite racine rougeâtre d'une plante à plusieurs tiges rameuses et à feuilles étroites, qui contiennent un suc laiteux lorsqu'elles sont vertes.].............................	*Quintal.....*	1— 2	15 mars 1791.
	Idem......	2.. 4	DI. 8 février 1810.

R E N V O I S.

ESSANDOLLES. *Voyez* Bois d'éclisses.
Essence de Menthe, *comme* Essence de Romarin.
ESSENCES. Pour les autres , *voyez* à leurs noms propres et à Huiles.
ESTURGEONS. *Voyez* Poissons.

(1) *Voyez* la note de l'art. HUILES.

(2) Cet article comprend les gravures les plus précieuses et celles de l'espèce la plus commune, autres néanmoins que les vues d'optique , qui font partie des instrumens d'optique , les cartes géographiques, qui sont tarifées, et les images coloriées à l'usage du peuple, qui font partie de la dominoterie.... Le droit de 15 pour 100 dû sur les estampes étant le même que celui dû sur les cadres ou bordures, elles acquittent toujours l'estimation de 15 pour 100, qu'elles soient encadrées ou en feuilles.

TAIN *non ouvré* et celui *usé* ou *brisé*. [L'étain est un métal d'une couleur blanche qui tient le milieu entre l'argent et le plomb. C'est le plus léger des métaux. Il crie lorsqu'on le plie.]....	*Quintal*.... Idem...... Idem......	4— 8 0—82 4.. 8	15 mars 1791. 12 pluviôse 3. 9 floréal 7.
TAIN *en feuilles* ou *battu*.................... (1)	*Quintal*....	51.. 0	15 mars 1791.
TAIN (*Régule d'*). [Ce seroit un oxide ou potée d'étain réduit en métal à l'aide d'une substance grasse, si la tarification ne sembloit plutôt indiquer qu'il s'agit ici du *régule jovial* qui est de l'antimoine débarrassé du soufre, son minéralisateur, à l'aide de l'étain]..................... (2)	*Quintal*....	24..48	15 mars 1791.
TAIN *ouvré*, autrement que ci-dessus...................... (3)	*Quintal*.... *Prohibé*....	51— 0	15 mars 1791. 10 brumaire 5.
TAIN *de glace* ou BISMUTH. [Métal de couleur blanche tirant sur le jaune, dont la contexture intérieure paroît composée de cubes lamelleux. Quoiqu'il reçoive l'impression du marteau, il n'est point ductile ; on peut même le pulvériser ; ce qui le faisoit ranger autrefois parmi les demi-métaux. Exposé long-temps à l'air, sa surface prend une couleur rougeâtre irisée. C'est le plus fusible des métaux : le *sulfure de bismuth* se fond même à la flamme d'une bougie.].................	*Quintal*....	2.. 4	15 mars 1791.
TAUX *fins*. [Machine composée de deux espèces de tenailles de fer qui s'approchent au moyen d'une vis qui les traverse par le milieu.]................ *Comme* omis. (*DM. 22 nivôse 7.*)	*Par* 100 *fr*..	10.. 0	22 août 1791.
TOFFES. [Nom générique de toutes sortes d'ouvrages ou tissus faits sur des métiers.]			
Celles de *poil de chèvre*....................	*Quintal*....	15—30	15 mars 1791.
Celles de *soie et de coton*........................	*Kilogramme*.	8—16	*Même loi.*
Celles mêlées de *soie*, de *fil*, de *coton* et de *laine*........	*Kilogramme*.	6—12	*Même loi.*
Les mêmes, avec or et argent *fin*.................	*Kilogramme*.	12—24	*Même loi.*
Celles mêlées de *laine grossière* et de *fil*.................	*Par* 100 *fr*..	10— 0	1 août 1792.
Toutes étoffes de *laine*, de *coton* et de *poil*, ou mélangées de ces matières, ainsi que celles ci-dessus........... (4)	*Prohibées*...		10 brumaire 5.
TOFFES de *fil* et *coton*........... (5) *Seront traitées comme* Etoffes de coton....			1 août 1792.

RENVOIS.

TAIN ouvré en cuillers, fourchettes, etc. *Voyez* Mercerie commune.

TAMINES de Laine. *Voyez* Draperies.

TAUX communs et grossiers, *comme* quincaillerie en limes communes. (*LD.* 16 *mars* 1809.)

(1) L'étain en planches propre à l'étamage des glaces est considéré comme matière première, et dispensé du certificat d'origine. (*LM. 7 nivôse 5.*)

(2) Si ce que la loi du 15 mars 1791 entend par *régule d'étain* est effectivement ce qu'en pharmacie on nommoit *régule jovial*, alors il doit le double droit.

(3) On excepte l'étain ouvré en cuillers, fourchettes, et autres menus ouvrages classés dans la mercerie et tarifés comme tels.

(4) *Voyez* la note à COUVERTURES *de laine*.

Les burails et crépons de Zurich ne sont pas compris dans la prohibition ; ils entrent en payant le droit fixé à leur article.

Les étoffes de laine des fabriques d'Italie sont aussi admises par certains bureaux. *Voir* au tarif d'Italie, page 180.

(5) D'où il résulte que ces sortes de tissus sont prohibés, soit comme étoffes de coton par la loi du 10 brumaire an 5, soit comme toiles de coton par celle du 30 avril 1806.

Les étoffes importées des manufactures du duché de *Berg-outre-Rhin* payoient 10 pour 100 de la valeur par la loi du 6 fructidor an 4 ; celle du 19 pluviôse an 5 les a exceptées de la prohibition prononcée contre toutes les étoffes de laine, de coton

Étoffes avec or et *argent faux*..,	*Prohibées*...	....	15 mars 1791.
Étoffes *de soie* de toutes sortes, mais *unies*.................... (1)	*Kilogr. net*..	15..30	15 mars 1791.
Étoffes *de soie* brochées, *sans or ni argent*. [On entend par *étoffes brochées*, celles ouvragées ou relevées de quelques fleurs ou autres dessins.]...	*Kilogr. net*..	18..36	15 mars 1791.
Les mêmes, avec *or* et *argent fin*......................	*Kilogr. net*..	30..60	15 mars 1791.
Étoffes *de soie*, mêlées d'autres matières, sans *argent* ni *or*........	*Kilogr. net*..	12..24	15 mars 1791.
Les mêmes, avec *or* et *argent fin*......................	*Kilogr. net*..	16..32	15 mars 1791.
Étoffes *de filoselle* ou *fleuret*.................................	*Kilogr. net*..	6..12	15 mars 1791.
Les mêmes, avec *or* et *argent fin*......................	*Kilogr. net*..	9..18	15 mars 1791.
Étoffes *de soie* nommées MARLY *de soie*. [C'est un tissu à jour fabriqué sur le métier à faire de la gaze.]................	*Kilogr. net*..	30..60	15 mars 1791.
Étoffes *de soie* nommées CRÊPES *de soie*. [Ce sont des tissus non croisés, très-clairs et très-légers, composés de trame de soie grèze.]...(2)	11 *mètr.* 88 *c.*	9.. 0	15 mars 1791.

RENVOIS.

ÉTOFFES de Coton. *Voyez* Draps de Coton.
ÉTOFFES de Laine fine. *Voyez* Draperies.
ÉTOFFES nommées *Gazes*. *Voyez* Gazes.
ÉTOFFES de Soie en Mouchoirs. *V.* Mouchoirs.
ÉTOUPES de Chanvre. *Voyez* Chanvre.
ÉTOUPES de Lin. *Voyez* Lin.
ÉTRIERS. *Voyez* Mercerie.
ÉTRILLES. *Voyez* Quincaillerie de fer.
ETUIS de mathémat. *V.* Instrum. de mathémat.

et de poil par la loi du 10 brum. an 5; et une autre loi, du 6 nivôse an 10, en a fixé les droits conformément au tarif; toutefois, je pense que s'il s'en présentoit aujourd'hui de la nature de celles prohibées elles ne seroient pas admises; la prohibition édictée par la loi du 30 avril 1806, ne répétant pas cette exception.

(1) Les étoffes de pure soie, ou dans lesquelles il entre de la soie, et les étoffes d'écorces d'arbres, provenant du commerce français au-delà du Cap de Bonne-Espérance, sont prohibées. (*Loi du 15 mars 1791.*)

(2) Les crêpes des fabriques du royaume d'Italie ne sont pas soumis à ce droit. *Voir* celui qu'ils paient au tarif particulier des marchandises d'Italie, page 184.

EUPHORBE. [Gomme-résine qui découle naturellement et par incision de deux espèces de plantes de ce nom. C'est une substance friable, jaunâtre, inodore, et d'une saveur brûlante et caustique. On l'apporte en larmes sèches.]	*Quintal.....*	6—12	15 mars 1791.
	Idem......	12..24	DI. 8 février 1810.
EUPHRAISE. [Petite plante à tiges grêles, velues, noirâtres, qui a les feuilles ovales, obtuses, dentées et émarginées. On l'appelle aussi *casse-lunette*.] .... (1)	*Quintal....*	4— 8	15 mars 1791.
	Idem.....	8..16	DI. 8 février 1810.
FABAGO. [Racines menues et serpentantes d'une plante à tiges rameuses et à feuilles oblongues, nerveuses et amères.].... (1)	*Quintal....*	3— 6	15 mars 1791.
	Idem......	6..12	DI. 8 février 1810.
FAÏENCE et POTERIE *de grès* (*Ouvrages de*). Vases de terre moulée, cuite et émaillée, auxquels on a donné différentes formes. On y applique quelquefois des couleurs qui forment dessins. La faïence se distingue par un émail blanc, dans la composition duquel on fait entrer l'oxide d'étain. (*LM.* 21 *pluviôse* 12.)..	*Quintal.....*	24..48	15 mars 1791.
Celles connues sous la dénomination de *terre de pipe* ou *grès anglais*. [Elles sont toujours d'un blanc grisâtre.]	*Prohibées...*	..—..	1 mars 1793.
	Idem......	....	10 brumaire 5.
FARINE ou GRUAU *d'avoine*. [Substance séchée au four et mise, par le moulin, en grosse farine grenue.]	*Quintal....*	3— 6	15 mars 1791.
	Idem......	0—31	12 pluviôse 3.
	Idem......	3.. 6	9 floréal 7.
FARINES *de toute autre sorte*. [La farine est un grain moulu et réduit en poudre.]	*Exemptes...*	..—..	15 mars 1791.
	Droit de bal.	....	DM. 7 frim. 8.
FENOUIL. [Graines ou semences de la plante de ce nom. Elles sont oblongues, arrondies, cannelées sur le dos, applaties de l'autre côté, noirâtres, d'un goût âcre mais aromatique.] (2)	*Quintal.....*	6—12	15 mars 1791.
	Idem......	12..24	DI. 8 février 1810.

RENVOIS.

ÉVENTAILS communs. *V.* Mercerie commune.

ÉVENTAILS fins. *Voyez* Mercerie fine.

EXTRAIT DE CAFÉ, comme chicorée moulue. (*LD.* 30 *avril* 1808.)

EXTRAIT DE QUINQUINA. *Voy.* la note à quinquina.

EXTRAIT de Saturne. *Voyez* Sel de Saturne.

FAINES. *Comme* Fruits crus. (*LD.* 27 *décembre* 1811.)

—FAISSE. *Voyez* Lie d'huile.

FARINES de Châtaignes. *Comme* Châtaignes. (*Lettre du* 19 *juin* 1807.)

FAULX, FAUCILLES. *Voyez* Quincaillerie.

FENOUIL(Huile de). *Voyez* aux Huiles.

(1) L'euphraise ni le fabago ne sont pas repris au Tarif de 1664, mais ce sont des drogues.

(2) Le fenouil n'étoit pas réputé drogue par le Tarif de 1664, mais une lettre du 16 avril 1810, ayant classé parmi les drogueries le *seseli*, il est clair que le fenouil doit suivre ce régime, puisque le seseli n'est autre chose que le fenouil tortu.

Désignation des marchandises	Unité	Droits	Loi ou décret
Fenu-Grec. [Plante à tige creuse, divisée en rameaux, portant trois feuilles sur une queue, à-peu-près comme le trèfle ; fleurs blanches ; fruit à gousses longues, ayant la figure d'une corne ; semences jaunes verdâtres ; racine simple et ligneuse. On croit que c'est à cette semence qu'on a donné le nom de *chouan*].	*Quintal*.....	0—51	15 mars 1791.
	Idem......	1.. 2	DI. 8 février 1810.
Fer (*Mine de*) *brute et lavée.* [On appelle mine de fer *brute* le fer tel qu'il est tiré des filons métalliques ; *lavée* est celui nettoyé de ses parties terreuses au moyen d'un courant d'eau.]..	*Exempt*....	...—...	15 mars 1791.
	Droit de bal.	....	24 nivôse 5.
Fer *en gueuse.* [Le fer qui est dans le premier état de fusion, en gros lingots ordinairement de 900 kilogrammes, et qui n'a point été martelé, s'appelle *gueuse.*].....................	*Exempt*.....	...—...	15 mars 1791.
	Droit de bal.	....	24 nivôse 5.
Fer *en barres.* [C'est celui martelé ainsi. Ce métal est d'un gris noir, mais clair et brillant à l'endroit de la fracture. Il est compacte, sonore, et très-élastique.]......................	*Quintal*.....	2— 4	15 mars 1791.
	Idem......	0—41	12 pluviôse 3.
	Idem......	2— 4	3 frimaire 5.
	Idem......	4.. 0	DI. 17 pluv. 13 et loi du 30 avr. 1806.
Fer *en verges, feuillards, carillons, rondins, et autres fers qui ont reçu une prem.ère main-d'œuvre.* [Ce qui comprend tous les fers qui ont moins de 9 lignes en carré, c'est-à-dire, dont la largeur multipliée par l'épaisseur donne moins de 81 lignes.] (1)	*Quintal*.....	3— 6	15 mars 1791.
	Idem......	6.. 0	DI. 17 pluv. 13 et loi du 30 avr. 1806.
Fer *en fonte, en plaques de cheminée,* et autres ouvrages pareils....	*Quintal*.....	9—16	15 mars 1791.
	Prohibé.....	....	10 brumaire 5.
Fer *ouvré,* de toute sorte, comme *fers en taillanderie, ressorts de voitures, serrures,* et autres ouvrages de serrurerie..... (2)	*Quintal*.....	36—72	15 mars 1791.
	Prohibé.....	....	10 brumaire 5.
Fer (*Agraffes de*). [Sortes de petits crochets dont l'un s'accroche dans l'autre.].......... . *Comme* omises. (*L.* 13 *brum.* 6.)	*Par* 100 *fr*..	10.. 0	22 août 1791.

R E N V O I S.

(1) Les bandes de roues seront traitées comme fers en verges. (*Loi du* 1 *août* 1792.)
(2) Les grosses chaînes de fer seront traitées comme ouvrages de serrurerie (*Loi du* 1 *août* 1792.)

Désignation	Unité	Droit	Loi ou date
Fer (*Ancres de*). [Grosses pièces de fer de la forme d'un T dont les branches seroient tournées en arcs.]	*Quintal*.....	3— 6	15 mars 1791.
	Idem......	0—31	12 pluviôse 3.
	Idem......	3.. 6	9 floréal 7.
Fer (*Fil de*) ou d'*acier*. [C'est du fer doux tiré à travers les pertuis d'une filière.] .... (1)	*Quintal*.....	12—24	15 mars 1791.
	Idem......	2—45	12 pluviôse 3.
	Idem......	12..24	3 frimaire 5.
Fer (*Limaille de*). [Ce sont les particules de ce métal qu'on a enlevées avec la lime.]	*Quintal*...	2.. 4	15 mars 1791.
Fer (*Pailles de*) ou d'*acier*. [On nomme ainsi les espèces d'écailles qui tombent de ces métaux quand on les forge à chaud.]. (2)	*Quintal*.....	0..51	15 mars 1791.
Fer *noir et en tôle*. [C'est du fer en lames plus ou moins minces.]..	*Quintal*.....	6—12	15 mars 1791.
	Idem......	1—22	12 pluviôse 3.
	Idem......	6—12	3 frimaire 5.
	Idem......	10.. 0	DI. 17 pluv. 13 et loi du 30 avr. 1806.
Fer *blanc*. [Ce sont des feuilles de fer équarries et recouvertes d'étain.]	*Quintal*.....	12—24	15 mars 1791.
	Idem......	2—45	12 pluviôse 3.
	Idem......	12—24	3 frimaire 5.
	Idem......	18— 0	DI. 17 pluv. 13.
	Idem......	18— 0	30 avril 1806.
	Idem......	50.. 0	DI. 11 juillet 1810.
Fer *blanc*, **Fer** *noir*, **Fer** *en tôle*, ouvrés........................	*Quintal*.....	30—60	15 mars 1791.
	Prohibés....	....	10 brumaire 5.

RENVOIS.

Fer (*Régule de*). *Voyez* Régule martial.

Fer, NOIR en tôle préparée pour former des poêles, *prohibé* comme fer ouvré. (*LD*. 4 décembre 1809.)

Fers autrement ouvrés. *Voyez* Ouvrages en fer, ou Quincaillerie, ou Mercerie, ou les noms propres de ces ouvrages.

(1) Il ne sera perçu que le droit de balance sur l'importation des fils d'acier employés à la fabrication des aiguilles dans le département de la Roër. (*AC*. 14 *thermidor an* 11.) Il en sera de même pour ceux employés dans le département de la Meuse-Inférieure. Tous deux devront entrer par le bureau de *Cologne*, où ils seront expédiés pour le lieu de la destination sous acquit-à-caution. (1.*pluv.* 13.)

(2) Il ne faut pas les confondre pour les droits avec le mâchefer qui est tarifé particulièrement.

Ferraille et **vieux Fer**..	*Exempts*....	...—...	15 mars 1791.
	Droit de bal.	....	24 nivôse 5.
Ferret *d'Espagne.* [On donne ce nom, dans le commerce, à l'héma- tite dure ou pierre à brunir. Elle est dure, pesante ; sa cou- leur est un mélange de rouge et de gris de plomb.]..... (1) }	*Quintal*.....	0..51	15 mars 1791.
Feuille *indienne.* [C'est une feuille grande comme la main, de cou- leur verte pâle, lisse, luisante, ayant trois nerfs qui règnent tout de son long ; de gout aromatique et de légère odeur de girofle. Elle arrive séchée du Malabar, et entre dans la thériaque. Le tarif la nomme *folium indicum* ou *indum*]... }	*Quintal*.....	5—10	15 mars 1791.
	Idem......	10..20	DI. 8 février 1810.
Feuilles *de myrte, de noyer, de houx,* et autres propres à la tein- ture et aux tanneries. [Celles de redoul, de redon, de rusc, etc., servent aux mêmes usages.].................. }	*Exemptes*...	...—...	15 mars 1791.
	Droit de bal.	....	24 nivôse 5.
Fèves *de Saint-Ignace.* [Semences d'un fruit assez semblable à la poire de bon chrétien. Elles sont irrégulières et anguleuses.] (2) }	*Quintal*.....	14—28	15 mars 1791.
	Idem......	28..56	DI. 8 février 1810.
Fil *de chanvre* et *de lin,* simple, bis, écru et blanc..............	*Quintal*.....	0—51	15 mars 1791.
	Idem......	10.. 0	DI. 17 pluv. 13 et loi du 30 avr. 1806.
Les mêmes, *retors.* [Ce sont ceux qui ont été tordus deux fois.]... (3) }	*Quintal*.....	61..20	15 mars 1791.
Les mêmes, *teints*...............................	*Quintal*.....	122..40	15 mars 1791.
Fil *d'étoupes* simple...	*Quintal*.....	0..51	15 mars 1791.

---

76. (ENTRÉE. 64.)

(1) Le ferret d'Espagne étoit réputé droguerie par le Tarif de 1664, sous la dé- nomination de *lapis hematites*, mais une lettre du 16 avril 1810 l'a retiré de cette classe.

(2) Les fèves de St.-Ignace n'étoient pas reprises au Tarif de 1664 ; mais si elles ne devoient pas déjà comme drogues, elles devroient le double droit comme pro- ductions coloniales.

(3) Le tarif de 1791 prohiboit les fils de lin retors écrus et blancs *autres que celui de Harlem ;* cette disposition a été abrogée.

Fil *de linon* et de *Mulquinerie*. [C'est un fil de lin très-fin.]......

Exempt.....	.....—	15 mars 1791.
Droit de bal........		24 nivôse 5.

Fil *à voiles*. [Ce sont des fils de chanvre très-communs ; il y en a de goudronnés et de non-goudronnés.]...................... } *Quintal*.....   6..12 15 mars 1791.

Fil *de ploc*. [C'est du poil de cheval qui a été filé.]............... *Quintal*.....   4.. 8 15 mars 1791.

Fleurs *artificielles*, de toute sorte. [Elles sont une imitation des fleurs naturelles, et faites avec du parchemin, de la toile très-fine ou de la soie, des coques de vers à soie et du fil de fer pour les queues. On leur donne les couleurs des fleurs naturelles.]................................ } *Quintal*.....122..40 15 mars 1791.

Fleurs *de violette*, *de pêcher* et de *romarin*. [La couleur des premières est d'un bleu foncé ; celle des secondes est rougeâtre ; les troisièmes sont d'un bleu pâle. Toutes blanchissent en vieillissant.].............................(1) }

Quintal.....	7—14	15 mars 1791.
Idem......	14..28	DI. 8 février 1806.

Flin. [Pierre de forme pyramidale, de diverses grosseurs et de couleur grise ou brune. On s'en sert pour fourbir les lames d'épées.].................................... } *Quintal*.....   1.. 2 15 mars 1791.

Fonte *verte*. [La fonte verte se fait avec du cuivre tel qu'il vient de la mine et un peu d'étain. Ce cuivre se nomme *polosum*.].. } *Quintal*..... 24..48 15 mars 1791.

Forces *à tondre les draps*. [Espèces de grands ciseaux composés de deux fers tranchans, unis par un demi-cercle qui en facilite le jeu.].................................... } *Quintal*.... 10..20 15 mars 1791.

Fromages. [Laitage caillé et égoutté auquel on donne diverses formes. Il y en a de plusieurs espèces, et leur consistance est aussi différente.]................................ (2) }

Quintal.....	4—59	15 mars 1791.
Idem......	0—46	12 pluviôse 5.
Idem......	4—59	5 frimaire 5.
Idem......	6.. 0	DI. 20 nov. 1806 et loi du 7 sep. 1807.

V 77. (Entrée. 65.)

(1) Les fleurs sèches, non dénommées au Tarif, sont, d'après leurs propriétés, traitées ou comme matières premières omises à 3 pour cent, ou comme drogueries non désignées, à 20 pour cent. (*LD*. 27 novembre 1812.)

(2) Les fromages de Suisse importés par *Pontarlier* et *Versoix*, accompagnés de certificats prescrits par l'édit de décembre 1781, ne payoient que le droit de balance. (*DM*. 22 vend. 7.)... — Mais une lettre du ministre des finances, du 8 thermidor an 10, a déclaré que d'après le traité d'alliance passé entre la France et la Suisse, le commerce de cette République étoit soumis à la loi commune dans tous ses rapports, soit à l'entrée, soit à la sortie, en attendant qu'un traité de commerce ait été conclu : ce qui s'applique spécialement aux *fromages*, aux *fils de fer*, aux *toiles de lin et de chanvre* unies, ouvrées, etc. (*LD*. du 10 thermidor 10.)

Désignation des marchandises		Droit	Loi ou décret
FRUITS CRUDS, comme *coings*, *gourraux*, *melons*, *poires*, *pommes*, et autres fruits frais non dénommés ci-dessous. [Dans l'acception dont il est ici question, la dénomination de fruits se donne à certains produits des végétaux dont l'homme fait usage en alimens.]..............................(1)	Exempts.......	———	15 mars 1791.
	Droit de bal.	———	24 nivôse 5.
	Quintal.....	4.. o	DI. 17 pluv. 13
			loi du 30 avr. 18o
Avelines, ou *Noisettes*. [Fruits à amande et à écorce ligneuse qui viennent sur un arbrisseau.].........(2)	Quintal.....	3— 6	15 mars 1791.
	Idem.......	4.. o	DI. 17 pluv. 13, loi du 30 avr. 18o
Bigarrades, *cédrats*, *citrons*, *limons*, *oranges*, *chadecs*. [Fruits ronds à écorces aromatiques plus ou moins jaunes, renfermant une pulpe qui contient un suc plus ou moins doux, plus ou moins acide, et quelquefois amer.]...................................(3)	Quintal.....	5—10	15 mars 1791.
	Idem......	0—51	12 pluviôse 3.
	Idem......	5—10	3 frimaire 5.
	Idem.....	10.. o	DI. 17 pluv. 13 loi du 30 avr. 18o
Châtaignes, *marrons*, *noix*. [Les deux premiers ont une écorce brunâtre qui renferme une substance farineuse et blanche. Les noix ont une écorce ligneuse inégale qui contient une amande huileuse émulsive, presque séparée en quartiers.]..................(1)	Quintal.....	1— 2	15 mars 1791.
	Idem......	0—10	12 pluviôse 3.
	Idem......	1— 2	3 frimaire 5.
	Idem.....	4.. o	DI. 17 pluv. 13 loi du 30 avr. 18o
Câpres. [Ce sont les boutons des câpriers que l'on cueille avant qu'ils soient épanouis. Ils sont d'une belle couleur verte.]..................................(4)	Quintal....	12—24	15 mars 1791.
	Idem......	1—22	12 pluviôse 3.
	Idem......	12—24	3 frimaire 5.
	Idem......	3o.. o	DI. 17 pluv. 13 loi du 30 avr. 18o
Olives et *picholines*. [Fruits charnus, ovales, plus ou moins allongés et plus ou moins gros, suivant les espèces. Ils contiennent un noyau fort allongé qui renferme deux semences. Les picholines sont de petites olives rondes.]...........................	Quintal.....	8—16	15 mars 1791.
	Idem......	0—82	12 pluviôse 3.
	Idem......	8—16	3 frimaire 5.
	Idem......	18.. o	DI. 17 pluv. 1, e loi du 30 avr. 18o

78.   (ENTRÉE. 66.)

(1) Le droit de 4 francs sur les fruits non dénommés au décret du 17 pluviôse an 13 est applicable aux fruits cruds, que le tarif de 1791 avoit tiré à *néant*. (*CD. du* 23 *pluviôse* 13.).

Les fruits tarifés ici étant d'origine européenne, ne doivent pas le double droit, mais s'il en étoit présente des Indes ou de l'Amérique, il faudroit le leur appliquer. Les ANANAS, par exemple, devroient payer 8 fr. au lieu de 4 fr.

(2) La tarification de la loi du 30 avril 1806 s'applique aux avelines ou noisettes, châtaignes, marrons et noix (*LD.* 19 *et* 28 *décembre* 1806.)

(3) Sur la question de savoir à quel droit devoient être imposées les petites pommes d'oranges sèches et amères, il a été répondu que le décret du 17 pluviôse an 13, ne distinguant pas les oranges par les espèces et qualités; la dénomination qu'il emploie étant générique, comprend les oranges de toutes sortes, en quelqu'état naturel qu'elles soient. Celles dont il s'agit doivent dès-lors acquitter le droit de 10 francs. (*L. du* 7 *mai* 1806.)

(4) Le Tarif de 1664 n'a pas classé les câpres parmi les épiceries, conséquemment elles ne doivent pas le double droit jusqu'à décision contraire.

Désignation des marchandises	Unité	Droits	Date
FRUITS SECS, tels que *jujubes* (1), *gengeoles, prunes* et *pruneaux, figues, raisins, jubispasse, picardats,* et autres non dénommés.]	*Quintal*.....	2— 4	15 mars 1791.
	Idem......	0—20	12 pluviôse 3.
	Idem......	2— 4	3 frimaire 5.
	Idem......	8.. 0	DI. 17 pluv. 13 et loi du 30 avr. 1806.
Amandes en coques. [Fruit d'un arbre à fleurs dont l'enveloppe ligneuse et oblongue approche de celle de la noix. L'amande est blanche et huileuse, à coques ou ou tendres dures.].....................	*Quintal*.....	2— 4	15 mars 1791.
	Idem......	10.. 0	DI. 17 pluv. 13 et loi du 30 avr. 1806.
Amandes cassées. [Ce sont les amandes dégagées de leurs coques, et sur lesquelles on ne laisse que les pellicules.]........................ (2)	*Quintal*.....	4— 8	15 mars 1791.
	Idem......	10.. 0	DI. 17 pluv. 13 et loi du 30 avr. 1806.
Dattes. [Fruit oblong, ovale, un peu plus gros que le pouce, charnu, de couleur brune, renfermant un noyau gris cendré.]..................... (3)	*Quintal*.....	4— 8	15 mars 1791.
	Idem......	8— 0	DI. 17 pluv. 13.
	Idem....	8.. 0	30 avril 1806.
Pistaches cassées. [Amandes verdâtres recouvertes d'une écorce coriacée verte et rouge.]....................	*Quintal*.....	24—48	15 mars 1791.
	Idem......	2—45	12 pluviôse 3.
	Idem......	24—48	3 frimaire 5.
	Idem......	72.. 0	DI. 17 pluv. 13 et loi du 30 avr. 1806.
Pistaches non cassées. [Ce sont les amandes ci-dessus encore renfermées dans leur cosse ligneuse.] ......(4)	*Quintal*....	6—12	15 mars 1791.
	Idem......	0—61	12 pluviôse 3.
	Idem......	6—12	3 frimaire 5.
	Idem......	43.. 0	DI. 17 pluv. 13 et loi du 30 avr. 1806.
Raisins de Damas et *de Corinthe.* [Les raisins de Damas sont plats et ont environ le diamètre d'un pouce ; ceux de Corinthe sont très-petits, ronds et foncés en couleur.].............................. (5)	*Quintal*.....	2— 4	15 mars 1791.
	Idem......	0—20	12 pluviôse 3.
	Idem......	2— 4	3 frimaire 5.
	Idem......	8.. 0	DI. 17 pluv. 13 et loi du 30 avr. 1806.

RENVOIS.

FOURNIMENS à Poudre. *V.* Mercerie commune.
FOURNITURES d'horlogerie. *Voy.* Horlogerie.
FOURREAUX d'Épée. *Voyez* Mercerie commune.
FOURREAUX de Pistolets. *Voyez* harnois.
FOURRURES. *Voyez* Pelleterie ouvrée.
FRANGES. *Voyez* Passementerie.
FRUITS. Pour les autres, *voyez* à leurs noms propres.

(1) Les jujubes étoient réputées drogues par le Tarif de 1664.

(2) Le droit de 10 fr. imposé sur les amandes en coques est évidemment applicable aux amandes cassées, puisqu'à poids égal elles ont une valeur plus considérable. (*CD.* 21 *ventôse* 15.)

(3) Les dattes, et les raisins de Corinthe et de Damas ont été compris dans la classe des fruits secs par lettre du 12 thermidor 15.

Les dattes étoient réputées drogues par le Tarif de 1664, mais une lettre du 16 avril 1810 les a rayées de cette classe.

(4) Les pistaches vertes doivent comme celles non cassées. (*LD* 7 *janvier* 1812.)

(5) Les habitans des ports de *Gravelines, Calais, Boulogne, Dieppe, Fécamp, Cherbourg, Saint-Malo, Morlaix* et *Roscoff,* pourront recevoir en entrepôt et réexporter à l'étranger, en exemption de droits, les raisins de Corinthe. (19 octobre 1791.)

FRUITS *à l'eau-de-vie*, de toute sorte. [Ce sont différens fruits confits dans l'eau-de-vie édulcorée avec du sucre.]............. } *Quintal*..... 48..96 | 15 mars 1791.

FUSTET (*Feuilles* et *Branches de*). [Arbrisseau qui croît en Italie, aux pieds des Appennins, dans la Carniole et dans la Provence. Il s'élève à la hauteur de deux mètres et demi ; ses *rameaux* sont ronds, couverts d'une écorce rougeâtre obscure ; ses feuilles sont larges, veineuses, simples, presque rondes, unies et vertes ; ses *fleurs* naissent aux sommités des branches, et sont disposées en grappes, molles comme de la laine, de couleur obscure, tirant sur le purpurin. Les feuilles qui contiennent du tanin et de l'acide gallique, sont employées, comme le sumac, au corroyage des cuirs. Quant au bois, qui est jaune, il sert aux teinturiers dans la teinture du petit teint : les ébénistes et les luthiers en font aussi usage lorsqu'il est veiné]................................Etoient *Exemptes*....|......—.| 15 mars 1791.
Payoient *Droit de bal.*.|......—.| 24 nivôse 5.
(1) Le *Fustet* sera traité *comme* le BRÉSILLET.|........| DM. 8 avril 1811.

FUTAILLES *vides* et *en bottes*. [Tonneaux de bois propres à mettre les liquides. On appelle en *bottes* celles dont les douves sont toutes préparées, mais qui ne sont pas montées.].......(2) } *Exemptes*....|......—.| 15 mars 1791.
Droit de bal.|.......| 24 nivôse 5.

GAÏAC (*Bois de*) en bûches. [Arbre de la Jamaïque et des Antilles. Son bois est dur, compacte, résineux, marbré, ou de couleur mêlée de jaune et de vert foncé. Goût âcre.].........) *Exempt*.....|......—.| 1 août 1792.
Droit de bal|......—.| 24 nivôse 5.
Quintal.....| 30.. 0| DI. 12 sept. 1810.

GAÏAC (*Écorces de*). [Elles sont grosses, gommino-résineuses, unies, pesantes, de couleur grise au dehors, verdâtre en dedans, et d'un goût amer.].................................. } *Quintal*.....| 1—53| 15 mars 1791.
Idem......| 3.. 6| DI. 8 février 1810.

GALANGAL *mineur* et *majeur*. [Racines qu'on apporte sèches des Indes. Celle dite *mineure* est coupée par tranches ou en morceaux gros comme des avelines, rougeâtre en dehors et en dedans : celle *majeure* est une racine assez grosse, pesante, couverte d'une écorce rougeâtre, et blanche en dedans.]..... } *Quintal*.....| 4— 8| 15 mars 1791.
Idem......| 8..16| DI. 8 février 1810.

FRUITS ARTIFICIELS en terre fine cuite, *comme* omis, 10 p. 100. (*LA.* 22 *messidor an* 8.)
FUMIER. *Voyez* Engrais de toute sorte.
FUSEAUX. *Voyez* Mercerie commune.
FUSILS enrichis. *Voyez* Bijouterie.
FUSILS non enrichis. *Voyez* Armes à feu.
FUSTET (bois de), *comme* bresillet. (*DM.* 8 *avril* 1811.) Voir la note à Fustet.
FUSTIQUE, *comme* Bois jaune. (*D.M.* 27 *août* 1811.) *Voy.* aussi la note à Fustet et à Bois jaune.
FUSTOK. *Voy.* Bois jaune à la note Bois d'acajou.
GAÏAC (Gomme de). *Voyez* l'art. Gommes.
GAÏAC (Huile de). *Voyez* aux Huiles.

(1) La loi de 1791 avoit tiré les feuilles et branches de fustet à *néant*, parce qu'elle exemptoit également les bois de teinture et le sumac, dont elles ont une partie des propriétés.... Ces dernières substances ayant été imposées à des droits, il étoit plausible de ne plus laisser jouir le fustet d'une immunité qui étoit ôtée à ses analogues, et c'est ce qui a motivé la décision du 8 avril, qui ordonne de percevoir sur ce bois le droit qui avoit été fixé sur le bresillet.

Par une lettre du 26 octobre 1811, il avoit été mandé au directeur de Foligno, que les feuilles et branches seroient soumises aux mêmes droits et *restrictions* ; et, par une autre lettre du 15 décembre suivant, il lui a été annoncé que *la décision du 8 avril ne paroissant* quant aux restrictions } concerner *que le bois dont les ébénistes, les tourneurs et les luthiers font usage, les branches et feuilles provenant des contrées méridionales de l'Europe, dont l'emploi est en teinture et tannage des cuirs, pouvoient continuer à être admises......* Ce qui ne veut pas dire, comme certain continuateur de tarif l'a avancé, que les feuilles et branches de Fustet continueroient à ne payer que le droit de balance ; mais bien qu'elles pourroient être importées, sous le droit de 15 fr. du quintal, sans être soumises au régime des bois coloniaux.... Au surplus, la lettre du 15 décembre ne parle pas du bois FUSTOK, qui est loin d'être du Fustet. *Voir*, à cet égard, la note à l'article *Bois d'acajou.*

(2) Les cercles de fer dont sont revêtues les futailles vides payent 10 pour 100 de leur valeur comme omis. (*Lettre du* 24 *frim.* 13.)

Désignation	Unité	Droits	Loi
ALBANUM. [Gomme-résine grasse, molle, ductile comme la cire, selon qu'elle est plus ou moins récente : la même cause fait varier sa couleur; elle est ou blanchâtre, ou jaune, ou rousse, ou gris de fer; de saveur amère et un peu âcre; d'odeur aromatique très-forte. On l'apporte en larmes pures ou en pains visqueux remplis d'impuretés.]	*Quintal* . . . . *Idem*	8—16 16 . . 32	15 mars 1791. DI. 8 février 1810.
GALLIUM *blanc et jaune.* [Plante dont la racine est noueuse, traçante, garnie de plusieurs filamens et d'un jaune tirant sur le rouge; elle pousse des tiges menues, carrées, et qui ont plusieurs nœuds où sont disposées cinq et neuf feuilles. Ses fleurs en cloches sont jaunes dans une espèce, et blanches dans l'autre.]	*Quintal* . . . . *Idem* . . . (1)	1—2 2 . . 4	15 mars 1791. DI. 8 février 1810.
GALONS *vieux,* pour brûler. [Tissus d'or ou d'argent supportés.]. (2)	*Exempts* . . . . *Droit de bal.*	. . . . . —.	15 mars 1791. 24 nivôse 5.
GANTS et *autres ouvrages de Ganterie.* [Petits vêtemens propres à couvrir les mains.]			
Ceux en *peaux* et *cuirs* . . . . (3)	*Kilogramme.*	5—10	15 mars 1791.
Les mêmes, *garnis* ou *doublés en soie*	*Kilogramme.*	7—75	*Même loi.*
Les mêmes, *doublés en laine*	*Kilogramme.*	4—8	*Même loi.*
Ces ouvrages *doublés ou non*	*Prohibés*	. . . .	10 brumaire 5.
GARANCE *verte.* [Plante vivace haute d'environ un mètre, dont la racine est assez grosse, longue, rampante, très-branchue et rougeâtre en dehors et en dedans; feuilles en forme de lance, fleurs d'un jaune pâle, remplacées par de petites baies noirâtres. On emploie sa racine en teinture.] . . . . (4)	*Exempte* . . . . *Droit de bal* *Quintal* . . . . *Idem* . . . . . . *Idem*	. . . . . —. . . . . . . —. . 2— 0 2— 0 4 . . 0	15 mars 1791. 24 nivôse 5. DI. 17 pluv. 13. 30 avril 1806. DI. 8 février 1810.
GARANCE *sèche,* ou **A**LISARI. [C'est la racine séchée de la plante que nous venons de décrire. Celle à laquelle on donne le nom d'*alisari,* ou plutôt *Isari,* vient de Smyrne.] . . . . (5)	*Quintal* . . . . *Idem* . . . . . . *Idem* . . . . . . *Idem* . . . . . . *Idem* . . . . . . *Idem*	2— 4 0—20 2— 4 6— 0 6— 0 12 . . 0	15 mars 1791. 12 pluviôse 3. 9 floréal 7. DI. 17 pluv. 13. 30 avril 1806. DI. 8 février 1810.
GARANCE *moulue.* [Ce sont les racines de garance réduites en poudre au moulin du tanneur. Elle est d'un jaune rouge, un peu onctueuse, et se pelote avec les doigts selon qu'elle est plus ou moins sèche.] . . . . (6)	*Quintal* . . . . *Idem* . . . . . . *Idem* . . . . . . *Idem*	10—20 15— 0 15— 0 30 . . 0	15 mars 1791. DI. 17 pluv. 13. 30 avril 1806. DI. 8 février 1810.

RENVOIS.

GAINES. *Voyez* Mercerie commune.
Galène. *Voyez* Plomb minéral.
GALIPOT. *Voyez* Encens commun.
GALLE (Noix de). *Voyez* Noix.
GALONS et **G**ANSES. *Voyez* Passementerie.
GALOUBETS. *Voyez* Instrumens de Musique.
GANSES. *Voyez* Passementerie.
GANTS. Pour les autres, *voyez* Bonneterie.

(1) Le gallium n'a pas été repris au Tarif de 166 , , c'est la plante qu'on nomme *caille-lait,* quoiqu'elle n'ait pas cette propriété, mais comme aujourd'hui on s'en sert beaucoup en médecine dans les affections spasmodiques, elle doit comme drogue.

(2) Ils sont exemptés comme matière première; ainsi, en cas de contestation, on peut exiger qu'ils soient brûlés.

(3) Les bas de peaux sont compris dans la ganterie.

(4) Sous son nom de *garance,* le Tarif de 1664 la classoit parmi les marchandises, et sous les dénominations de *rubia tinctorum* et d'*alisari,* elle l'étoit parmi les drogues; il semble, néanmoins, résulter d'une décision du 20 juillet 1755, qu'il n'y avoit que les tiges dépouillées des racines qui fussent réputées marchandises; . . . conséquemment dans cet état la garance *verte* ne devroit pas le double droit . . . mais, dès-lors que les racines s'y trouvent, elles doivent être traitées comme drogueries; c'est certainement ce qu'on peut induire de la décision du 17 mars 1756 . . . j'applique donc le double droit.

(5) Une lettre du 29 mai 1810 a déclaré que le décret du 8 février 1810 atteignoit la garance sèche.

(6) On nomme aussi **G**ARANCE EN PAILLE une pulvérisation peu fine de cette racine. L'état dans lequel elle se trouve ne peut la faire ranger que dans la classe de celle moulue, et elle doit alors le même droit. (*LA. du* 13 *pluv.* 5.)

X 81. (**E**NTRÉE. 69)

Désignation des marchandises	Unités	Droits	Lois
GAROU (*Racine de*) ou THIMELÉE. [Racine d'un petit arbrisseau. Elle est longue, grosse, dure, ligneuse, grise ou rougeâtre en dehors, blanche en dedans ; d'un goût d'abord doux, ensuite âcre et caustique. D'usage en teinture et pour cautères.].....	*Exempte*....—.. *Droit de bal.*.......		15 mars 1791. 24 nivôse 5.
GAROUILLE. [Drogue propre à la teinture fauve, employée sur-tout dans les nuances de la couleur gris-de-rat.]................	*Exempte*....—.. *Droit de bal.*.......		15 mars 1791. 24 nivôse 5.
GAUDE ou *Herbe à jaunir*. [La racine ligneuse de cette plante pousse des tiges de trois à quatre pieds, garnies de feuilles étroites, longues et douces ; les fleurs, à pétales inégales, sont jaunes : le fruit est une capsule qui contient de petites semences sphériques et noirâtres. Les tiges séchées s'importent en bottes.]..	*Exempte*....—.. *Droit de bal.*.......		15 mars 1791. 24 nivôse 5.
GAZES. [La gaze est une étoffe très-légère travaillée à claire-voie. Elle se fabrique sur un métier de tisserand et est composée d'une chaîne et d'une trame.] Celles de *soie* .... (1)	*Kilogr. net..*	30..60	15 mars 1791.
Celles de *soie* et *fil*.............................. (2)	*Kilogr. net..*	16..32	15 mars 1791.
Celles d'*or* et d'*argent*, ou mêlées de ces matières......	*Kilogr. net..*	61..20	15 mars 1791.
GAZES *anglaises* et SCHALS *anglais*	*Prohibées*..........		10 brumaire 5.
GAZES et TRICOTS de Berlin, (espèce de tulle de coton)....	*Prohibées*..........		DI. 10 mars 1809.

RENVOIS.

(1) Le tulle anglais est quelquefois déclaré sous le nom de *gaze de soie* ; il est cependant facile à reconnoître.., en ce qu'il n'est composé que d'un seul fil et se fabrique sur un métier à tricoter. (*CD.* 14 *décembre* 1807.)

(2) Pour s'assurer si la gaze est mêlée de fil, il suffit d'en tirer quelques brins du tissu.

GAZETTES et **JOURNAUX**. [Ce qui s'entend de toutes feuilles périodiques imprimées.] .... (1)	*Exemptes* ... *Droit de bal.*	... —	1 août 1792. 24 nivôse 5.
GENESTROLE. [Nom donné dans le commerce au genêt des teinturiers. C'est un petit arbuste qui a ses feuilles aiguës et velues : ses fleurs, disposées en épis clairs, sont jaunes et donnent une teinture de la même couleur.]	*Exempt* ... *Droit de bal.*	... —	15 mars 1791. 24 nivôse 5.
GENTIANE. [Plante dont la racine grosse comme le poignet, longue d'un pied, rameuse, spongieuse, brune en dehors, jaune roussâtre en dedans, pousse plusieurs tiges droites, dont les feuilles lisses ont cinq nervures; les fleurs, à cloches évasées, sont jaunes.]	*Quintal* ..... Idem	1—53 3.. 6	15 mars 1791. DI. 8 février 1810.
GIBIER *de toutes sortes*. [Ce qui comprend tous les animaux sauvages propres à la nourriture de l'homme.]	*Exempt* ..... *Droit de bal.*	... —	15 mars 1791. 24 nivôse 5.
GINGEMBRE. [Nom donné dans le commerce à la racine sèche d'une espèce d'*amome*. Elle est tuberculeuse, nouée, branchue, un peu applatie, longue et large comme la première phalange du pouce, d'un gris jaunâtre, d'une saveur âcre et piquante, et d'odeur aromatique médiocre assez agréable.]	*Quintal* ..... Idem ...... Idem ...... Idem ...... *Quintal*	6—12 9— 0 9— 0 18— 0 30.. 0	15 mars 1791. AC. 3 therm. 10. 8 floréal an 11. DI. 8 février 1810. DI. 12 sept. 1810.
GINSENG. [Racine charnue, fusiforme, de la grosseur du doigt, longue de deux à trois pouces, un peu raboteuse, brillante et comme demi-transparente, partagée souvent en deux branches pivotantes, de couleur roussâtre en dehors, jaunâtre en dedans ; de goût un peu âcre et amer, et d'odeur aromatique assez agréable.] .... (2)	*Quintal net.* Idem	91—80 183..60	15 mars 1791. DI. 8 février 1810.
GIROFLE (*Bois de*) ou de **CRAVE**. [C'est une écorce roulée comme la cannelle, mais un peu plus grosse, grisâtre extérieurement, brune, noirâtre et comme rouillée en dedans ; d'une légère odeur de girofle ; sa saveur est plus mordicante. Cette écorce se tire d'un autre arbre que celui qui porte le clou de girofle.] ...	*Quintal* ..... Idem *net* ..	30—60 61..20	15 mars 1791. DI. 8 février 1810.

RENVOIS.

GEMME (Sel). *Voyez* l'art. Sels.

GENGEOTTES. *Voyez* Fruits.

GEN VRE (Graine de). *Voyez* aux Graines.

GEN ÈVRE (Huile de). *Voyez* aux Huiles.

GÉNISSE. *Voyez* Bestiaux.

GIBECIÈRE. *Voyez* Mercerie commune.

Gibier mort. Comme Viande fraîche.

GILETS de Peau. *Voyez* Ouvrages en peaux.

GINSENG (Écorce de faux). *Voyez* Écorces de Mandragore.

(1) Les gazettes angloises sont sévèrement prohibées. (*Lettre du Grand-Juge relatée dans celle du Directeur de Dunkerque, du 13 vendém.* 11.)

(2) L'Ordonnance de 1664 n'avoit tarifé que le faux ginseng sous la dénomination d'*écorces de Mandragore*.

GIROFLE (*Feuilles de*). [Elles sont alternes, semblables à celles de laurier, pleines de nervures, avec les bords un peu ondés, et portées sur une queue longue d'un pouce. Leur nom latin est *folium gariofilatum*] . . . .
Quintal . . . . 20—40 15 mars 1791.
Idem *net* . . 40..80 DI. 8 février 1810.

GIROFLE (*Clous de*). [Embryons des fleurs du giroflier, desséchées avec le calice et le germe. Ces espèces de petits fruits sont presque quadrangulaires, ridés, d'un brun noirâtre, ayant la figure d'un clou dont la tête formeroit une espèce de couronne : d'odeur excellente, saveur très-mordicante.] . . . . . (1)
Kilogr. net . . 1—53 15 mars 1791.
Idem . . . . . . 3— 0 DI. 17 pluv. 13.
Idem . . . . . . 3— 0 30 avril 1806.
Idem . . . . . . 6— 0 DI. 8 février 1810.
Quintal net . 600.. 0 DI. 5 août 1810.

GIROFLE (*Antofle de*). [C'est le fruit qui provient de la fleur de girofle : il a la forme d'une olive creusée en nombril ; il est d'un brun noirâtre et contient une amande oblongue, dure, noirâtre et creusée d'un sillon dans sa longueur.] . . . .
Quintal . . . . 30—60 15 mars 1791.
Idem *net* . . 61..20 DI. 8 février 1810.

GLACES et MIROIRS. [Plaque de cristal ou de verre, transparente ou à réflexion, dont l'épaisseur est absolument la même dans toutes ses parties. La glace à miroir est plane, unie et sans aucune inégalité. Le moyen le plus simple de la distinguer du verre en table est d'y appliquer un morceau d'étoffe noire ; la glace réfléchira directement l'objet qu'on y présentera, et le verre tout de travers.] (2)

Celles au-dessus de 325 millimètres (*ce qui équivaut à l'ancien pied*) . . . . (3)
Par 100 fr . . 15.. 0 15 mars 1791.

Celles de 325 millimètres et au-dessous . . . . (4)
Quintal . . . . 30..60 15 mars 1791.

GLAYEUL ou IRIS *du pays*. [Ses feuilles, qui ont la figure d'un glaive, embrassent leur tige et l'enferment comme dans une gaine. Cette tige porte six à sept fleurs purpurines, rougeâtres, et quelquefois blanches. La racine est tuberculeuse et soutenue par une autre racine sous laquelle il y a des fibres menues et blanches. Les semences sont rondes, rougeâtres, et enveloppées d'une coiffe jaune] . . . . (5)
Quintal . . . . 10—20 15 mars 1791.
Idem . . . . . . 20..40 DI. 8 févr. 1810.

GLUE. [Substance végétale, visqueuse et tenace dont on se sert pour prendre les oiseaux à la pipée. La glue est naturelle ou composée ; celle naturelle est fournie par l'écorce de houx, par celle du gui ou par son fruit, et par la racine de viorne.] . . . .
Quintal . . . . 7—14 15 mars 1791.
Idem . . . . . . 14..28 DI. 8 février 1810.

RENVOIS.

GIROFLE (Esprit de). *Voyez* l'art. Esprits.
GIROFLE (Huile de). *Voyez* aux Huiles.
GLACES concaves et convexes. *Voyez* Instrumens d'optique.
GLANDS de chêne. *Comme* Avelanède. (*Lettre du* 15 *germinal* 9.)
GLANDS (Huile de). *Voyez* aux Huiles.
GLANDS de fil et de soie. *Voyez* Passementerie.
GLAUBER (Sel de). *Voyez* aux Sels.
GLOBES et Sphères. *V.* Instrumens d'astronomie.
GLOUTERON. *Voyez* Bardane.

(1) Les queues de girofle payent comme drogueries omises. (*Lettre du* 15 *mai* 1806.)

(2) Il est important de faire cette distinction, attendu que le verre en table est prohibé, et que dans la ci-devant Belgique ce verre porte aussi le nom de *glace*.

(3) Le droit doit être perçu sur les évaluations fixées par le tarif de la manufacture des glaces à Paris. (*DM.* 8 *pluviôse* 9.) Ce tarif est augmenté de 10 pour 100 sur tous les volumes indistinctement. (*CD.* 28 *brumaire* 14.) Les miroirs et glaces doivent acquitter le droit de 15 pour 100 de leur valeur sur le tarif des glaces qui est augmenté de 16 pour 100, vu que l'augmentation ordonnée par le ministre porte sur une édition dudit tarif des glaces faite en l'an 11, qui avoit elle-même ajouté 6 pour 100 aux fixations du tarif de l'an 7 dont se servent les employés des Douanes. (*LD.* 7 *mars* 1806.)

(4) Ce qui comprend les miroirs de toilette, de poche, montés en bois ou en carton. (*LD. premier mars* 1809.)

(5) Il a été arrêté que le droit fixé sur l'Iris par la loi du 30 avril 1806 n'atteint pas le Glayeul, mais qu'il payera le double droit.

GOMMES. [On donne ce nom à un suc végétal mucilagineux, qui découle naturellement ou par incision de certaines plantes ligneuses, s'épaissit à l'air, devient concret, et forme une substance sèche et friable assez transparente, presque inodore et sans saveur, non inflammable et soluble dans l'eau.]

Celles de *cerisier*, *abricotier*, *pêcher*, *prunier*, *olivier*, et autres communes. [Ces gommes sont plus ou moins pures, d'abord blanchâtres, ensuite jaunâtres, puis rouges et brunâtres : elles ont une sorte d'élasticité, et leur friabilité varie suivant le temps qu'on les a conservées.]	*Exemptes*....	...——..	15 mars 1791.
	Droit de bal.	....	24 nivôse 5.
Celle *adragant* ou de *Bassora*. [Elle est communément blanchâtre et tortillée en petits vermiceaux.]..... (1)	*Quintal*.....	2— 4	15 mars 1791.
Celle *arabique* ou du *Sénégal*. [Elle est jaunâtre et fragile : on l'apporte en morceaux transparens et brillans.].....	Idem......	0—20	12 pluviôse 3.
Celle *turique*. [Elle est en morceaux blancs, opaques et fendillés à la partie extérieure.]...................	Idem......	2— 4	3 frimaire 5.
A l'usage des teintures, fabriques et manufactures..	Idem......	4— 8	DI. 8 février 1810.
	Quintal net..	75.. 0	DI. 12 sept. 1810.
Celle *copal*. [On distingue deux espèces de résine copal : l'une en morceaux plats d'un côté et convexes de l'autre ; l'autre est en morceaux ronds ternes à l'extérieur, présentant dans leurs cassures une surface unie, transparente et jaunâtre.]................			
Celle *laque*, en feuilles en grains et sur bois. [C'est une résine d'un rouge brun, demi-transparente, sèche et cassante]...................................	*Quintal*.....	12—24	15 mars 1791.
Celle *mastique*. [C'est une résine en petits grains jaunâtres demi-transparens.]....................(2)	Idem......	24—48	DI. 8 février 1810.
Celle *sandaraque*. [C'est la résine du *thuya apphylla* ; elle est en petites larmes, luisante, diaphane, blanche et nette.]..............................(2)	*Quintal net*.	200.. 0	DI. 12 sept. 1810.
Pour les vernis................................			
Celle d'*acajou*. [Elle est roussâtre et transparente : fondue dans l'eau, elle équivaut à la meilleure glue.]........			
Celle *animée*. [Substance concrète, friable, d'un blanc jaunâtre, ordinairement transparente ; saveur âcre, odeur douce.].................................			
Celle de *cyprès*. [Résine de l'arbre de ce nom, fournie par incision : elle est blanchâtre.]................	*Quintal*.....	10—20	15 mars 1791.
Celle de *hèdre*. [Résine assez semblable à l'encens, de couleur jaunâtre et d'odeur agréable.]...............	Idem......	20..40	DI. 8 février 1810.
Celle de *lierre*. [Résine en larmes, d'un brun rougeâtre, à peine demi-transparente, d'un goût âcre aromatique..			
Celle de *sarcolle*, ou plutôt *sarcocolle*. [Suc gommo-résineux en miettes blanchâtres ou rougeâtres, spongieuses et très-friables, quelquefois unies par un duvet filandreux.]..................................			

RENVOIS.

Gomme Gedda. On croit que c'est, ainsi que la Gomme turique, une espèce de celle arabique.
Gomme Kino. *Comme* droguerie omise.
Gomme Sang-Dragon. *V.* Sang de Dragon.

(1) La Gomme adragante ayant constamment été assimilée à la Gomme arabique, elle doit le droit de 75 francs. (*LD.* 29 octobre 1810.)

(2) J'avois induit de la lettre ci-dessus que la Gomme mastique et celle sandaraque devoient les droits de celles laque et copale, par cela que le tarif de 1791 a aussi assimilé ces quatre espèces.... Cette induction a été approuvée par lettre ministérielle, du 26 mai 1812, qui a établi en principe que « lorsque deux marchandises font dans « la loi de 1791, partie d'un même article, l'une suit la tarification de l'autre, « encore que la nouvelle loi n'en réimpose nommément qu'une seule. »

GOMMES.	Celle *ammoniaque*. [C'est une gomme-résine jaune et blanchâtre par intervalles : d'odeur pénétrante et fétide, saveur d'abord douce, puis amère et nauséabonde : on l'apporte en larmes et en pains.]..................	*Quintal*.....	6—12	15 mars 1791.
		Idem.......	12—24	DI. 8 février 1810.
		Quintal net..	200.. 0	DI. 12 sept. 1810.
	Celle de *cèdre*. [Résine transparente, friable, inflammable, et de couleur jaunâtre.]..................	*Quintal*....	20—40	15 mars 1791.
		Idem *net*..	40..80	DI. 8 février 1810.
	Celle *oppoponax*. [Elle est de la grosseur et de la couleur d'une praline à l'extérieur, et blanchâtre à l'intérieur.]...............................	*Quintal*.....	20—40	15 mars 1791.
		Idem.....	40—80	DI. 8 février 1810.
		Quintal net..	400.. 0	DI. 12 sept. 1810.
	Celle *élastique*. [Résine du *caoutchouc* : elle a l'extensibilité du cuir et une très-forte élasticité ; sa couleur est brunâtre. On l'importe sous différentes figures, le plus généralement en forme de petites bouteilles.]....	*Quintal*.....	4— 8	15 mars 1791.
		Idem.....	8—16	DI. 8 février 1810.
		Quintal net..	200.. 0	DI. 12 sept. 1810.
	Celle *élémi*, de toutes sortes. [Sucs résineux, jaunâtres, de consistance molle, presque toujours enveloppés dans des feuilles de roseau ; d'odeur fort aromatique.].....	*Quintal*....	18—36	15 mars 1791.
		Idem.....	36—72	DI. 8 février 1810.
		Quintal net..	500.. 0	DI. 12 sept. 1810.
	Celle *gaïac*. [Résine verdâtre, nette, luisante, friable, odorante, et d'un goût âcre.]....................	*Quintal*.....	5—10	15 mars 1791.
		Idem.....	10—20	DI. 8 février 1810.
		Quintal net..	75.. 0	DI. 12 sept. 1810.
	Celle *gutte*, ou *de Cambagium*. [Suc résino-gommeux, opaque, compacte, sec et d'un jaune safran, arrivant en bâtons ou en grosses masses.]..................	*Quintal*....	40—80	15 mars 1791.
		Idem *net*..	81—60	DI. 8 février 1810.
		Quintal net..	600.. 0	DI. 12 sept. 1810.
	Celle de *myrrhe*. [C'est une résine en larmes ou en morceaux plus ou moins gros, de couleur jaune ou rousse, d'un goût amer, un peu âcre et aromatique.]........	*Quintal*.....	8—16	15 mars 1791.
		Idem.....	16..32	DI. 8 février 1810.
	Celle *séraphique*, *sagapenum* ou *seraphicum*. [Gomme-résine apportée de l'Orient en larmes concrètes ou en masses, de couleur roussâtre à l'extérieur et d'un blanc jaunâtre en dedans; d'odeur d'ail.]................ Celle *taccamaca*. [La résine tacamaque en coque est molle et a une odeur d'ambre gris. Celle commune est jaune, rouge ou brune : elle vient en masses ou en grains parsemés de larmes blanches.]............ (1)	*Quintal*.....	12—24	15 mars 1791.
		Idem.....	24—48	DI. 8 février 1810.
		Quintal net..	200.. 0	DI. 12 sept. 1810.

RENVOIS.

GOMMES. Pour les autres, *voyez* à leurs noms propres.

(1) La Gomme taccamaca étant, dans la loi de 1791, celle séraphique, elle doit conséquemment le nouveau droit imposé sur cette dernière. (*LM.* 26 *mai* 1812.) *Voir* la note 2 à la page qui précède.

Goudron. C'est une résine noirâtre qui se prépare, ou avec les parties incisées des *Pins* qui ont été épuisées par les incisions, ou avec les souches et racines des mêmes *Pins*; on laisse sécher ces bois, puis on en forme un four dans lequel on ménage un conduit par où se filtre la matière à mesure que le bois se consume. Le Goudron fait des tiges, des racines ou des souches, est plus liquide que l'espèce nommée *brai gras*, mais on lui donne du corps en y mêlant du gros rouge en poudre............ (1)	120 à 150 kil.	0—75	15 mars 1791.
	Idem.......	0—15	12 pluviôse 3.
	Idem.......	0..75	3 frimaire 5.
Grabeau, ou **Pousse.** [C'est le résidu des drogues lorsqu'on en a séparé le meilleur.].....................	*Comme la drogue même.*	....	15 mars 1791.
Graine *d'Avignon* , ou **Graine** *jaune.* [Ce sont les baies du petit nerprun qu'on a cueillies vertes. Elles contiennent plusieurs semences applaties d'un côté et bombées de l'autre.]........	*Exempte....*	...—..	15 mars 1791.
	Droit de bal.	....	24 nivôse 5.
Graines *de colza, lin, navette, rabette,* et autres propres à faire huile. [Ce qui comprend toutes les graines grasses non tarifées particulièrement.]................................	*Quintal.....*	0—71	15 mars 1791.
	Idem......	c— 7	12 pluviôse 3.
	Idem......	0..71	9 floréal 7.
Graines *d'esparcette,* de *foin,* de *sainfoin, luzerne, trèfle,* et autres. [Ce qui comprend toutes les graines propres à semer dans les prairies, qui ne sont pas tarifées particulièrement.]........	*Exempts...*	...—..	15 mars 1791
	Droit de bal.	....	24 nivôse 5.
Graines *de genièvre.* [Ce sont les baies d'un arbrisseau nommé *genévrier.* Elles sont sphériques, noirâtres, et contiennent une pulpe d'un goût aromatique légèrement amer.]............	*Exemptes...*	...—..	15 mars 1791.
	Droit de bal.	....	24 nivôse 5.
Graines *de jardin de toutes sortes.* [Ce qui comprend toutes les semences de légumes et fleurs non tarifées particulièrement.]	*Exemptes...*	...—..	15 mars 1791.
	Droit de bal.	....	24 nivôse 5.

Gorges de fouines, etc. *Voyez* Pelleteries.
— **Gourre.** *Voyez* Tamarin confit.
Graine argentine. *Voyez* Argentine.
Graine d'agnus castus. *Voyez* Agnus castus.
Graine de canarie. C'est l'Alpiste.
Graine de chicorée, endive, laitue, pourpier. *Voyez* Semences froides.
Graine d'écarlate. *Voyez* Kermès.
Graine de Lupin. *Comme* graine de prairie.
Graine de millet. *Voyez* Alpiste.
Graine de moutarde. C'est le sennevé. (*Lettre du 4 prairial au 12.*)
Graine d'œuillette. *Voyez* Graine de colzat.
Graine d'Orvale. *Comme* Graine de jardin.
Graine de l'iment de la Jamaïque, *comme* Poivre noir (**LD.** 2 1 *juillet* 1808.)

87   (**Entrée** 75.)

(1) Dans la circulaire du 28 mai 1806, transmissive de la loi du 30 avril 1806, se trouve ce paragraphe : « Le droit de 4 francs sur la poix résine, imposé par le décret du 17 pluviôse an 13, est réduit à 3 francs sur le brai sec et gras, poix grasse, » poix noire et poix résine qui ne forment qu'une espèce préparée. Le Goudron reste » seul dans la classe soumise au droit primitif de 75 centimes le baril. » Il résulteroit de là que le Goudron seroit une marchandise autre que le brai gras, tandis que la chimie prouve que c'est la même..... La loi même de 1791 n'avoit pas fait article du brai gras tel connu qu'il l'étoit alors, et avant cette circulaire on percevoit, à l'entrée et à la sortie, le même droit sur le brai gras et sur le Goudron..... Ce motifs me portent à soutenir que la loi du 30 avril 1806 n'a fait que se servir d'une autre dénomination dans ses tarifications, et que, nonobstant tout ce qu'on pourroit dire, elle a entendu atteindre également l'espèce nommée *Goudron*

GRAINE *de mirtile.* [Petites semences blanchâtres, contenues dans les baies d'un arbrisseau. Ces baies sont sphériques, molles et creusées d'un nombril de couleur bleue noirâtre.]..........	*Exempte....* *Droit de bal.*	..........—..	15 mars 1791. 24 nivôse 5.
GRAINE *de paradis.* [Espèce d'amome nommée *graine de paradis* sur la côte de Malabar. Cette semence vient dans des fruits disposés en grappes comme le raisin; elles sont anguleuses, roussâtres et blanches en dedans.]........................ (1) *Comme* droguerie *omise.* LD. 4 juin 1807................	*Par* 100 *fr.*. Idem...... Idem......	5— 0 20— 0 20.. 0	22 août 1791. DI. 17 pluv. 13. 30 avril 1806.
GRAINE *thurique.* [Semences qui naissent dans des gousses comme celles de lupin. Ce sont les graines de l'*acacia vera.*].... (2)	*Quintal.....* Idem......	1—53 3.. 6	15 mars 1791. DI. 8 février 1810.
GRAINS *de toutes sortes,* même la graine de *vesse.* [Ce qui comprend l'avoine, baillarge, orge, escourgeon, sucrion, bled de froment, bled méteil, mais ou bled de Turquie, sarrazin, bled seigle et aussi l'épautre.]............................ (3)	*Exempts....* Idem......	..........—..	15 mars 1791. 24 nivôse 5.
GRAISSES *de toutes sortes.* [Ce qui s'entend de toutes les substances onctueuses concrètes provenant des animaux.]..............	*Exemptes...* *Droit de bal.*	..........—..	15 mars 1791. 24 nivôse 5.
GRAVELLE. [Il s'agit ici de la lie de vin qu'on a fait sécher, et non de la lie de vin brûlée, puisque ce produit alkalin est tarifé sous le nom de *cendres gravelées* à l'article Potasses.]...........	*Exempte....* *Droit de bal.*	..........—..	15 mars 1791. 24 nivôse 5.
GREMIL, ou *Herbe aux perles* (*Graines* ou *Semences de*). [Ces graines sont dures, arrondies, luisantes, polies, de la forme et de la couleur des perles : elles ont un goût de farine, visqueux et un peu astringent.]............. (4)	*Quintal.....* Idem......	1—53 3.. 6	15 mars 1791. DI. 8 février 1810.
GRIGNON. [Sorte de mottes à brûler faites avec du marc d'olives vieillies.]....................................	*Comme* l'Amurca.	....	1 août 1792.
GROISON. [Pierre ou craie blanche très-fine dont les mégissiers se servent pour la préparation du parchemin.]	*Quintal.....*	2..55	15 mars 1791.

GRAINE de puce. *Comme* Drogue omis . (*LA.* 17 *fruct. an* 6)
GRAINE de Sapin. Droit de balance. (*LD* 9 *janvier* 18.0)
GRAINE de Vers-à-Soie. *Voyez* aux soies.
GRAINES, pour celles non dénommées ici, *Voyez* le nom de leurs plantes,
GRAINES (Huile de). *Voyez* aux Huiles.
GRAINS de Verre. *Voyez* Mercerie.
GRAISSE d'Asphalt. *Voyez* aux Huiles.
GRATEAUX de noix de galle. *Comme* Noix de galle.
GRAVURES. *Voyez* Estampes.
GRELOTS. *Voyez* Mercerie commune.
—GRENADIER (Écorce de). *Voyez* aux Écorces.
GRENADIER (Fleurs de). *Voyez* Balaustes.
—GROISIL. *Voyez* Verre cassé.

(1) La plante qui porte la graine de paradis est une espèce d'*amome* rapportée par Lamarck au *cardamome*, mais elle en diffère par sa hampe rameuse et lâche et par ses feuilles ovales.

(2) On croiroit à tort que la graine turique est la même chose que la gomme turique.... Il s'agit ici, et la tarification l'indique, de la semence de l'acacia d'Égypte dont on fait un suc pharmaceutique de couleur rouge tirant sur le brun et de saveur acerbe.

(3) Le riz est tarifé particulièrement à son article. Les grains destinés à être réexportés doivent le droit de balance, à raison du transit franc résultant de l'entrepôt permis; mais il n'est point exigible sur ceux déchargés des navires qui entrent par relâche forcée pour être réparés. (*DM.* 8 *fructidor* 8.)

Les POMMES-DE-TERRE jouissent aussi d'une franchise absolue à l'entrée. (*LA.* 29 *vend.* 7 *au directeur d'Anvers.*)

Les grains importés du royaume d'Italie, en exécution du décret du 24 septembre 1810, doivent le droit de balance. (*LD.* 3 *juin* 1812.)

(4) L'herbe aux perles n'étoit pas reprise au Tarif de 1664; elle doit toutefois, le double droit comme drogue.

Désignation des marchandises	Unité	Droits	Loi
GUIMAUVE (*Fleurs* et *Racines de*). [Les racines sont blanches, longues, grosses comme le pouce, rondes, bien nourries, très-mucilagineuses, et divisées en plusieurs branches renfermant quelquefois un cœur ligneux qui est comme une corde. Les fleurs sont d'un blanc purpurin, formées en cloches et échancrées en cinq parties.]............ (1)	*Quintal*..... Idem......	2—55 5..10	15 mars 1791. DI. 8 février 1810.
GUIMAUVE (*Suc de*). [Il est en pâte ou en tablettes, de couleur blanche.]..................................	*Quintal*..... Idem......	12—24 24..4	15 mars 1791. DI. 8 février 1810.
GUY *de chêne*. [Plante parasite, vivace et ligneuse, qui végète dans l'écorce des chênes : ses rameaux ont l'écorce verte, un peu inégale et grenue : ses baies sont ovales, molles, et perlées comme des groseilles blanches.].....................	*Quintal*..... Idem......	18—36 36..72	15 mars 1791. DI. 8 février 1810.
GYPSE ou *Sulfate de chaux*. [Matières pierreuses de différentes sortes, de couleur blanchâtre, grisâtre, roussâtre, et quelquefois plus rembrunie.]...................................	*Quintal*.....	3..6	15 mars 1791.
HABILLEMENS *neufs* à l'usage des hommes et des femmes, *et* ORNEMENS *d'église*................................... (2)	*Par* 100 *fr*..	15..0	15 mars 1791.
HABILLEMENS *vieux*. [Ce qui comprend tous les vêtemens *supportés*, de quelque nature qu'ils soient, sauf ceux ci-dessous.].. (3)	*Quintal*.....	51..0	15 mars 1791.
Ceux à *l'usage des voyageurs*, n'excédant pas le nombre de six et ayant servi .... (4)	*Exempts*.... Idem......	..—..	15 mars 1791. DM. 2 fruct. 5.
HARNOIS *de chevaux*. [Ce qui comprend tout ce qui sert à l'équipement des chevaux, tels que sangles, selles, housses, caparaçons, brides, bridons, faux fourreaux de pistolets, etc.] (*Loi du 1 août 1792.*)................................	*Par* 100 *fr*..	15..0	15 mars 1791.
Ceux en *cuirs*, les brides, bridons, et tous autres objets de sellerie en cuir.............................. (5)	*Prohibés*....	....	10 brumaire 5.

GRUAU d'Avoine. *Comme* Farine d'avoine.
GRUAU de Blé noir, *comme* Farines.
GUELDE. *Voyez* Pastel.
GUEDASSE. *Voyez* l'article Potasse.
GUINÉES bleues! *Voyez* Toiles.
GUITARES. *Voyez* Instrumens de musique.
GUTTE. *Voyez* Gomme gutte.
HABILLEMENS milit..ires. *Voyez* la note à Munitions.
HACHES. *Voyez* Quincaillerie.
HACHE-PAILLE, *comme* quincaillerie en faux. (*LD.* 10 octobre 1810.)
HALLEBARDES. *Voyez* Armes blanches.
HAMEÇONS. *Voyez* Mercerie commune.
HARDEAU. *Voyez* Viorne.
HARENGS SAURS. *Comme* poissons secs. (*DM.* 19 mars 1811)

Z 89. (ENTRÉE. 77.)

(1) La guimauve n'étoit pas reprise au tarif de 1664, elle doit toutefois le double droit comme drogue pharmaceutique.

(2) S'ils étoient en laine, coton et poil, ils seroient prohibés comme les étoffes.

(3) Les habits de théâtre qui accompagnent les acteurs dans leurs déplacemens, ne sont pas sujets aux droits. (*LD.* 5 germinal an 13.)

(4) L'exemption a également lieu, quoiqu'ils n'accompagnent pas les voyageurs, dès qu'ils sont dans une même malle avec d'autres effets, et qu'ils n'excèdent pas le nombre de six (1er. *août* 1792 *et DM.* 27 *nivôse* 8.)

(5) Cette prohibition n'affecte ceux des voyageurs qu'autant qu'ils sont neufs, et qu'il y a forte présomption de fraude par l'état des voyageurs (*LA.* 13 *nivôse* 5.)

Désignation des marchandises		Droit	Loi
HÉLIOTROPE. [Plante dont on tire une teinture. Sa racine est dure, menue et ligneuse ; sa tige est cotonneuse, d'un vert blanchâtre, remplie de moelle ; ses feuilles sont ovales et velues ; ses fleurs naissent en épis blancs lilas et contournés : il leur succède quatre semences jointes ensemble.]	*Exempte*.... / *Droit de bal.*	..—.. /	15 mars 1791. / 24 nivôse 5.
HÉMATITE. [Minerai ferrugineux de diverses couleurs, depuis le jaune roussâtre jusqu'au noir. L'hématite, proprement dite, est tarifée particulièrement sous le nom de *sanguine*; celle dure l'est à *ferret d'Espagne* : c'est donc des autres espèces qu'il est ici question.] ... (1)	*Quintal*.....	1..2	15 mars 1791.
HERBE *de maroquin*. [Nom donné dans le commerce à l'herbe dont se servent les maroquiniers pour remplacer le sumac.]	*Exempte*.... / *Droit de bal.*	..—.. /	15 mars 1791. / 24 nivôse 5.
HERBES *médicinales*, non dénommées dans ce tarif. .... (2)	*Quintal*..... / Idem......	3— 6 / 6..12	15 mars 1791. / DI. 8 février 1810.
HERBES *propres à la teinture*, non dénommées au tarif. .... (2)	*Exemptes*.... / *Droit de bal.*	..—.. /	15 mars 1791. / 24 nivôse 5.
HERBES *de pâturages* et FOIN. [Ce qui comprend toutes les herbes propres à la nourriture des bestiaux.]	*Exemptes*... / *Droit de bal.*	..—.. /	15 mars 1791. / 24 nivôse 5.
HERBE *aux vers*, ou TANAISIE. [Sa racine ligneuse, fibrée et serpentante, pousse des tiges rondes, rayées et moelleuses dont les feuilles, ailées et longues, sont ornées de découpures dentelées ; la fleur en ombelle est jaune, et toute la plante aromatique.]	*Quintal*..... / Idem (3)...	10—20 / 20..40	15 mars 1791. / DI. 8 février 1810.
HERMODACTE. [Racine apportée d'Orient, toute dépouillée de ses tuniques : elle est dure, tubéreuse, triangulaire ou représentant la figure d'un cœur coupé par le milieu; de la longueur du pouce, jaunâtre en dehors, blanche en dedans, et d'un goût visqueux et douceâtre.]	*Quintal*..... / Idem......	4— 8 / 8..16	15 mars 1791. / DI. 8 février 1810.
HIPOCISTIS. [Suc astringent tiré de la plante parasite qui croit sur le *ciste*, de consistance dure et noire comme le jus de réglisse et de gout austère.]	*Quintal*..... / Idem.....	6—12 / 12..24	15 mars 1791. / DI. 8 février 1810.

RENVOIS.

HARPES. *Voyez* Instrumens de musique.
HAUTBOIS. *Voyez* Instrumens de musique.
HAVRESAC en Cuir. *Voyez* Cuir ouvré.
HÈDRE (Gomme de). *Voyez* aux Gommes.
—HERBE jaune. *Voyez* Gaude.
HERBE aux Perles. *Voyez* Gremil.
HERBES. Pour les autres, *voyez* à leurs noms propres.
HERBAGES frais. *Voyez* Herbes de pâturage.

(1) L'hématite étoit réputée drogue par le Tarif de 1664, sous la dénomination de *lapis hematites*, mais une lettre du 16 avril 1810, en classant le ferret d'Espagne à marchandises, a implicitement retiré l'hématite de la classe des drogueries.

(2) Les herbes employées à la médecine et à la teinture se distinguent, pour le droit ou la franchise, d'après leur principale propriété et leur usage le plus commun.

(3) L'herbe aux vers n'étoit pas reprise au Tarif de 1664.

Désignation des marchandises	Unité	Droits	Loi ou décision
HISTOIRE NATURELLE. [Lorsque les objets qui en font partie sont destinés pour le Muséum, ils sont *exempts*, par décision du 12 messidor an 6 ; quand ils doivent entrer dans le commerce, ils doivent le *droit de balance*.]..................(1)	Exempte.......... Droit de bal........		15 mars 1791. 24 nivôse 5.
HORLOGERIE.... En pendules de toutes sortes...................	Par 100 fr..	15— 0	
En montres d'or et d'argent......................	Pièce........	2— 0	
En mouvemens de montres en blanc, montés........	Pièce........	0—75	15 mars 1791.
En pièces d'horlogerie non montées................	Kilogramme.	6—12	
Horlogerie en montres, pendules, etc..............	Par 100 fr..	10— 0	7 messidor 3.
Horlogerie de toute espèce, sauf l'exception ci-dessous...	Prohibée....	....	10 brumaire 5.
Fournitures d'horlogerie, consistant en pivots, ressorts, spiraux, et autres pièces du dedans des montres, lesquels réunis ne peuvent former de mouvemens complets ....(2)	Par 100 fr..	10.. 0	7 messidor 3.
HORLOGES *de bois*.............................. Seront traitées comme Pendules.		....	1 août 1792.
Comme non prohibées par la loi du 10 brumaire an 5...	Par 100 fr..	10.. 0	7 messidor 3.
HOUBLON. [Plante grimpante dont les fleurs entrent dans la composition de la bière. Ces fleurs ou fruits sont ovoïdes et obtus, composés d'écailles entières et colorées, attachées à un axe commun et se recouvrant les unes les autres]................	Exempt..... Droit de bal.	....	15 mars 1791. 24 nivôse 5.
HUILES *à l'usage de la médecine et des parfumeurs.* [Ce sont des liqueurs grasses et onctueuses qui se tirent par la distillation, l'infusion ou l'expression.] (3 et 4)			
Celle d'*ambre*. [C'est l'huile de been aromatisée avec l'ambre.]....................................	Quintal net.. Idem......	102— 0 204 . 0	15 mars 1791. DI. 8 février 1810.
Huile d'*ambre jaune, carabé* ou *succin*. [Elle est blanche, jaune ou noire, suivant qu'elle a été exposée plus long-temps à la lumière.] Par *distillation* du succin commun. Celle de *citron* [de couleur légèrement verdâtre]. L'huile dont il est question ici est obtenue *par expression*.... Celle de *gaïac*. [Huile médiate d'un brun noir et fétide.] Par *distillation*................................ Celle de *jasmin*. Par *infusion* dans l'huile de *been*..... Celle d'*orange*. [Elle est jaunâtre et fluide.] L'huile dont il est ici question est obtenue *par expression*.........	Quintal net.. Idem......	51— 0 102.. 0	15 mais 1791. DI. 8 février 1810.

RENVOIS.

HORLOGES à Sable. *Voyez* Mercerie commune.
—HOUATE. *Voyez* coton et soie.
HOUILLE. *Voyez* Charbon de terre.
HOUPES à Cheveux, de duvet. *Voyez* Mercerie commune.
—HOUSSES de Chevaux. *Voyez* Harnois.
HOUSSES en Peaux de mouton. *Voyez* Peaux de mouton.
HOWES en Peaux de mouton. *Voyez* Peaux de mouton.
HOYAU. *Voyez* Quincaillerie.

(1) Voyez la Note à COQUILLAGES.
(2) Cette exception à la prohibition a été transmise par DM. du 8 germinal 9.
(3) Les huiles vendues en potiches doivent être pesées au net, sauf l'addition de la tare connue des futailles qui sont employées ordinairement au transport des huiles. Les potiches doivent séparément le droit, comme *poterie de terre*. (DM. 13 vend. 13)
(4) J'ai fait l'observation, dans toutes mes éditions, que les huiles de rose, de cannelle et de girofle étoient, quoique tarifées à des prix différens dans la loi de 1791, la même marchandise que les essences du même nom.... Par lettre du 1er juin 18.0, M. le directeur-général a mandé que les chimistes ayant reconnu que l'huile et l'essence volatile de rose ne sont effectivement qu'une même marchandise, et d'un prix très-élevé, on doit percevoir sur l'huile le droit fixé sur l'essence... Et, par une autre lettre, en date du 16 octobre, même année, il a déclaré que l'huile de Rhodes étant comprise au tarif dans le même article que l'essence de rose, cette première devoit comme la dernière..... Ces décisions, qui sont conformes à la science, s'appliquent naturellement aux huiles de cannelle et de girofle, lesquelles sont aussi tarifées au titre ESSENCES, et elles devroient également s'appliquer aux huiles d'orange, bergamotte et de citron ; mais deux avis des experts du Gouvernement, en date du 22 mai et 26 juillet 1811, ont établis que ces trois dernières, alors qu'elles étoient produites *par expression*, ne devoient que 102 francs du quintal au lieu de 3—06 du kilogramme....

91. (ENTRÉE. 79).

HUILES. (*Suite des*).

Celle d'*anis*. [Blanche , quelquefois verte , fluide en été solide dans les autres saisons.] Par *distillation*..... Celle de *fenouil*. [Brune ou jaune.] Par *distillation*..	*Quintal net*. Idem......	204— 0 408.. 0	15 mars 1791. DI. 8 février 1810.
Huile d'*asphalte*. [Huile épaisse empyreumatique de couleur noire , résultat de l'analyse du succin]........... Celle de *marjolaine*. [De couleur jaune ou verte.]..... Celle de *sauge*. [Elle est jaune.] Par *distillation*...... Celle de *soufre*. [Elle est incolore et acide.] Par *distillation*..(1)	*Quintal*..... Idem *net*..	36—72 73..44	15 mars 1791. DI. 8 février 1810.
Huile d'*aspic*. [Elle est jaunâtre, volatile et très-inflammable.] Par *distillation*........................ Celle de *gland*.............................(2)	*Quintal*..... Idem......	15—30 30..60	15 mars 1791. DI. 8 février 1810.
Huile de *cacao* , ou *beurre de cacao*. [Elle est d'un blanc jaune et solide.] Par *expression*....................	*Quintal net*. Idem......	45—90 91..80	15 mars 1791. DI. 8 février 1810.
Huile de *cade*. [Elle est noire et brune.] Par *expression*.... Celle de *cédra*. [Elle est jaune verdâtre.] Par *distillation*. Celle d'*oxicèdre*. [Huile médiate obtenue par la distillation de ce bois.]................................	*Quintal*..... Idem......	4— 8 8..16	15 mars 1791. DI. 8 février 1810.
Huile de *macis*. [Elle est concrète, mixte , et de couleur citrine.]..	*Kilogr. net*.. Idem......	4— 8 8..16	15 mars 1791. DI. 8 février 1810.
Huile de *genièvre* ou *sandaraque*. [Elle est paillée.] Par *distillation* .... Celle de *lavande*. [Elle est jaune et volatile.] Par *distillation*.. Celle de *sassafras*. [Elle est jaune.] Par *distillation*...	*Quintal*..... Idem *net*..	30—60 61..20	15 mars 1791. DI. 8 février 1810.
Huile de *laurier*. [Elle est d'un vert jaune, et solide.]....	*Quintal*...... Idem *net*...	20—40 40..80	15 mars 1791. DI. 8 février 1810.
Huile de *muscade*. [C'est une huile concrète, mixte, qui participe de la nature de l'huile fixe et volatile : on sépare cette dernière par la distillation.] Par *expression*.	*Kilogr. net*.. Idem......	3— 6 6..12	15 mars 1791. DI. 8 février 1810.
Huile d'*œillette* ou de *pavot blanc*. [Elle est blanche ou jaune, âcre ou douce , suivant le degré de chaleur qu'on a fait éprouver à la graine.] Par *expression*....	*Quintal*..... Idem......	8—16 16..32	15 mars 1791. DI. 8 février 1810.

RENVOIS.

HUILE d'Antimoine. *Voyez* Antimoine préparé.

HUILE de Cerf. *Voyez* Cerf.

HUILE (Lie d'). *Voyez* Lie d'huile.

—Huile de Cannelle.
—Huile de Girofle. } *Voy*. Essences.
—Huile de Rose.

HUILE DE CADI, *comme* droguerie omise. (*Trimestre de juillet* 1808.)

HUILE DE CASTOR, c'est l'huile de Ricin *ou* Palma-Christi.

HUILE DE MENTHE, *comme* essence de romarin.

HUILE DE PIERRE, comme huile de pétrolle.

' 92. (ENTRÉE. 80).

(1) L'huile de soufre n'étant autre chose que de l'esprit de soufre concentré , le droit de l'acide sulfurique lui seroit plutôt applicable que celui-ci. La loi du 1 août 1792 viendroit même à l'appui de cette observation , puisqu'elle dit que l'huile de vitriol et l'esprit de soufre ne paieront qu'un même droit : or, l'huile de vitriol et l'huile de soufre sont en chimie la même chose, ces acides étant faits ou avec le soufre , ou avec la couperose verte, ou vitriol vert, ou sulfate de fer. Il y a donc contradiction ici.

(2) L'huile d'aspic n'étoit pas réputée droguerie par le Tarif de 1664, et cependant il traitoit comme telle l'huile de lavande;... c'étoit là une erreur d'autant plus matérielle que, l'aspic n'étant qu'une espèce de lavande, l'une et l'autre des huiles en provenant auroient dû être, comme elles le sont ici, classées parmi les drogues... Elles devroient même payer le même droit.

HUILES. (*Suite des*).			
Celle de *palme*. [Elle est onctueuse et grasse comme du beurre, d'un jaune doré et d'odeur de violette.] Par *expression*	*Quintal*..... Idem......	10—20 20..40	15 mars 1791. DI. 8 février 1810.
Huile de *palma-christi*. [Elle est jaune, demi-fluide, d'une saveur douce.] Par *expression*............... Celle de *pignons*. [Elle ressemble à celle d'amandes douces.].................	*Quintal*.... Idem......	18—36 36..72	15 mars 1791. DI. 8 février 1810.
Huile de *pétrolle*. [Huile minérale découlant des rochers; elle est ou rouge, ou blanche, ou citrine.].........(1)	*Quintal*..... Idem......	12—24 24..48	15 mars 1791. DI. 8 février 1810.
Huile de *tartre*. [Elle est épaisse et d'une couleur très-foncée.].................................	*Quintal*..... Idem *net*..	22—44 44..88	15 mars 1791. DI. 8 février 1810.
HUILES COMESTIBLES, ou pour les fabriques.			
Celle d'*olive*, *fine*. [Elle est de couleur jaunâtre, congelée ou liquide, suivant sa qualité.] Par *expression*.... (2)	*Quintal*..... Idem...... Idem...... Idem..... Idem......	15—30 1—53 15—30 20— 0 20.. 0	15 mars 1791. 12 pluviôse 3. 3 frimaire 5. DI. 17 pluv. 13. 30 avril 1806.
La *même*, mais *commune*, et seulement propre aux fabriques.................................	*Quintal*..... Idem...... Idem...... Idem...... Idem.....	9—18 0—9 9—18 12— 0 12.. 0	15 mars 1791. 12 pluviôse 3. 3 frimaire 5. DI. 17 pluv. 13. 30 avril 1806.
Huile de *cheval*. [C'est la graisse de cet animal fondue et clarifiée.]................................. (3) Celle de *graines*. [Ce sont celles de *navette*, *rabette*, *colzat*, etc.]................................. Celle de *noix*. [Celle vierge par simple expression est de couleur légèrement ambrée, l'autre par le secours du feu est plus ambrée, et sert à la lampe..............	*Quintal*..... Idem...... Idem......	9—18 0—9 9..18	15 mars 1791. 12 pluviôse 3. 3 frimaire 5.

RENVOIS.

HUILE DE SABINE, *comme* essence de romarin.
HUILE DE SAINTE-LUCIE, *comme* droguerie omise. (*Février* 1809.)
HUILE de térébenthine. *Voyez* aux Essences.
HUILE de vitriol. *Voyez* Acide sulfurique.

A a 93. (ENTRÉE. 81).

(1) Voyez l'art. NAPHTE, et sa note..... C'est la même chose, quoi qu'on en dise, et l'huile de pétrolle n'est pas plus un produit de la distillati n que le naphte.

(2) Les taxes qui précèdent celle imposée sur les huiles fines par la loi du 30 avril 1806, furent d'abord perçues sur les *huiles d'olive de la côte d'Italie*, sans distinction, jusqu'à la loi du 1 août 1792, qui ordonna, en faveur de l'importation directe par bâtimens italiens ou français, que les huiles de cette côte qui seroient déclarées et reconnues n'être propres qu'aux fabriques, ne paieroient que comme les huiles d'olives venant de Naples, de Sicile, Levant, Barbarie, Espagne et Portugal, dont les droits d'entrée étoient ceux rapportés ci-dessus à l'article *huiles communes*. Ainsi, avant la loi du 30 avril 1806, les huiles d'olive se distinguoient, pour les droits, d'après leur origine : depuis elle, cette distinction dépend de leur qualité; les huiles bonnes à manger payent les droits des huiles fines, celles qui ne servent qu'aux fabriques payent comme huiles communes.

(3) Cette huile ou graisse fondue fait donc exception aux articles *graisses de toutes sortes* et *suifs*, soumis seulement au droit de balance.

Désignation	Unité	Droit	Loi / date
HUILES. (*Suite des*).			
HUILES DE BALEINE OU AUTRES POISSONS. [La première est la graisse fondue et clarifiée de ce cétacée ; les autres se retirent généralement des gros poissons de mer.].......(1)	*Quintal*.....	12—24	15 mars 1791.
	Idem......	20—40	19 mai 1793.
	Idem......	2— 4	12 pluviôse 3.
Les huiles de baleine et autres cétacées, extraites après leur échouement sur les côtes, sont passibles des droits. (*DM.* 4 *mars* 1812.)	Idem......	20—40	3 frimaire 5.
	Idem......	12—50	9 floréal 7.
	Quintal.....	25.. o	DI. 12 sept. 1810.
Huile dite *dégras de peaux.* [C'est de l'huile de poisson qui a servi à passer des peaux en chamois.]..........	*Quintal*.....	10..20	15 mars 1791.
Huîtres *fraîches.* [Coquillage marin, bivalve, dont la chair est un excellent comestible.]............	*Le* 1000 *en N.*	5.. o	15 mars 1791.
Huîtres *marinées.* [C'est ce poisson débarrassé de sa coquille et conservé dans une saumure aromatisée.]............	*Quintal*.....	12..24	15 mars 1791.
HYACINTHE. [Pierre précieuse, mais peu estimée, dont la couleur est ordinairement le jaune orangé, tirant sur le brun ou le rouge foncé.]............(2)	*Quintal*.....	16—32	15 mars 1791.
	Idem......	32..64	DI. 8 févr. 1810.
IMPÉRATOIRE. [Racine de la grosseur du pouce et très-garnie de fibres ; genouillée, brune en dehors et blanche en dedans, d'un goût aromatique très-âcre qui pique la langue et échauffe toute la bouche.]............(3)	*Quintal*.....	3— 6	15 mars 1791.
	Idem......	6..12	DI. 8 février 1810.
INDIGO. [Fécule extraite de l'écorce, des branches, de la tige et des feuilles de l'*anil.* Elle est préparée en petits pains carrés d'une belle couleur bleue. Quand on la frotte sur l'ongle, il y reste une trace qui imite le coloris de l'ancien bronze.]..........	*Quintal*.....	30—60	15 mars 1791.
	Idem......	3— 6	12 pluviôse 3.
	Idem......	30—60	3 frimaire 5.
	Idem......	15— o	AC. 3 therm. 10.
	Idem......	15— o	8 floréal 11.
	Idem......	30— o	DI. 8 février 1810.
	Quintal net.	900.. o	DI. 5 août 1810.
De plus, un droit additionnel dont il sera rendu un compte particulier............	*Quintal net.*	200.. o	DI. 14 janv. 1813.

HUILE de foie de Berg-Gylte, *comme* huile de poisson. (*LD.* 29 *novembre* 1810.)

HYPOCISTIS. *Voy.* Hipocistis.

HYPOCRAS. *Voyez* Liqueurs.

IMAGES coloriées. *Voyez* Dominoterie.

IMBRATTA, 5 pour 100 *comme* matière première *omise.* (*Avis des experts*, 26 *août* 1811.)

INDIENNES. *Voyez* Toiles peintes.

INDE-PLATE. *Comme* Droguerie omise. (*LD.* 20 *mars* 1810.)

(1) Le tarif de 1791 prohiboit toutes les huiles de baleine et poisson autres que celles entrant par les départemens des *Haut* et *Bas-Rhin*, de la *Meurthe* et de la *Moselle*, ou venant des *États-Unis d'Amérique* par bâtimens français ou américains; la loi du 19 mai 1793 anéantit cette disposition et taxa celle provenant des pêches étrangères à 20 fr. 40 cent., en modérant toutefois les droits sur ces huiles venant des *États-Unis d'Amérique*, qui ne furent imposées qu'à 10 fr. 20 cent.; mais toutes ces tarifications particulières furent supprimées par la loi du 9 floréal an 7, et les huiles de poisson étrangères sont imposées, depuis lors, à un même droit à toutes les entrées.

(2) Le Tarif de 1664 avoit classé les hyacinthes parmi les drogueries, sans doute, parce que cette pierre entroit dans la composition de la confection de ce nom; mais depuis qu'on sait qu'elle n'a aucune propriété médicinale; il devient impossible de la considérer comme drogue : je l'avois en conséquence laissée sous son ancien droit dans ma cinquième édition, mais bien qu'on en trouve en France, il en arrive aussi de Ceylan, et à raison de cette origine, on l'a imposée au double droit.

(3) L'impératoire n'étoit pas reprise au Tarif de 1664.

INSTRUMENS *d'astronomie*, *chirurgie*, *mathématique*, *navigation*, *optique et physique*.................................(1)	*Par* 100 *fr.*.	10.. 0	15 mars 1791.
INSTRUMENS *de musique*, comme suit : (1)			
Fifres, *flageolets*, *galoubets*.......................	*La douzaine.*	7..50	15 mars 1791.
Flûtes et *poches*..	*Pièce.......*	0..75	15 mars 1791.
Cistres, *mandolines*, *psaltérions*, *tambours*, *tambou- rins* et *tympanons*...............................	*Pièce.......*	1..50	15 mars 1791.
Violons, *alto-violes*, *bassons*, *cors de chasse*, *guitares*, *serinettes*, *serpens* et *trompettes*...................	*Pièce.......*	3.. 0	15 mars 1791.
Clarinettes et *hautbois*.............................	*Pièce.......*	4.. 0	15 mars 1791.
Vielles simples....................................	*Pièce.......*	5.. 0	15 mars 1791.
Basses et *contre-basses*.............................	*Pièce.......*	7..50	15 mars 1791.
Épinettes, *orgues portatives* et *vielles organisées*........	*Pièce.......*	18.. 0	15 mars 1791.
Forte-pianos et *harpes*.............................	*Pièce.......*	36.. 0	15 mars 1791.
Clavecins.	*Pièce.......*	48.. 0	15 mars 1791.
Orgues d'églises, et *Instrumens* non-dénommés........	*Par* 100 *fr.*.	12.. 0	15 mars 1791.

IPÉCACUANHA. [C'est une petite racine, grosse comme le chalumeau d'une plume, qu'on apporte sèche d'Amérique : elle est noueuse, inodore, d'une saveur âcre, nauséabonde, et a une écorce épaisse respectivement à sa grosseur; sa couleur est brune, grise ou blanche.]	*Quintal*.....	3o—6o	15 mars 1791.
	Idem *net*..	200— o	DI. 17 pluv. 13.
	Idem *net*..	200— o	3o avril 1806.
	Idem *net*..	400— o	DI. 8 février 1810.
	Kilogr. net..	12.. o	DI. 12 sept. 1810.
IRIS. [Racine blanche, grosse comme le pouce, oblongue, compacte et pesante, qu'on apporte sèche de Florence : elle a l'odeur douce et agréable de la violette.] .... (1)	*Quintal*.....	6—12	15 mars 1791.
	Idem.....	3o— o	DI. 17 pluv. 13.
	Idem.....	3o— o	3o avril 1806.
	Idem *net*..	6o.. o	DI. 8 février 1810.
IVOIRE, *dent d'éléphant* ou *morphil*. [C'est le nom des défenses de l'éléphant : elles sont arrondies et coniques; la partie de leur surface qui se trouve en haut est plus colorée et plus jaunâtre que la partie inférieure.]	*Quintal*.....	10—20	15 mars 1791.
	Idem.....	1— 2	12 pluviôse 3.
	Idem.....	10— 2	9 floréal 7.
	Idem.....	100— o	DI. 17 pluv. 13.
	Idem.....	100— o	3o avril 1806.
	Idem.....	200— o	DI. 8 février 1810.
	Quintal....	400.. o	DI. 12 sept. 1810.
IVOIRE (*Rapure d'*). [Rasures blanches de ces dents, dont on se sert pour tisanes.]................................ (2)	*Quintal*.....	10—20	15 mars 1791.
	Idem.....	20..40	DI. 8 février 1810.

(1) L'iris du pays est tarifé à *glayeul*.

(2) La rapure d'ivoire est réputée drogue par le Tarif de 1664; ne le seroit-elle pas, elle devroit encore le double droit comme production de l'Inde.... Il est à observer toutefois que je ne me permets que de doubler le droit de 1791, parce qu'aucune disposition postérieure n'a dit de lui appliquer celui des dispositions subséquentes, cependant cette tarification ancienne n'est pas en rapport avec les nouvelles de sa matière première, et il me semble que l'une devroit suivre l'autre.

Désignation	Base	Droit		Observations
Jais *brut*. [Bitume fossile, opaque, très-noir, solide, compacte et léger.]	*Droit de bal*.	....		11 mai 1792.
Jais *ou* Jayet. [Celui dont il est ici question est la matière ci-dessus apprêtée et propre à en faire des colliers, bracelets, et autres ornemens de femmes. On le nomme aussi *ambre noir*.]	*Quintal*.....	20..40		15 mars 1791, et 11 mai 1792.
Jalap. [Racine grise, résineuse, qu'on apporte des Indes orientales, séchée et coupée par tranches]	*Quintal*.....	8—16		15 mars 1791.
	Idem *net*..	50— 0		DI. 17 pluv. 13.
	Idem......	50— 0		30 avril 1806.
	Idem *net*..	100.. 0		DI. 8 février 1810.
Jalap (*Résine de*). [Elle est extraite de la racine de jalap par le moyen de l'esprit-de-vin.]	*Quintal net*.	61—20		15 mars 1791.
	Idem.....	122..40		DI. 8 février 1810.
Joncs et Cannes *non montés*. [Espèce de roseau des Indes, de consistance ligneuse, très-flexible et fort poreux, assez solide pour servir de canne.] (1)	*Quintal*.....	51— 0		15 mars 1791.
	Idem.....	100— 0		DI. 17 pluv. 13.
	Idem.....	100— 0		30 avril 1806.
	Idem.....	200.. 0		DI. 8 février 1810.
Jus *de limon* et *de citron*. [C'est le jus de ces fruits tiré par expression. Il sert à la teinture.]	*Exempt*.....	....—....		15 mars 1791.
	Droit de bal.	....		24 nivôse 5.

Jaune royal et Jaune de roi, comme droguerie omise. (*Anvers, janvier* 1811.)
Jetons de cuivre. *V*. la note à Cuivre en flaons.
Jetons de nacre, d'os et d'ivoire. *V*. Mercerie.
Joaillerie en or. *V*. Or en ouvrages d'or. février.
Joaillerie en Argent. *Voyez* Argent ouvré.
Joncs d'Espagne. *Voyez* Battin.
Joncs des Indes. *Voyez* Rotins.
Joncs (Nattes de). *Voyez* Nattes de joncs.
Joncs ouvrés. *Voyez* Ouvrages en joncs.
Joubarbe parfilée, 10 pour 100. (*Terracine, mars* 1810.)
Joujoux d'enfans. *Voyez* Bimbeloterie.
Jubispasse. *Voyez* Fruits.
Juiubes. *Voyez* Fruits.
—Juncus odoratus. *Voyez* Schenantes.
—Jus de Réglisse. *Voyez* Réglisse.
  B b 97. (Entrée. 85.)

(1) Les joncs, comme productions des Indes, doivent le double droit.
Les joncs de marais sont soumis, comme objets omis, au droit de 3 pour 100 de leur valeur, en vertu de la loi du 22 août 1791. (*LD. du* 10 *mesvidor an* 10.)
Les Cannes montées autrement qu'en cuivre ou acier paieront 15 fr. par valeur de 100 fr. (*LD*. 17 *Juillet* 1807.) Celles montées en cuivre ou acier sont comprises dans les prohibitions.

Dénomination des marchandises	Unité	Droits	Décrets
KAMINE *mâle*, ou **BEURRE** *de pierre*. [Substance minérale onctueuse et grasse au toucher, de couleur jaune grisâtre. Elle se dissout dans l'eau comme le sel.] .... (1)	*Quintal*.....	6..12	15 mars 1791.
KERMÈS ou **GRAINE** *d'écarlate*. [Genre d'insecte qu'on a fait sécher après l'avoir arrosé de vinaigre. Les coques de kermès ressemblent assez à la cochenille, et servent également à la teinture de l'écarlate, quoiqu'elle la rende moins belle.]............	*Quintal*..... Idem.....	1— 2 2.. 4	15 mars 1791. DI. 8 février 1810.
KERMÈS (*Sirop de*). [Conserve liquide et cordiale faite avec les coques de l'insecte ci-dessus. Il est de couleur rougeâtre, de goût amer et astringent : il ressemble à la mélasse, mais il est moins doux et plus liquide.].....................	*Quintal*..... Idem.....	10—20 20..40	15 mars 1791. DI. 8 février 1810.
KIRSCHWASER. [Liqueur blanche et très-limpide provenant de la distillation des queues et des noyaux de cerises.].............	*Le litre*..... Idem......	0—27 1.. 0	15 mars 1791. DI. 17 pluv. 13 et loi du 30 avril 1806.
LABDANUM *naturel* et *non apprêté*. [Matière gommo-résineuse aromatique qui découle de plusieurs espèces de *cistes*. Celle-ci est solide, noirâtre, et formée en rouleaux gros comme le doigt et tors en manière de pain de bougie. L'impur est rempli de sable, de terre noire et de poils.]...................	*Quintal*..... Idem.....	12—24 24..48	15 mars 1791. DI. 8 février 1810.
LABDANUM *liquide* et *purifié*. [C'est le même, en consistance de beurre fort épais ; il est noir, odorant, et contenu dans des vessies très-minces.]................................	*Quintal net*. Idem.....	45—90 91..80	15 mars 1791. DI. 8 février 1810.

RENVOIS.

KARABÉ. *Voyez* Ambre jaune ou Huiles.
KINA. C'est le **QUINQUINA**.
KINO. *Voyez* aux Gommes.
LABDANUM apprêté. *Voyez* Confection.
LACETS de l'il. *Comme* Rub. de fil. (1 *août* 1792.)
LACETS de laine. *Comme* Rubans de laine. (*LA.* 7 *frim.* 5.)
LACETS, autres que de fil ou de laine. *Comme* Passementerie. (*C.* 22 *messid.* 8.)

(1) La kamine mâle n'étoit pas reprise au Tarif de 1664.... Je lui avois appliqué le double droit à raison de ce que c'est une drogue, même très-violente, dont les Russes font usage, à très-petites doses, dans les affections vénériennes........ Cependant on a arrêté qu'elle n'étoit pas passible du décret du 8 février : au fait, cela importe assez peu, car il n'en est pas importé.

Désignation des marchandises			
LAINES *en bourre* et *non filées*. [On nomme ainsi le poil souple et moelleux des moutons, et on entend par *laines en bourre* et *non filées* celles qui sont encore en toison, et même celles nettoyées, pourvu qu'elles ne soient ni filées ni autrement ouvrées.] Les LAINES COMMUNES, sauf celles ci-après............ (1)	*Exemptes*......—.. *Droit de bal.*.......		15 mars 1791. 24 nivôse 5.
Les mêmes (*laines communes*) venant des états du nord..	*Quintal*.....	10.. 0	DI. 2 déc. 1811.
Laines MÉRINOS *pures*, ou MÉTISSES *lavées*, venant des états du nord...................................(2) }	*Quintal*.....	30 ..0	DI. 2 déc. 1811.
LAINES *non filées*, teintes. [Ce sont celles auxquelles on a fait prendre une couleur différente de celle naturelle.].............(3) }	*Quintal*.....	73..44	1 août 1792.
LAINES *filées*...(4)	*Quintal*..... *Prohibées*........	73—44	15 mars 1791. 10 brumaire 5.

(1) Les laines sont exemptes du certificat d'origine; mais, quand il règne des maladies épidémiques, elles ne peuvent être admises que sur certificat de purification, lequel sera soumis au Ministre, qui décidera de sa validité.

Celles d'Espagne, par décret du 20 juillet 1808, peuvent être introduites par terre, aussi sans certificat d'origine, par les bureaux de Behobie et d'Ainhoa.

(2) La laine en suint de mérinos ne doit que le droit de 10 fr. lorsqu'elle vient même des états du nord. (*I.D.* 24 *août* et 29 *septembre* 1812.)

(3) Les laines non filées teintes ne sont pas comprises dans la prohibition, quoique la loi du 1 août 1792 les ait assimilées aux laines filées.

Les laines présentées dans les douanes sans certificats d'origine, autre que des états du nord, doivent les droits du décret du 2 décembre 1811. (*I.D.* 22 *juin* 1812, à *Verceil.*)

(4) Les laines filées de Saxe, importées par le département de la *Moselle*, ne payoient que 20 fr. 40 cent. du quintal décimal (1 *août* 1792); la loi du 10 brumaire an 5 les a également prohibées.

Il ne faut pas comprendre sous la dénomination de *laines filées*, les paines ou pennes de laine qui sont essentiellement matières premières, puisqu'elles doivent

LAPIS ENTALIS. [C'est le coquillage que la loi du 15 mars 1791 a tarifé à un prix différent, sous le nom d'*Antale*]...............(1)	*Quintal*.... Idem......	4— 8 8..16	15 mars 1791. DI. 8 février 1810.
LAQUE *de Venise* et LAQUE *colombine sèche*. [Compositions propres à la peinture. La laque fine de Venise a la forme de petits trochisques tendres , friables, et de couleur rouge foncée : celle colombine est en tablettes, assez haute en couleur.].. (2)	*Quintal*.... Idem......	5—10 10..20	15 mars 1791. DI. 8 février 1810.
LAQUE *liquide*. [On donne ce nom à une forte teinture tirée du bois de Brésil à l'aide des acides. Elle est d'un rouge foncé.].. (2)	*Quintal*.... Idem......	0—5 1 1.. 2	15 mars 1791. DI. 8 février 1810.
LARD *frais*. [C'est la partie grasse qui est entre la couenne et la chair du porc.]..	*Exempt*........... Idem.. .. .. *Droit de bal.*........	— — 	15 mars 1791. 19 mai 1793. 24 nivôse 5.
LAURIER (*Baies de*). [Ce sont les fruits du laurier, de couleur bleuâtre ou noirâtre et de forme ovale. Leur odeur est forte et agréable, et leur saveur âcre, amère et aromatique.]................	*Quintal*.... Idem......	1—53 3.. 6	15 mars 1791. DI. 8 février 1810.

RENVOIS.

LAPIS LAZULI. *Voyez* Azur de roche.
LAPIS MAGNES. *Voyez* Aimant.
LAQUE (Gomme). *Voyez* aux Gommes.
LARD salé. *Voyez* Chairs salées.
LATTES. *Voyez* Bois feuillard.
LAURIER (Huile de). *Voyez* aux Huiles.
LAURIER (feuilles), 5 pour 100. (*LD.* 8 septembre 1806.)

être réduites à l'état primitif de laines pour être employées dans les fabriques. (*Lettre au directeur de Ruremonde, du 13 pluviôse an 5.*)

(1) *Lapis entalis* ou *antale* sont deux coquillages du même genre , que Lamarck prétend être des *vers à tuyau :* voilà pour la science ; mais ce qu'on nomme *antale* dans le commerce est la même chose que *lapis entalis* · on leur donne indifféremment ces deux noms. Ainsi j'observe qu'il y a double discordance ici ; l'une , en ce que les tarifications primitives sont différentes ; l'autre, en ce qu'on répute *antale* marchandise, et *lapis entalis* drogue.

(2) Le Tarif de 1664 ne répute pas drogue la laque pour teinture, c'est-à-dire celle nommée aujourd'hui *laque liquide*, mais comme c'est une composition dont le principal ingrédient provient d'Amérique, il est clair que le décret du 8 février 1810 lui devient applicable.

Quant à celle de Venise, une lettre du 8 février 1810 a reconnu qu'elle devoit le double droit.

VANDE *sèche* (*Fleurs de*). [Les fleurs de cette plante sont ordinairement bleuâtres et disposées sur un épi grêle et interrompu à sa base : elles ont une odeur forte et agréable, et une saveur âcre et légèrement amère.]...................................	*Quintal*.....	6—12	15 mars 1791.
	Idem......	12..24	DI. 8 février 1810.
GUMES *secs*, de toute sorte. [Ce qui comprend plus particulièrement les pois, les lentilles, les lupins, les grosses fèves, les féverolles, etc.]...................................	*Quintal*.....	0—51	15 mars 1791.
	Idem......	0— 5	12 pluviôse 3.
	Idem......	0..51	9 floréal 7.
GUMES *verts*, de toute sorte. [Ce qui comprend toutes les herbes, plantes et racines potagères propres à la nourriture de l'homme.]...................................	*Exempts*....	....——.	15 mars 1791.
	Droit de bal.	....	24 nivôse 5.
CHEN. [Genre de plantes dont il y a près de cinq cents espèces. Elles ressemblent assez à de la mousse, et on remarque sur presque toutes une poussière blanche, grise ou d'autre couleur, ou plusieurs tubercules granuleux. Elles sont propres à la teinture.].................................(1)	*Exempt*.....	....——.	15 mars 1791.
	Droit de bal.	....	24 nivôse 5.

RENVOIS.

VANDE (Huile de). *Voyez* aux Huiles.
EVAIN de Bière. *Voyez* Bière.
LIBRAIRIE. *Voyez* Livres.

(1) *L'usnée*, sorte de lichen d'arbre, est tarifé particulièrement. Il faut faire attention à ce qu'on ne la déclare pas sous la dénomination de *mousse* ou *lichen*. Si l'on présentoit du lichen préparé, il devroit comme orseille préparée

Désignation		Droits	Lois
Lie *d'Huile* ou Faisse. [C'est la partie la plus crasse et la plus épaisse de l'huile : elle est d'un jaune noirâtre.]	*Quintal.....*	9—18	15 mars 1791.
	Comme Huile commune. (1)	....	LD. 22 mai 1806.
Lie *de Vin*. [C'est la partie la plus grossière du vin qui se dépose au fond des tonneaux.]	*Exempte....*	...—...	15 mars 1791.
	Droit de bal.	....	24 nivôse 5.
Liége *en tables* ou *en planches*. [Écorce spongieuse et légère d'une espèce de chêne vert. Sa couleur est d'un jaune brun.]	*Quintal.....*	2— 4	15 mars 1791.
	Idem......	6.. o	DI. 17 pluv. 13 et loi du 30 avr. 1806.
Celui *ouvré*. [Ce qui s'entend de tout ouvrage en liége, bouchons compris.]	*Quintal.....*	24—48	15 mars 1791,
	Idem......	36.. o	DI. 17 pluv. 13 et loi du 30 avr. 1806.
Lierre (*Feuilles de*). [Elles sont luisantes, épaisses, et d'un vert obscur : la plupart sont très-angulaires et à trois lobes; quelques-unes ovales et très-entières.]	*Exemptes...*	...—...	15 mars 1791.
	Droit de bal.	....	24 nivôse 5.
Lin *cru*, *tayé* ou *apprêté*, et Etoupes *de lin*. [Le commerce nomme ainsi l'écorce filamenteuse d'une plante à tige simple qui, étant rouie, battue et préparée, donne cette filasse avec laquelle on fait le fil, la toile, etc.]	*Exempt.....*	...—...	15 mars 1791.
	Droit de bal.	....	24 nivôse 5.

Lie de vin brulée. *Comme* cendres gravelées. (*DM.* 30 *novembre* 1812.)

Lie d'huile de poisson. *Comme* Huile de poisson. (*Lettre du* 12 *germinal* 13.)

Lierre (Gomme de). *Voyez* aux Gommes.

Lignes. *Voyez* Mercerie.

—Limaille d'acier, d'aiguilles, de cuivre et de fer. *Voyez* au nom propre de ces matières.

Limes. *Voyez* à Quincaillerie.

Limes cassées ou usées, *comme* Acier non ouvré. (*LD.* 1er *juin* 1808.)

Limons. *Voyez* Fruits.

Lin cotonié, prohib. (*DM.* 6 *août* 1811.)

Lin (Fil de). *Voyez* aux Fils.

Lin (Graines de). *Voyez* aux Graines.

Lin (Toiles de). *Voyez* aux Toiles.

102. (Entrée.)

(1) Par lettre administrative du 12 germinal an 13, la lie d'huile de poisson avoit déjà été assimilée, pour les droits, à l'huile de poisson.

Désignation des marchandises	Unité	Droits	Loi ou décret
Linge de chanvre et de lin, *en pièces*, damassé ou autrement ou- vragé..	} *Quintal*.....	61..20	3 frimaire 5.
Le même *ouvré*, en nappes, serviettes, chemises, etc..	*Quintal*.....	153.. 0	15 mars 1791.
Linge de coton et de fil et coton, soit de lit, de corps et de table, confectionné ou en pièces.........................(1)	} *Comme* Toiles de coton blanches........		C. 7 pluviôse 12.
Linge supporté. Celui de lit et de table, à l'usage des voyageurs. *Comme* omis. (*Décis.* 2 *fruct.* 5.)	} *Par* 100 *fr*..	10.. 0	22 août 1791.
Celui de corps, comme *caleçons* et *chemises*, dans une quantité relative au nombre d'habits dont l'entrée est permise..	} *Exempt*.....	....	DM. 2 fructid. 5, et DM. 27 niv. 8.
Linon. [Espèce de toile de lin, blanche, claire, déliée et très-fine.]	*Kilogramme.*	12..24	15 mars 1791.
Liqueurs et **Ratafiats** *de toutes sortes.* [On entend ici par *liqueurs* les diverses boissons composées dont la base est ordinaire- ment de l'eau-de-vie, mais quelquefois du vin ou de l'eau simple.].......................................(2)	} *La pinte*.... *Le litre*.....	0—50 1..50	15 mars 1791. A C. 3 therm. 10 et loi du 8 flor. 11.
Litharge *naturelle* et *artificielle.* [La première est un oxide de plomb durci, écailleux, et d'une couleur plus ou moins jaune. La litharge artificielle est la partie du plomb employée dans l'affinage de l'or et de l'argent, qui, n'étant qu'à demi- vitrifiée, se forme en une matière écailleuse et brillante. Il y en a de blanche et de jaune.].........................(3)	} *Quintal*.... Idem...... Idem......	2— 4 4— 8 10.. 0	15 mars 1791. DI. 8 février 1810. DI. 23 oct. 1811.

RENVOIS.

-**Linges** vieux. *Voyez* Drilles.

Listonnerie. *Voyez* l'assementerie.

Lisières de drap, prohibées, *comme* la pièce. (*DM.* 18 *novembre* 1812.)

(1) Cette assimilation aux toiles de l'espèce a été décidée jusqu'à ce qu'il en soit autrement ordonné, ainsi ce linge se trouve prohibé.

Le calcul de dimension pour les chemises s'évalue à 3 mètres pour celles d'hom- mes, et à 2 mètres pour celles de femmes. (*LM.* 17 *pluv. an* 12.)

(2) Les préparations médicales en liqueurs ne sont pas comprises dans cet ar- ticle; il ne s'agit ici que de celles qui sont de nature à flatter le gout.

L'eau-de-vie d'Andaye sera traitée comme liqueur. (1 *août* 1792.)

Le kirschwaser, le rhum ou tafia, et les eaux-de-vie, sont tarifés particulière- ment. *Voyez* ces trois articles.

Au surplus, les liqueurs, qui arriveroient des Deux-Indes (colonies étrangères,) devroient aujourd'hui le double droit fixé ci-dessus, par application du décret du 8 février 1810.

(3) La litharge est le troisième degré d'oxidation du plomb.

LIVRES EN LANGUES VIVANTES ET ÉTRANGÈRES, imprimés à l'étranger, *acquitteront.* (1) 1° Pour droit de douanes............................ (2)	*Exempts....* Idem...... *Droit de bal.*	..——.. ..——..	15 mars 1791. 1 août 1792. 24 nivôse 5.
2° Pour droits de la direction générale de la librairie. (*Ce dernier droit n'est pas soumis au décime par franc.* CD. 12 octobre 1811.)...............................	*Kilogramme.*	0. .75	DI. 12 sept. 1811.
LIVRES EN LANGUE FRANÇAISE, imprimés à l'étranger, *acquitteront.* (1) 1° Pour droits de douanes........................ (2)	*Quintal.....*	12..24	15 mars 1791.
2° Pour droits de la direction générale de la librairie. (*Ce dernier n'est pas soumis au décime par franc.* CD. 12 octobre 1811.)...............................	*Quintal.....*	150.. o	DI. 14 déc. 1810 , et 12 sept. 1811.
LIVRES DE CONTREFAÇON, *c'est-à-dire* ouvrages composés par des Français, et imprimés, soit en France, soit à l'étranger, sans le consentement et au préjudice de l'auteur ou de l'éditeur.. (2)	*Confiscation..*	....	DI. 5 février 1810.

(1) Lorsque les estampes ou cartes géographiques contenues dans un livre ne sont qu'accessoires, alors ces sortes d'ouvrages ne payent que comme livres. (1 *août* 1792.)

(2) Indépendamment du droit, aucun livre imprimé ou réimprimé hors de France, ne pourra entrer sans une permission du Directeur-général de la Librairie , annonçant le bureau par lequel il entrera. (*DI.* 5 *février* 1810 , *art.* 36.) — En conséquence, tout ballot de livres venant de l'étranger sera mis, par le Préposé des Douanes, sous corde et sous plomb, et envoyé à la préfecture la plus voisine. (*Même décret*, *art.* 37.) — Il y aura lieu à confiscation et amende,... si l'ouvrage, étant imprimé à l'étranger, est présenté à l'entrée sans permission.

Les bureaux d'entrée et les préfectures qui y correspondent ont été désignés par *CD.* 30 *juin* 1810.

Les livres que les voyageurs portent avec eux pour leur usage ont été dispensés des formalités ci-dessus par *CD.* 30 *mai* 1810, toutefois on retiendroit les exemplaires doubles qui annonceroient un objet de commerce.

Les livres reliés seront traités comme livres brochés (1 *août* 1792.) — En vertu de la même loi, les livres qui contiennent des gravures ou estampes , lorsqu'elles constituent essentiellement le prix du livre dont le texte ne sert qu'à les expliquer, doivent, *pour droits de douanes*, payer le droit imposé sur les estampes, au lieu de celui ci-dessus; toutefois ce droit des estampes **ne les** dispense pas d'acquitter en sus ceux pour compte de la direction générale de la librairie , lesquels sont indépendans de **ceux de douanes.**

MACHEFER. [On nomme ainsi la crasse qui se sépare du fer lorsqu'on le chauffe. On la retire des forges en consistance de métal fondu.]...
Exempt..... .....—.. 15 mars 1791.
Droit de bal......... 24 nivôse 5.

MACIS. [Seconde écorce de la noix muscade. C'est une membrane à réseau d'une substance visqueuse, huileuse et mince, de couleur rougeâtre, jaunâtre, d'odeur aromatique et de saveur balsamique.]..
Kilogr. net.. 2— 4 15 mars 1791.
Idem net.. 10— 0 DI. 17 pluv. 13.
Idem net.. 10— 0 30 avril 1806.
Idem net.. 20.. 0 DI. 8 février 1810.

MAGNÉSIE. [Celle native est en petites masses tuberculeuses; sa couleur est d'un gris jaunâtre, tacheté de noir. La magnésie employée en médecine est tirée des eaux mères du nitre et du sel commun, sous la forme d'une poudre blanche. Elle a un gout insipide.]..................
Comme Sel volatil........ 1 août 1792.

MALHERBE. [Herbe d'une odeur très-forte, dont le bois de la racine colore en jaune.]..............................
Exempte.... .....—.. 15 mars 1791.
Droit de bal......... 24 nivôse 5.

MANGANÈSE. [Espèce de mine de fer qui contient du zinc : c'est un minéral assez dur, de couleur grise obscure, noirâtre ou rougeâtre, et d'une texture striée. On s'en sert pour la verrerie et la faïencerie.].....................................
Exempt.... .....—.. 15 mars 1791.
Droit de bal......... 24 nivôse 5.

MANNE. [Suc mielleux, concret, de plusieurs sortes. Il y en a de couleur blanche ou brunâtre, d'autre visqueuse, solide et sèche. Elle est en larmes, en grains ou en marrons, selon le lieu où on la récolte et les arbres d'où elle sort.]..............
Quintal..... 12—24 15 mars 1791.
Idem...... 40— 0 DI. 17 pluv. 13.
Idem...... 40— 0 30 avril 1806.
Idem net.. 80.. 0 DI. 8 février 1810.

MARBRE *brut*, de toutes sortes. [Belles pierres dures, blanches, noires ou de différentes couleurs, compactes et susceptibles de poli. Elles sont aussi d'un grain plus ou moins fin, opaques, quelquefois demi-transparentes, et se divisant en morceaux irréguliers.].............................. (1)
Le pied cube. 1— 0 15 mars 1791.
Décim. cube. 0.. 0 DI. 17 pluv. 13 et loi du 30 avr. 1806.

Celui *ouvré* en cheminées, *scié* ou *travaillé*. [Un pied cube de marbre ouvré pèse environ 200 livres, mesures et poids anciens.]............................ (1)
Le pied cube. 2— 0 15 mars 1791.
Décim. cube. 0.. 12 DI. 17 pluv. 13 et loi du 30 avr. 1806.

D d 105. (ENTRÉE. 93.)

Dans le cas de contrefaçon, les exemplaires seront confisqués au profit du propriétaire de l'édition originale. (*DI. 5 février 1810, parag. 6 de l'art. 41.*)

(1) Le marbre est brut dans l'état où il sort de la carrière, taillé en bloc ou scié en planches, sans être poli ni autrement ouvré. — Celui qui a reçu une forme différente, quoiqu'imparfaite et non linie, est dans la classe du marbre ouvré. (*LD. 22 décembre 1806.*)

Ainsi le marbre scié en carreaux doit comme marbre ouvré. (*LD. 9 août 1809.*)
Les marbres d'Italie sont dispensés du certificat d'origine. (*DM. 22 vent. 12.*)

MARCASSITES *d'or, d'argent* et *de cuivre*. [On désigne sous ce nom les pyrites qui sont susceptibles de poli, et dont on fait quelques bijouteries communes en les taillant à facettes. Il se trouve des marcassites dans toutes les mines.] . . . . (1) — *Quintal* . . . . . 16..32 | 15 mars 1791.

MARCHANDISES ANGLAISES. *Sauf les exceptions indiquées aux articles qui les concernent*, sont réputés provenir des fabriques anglaises, quelle qu'en soit l'origine, les objets ci-après importés de l'étranger; 1°. Toute espèce de velours de coton, toutes étoffes et draps de laine, de coton et de poil, ou mélangés de ces matières; toutes sortes de piqués, basins, nankinettes et mousselinettes; les laines, *cotons* (2) et poils filés, les tapis dits anglais; — 2°. Toute espèce de bonneterie de coton ou de laine, unie ou mélangée; — 3°. Les boutons de toute espèce; — 4°. Toute sorte de plaqués; tout ouvrage de quincaillerie fine, de coutellerie, de tabletterie, horlogerie, et autres ouvrages en fer, acier, étain, cuivre, airain, fonte, tôle, fer-blanc, ou autres métaux polis ou non polis, purs ou mélangés (3); — 5°. Les cuirs tannés, corroyés ou apprêtés, ouvrés ou non ouvrés, les voitures montées ou non montées, les harnois et tous autres objets de sellerie; — 6°. Les rubans, chapeaux, gazes et schals connus sous la dénomination d'anglais; — 7°. Toute sorte de peaux pour gants, culottes ou gilets, et ces mêmes objets fabriqués; — 8°. Toute espèce de verrerie et cristaux, autres que les verres servant à la lunetterie et à l'horlogerie; — 9°. Les sucres raffinés, en pain ou en poudre; — 10°. Toute espèce de faïence ou poterie connue sous la dénomination de terre de pipe ou grès d'Angleterre. (10 *brumaire an 5, art.* 5.) — 11°. *Les* mousselines, *les* toiles de coton blanches et peintes, *les* toiles de fil et coton, *les* couvertures de coton, et *les* cotons filés pour mèches. (30 *avril* 1806, *art.* 26.) — 12°. Le tissu connu sous la dénomination de tulle anglais, de gaze ou de tricot de Berlin. (*DI.* 10 *mars* 1809.) . . . . —

Prohibées . . .	. . . . . . — . . .	18 vendém. 2.
Idem	. . . .	10 brumaire 5.
Confiscation .	. . . .	AC. 4 compl. 11.
Idem	. . . .	22 ventôse 12.
Idem	. . . .	DI. 21 nov. 1806.
Idem	. . . .	DI. 23 nov. 1807.
Idem	. . . .	DI. 17 déc. 1807.
Idem	. . . .	DI. 11 janv. 1808.

RENVOIS.

(1) Le Tarif de 1664, avoit classé les marcassites parmi les drogueries, mais une lettre du 16 avril 1810, les a retirées de cette classe.

(2) Les cotons filés, furent d'abord retirés de la prohibition, mais par décret du 22 décembre 1809, ils ont été replacés dans la nomenclature des objets réputés provenir des fabriques angloises.

(3) Le paragraphe 4 de l'art. 5 de la loi du 10 brumaire dernier, ne s'applique point aux objets compris dans la classe de la mercerie commune, aux armes de guerre, aux instrumens aratoires, ni aux outils pour les arts et métiers, de quelque matière que ces objets soient composés; ils devront seulement être accompagnés des certificats prescrits . . . . . (19 *pluviose an 5, premier paragraphe de l'art.* 1.)

Plusieurs étoffes provenant des fabriques d'Italie ont aussi été exceptées de cette prohibition; en voir les droits au Tarif particulier de ce royaume.

MARCHANDISES *françoises de Retour*. [Le commerce jouit de la faculté de faire revenir de l'étranger les marchandises françoises qui n'ont pu y être vendues, pourvu que l'origine nationale puisse être reconnue, soit par des marques de fabrique, soit par des caractères inhérens de cette origine.]..... (1)

    Exemptes... ......—. DM. 27 août 1791.
    Droit de bal. .... 24 nivôse 5.

MARCHANDISES *omises*. (Ce qui s'entend de toutes denrées ou marchandises dont les espèces ne sont pas reprises au Tarif.) Elles paieront comme suit:

1.° Les *épiceries* non dénommées...................... *Par* 100 *fr*...   10.. 0   15 mars 1791.

2°. Les *drogueries omises*. (Il ne faut leur assimiler ni les *herbes médicinales* non dénommées, ni les *herbes propres à la teinture* qui sont omises, ni les *semences froides* et autres médicinales.... elles sont tarifées particulièrement.)........................ ....(2)

    Par 100 *fr*..   5— 0   22 août 1791.
    Idem......   20— 0   DI. 17 pluv. 13.
    Idem......   20.. 0   30 avril 1806.

3°. Les *objets* qui auront reçu quelque main-d'œuvre que ce soit. (Cette tarification toutefois ne peut s'appliquer aux objets dont les espèces sont prohibées.)...........   *Par* 100 *fr*..   10.. 0

    22 août 1791.

4°. Tous autres *objets* omis. (Ce qui ne s'applique qu'aux marchandises dont les espèces ne sont pas tarifées ou prohibées sous des titres généraux... Voir à cet égard les INSTRUCTIONS.).................................   *Par* 100 *fr*..   3.. 0   22 août 1791.

RENVOIS.

ASQUES pour bal. *Voyez* Mercerie.
ASTIC. *Voyez* aux Gommes.

(1) Les linons-batistes et les dentelles d'Argentan et d'Alençon sont admis sans marque, parce qu'il est reconnu qu'il ne s'en fabrique qu'en France.... — Cette faveur ne peut avoir lieu pour ce qui n'est pas susceptible de marques : elle a été refusée pour des VINS et LIQUEURS, attendu qu'étant susceptibles de mélanges, leur origine nationale ne pouvoit être constatée. (*DM.* 7 *frimaire* 6.). Cependant il y a exception pour les vins de Bordeaux (*DM.* 25 *frimaire an* 11.)

Par exceptions particulieres aussi, le retour en franchise est accordé:... Aux vases cuivre nommés *Estagnons*, dans lesquels on renferme les essences expédiées pour l'étranger; il suffit de représenter l'acquit de tie. (*DM.* 2 *brum.* 6.).... Aux bouteilles de verre ayant servi à l'exportation de l'huile de vitriol (*DM.* 17 *floréal* 6.); et à les exportées de Genéve, pleines d'eau minérale artificielle. (*DM.* 2 *vend.* 7.) Les droits de balance sont néanmoins exigibles. Les marchandises auxquelles les Préposés auroient apposé des plombs à leur sortie de France pour les foires d'Allemagne, seroient mises au bénéfice de retour. La demande de retour doit être faite à M. le Directeur-général des Douanes, par un memoire auquel joint l'extrait légalisé du registre d'envoi portant facture et l'acquit de sortie.

2) Les substances médicinales qu'on présenteroit en poudre ne pourront être admises. '*DM.* 19 *janvier* 1813. '

Désignation		Droit	Date
MARQUETERIE (*Ouvrages de*). [On donne ce nom à un ouvrage de menuiserie composé de feuilles de différens bois précieux qu'on plaque sur un assemblage.]..........................	*Par* 100 *fr*..	15.. 0	15 mars 1791.
MARUM (*Feuilles de*). [Assez semblables à celles du serpolet, ces feuilles sont pointues en fer de pique, vertes en dessus et blanchâtres en dessous. Cette plante a une odeur assez agréable et un goût âcre et piquant.]........................... (1)	*Quintal*..... Idem......	4— 8 8..16	15 mars 1791. DI. 8 février 1810.
MASSICOT. [C'est un blanc de plomb qu'on a calciné par un feu modéré. Il y en a de blanc, de jaune et de doré : cette différence de couleur provient des différens degrés de feu de sa fabrication. D'usage en peinture, et en chirurgie pour la dessication des plaies.]... (2)	*Quintal*..... Idem.....	18—36 36..72	15 mars 1791. DI. 8 février 1810.
MATELAS rembourrés DE LAINE, de crin, etc..................... *Comme omis. (LD.* 9 *janv.* 1810.)	*Par* 100 *fr*..	10.. 0	22 août 1791.
Ceux rembourrés de COTON...................*Comme* coton en laine.		....	LD. 9 janv. 1810.
MATS *pour vaisseaux*. [Ce sont ces grosses et longues pièces de bois rond qu'on élève sur les vaisseaux pour en porter les voiles.]	*Exempts*.... *Droit de bal*.	...—..	15 mars 1791. 24 nivôse 5.

R E N V O I S.

MATIERES servant à l'engrais. *Voyez* Engrais.
MAURELLE en drapeaux. *Voyez* Tournesol.

(1) Le marum n'a pas été repris au Tarif de 1664.
(2) Le massicot est le second degré d'oxidation du plomb; il n'étoit pas plus que le blanc de plomb, réputé droguerie par le Tarif de 1664, quoique bien des objets fussent rangés dans cette classe à moindres titres... Par induction d'une circulaire du 19 juin 1810, je n'en avois pas doublé le droit dans ma cinquième édition, bien que je fusse d'avis qu'il le devoit. On s'est depuis rangé à cet avis, et je lui applique, en conséquence, le décret du 8 février 1810.

MÈCHES *de soufre* et SOUFRE *en mèches.* [Elles servent à soufrer les vins au moyen de leur vapeur.]....*Comme omises.* (*L.* 22 *mess.* 8.) } *Par* 100 *fr.*. | 10.. 0 | 22 août 1791.

MÉDAILLES *d'or* et *d'argent.* [On nomme *médailles* ces pièces de métal fabriquées en l'honneur de quelques personnes illustres ou en mémoire de quelqu'événement.]..................... (1) } *Exemptes*....... ——.. | 15 mars 1791. / *Droit de bal.*....... 24 nivôse 5.

MÉDICAMENS *composés.* [Ce qui comprend les différentes potions, breuvages, pilules, et autres médecines faites du mélange de plusieurs drogues.]................,.................. (2) } *Prohibés*......... | 15 mars 1791.

MÉLASSE. [C'est le nom de la liqueur qui reste après que l'on a fait subir au suc de la canne à sucre toutes les opérations propres à en retirer la plus grande quantité de sucre possible : elle est de couleur brunâtre et ne peut prendre de consistance plus solide que celle de sirop. Il ne faut pas confondre la mélasse avec le sirop de kermès.].............................. } *Quintal*..... 10—20 | 15 mars 1791. / *Prohibée*.... .... AC. 14 fruct. 10 et / loi du 8 flor. 11.

RENVOIS.

MÈCHES à chandelles. *Voyez* Coton en mèches.
—MÉCHOACHAM. *Voyez* Rhubarbe blanche.
MÉDAILLES de Cuivre. *Voyez* Cuivre en flaons.

(1) Les médailles de cuivre avoient été assimilées au cuivre en flaons par la loi du 1er. août 1792, mais depuis elles ont été prohibées. (*Voyez* la note à CUIVRE.)

(2) Voir aussi CONFECTION *de toutes sortes ;* mais, malgré ces prohibitions générales, quelques compositions médicinales sont admises, telles que le beurre de saturne, l'agaric en trochisques, etc., lesquels sont tarifés. (*Voyez* leurs articles.)

Les poudres médicinales et médicamens à l'usage d'un particulier qui n'exerce ni la medecine ni la pharmacie, peuvent entrer par petites quantités, pourvu toutefois que le particulier ne fasse aucun commerce de cette nature. (*DM.* 23 *février* 1792.)

MERCERIE *commune.* [Dénomination sous laquelle les lois sur les douanes ont compris les marchandises suivantes : (1)	} *Quintal*..... } Idem......	40—80 60.. o	15 mars 1791. DI. 17 pluv. 13 e loi du 30 avr. 180[

Aiguilles de toutes sortes.. Ambre jaune travaillé.....

Batte-feux et Briquets limés.. Bois de miroirs non enrichis.. Boîtes ferrées.. Boîtes de sapin peintes.. Boucles de fer.. Bougettes et Bourses de cuir, de fil et de laine.. Boutons de coco (1 *août* 1792).. Boutons de manche d'étain et autres métaux communs.. Brosserie.

Cadrans d'horloge et de montre.. Chapelets de bois et de rocailles.. Coffres non garnis.. Colliers de perles et de pierres fausses (2).. Compas.. Cornets à jouer, de corne ou de cuir. (3)

Dez à coudre, en corne, cuivre, fer, os et *ivoire* (4).

Dez à jouer.. Dominoterie.

Écritoires simples.. Éperons communs.. Étriers (1 *août* 1792).. Éventails communs.

Feuilles d'éventails.. Fouets.. Fourchettes de fer (1 *août* 1792.).. Fournimens à poudre.. Fourreaux d'épée.. Fuseaux.

Gaines.. Gibecières.. Grelots.. Grains de verre (*reportés dans la mercerie par LD du* 14 *février* 1807 *au D. de Marseille*).

Hameçons.. Horloges à sable.. Houpes à cheveux, de duvet.

Jetons de *nacre* (4), d'os et d'*ivoire* (4).

Lanternes communes.. Lignes de pêcheur.

Malles (*Comme* Coffres).. (5).. Masques pour bal.. Moulins à café et à poivre.

Ouvrages de buis.. Ouvrages en cuivre et fer, tels que Chandeliers, Flambeaux, Mouchettes, Tire-bouchons et autres de même espèce (6).. Ouvrages menus d'étain, comme Cuillers, Fourchettes.

Pains à cacheter (1 *août* 1792).. Peignes de buis, de corne et d'os.. Perles fausses (1 *août* 1792). (2).. Pipes à fumer.. (7).....................(8).

Ramonettes.. Raquettes.

Sifflets d'os et d'*ivoire* (4). Soufflets.

Tambours.. Tamis.

Volans.

---

(1) La mercerie importée des manufactures du duché de Berg outre Rhin ne payoit que 10 pour 100 de sa valeur par la loi du 6 fructidor an 4; mais celle du 6 nivôse an 10 en a fixé les droits conformément au tarif.

(2) Il s'agit ici de perles fausses, voir la note à perles fines; — Les pierres fausses doivent aussi comme mercerie. *Voir* la note à l'article Pierres fines.

(3) Les cornes claires à lanterne ont été retirées de la mercerie où elles avoient été classées par la loi du 15 mars 1791 : elles sont tarifées particulièrement. *Voyez* leur article sous la dénomination de *Cornes en feuillets transparens.*

(4) L'ivoire brut et le nacre de perle sont aujourd'hui imposés à des droits bien plus forts que ceux fixés ici sur leurs fabrications... Ne seroit-il pas concordant de faire acquitter au moins aux articles tirés ci-dessus *en italique* les tarifications actuelles de leurs matières premières ?

(5) Les Manicordions étoient comprises à mercerie; mais, depuis, elles ont été tarifées sous la dénomination CORDES MÉTALLIQUES.

(6) On peut ranger dans cette classe, les anneaux en cuivre, étain et fer, et autres petits ouvrages grossiers de cette espèce. (*LD* 8 *septembre* 1806.)

(7) Les pipes de porcelaine doivent comme mercerie fine. (*DM.* 16 *octobre* 1812.)

(8) Les porte-feuilles de basane avoient été conservés dans la mercerie commune; mais il a été reconnu, par décision ministérielle du 27 février 1813, que la loi du 19 pluviôse an 5 n'exceptoit de la prohibition que les seuls articles de *mercerie commune* frappés par le paragraphe 4 de l'art. 5 de la loi du 10 brumaire, et qu'ainsi les porte-feuilles de basane, comme tous ouvrages en cuir et de tabletterie étoient réellement prohibés à l'importation.

MERCERIE *en soie*, comme Bourses à cheveux, Mouches etc. [*Les mouchoirs de soie qui étoient compris dans cette classe ont actuellement un article particulier.*]	*Kilogr. net..*	12..24	15 mars 1791.
MERCERIE *fine, et autres non dénommées dans le présent Tarif.* Les Éventails fins (1), seront traités ainsi. (*Loi du 1er. août 1792.*).................... (2)	*Par 100 fr..*	15.. 0	15 mars 1791.
MERCURE ou *argent vif*. [Substance métallique particulière, sans ténacité ni consistance, froide au toucher et inodore, qui, dans l'état de pureté, paroit habituellement fluide et coulante comme du plomb tenu en fusion. Sa couleur est blanche, brillante et argentine. Elle est opaque et réfléchit mieux les objets qu'une glace. Elle arrive dans des sacs de cuirs du poids de 80 à 90 kilogrammes.].................... (3)	*Quintal.....*	6—12	15 mars 1791.
	Idem......	0—61	12 pluviôse 3.
	Idem......	6—12	9 floréal 7.
	Idem......	60— 0	DI. 17 pluv. 13.
	Idem......	60— 0	30 avril 1806.
	Quintal net..	120.. 0	DI. 8 février 1810.
MERCURE *précipité*. [Poudre mercurielle dont il y a plusieurs sortes, telles que le précipité blanc, le rouge, le vert, l'or de vie, etc.]....................	*Quintal.....*	30—60	15 mars 1791.
	Idem net..	61..20	DI. 8 février 1810.
MÉTIERS *à faire bas et autres ouvrages.* [Ce sont des machines mécaniques plus ou moins composées.]....................	*Par 100 fr..*	15.. 0	15 mars 1791.
MEUBLES *de toutes sortes.* [On ne comprend ici sous ce mot que ce qui concerne les ouvrages en menuiserie, tels que Tables, Secrétaires, Bureaux, Bibliothèques, Armoires, Chiffonnières, Commodes, Bois de lit, d'ottomanes, canapés, bergères, fauteuils, siéges, etc.]....................	*Par 100 fr..*	15.. 0	15 mars 1791.
MEUBLES *à usage.* [Ce qui ne comprend pas les vins, liqueurs, étoffes, toiles et linges vieux, ni les objets prohibés..... (4)	*Exempts....*	...—..	DM. 17 oct. 1791.
	Droit de bal.	....	24 nivôse 5.

MERLUCHE. *Comme* Poissons de mer. (*C.* 23 *germinal* 12.)

MERRAIN. *Voyez* aux Bois.

MESURES. *Voyez* Poids.

-MÉTAL de Cloches. *Voyez* Cloches.

MÉTAL de Prince et de Manheim. *V.* Tombac.

MÉTAUX. Pour les autres. *V.* leurs noms propres.

MÉTAUX ouvrés. *V.* l'art. Ouvrages et ses notes.

(1) Les éventails sont réputés fins lorsque le prix de chaque éventail excède 1 fr. 50 c. la pièce. (*1 août 1792.*)

(2) La loi du 1er. août 1792 ordonnoit encore de traiter comme mercerie fine, les boucles de cuivre, les porte-feuilles de maroquin et les autres ouvrages de la même matière: mais il est évident que ces objets, n'étant pas compris dans les exceptions de la loi du 19 pluviôse 5, se trouvent prohibés par celle du 10 brumaire an 5.... Ainsi cet article est à corriger dans les trois premières éditions.

(3) Dans les premiers mois de 1808, le commerce de Marseille a prétendu que vif argent devoit au *net* comme droguerie, et, en effet, le Tarif de 166½ l'a classé ainsi.... toutefois, le mercure est plus généralement employé à la teinte des glaces que dans la pharmacie, et en conséquence, il a été répondu qu'il paieroit au *brut*, mais que, comme les sacs dans lequels on l'importe sont assez souvent renfermés dans des tonneaux, on pourroit soustraire ce double emballage ne payer que d'après la pesée des sacs........de là il étoit plausible de conclure, que le mercure étoit retiré de la classe des drogueries; et en effet, une lettre du 16 avril 1810, avoit dit de le traiter comme marchandises, et conséquemment de ne pas le soumettre au double droit. Mais depuis, par une lettre du 16 juillet 1810, le mercure a été soumis au décret du 8 février 1810, et par suite, il doit au *net* et le double droit.

(4) Les meubles, linges et effets appartenant à des François qui, ayant demeuré chez l'étranger, reviennent en France ou à des

Meules *de moulin.* [Ce sont de grandes pierres rondes et plates qui
servent à broyer les grains.]

	au-dessus d'un mètre 949 millimètres *de diamètre*..........	7..50	15 mars 1791.
La pièce	d'un mètre 949 millimètres à 1 mètre 297 millimètres........	5.. 0	*Même loi.*
	au-dessous d'un mètre 297 millimètres..................	2..50	*Même loi.*

Meules *à taillandier.* [Ce sont des pierres rondes et plates qui servent
à aiguiser les outils.]

	de 4 pouces et au-dessus *de diamètre*............	2— 0	15 mars 1791.
Payoient, *la pièce*	au-dessous de 4 pouces à 2 pouces et demi.......	0—75	*Même loi.*
	au-dessous de 2 pouces et demi..............	0—25	*Même loi.*
	d'un mètre 383 millimètres à 1 mètre 218 millim. *de diamètre.*	2..50	1 août 1792.
	d'un mètre 79 millimètres à 920 millimètres..............	1..75	*Même loi.*
Paieront, par *pièce*	de 907 millimètres à 677 millimètres..............	1.. 0	*Même loi.*
	de 663 millimètres à 541 millimètres..............	0..40	*Même loi.*
	de 528 millimètres à 406 millimètres..............	0..20	*Même loi.*
	de 385 millimètres et au-dessous..............	0..10	*Même loi.*

Méum *d'Athamante.* [Racine à tête entourée de longs filamens,
longue comme le petit doigt, se divisant en branches, de
couleur noirâtre en dehors, blanchâtre en dedans, de substance rare et légère, d'odeur aromatique, de saveur âcre et
piquante. *Méum* est le nom de la plante, *athamante* est celui
de la montagne où on la recueilloit autrefois.]........... (1)

Quintal.....	2— 4	15 mars 1791.
Idem......	4.. 8	DI. 8 février 1810

Miel. [Substance sucrée extraite des fleurs par les abeilles, de consistance sirupeuse, de couleur blanchâtre ou jaunâtre.]... (2)

Quintal.....	6—12	15 mars 1791.
Idem......	0—61	12 pluviôse 3.
Idem......	6—12	3 frimaire 5.
Idem......	12..24	DI. 8 février 1810

RENVOIS.

Mica. *Voyez* Verre de Moscovie.
Mil et **Millet.** *Voyez* aux Graines.
—**Mine** de fer. *Voyez* Fer.
—**Mine** de plomb noir. *Voyez* l'art. Plomb.

étrangers qui viennent s'y établir, peuvent être admis moyennant le simple droit
de balance ; mais cette faculté ne doit être accordée qu'après que le détail des
caisses ou ballots qu'on se propose d'introduire a été adressé à l'administration des
douanes.... Dans aucun cas, cette faveur ne peut porter sur les vins, liqueurs et
étoffes neuves, vêtemens et argenterie neufs. (*DM.* 17 octobre 1791.) Pour jouir
du bénéfice de cette décision, les François qui rentrent en France sont tenus de
justifier de la sortie primitive de leurs meubles et effets, et les étrangers qui viennent
s'y établir, de constater leur établissement formé en France par un certificat du
maire du lieu de leur nouveau domicile. (*Ld. au direct. de Clèves du 1er flor. an 9.*)

(1) Le méum n'avoit pas été repris au Tarif de 1664.

(2) Le miel étoit réputé drogue par le Tarif de 1664, et, en conséquence, des lettres des 25 mai et 6 juin 1810, ont ordonné de lui appliquer le double droit.

Désignation	Unité	Droit	Date et référence
INIUM. [Oxide de plomb coloré en rouge par le fer ou par une longue calcination au feu. Les potiers en font le plus grand usage; il sert aussi dans les emplâtres.]..................(1)	*Quintal*.....	0—51	15 mars 1791.
	Idem......	6— 0	DI. 16 nov. 1807.
	Idem......	6— 0	12 janvier 1810.
	Idem......	12.. 0	DI. 8 février 1810.
ODES (*Ouvrages de*). On comprend sous cette dénomination tout ce qui sert à la parure des femmes et qui n'est qu'additionnel aux habillemens, tels que chapeaux et plumes enjolivés, bonnets montés, panaches, aigrettes, sacs à ouvrages, etc.; mais on ne peut leur assimiler les mouchoirs ou rubans de soie, les chapeaux de paille ou de feutre, les plumes d'autruches, les fleurs artificielles, ni aucun autre objet tarifé particulièrement.]...	*Par 100 fr*...	12.. 0	15 mars 1791.
OMIES. [Ce sont des cadavres d'hommes ou d'animaux desséchés et embaumés. Il y en a de naturelles et d'artificielles.]........	*Exemptes*... *Droit de bal.*	...—...	15 mars 1791. 24 nivôse 5.
ONNOIES *de métal*, sous quelque forme et dénomination que ce soit. (2)	*Prohibées*...		3 septemb. 1792.
ORILLES ou *Mousserons*. [Genre de plantes de la famille des champignons, dont le caractère est d'avoir un pédicule terminé par un chapeau celluleux, dans les anfractuosités duquel sont logées les semences.].............................	*Quintal*.....	24..48	15 mars 1791.
OTTES *à brûler*. [Petites masses faites ordinairement avec du tan qui ne peut plus servir.].................................	*Exemptes*... *Droit de bal.*	...—...	15 mars 1791. 24 nivôse 5.

RENVOIS.

MIROIRS. *Voyez* Glaces.
—MIRRHE (gomme de). *V.* aux gommes.
MITRAILLE DE PLOMB. *V.* à Plomb.
MITRAILLE de laiton. *Comme* cuivre brut.
MOELLE de cerf. *V.* Cerf.
MOLTONS. *Voyez* Draperie.
MOLYBDENE, métal pour crayons, *comme* omis 3 pour 100. (*LD.* 10 *sept.* 1808.)
— Montres. *Voyez* Horlogerie.
Morelle. *Voy.* Maurelle à tournesol.
Morphile. *Voy.* Ivoire.
Joue. *Voy.* Poissons de mer.
MOUCHES cantharides. *Voyez* Cantharides.
MOUCHES. *Voyez* Mercerie en soie.
MOUCHETTES. *V.* Ouvrages à Mercerie com.

F f. 113. (ENTRÉF. 101.)

(3) Le minium n'est pas repris au Tarif de 1664, à moins que ce ne soit à drogueries sous la dénomination de *minum*, toutefois, je lui applique le dou le droit par cela qu'il est le quatrième degré d'oxidation du plomb;... la litharge, t oisième degré d'oxidation avoit été réputée droguerie par lettres des 16 avril et 14 mai 1810, donc le minium doit suivre le même régime.

(2) Pour les médailles de cuivre, *voyez* la note à Cuivre en flaons.

Par décret impérial du 11 mai 1807, l'introduction des monnoies de cuivre et de billon de fabrique étrangère, est prohibée sous les peines portées par les lois concernant les marchandises prohibées à l'entrée du territoire de l'empire — Elles ne pourront être admises dans les caisses publiques, au paiement de tous droits et contributions, de quelque nature qu'ils soient, payables en numéraire — Il y a exception pour les monnoies de cuivre et de billon fabriquées sur les lieux au coin des anciens souverains des pays réunis, et dont le cours a été permis jusqu'à ce jour. [*DM.* 30 *juin* 1807, *LD.* 8 juillet 1807.] — Conséquemment cette exception ne s'applique pas aux *demi-stuber* et *hacht-hellers* (*DM.* 5 *septembre* 1809.)

Monnoies de cuivre au type italien. La circulation en est libre comme celle des pièces d'or et d'argent. (*DM.* 18 *décembre* 1810); mais les pièces de billon au type étranger restent prohibées, quoique venant d'Italie.

Mouchoirs de fil de lin blancs, brodés en fil...............	*Quintal*......	150.. o	DI. 22 déc. 1812.
Mouchoirs de soie et de filoselle, sauf ceux ci-après..........	*Prohibés*.....	....	DI. 23 juillet 1811
Mouchoirs de soie, provenant du grand duché de Berg....	*Kilogr. net*..	12..24	15 mars 1791 et DI. 23 juillet 1811
Moules *de boutons.* [Ce sont de petits morceaux de bois plats, ronds et percés au centre. On en fait aussi en os.]............. (1) }	*Quintal*.....	6..12	15 mars 1791.
Mousselines. [Tissu fin, léger et doux. On répute *mousseline* toute toile de coton dont les 16 aunes, sur la largeur de $\frac{2}{4}$ (*ancienne mesure*), pèse moins de 3 livres.] (*Loi du 22 août* 1791.)..			
Celle rayée et unie, à carreaux, brochée, et Fichus unis payoit.................................... (2) }	*Quintal*.....	612— o	15 mars 1791.
La Mousseline et les Fichus brodés................	Idem......	816— o	*Même loi.*
Les Mousselines d'origine non prohibée, *autant de fois qu'il y avoit de mètres carrés au kilogramme*......... }	*Mètre carré*..	o— 5	AC. 6 brum. 12 et loi du 22 vent. 12.
Les Mousselines brodées, *même droit que ci-dessus,* plus un droit additionnel de................ }	Idem......	o—5o	22 ventôse 12.
Les Mousselines furent taxées en sus à un droit addition-nel de................ }	Idem......	o—1o	DI. 17 pluv. 13.
Celles qui avoient plus de 12 mètres carrés au kilogr., payoient { 1°.................................... }	Idem......	o—6o	*Même décret.*
2°.................................... }	*Par 100 fr.*..	5— o	*Même décret.*
Les Mousselines d'origine non prohibée, *autant de fois qu'il y avoit de mètres carrés au kilogramme*......... }	*Mètre carré*..	o—1o	DI. 1 compl. 13.
Celles brodées ou brochées, *le même droit,* plus un droit additionnel de................ }	Idem......	o—5o	*Même décret.*
Mousselines, celles ci-dessus et autres................ (2)	*Prohibées*...	....	DI. 22 fév. 1806 et loi du 30 avr. 1806
Mousselinettes. [Sorte de mousseline qui a quelque rapport au basin, mais qui est moins serrée et moins solide que celui-ci.] }	*Prohibées*...	....	10 brumaire 5.

OUTARDE. [Pâte liquide qu'on sert sur les tables. Elle est préparée avec les graines du Sénevé. Il y en a aussi en poudre.].. (1)	*Quintal*.....	12..24	15 mars 1791.
UGUET ou *Lys de vallée* (*Fleurs de*). [Entre deux ou trois feuilles oblongues pousse une tige dont la moitié supérieure est revêtue d'un bon nombre de petites fleurs blanches avant la figure d'une cloche. Elles ont une odeur fort agréable.].. (2)	*Quintal*.....	3— 6	15 mars 1791.
	Idem.....	6..12	DI. 8 février 1810.
ULES et **MULETS**....................................	*Pièce*.......	1.. 0	15 mars 1791.
UNITIONS *de guerre*, à l'exception de la poudre à tirer ; savoir :			
Balles de fusils et pistolets........................	*Quintal*.....	9—18	
Bombes, Boulets de canon, Grenades et Mortiers......	*Idem*......	3— 6	
Canons de fer......................................	*Idem*......	3— 6	
Canons de fonte....................................	*Idem*......	9—18	15 mars 1791.
Canons de fusils...................................	*Idem*......	48—96	
Canons de pistolets................................	*Idem*......	97—92	
Munitions en ce qui concernoit les armes et pièces détachées..	*Exemptes*...	.—..	22 août 1792.
Celles de toutes espèces............................	*Idem*......	.—..	19 mai 1793.
Elles ne payoient que le............................	*Droit de bal.*	....	24 nivôse 5.
Elles paieront pour... — Balles de fusils et de pistolets.............. (3)	*Quintal*.....	9..18	
Bombes, Boulets de canon, Grenades et Mortiers.	*Idem*......	3.. 6	
Canons de fer............................	*Idem*......	3.. 6	
Canons de fonte..........................	*Idem*......	9..18	AC. 6 messid. 10.
Canons de fusils..........................	*Idem*......	48..96	
Canons de pistolets........................ (3)	*Idem*......	97..92	
USC. [Substance animale très-odoriférante, de couleur rouge brunâtre. On l'apporte ordinairement dans des vessies garnies d'un poil brunâtre.]............................	*Kilogr. net.*	30—60	15 mars 1791.
	Idem.....	60— 0	DI. 17 pluv. 13.
	Idem.....	60— 0	30 avril 1806.
	Idem.....	120.. 0	DI. 8 février 1810.

(1) Il a été arrté que la Moutarde ne paieroit que le simple droit.

(2) Les fleurs de muguet n'étoient pas reprises au Tarif de 1664.

(3) Il est certain que l'article MUNITIONS de mes précédentes éditions n'est pas en harmonie avec les perceptions qui se sont faites dans les bureaux. . Nonobstant tout ce que j'ai avancé de contraire, on a continué à prétendre que la loi du 8 flor al a entendu rétablir les anciens droits sur les armes en pièces, en tarifant celles confectionnées, et on a perçu ceux de la loi du 15 mars 1791... Ce dire cependant n'est rien moins qu'appuyé par les motifs de cette loi, et aussi ce n'est pas elle que je cite ici comme les réimposant... Mais on peut induire d'un arrêté du 6 messidor an 10, qu'effectivement les anciens droits sont rétablis par cela qu'il lève la suspension des droits sur toute espèce d'armes de guerre, ordonnée par la loi du 22 août 1792 ; j'invoque donc cet arrêté pour appuyer les perceptions qui se font sur les armes en pièces... Quant aux balles de fusils et pistolets on avoit continué à les laisser au tarif à l'article *Plomb à ...*

Les munitions de guerre qui constituent l'armement d'un navire de prises ne doivent que le droit de balance lorsque l'adjudication est faite avec et pour le service du même navire. (*LD.* 1er *mars* 18.9)

Approvisionnemens de la marine et de la guerre Toutes les marchandises étrangères qui seront importées pour les approvisionnemens de la marine, de la guerre et autres départemens, sont et demeurent assujetties, sans exception, au paiement effectif des droits à l'introduction en France, sur le pied réglé par le Tarif des douanes. — Les fournisseurs ou agens du gouvernement seront

Désignation des marchandises	Unité	Droit	Loi ou décret
Muscade. [Fruit aromatique d'un arbre de l'Inde orientale. Il y a deux sortes de noix muscades, l'une, qui est de la figure d'une olive, se nomme *muscade femelle*; l'autre, qui est plus alongée et moins aromatique, s'appelle *muscade mâle*. Elles sont de couleur grise en dessus, rougeâtres et marbrées en dedans.]..(1)	*Kilogr. net*..	2— 4	15 mars 1791
	Idem.....	8— 0	DI. 17 pluv. 13
	Idem.....	8— 0	30 avril 1806
	Idem.....	16— 0	DI. 8 février 181
	Kilog. net..	20.. 0	DI. 5 août 1810
Musique *gravée* et **Papier** *de musique*. [Papiers sur lesquels on a gravé cinq lignes de distance en distance.].............	*Comme* estampes.	....	1 août 1792.
Myrobolants. [On donne ce nom à plusieurs fruits purgatifs et desséchés qui viennent des Indes orientales et d'Amérique. Ils sont de la grosseur des prunes, et ont une couleur brunâtre, jaunâtre ou noirâtre. Ils sont tous à noyaux et à amandes]...	*Quintal*.....	7—14	15 mars 1791
	Idem.....	14..28	DI. 8 février 181
Myrobolants *confits*. [Ce sont les fruits ci-dessus apprêtés avec du sucre.]...	*Quintal*.....	30—60	15 mars 1791
	Idem *net*..	61..20	DI. 8 février 181
Nacre de perles (*Coquilles de*) *non travaillées*. [Matière blanche et brillante qui constitue l'intérieur de beaucoup de coquilles. L'avicule perlière, dont, à raison de son épaisseur, on peut faire nombre de petits meubles, porte spécialement ce nom.]......	*Quintal*.....	18—36	15 mars 1791
	Idem.....	40— 0	DI. 17 pluv. 13
	Idem.....	40— 0	30 avril 1806
	Idem.....	80— 0	DI. 8 février 181
	Quintal....	200.. 0	DI. 12 sept. 181
Naphte. [Bitume liquide qui coule entre les pierres, sur les rochers, et dans différens lieux sur la surface de la terre. Le nom de Naphte est particulièrement affecté au pétrole le plus léger, le plus transparent, le plus inflammable. Son origine, comme l'espèce nommée *pétrole*, est attribuée par les naturalistes et les chimistes, à une distillation de succin, laquelle s'opère naturellement...(2)	*Quintal*.....	3— 6	15 mars 1791
	Idem.....	6..12	DI. 8 février 181

tenus de payer provisoirement lesdits droits d'entrée, dont ils obtiendront le remboursement sur les fonds de la marine, de la guerre ou du trésor public, sur la représentation des acquits de paiement, et lorsqu'il aura été reconnu que lesdits acquits sont applicables à des marchandises réellement employées pour le compte du gouvernement. [*DI. 6 Juin* 1807.]

Les vivres et munitions de premier besoin seulement, importées d'Espagne pour l'avitaillement des bâtimens de guerre de cette nation en relâche dans nos ports sont, à charge de réciprocité et sous condition de déclaration et de transbord sans mise à terre, exemptes des droits de douanes. (*D*. 16 *messidor* 13.)

(1) Les muscades sauvages ne doivent que comme épiceries non dénommées par DM. du 25 avril 1809; toutefois la lettre du 5 mai, transmissive de cette décision porte de percevoir 20 p. 100 au lieu de 10... on reconnoît ces muscades en ce qu'elles sont plus longues que les bonnes, que leur chair a la couleur d'un bouchon de liège, veiné de brun, qu'elles sont plus spongieuses moins odorantes.

(2) Le tarif du 15 mars 1791 dit Naphe ou Naphte. Ces deux dénominations ne s'appliquent cependant pas à la même substance. *Naphte* est le bitume décrit plus haut: et ce qu'on appelle *Naphe* est, suivant Pomet, l'eau distillée de fleurs d'orange et, suivant Lebrun, l'eau de fleurs de citron. Ce que, sous le régime du tarif de 1664, on nommoit Naphe a quitté, suivant Savary, comme eau de Fleur d'Orange. Ainsi il paroit que c'est simplement du naphte dont il est ici question; c'est du moins ce

ARD *celtique* ou *spica celtica.* [Petite racine noueuse, écailleuse, jaunâtre et aromatique ; on l'apporte dans des petites boîtes..	*Quintal.....* Idem.....	6—12 12..24	15 mars 1791. DI. 8 février 1810.
ARD *indien* ou *spica nardi.* [Racine chevelue à laquelle tient encore la base des tiges et des feuilles. On l'apporte de Ceylan et des Moluques. Sa saveur est amère et âcre ; son odeur aromatique ressemble assez à celle du Souchet..................	*Quintal.....* Idem *net..*	20—40 40..80	15 mars 1791. DI. 8 février 1810.
ATTES *de jonc.* [On appelle nattes une sorte de tissu fait de trois brins ou cordons entrelacés.]................	*Quintal.....*	8..16	15 mars 1791.
ATTES *de paille,* de roseaux, et autres plantes et écorces........ (1)	*Quintal.....*	2.. 4	15 mars 1791.
ÉNUPHAR. [Plante aquatique dont il y a deux espèces : l'une à fleurs blanches, l'autre à fleurs jaunes. Leurs feuilles, qui sont larges, grandes, épaisses, rondes ou un peu oblongues, nagent ainsi que les fleurs à la surface des eaux.]............. (2)	*Quintal.....* Idem.....	1—53 3.. 6	15 mars 1791. DI. 8 février 1810.
ERFS *de bœufs et autres animaux.* [On nomme ainsi les membres génitaux des animaux, qui ont été arrachés et desséchés.].(3)	*Exempts....* *Droit de bal.*	..—..	15 mars 1791. 24 nivôse 5.
ERPRUN. [Baies qui croissent sur un arbrisseau et dont on se sert en médecine et en teinture. Elles sont molles, grosses comme celles de genièvre, vertes au commencement ; mais elles noircissent en mûrissant. Elles sont luisantes et remplies d'un suc noir tirant sur le vert, et de quelques semences.]...........	*Exempt......* *Droit de bal.*	..—..	15 mars 1791. 24 nivôse 5.

RENVOIS.

ATRON. *Voyez* Anatron.

ATTES ouvrées. *Voyez* Ouvrages de paille.

AVETS. *Voyez* Légumes.

AVETTE (Graine de). *Voyez* aux Graines.

AVIRES. *Voyez* Bâtimens de mer.

ÉPHRÉTIQUE. *Voyez* Bois néphrétique.

vraisemblance qui m'a déterminé à supprimer le mot *naphe* de cet article. — Une lettre du 18 mai 1810, qui contenoit une nomenclature d'espèces soumises au double droit, y avoit compris le Naphte ; depuis on a dit que c'étoit par erreur que ce bitume y avoit été assujetti... Ce seroit ajouter aux contradictions de la loi du 15 mars 1791 que de laisser le Naphte au simple droit lorsqu'on fait payer le doublement à l'ambre jaune sa matière première, et à l'huile de Pétrole son synonyme. . La discordance de tarification entre le Pétrole et le Naphte est déjà telle dans la loi, qu'il est évident que les auteurs du tarif de 1791 ne connoissoient pas cette marchandise... L'assurance que le double droit est au moins dû jusqu'au changement nécessaire de sa tarification primitive, me porte à ne pas le lui retrancher... Le Naphte, d'ailleurs, est plus drogue que bien des articles réputés tels...

(1) On ne doit point ranger dans cette classe, les tissus d'écorces de bois destinés à des ouvrages délicats, tels que chapeaux femme. (**LD**. 18 *prairial* 13.)... Ils sont tarifés à ÉCORCES DE BOIS.... Y voir, ainsi que la note à OUVRAGES EN PAILLE.

(2) Le nénuphar n'étoit pas repris au Tarif de 1664.

(3) Les nerfs de cerf ne sont pas compris dans cet article ; la même loi qui avoit tiré ceux-ci à néant les a tarifés particulièrement.

Désignation des marchandises	Unité	Droits	Époque
NIGELLE romaine (*Graine de*). [Semences anguleuses, fort petites, noires ou jaunes, d'une odeur aromatique, et d'un gout piquant.]...	*Quintal*..... Idem.....	9—18 18..36	15 mars 1791. DI. 8 février 18[...]
NITRE. [Sel neutre formé par la combinaison de l'acide nitrique et de la potasse jusqu'au point de la saturation. Il a une saveur fraîche, salée et amère.]........................... (1)	*Prohibé*.....	.....	15 mars 1791.
NITRE (*Beurre de*) et de salpêtre. [Espèce de drogue que l'on tire du salpêtre par le moyen du tartre.].................... (2)	*Quintal*..... Idem.....	6—12 12..24	15 mars 1791. DI. 8 février 181[...]
NOIR *d'Espagne*. [C'est du liége brûlé : il est léger, mais sableux et graveleux.]... (3)	*Quintal*..... Idem.......	7—14 14..28	15 mars 1791. DI. 8 février 181[...]
NOIR *de fumée*. [Il est produit par des résines brûlées et de l'arcanson.]............................... (3) *Noir de terre*. [C'est une espèce de charbon fossile tendre et gras au toucher.]............................... (5) *Noir de corroyeurs*. [C'est une espèce d'encre.]..... (3)	*Quintal*..... Idem.......	2.— 4 4.. 8	15 mars 1791. DI. 8 février 181[...]
NOIR *d'ivoire*. [C'est de l'ivoire qui a été brûlé et calciné dans un vase couvert.]..................... (3 et 4)	*Quintal*..... Idem *net*....	3o—6o 61..20	15 mars 1791. DI. 8 février 181[...]
NOIR *de teinturier d'Allemagne*. [Composition de lie de vin, de noyaux de pêches et d'os brûlés et calcinés, puis lavés et porphyrisés.]............................... (3) *Noir d'os*. [Se fait comme celui d'ivoire.]......... (3) *Noir de cerf*. [Il est composé de ce qui reste dans la cornue après qu'on en a retiré l'esprit de sel ou l'huile de la corne de cerf.]............................... (5)	*Quintal*..... Idem........	3.— 6 6..12	15 mars 1791. DI. 8 février 1810.

RENVOIS.

Nitrate de potasse *Voyez* Salpêtre.
Nitrate de potasse raffiné. *Voy*. Nitre (Sel de).
NITRE (l'sprit de). *Voyez* Esprit de nitre.
NOIR de muraille. *Comme* Noir de fumée.
NOIX et NOISETTES. *Voyez* Fruits.
Noix de cyprès. *Voyez* Cyprès.
Noix (Écorces ou Brou de). *V*. aux Écorces.
Noix (Huile de). *Voyez* aux Huiles.
Noix. Pour les autres, *voir* leurs noms propres
NOUGAT. *Comme* Confiture.

(1) C'est la même chose que le salpêtre. *Voyez* ce mot pour les nouvelles lois prohibitives.

(2) Le beurre de nitre a été soumis au double droit par lettre du 16 avril 1810.

(3) Une lettre du 3o mai 181o avoit ordonné d'appliquer le double droit au noir de muraille sans s'expliquer sur les autres noirs ; mais depuis il a été mandé que tous les noirs dvient être traités comme drogues colorantes.

(4) Le spode est aussi de l'ivoire brûlé, mais il est blanc ; cette couleur vient de ce qu'il a été calciné dans un creuset découvert. La même loi ne l'a coté qu'à 4 fr. 8 c., et quoiqu'il doive aujourd'hui 8 fr. 16 cent, parce qu'il est réputé droguerie par le Tarif de 1664, cette différence de tarification paroît encore bien forte.

Désignation des marchandises	Unités	Droits	Lois et décisions
NOIX de galle. [Excroissance qui naît sur un chêne du Levant. Elles ont différentes grosseurs, comme celles d'une noix à une aveline ; elles sont raboteuses ou épineuses, grisâtres, verdâtres ou noirâtres.] .... (1)	*Quintal*.....	2— 4	15 mars 1791.
	Idem. ...	4.. 8	DI. 8 février 1810.
NOIX vomiques. [Fruit du *strychnos*. C'est une baie à une loge dont l'enveloppe est ligneuse, et qui contient plusieurs semences rondes, aplaties et un peu velues.]	*Quintal*.....	2— 4	15 mars 1791.
	Idem.....	4.. 8	DI. 8 février 1810.
OCRE jaune et rouge. [Terre métallique, dont la consistance est tantôt ferme, tantôt friable ; elle est d'un jaune plus ou moins foncé, quelquefois de couleur de safran.]	*Quintal*.....	0..51	15 mars 1791.
ŒUFS de volaille et de gibier. [Produits de la ponte des poules et d'autres oiseaux, presque toujours recouverts d'une écaille blanche très-casuelle.]	*Exempts*....	...—...	15 mars 1791.
	Droit de bal.	....	24 nivôse 5.
OIGNONS de fleurs. [On nomme ainsi la racine bulbeuse de certaines plantes. La substance de ces oignons est tendre et succulente, et ses formes ovales ou arrondies.]	*Exempts*....	...—...	15 mars 1791.
	Droit de bal.	....	24 nivôse 5.
OPIUM. [Suc concret retiré par incision de la tête du pavot blanc. Ce suc est pesant, compacte, pliant, inflammable, d'un brun noirâtre, d'une odeur virulente et nauséabonde, et d'une saveur âcre et amère.]	*Quintal*.....	20—40	15 mars 1791.
	Idem *net*..	100— 0	DI. 17 pluv. 13.
	Idem *net*..	100— 0	30 avril 1806.
	Idem *net*..	200.. 0	DI. 8 février 1810.

RENVOIS.

OCULI CANCRI. *Voyez* Yeux d'écrevisse.
ŒUFS DE FOURMIS, *comme* œufs, 3 pour 100. (LD. 25 février 1812.)
OIGNONS. *Comme* Légumes.
OIGNONS de Scilles. *V.* Scilles.
ŒILLETTE (Graine d'). *Voyez* aux Graines.
ŒILLETTE (Huile d'). *Voyez* aux Huiles.
OLIBAN. *Voyez* Encens fin.
OLIVES. *Voyez* Fruits.
OLIVE (Huile d'). *Voyez* aux Huiles.
OPOPONAX (Gomme d'). *V.* aux Gommes.

(1) C'est par lettre du 18 mai 1810, que les noix de galle ont été soumises au double droit.

Mais les noix de galle légères ayant été exemptées par la loi du 1er. août 1792, elles ne doivent ainsi, que celles concassées de même espèce, que le droit de balance. (*Lettre du 8 sep.* 1806.).... On appelle noix de galle légères, les glands de chêne environnés d'excroissances propres à l'apprêt des cuirs.

Oʀ *brûlé, en barres, en masses, lingots* et *monnoyé.* [L'or est le plus pesant, le plus ductile, le plus parfait et le plus précieux des métaux.]..	*Exempt.....* ——— *Droit de bal.*		15 mars 1791. 24 nivôse 5.
Oʀ *en ouvrages d'orfévrerie.* [On distingue les ouvrages d'orfévrerie de la bijouterie, en ce que ces premiers sont *retreints.* On appelle *retreint* une matière à laquelle on a fait prendre sa forme à coups de marteau.].................... (1)	*Par* 100 *fr...*	10.. 0	15 mars 1791.
Oʀ *en feuilles battu.* [C'est de l'or réduit en feuilles très-minces et très-déliées. On le met dans de petits livrets de papier.]..	*Hectog. net..*	26..11	15 mars 1791.
Oʀ *trait, battu, en paillettes ou clinquants.* [Ces sortes d'ouvrages se font avec un lingot d'argent superficiellement doré.].. (2)	*Hectogr. net..*	6..53	15 mars 1791.
Oʀ *filé* ou *fil d'or fin.* [C'est de l'or en lame dont on a couvert un très-long brin de soie par le moyen d'un rouet.].... (2)	*Hectogr. net..*	4..90	15 mars 1791.
Oʀ ꜰᴀᴜx *en barrres* ou en *lingots....................* (2)	*Quintal.....*	73..44	15 mars 1791.
Celui en *feuilles, paillettes, clinquant, trait* et *battu.* (2)	*Quintal.....*	142..80	15 mars 1791.
Celui *filé faux* ou *fil d'or faux................* (2 et 3)	*Quintal.....*	163..20	15 mars 1791.
Celui *filé faux* sur *soie........................* (2)	*Prohibé.....*		15 mars 1791.

RENVOIS.

Oʀ en ouvrages de bijouterie. *Voyez* Bijouterie.
Oʀ ʙʟᴀɴᴄ. *Voyez* Platine.
Oʀ de Manheim. *V.* Tombac.

(1) *Voyez* la note à ᴀʀɢᴇɴᴛ pour le droit de garantie.
Le marc d'or varie de valeur suivant son plus ou moins d'alliage. Pour que le droit soit strictement acquitté, il faut ajouter à la valeur intrinsèque celle de la façon.
(2) *Voyez* les notes et les descriptions à ᴀʀɢᴇɴᴛ, pour ce qui peut s'appliquer ici.
(3) C'est du fil de cuivre connu dans le commerce sous le nom de *traits de cuivre jaune ;* il a le brillant de l'or et sert à la broderie. La prohibition portée sur le fil de laiton poli ne concerne pas les traits. (*CD.* 8 *janvier* 1812.)

Désignation des marchandises	Unité	Droits	Lois et décrets
RCANETTE. [Racines de différentes grosseurs, plus souvent de celle d'une plume, rouges foncées en leurs écorces, blanchâtres en leurs parties ligneuses. Ces racines servent en teinture : c'est le fard des anciens.]...................................... (1)	*Quintal*..... Idem.....	0—51 1.. 2	15 mars 1791. DI. 8 février 1810.
REILLONS. [On donne ce nom aux rognures de peaux de bœufs, de vaches et autres animaux, lesquelles sont propres à faire de la colle.]..............................	*Exempts*.... *Droit de bal.*	....—...	15 mars 1791. 24 nivôse 5.
RGE *perlé* et **ORGE** *mondé*. [L'orge est un grain qu'on monde en le dépouillant de sa peau. On nomme perlé celui ainsi dépouillé que l'on a passé sous une meule de bois pour en arrondir le grain.]..............................	*Quintal*.... Idem...... Idem...... Idem.....	4— 8 0—41 4— 8 12.. 0	15 mars 1791. 12 pluviôse 3. 9 floréal 7. DI. 17 pluv. 13 et loi du 30 avr. 1806.
ROBE (*Graines* ou *semences d'*). [Ces semences, assez semblables à de petits pois, sont d'un rouge brun et d'un goût de légumes qui n'est ni amer ni désagréable.]....................	*Quintal*..... Idem....	1— 2 2.. 4	15 mars 1791. DI. 8 février 1810.
RPIMENT. [C'est une espèce d'arsénic (*voir ce mot*) ; il est d'un jaune doré et est employé pour la peinture, ainsi que le *réalgal* ou arsénic rouge.]..............................	*Quintal*..... Idem.....	0—51 1.. 2	15 mars 1791. DI. 8 février 1810.

(1) L'orcanette n'étoit pas réputée droguerie par le Tarif de 1664, mais une lettre du 29 mai 1810 l'a rangée dans cette classe.

RENVOIS.

Désignation des marchandises	Unité	Droits	Observations
ORSEILLE *non apprêtée*. [Sorte de lichen qui vient des îles Canaries en bouquets divisés en petits brins : toute la plante est solide et d'un goût salé ; c'est le lichen *roccella* ou *procrellus*]. . (1)	*Exempte*	. . . . —. . .	15 mars 1791.
	Droit de bal.	. . . .	24 nivôse 5.
ORSEILLE *apprêtée*. [C'est le lichen ci-dessus préparé par l'intervention de l'urine putréfiée et de la chaux vive en une pâte molle, d'un rouge violet ou colombin, parsemée de taches et comme marbrée ; elle donne, en teinture, des nuances de couleur depuis la fleur de pêchers jusqu'au passe-velours amaranthe.]. . (1)	*Exempte*	. . . . —. . .	15 mars 1791.
	Droit de bal.	. . . . —.	24 nivôse 5.
	Quintal net. .	200 . . 0	DI. 12 sept. 1810
Os *de bœufs, de vaches* et *d'autres animaux*. [Parties dures, solides et compactes des animaux, dont on se sert pour divers usages. Cet article ne comprend que les os bruts.]	*Exempts*	. . . . —. . .	15 mars 1791.
	Droit de bal.	. . . .	24 nivôse 5.
Os *de seiche*. [Espèce d'écaille grande comme la main dont ce poisson est couvert sur le dos. Elle a l'épaisseur d'un pouce en son milieu, plus mince aux côtés, est légère, dure en dessus, spongieuse en dessous, friable, très-blanche, et d'un goût un peu salé.]	*Quintal*	1 . . 2	15 mars 1791.
OSIER *en bottes*. [Nom commun aux jeunes rameaux des arbustes du genre des saules. Ils sont très-flexibles, et servent principalement à faire des paniers.]	*Exempt*	. . . . —. . .	15 mars 1791.
	Droit de bal.	. . . .	24 nivôse 5.
OUTREMER. [Poudre bleue d'une grande beauté, dans la préparation de laquelle entre le lapis lazuli : elle sert à la peinture.]. . (2)	*Kilogr.*	30—60	15 mars 1791.
	Idem net. .	61 . . 20	DI. 8 février 1810

(1) Il résulte d'un avis des experts du gouvernement, que le droit du décret du 12 septembre 1810 sur l'orseille, ne concerne que celle préparée, et cet avis, approuvé le 31 janvier 1811 par le ministre de l'intérieur, s'applique à la mousse de roche et de rocelle à la parelle, et enfin à tous les lichens qui, lorsqu'ils sont présentés sans apprêts, ne doivent que le droit de balance, tandis qu'importés préparés, ils doivent 200 francs.

(2) L'outremer n'a pas été repris au Tarif de 1664, mais à raison de ce qu'il a classé le lapis lazuli, sa matière première, parmi les drogueries, et que cette classification a été maintenue par lettre du 14 mai 1810, il devient clair que son produit doit suivre le même régime.

OUVRAGES. [La dénomination d'ouvrages indique une matière entièrement fabriquée ; celle qui pour être commerciale n'a reçu
que quelque légère main-d'œuvre, est une sorte de matière
première dont l'entrée ne peut être défendue sans nuire essentiellement à l'industrie nationale. (*CA.* 12 *fruct.* 5.)

Ceux en ACIER.....................................	*Par* 100 *fr...*	15— 0	15 mars 1791.
Les mêmes *polis*..................................	*Prohibés....*	..—..	1 mars 1793.
Les mêmes *non polis et polis*..................(1)	Idem......	....	10 brumaire 5.
Ceux en AIRAIN, *étain, fer, fonte, tôle, fer blanc* ou *autres métaux*, polis ou non polis, purs ou mélangés. (2)	*Prohibés....*	....	10 brumaire 5.
Ceux en BOIS, *en marbre* et *en pierres*.............. (3)	*Par* 100 *fr...*	15.. 0	15 mars 1791.
Ceux *en* CUIVRE, autres que ceux dénommés à *Cuivre.* (4)	*Par* 100 *fr...*	15— 0	15 mars 1791.
	Prohibés....	....	10 brumaire 5.

OUVRAGES en buis. Pour les autres, *voir* à Mercerie.

OUVRAGES de sellerie. *V.* Harnois et Voitures.

OUVRAGES de tabletterie. *Voyez* Tabletterie.

OUVRAGES en os autres que ceux dénommés à Mercerie, prohibés *comme* Tabletterie. (*LD.* 26 *a ût* 1812.)

OUVRAGES EN PIÈCES D'HORLOGERIE non montées. *Voyez* Horlogerie.

OUVRAGES. Pour les autres, *voyez* aux noms propres de ces ouvrages.

(1) N'y sont pas comprises les fournitures d'horlogerie, lesquelles réunies ne peuvent former un mouvement complet. *Voir* HORLOGERIE.

(2) Voir chacun de ces articles à sa lettre pour la taxe qui a précédé leur prohibition, et observer que l'art. 1 de la loi du 19 pluviôse an 5 a excepté de cette prohibition les objets en metaux compris dans la classe de la mercerie, les armes de guerre, les instrumens aratoires et les outils pour les arts et metiers, de quelque matière qu'ils soient composés. L'art. 2 de cette loi excepte également les objets fabriqués dans le grand duché de Berg. Cependant les verroux en fer et les vis en bois, quoique certifiés de ce pays, sont prohibés. (*LD.* 21 *juin. an* 14.)

(3) Les marbres ouvrés en cheminées, sciés ou travaillés, ne sont point soumis à ce droit. *Voyez* MARBRE et PIERRES DE CHOIX.

(4) Tous les cuivres ont été prohibés par la loi du 10 brumaire an 5 ; il n'y a d'exception que pour ceux tarifés à CUIVRE, pour les ouvrages de ce te matière spécifiés ci-dessous, et pour ceux compris à Mercerie. Les traits argentés ou dorés, espèce de matière première propre à la fabrication des galons, et dont il se fait un grand commerce avec l'Espagne, l'Italie, etc., ne sont pas non plus compris dans la prohibition. (*DM.* 17 *pluv.* 5.) Il y a aussi exception pour les OUVRAGES DES ARTS, tels que les statues, vases antiques, etc., de quelque matiè e qu'ils soient composé; ils ne peuvent être compris dans la classe des articles prohibés, et ils sont admissibles aux droits imposés par le tarif. (*Décis. DG.*, extrait du Journal d'Anvers, n°. 33, *an* 12.) Ceux omis doivent 10 pour 100 de la valeur. Des planches de cuivre servant à une imprimerie de musique ont été traitées à l'entrée comme caractères d'imprimerie.... ... Des planches de cuivre servant à l'histoire naturelle ont été admises en exemption de droits comme objets de sciences. (*Déc. du* 26 *mess.* 7.) — Depuis les planches de cuivre, pour impression, n'ont plus été admises. (*LD.* 2 *fév.* 1809.)

123. (ENTRÉE III.)

Ouvrages. Ceux *en* cuirs, *maroquins, peaux maroquinées, et ouvrages en souliers de femmes* .... (1) } *Prohibés*			10 brumaire 5.
Ceux *en* peaux, consistant en *culottes, vestes, gilets et gants* .... (2) } *Prohibés*			10 brumaire 5.
Ceux *de* palme, *de jonc* et *de paille* .... (3)	*Quintal*	12..24	15 mars 1791.
Ceux *en* pierres de composition, *marcassites* ou *autres,* montées sur étain, cuivre argenté ou doré, ou sur or ou argent .... (4) }	*Par* 100 *fr* ...	5.. o	15 mars 1791.
Ceux *d'*osier	*Quintal*	15..3o	15 mars 1791.

RENVOIS.

Oxalate acidule de Potasse. Voy. Sel d'oseille.
Oxic dre (Huile d'). *Voyez* aux Huiles.
Oxide d'Arsénic sulfure jaune. V. Orpiment.
Oxide de Cobalt. Voyez Safre.
Oxide de fer rouge. Voyez Vitriol rubéfié.
Oxide de Zinc. C'est le zinc ou toutenague du commerce.

(1) Les ouvrages en peaux, tels que porte-feuilles de basane, etc., sont également prohibés. (*DM.* 27 *février* 1813.)
(2) Voir à gants ce que payoient ces ouvrages avant la prohibition.
(3) Les ouvrages de paille connus sous le nom de *sparterie,* propres à faire des chapeaux de paille, payent, comme omis au Tarif, 10 pour 100 de leur valeur. (*CD.* 18 *prair.* 13.) *V.* aussi Chapeaux de paille et Nattes de paille, si le cas y échoit.
(4) Les marcassites non montées sont tarifées particulièrement. *V.* ce mot.

ILLE *de bled* et *autres grains.* [C'est le nom donné à la tige des plantes qui ont porté ces grains, lorsqu'elle est sèche.]	} *Exempte....* *Droit de bal.*	..—..	15 mars 1791. 24 nivôse 5.
IN *d'épices.* [Pain fait de miel et de farine de seigle, de couleur jaune brune, de goût et d'odeur agréables.]	} *Quintal.....*	6..12	15 mars 1791.
INS ou *tourteaux de navette, lin* et *colzat.* [Ils sont composés du résidu de ces graines quand on en a exprimé l'huile.]	} *Exempts....* *Droit de bal.*	..—..	15 mars 1791. 24 nivôse 5.
PIER *blanc de toutes sortes.* [Le papier est une composition faite avec des vieux linges broyés à l'eau, et ensuite étendue par feuilles, etc.]	} *Quintal.....* *Idem.......* *Idem......* *Idem......*	61—20 61—20 6—12 61..20	15 mars 1791. 1 août 1792. 12 pluviôse 3. 3 frimaire 5.
PIER *à cautère.*................................. *Sera traité comme* papier blanc.		....	1 août 1792.
PIER *gris, noir, bleu, brouillard,* de toutes sortes...............	*Quintal.....* *Idem......* *Idem......* *Idem......*	36—72 36—72 3—67 36..72	15 mars 1791. 1 août 1792. 12 pluviôse 3. 3 frimaire 5.

PAPIER *doré*, *argenté*, *uni* et *à fleurs d'or* et *d'argent*..............	Quintal.....	73—44	15 mars 1791.
	Idem......	73..44	1 aout 1792.
PAPIER *marbré* et *autres* qui se vendent à la main.................	Quintal.....	48—96	15 mars 1791.
Ceux ci-dessus et *papiers* à fleurs, *papiers* unis, en bleu, jaune, vert, rouge, *papier* imitant le bois, et *autres* qui se vendent à la main et non en rouleaux..........	Idem......	73..44	1 août 1792.
PAPIER *peint en façon de damas* pour tapisserie...................	Quintal.....	91..80	15 mars 1791.
PAPIER *tontisse* pour décors et *autres* qui se vendent au rouleau... (1)	Quintal.....	73—44	15 mars 1791.
Celui ci-dessus et celui peint imitant le damas, la moire, le gros de Tours et toute autre étoffe, *papier* à dessins et ramages d'une ou plusieurs couleurs, ou imitant l'architecture et servant à tapisser ou décorer les appartemens, et qui se vendent au rouleau................	Idem......	91..80	1 août 1792.
PAPIER *de la Chine*. [Ce papier est tellement doux et uni, que souvent on l'appelle *papier de soie*.]..................... (2)	Quintal.....	183—60	15 mars 1791.
	Idem.....	367..20	DI. 8 février 181

RENVOIS.

PAPIER de dominoterie. *V.* Dominoterie.
PAPIER de musique. *Voyez* Musique.
PARADIS (graine de). *Voyez* aux Graines.

(1) On nomme *Papier tontisse* celui sur lequel on a appliqué de la laine haché à l'aide d'un mordant.

(2) Il n'est venu que bien rarement du papier de la Chine.... Cependant on ve[illegible] que, parce que ce papier porte le nom de l[a] Chine, le droit en soit doublé ; ma[is] c'est alors jeter du doute sur le régime du papier de soie d'Europe, dont l'importa[tion] est bien plus considérable.. si donc j'ap[pren]d que aujourd'hui le décret du 8 févri[er] 1810 à cet article que je n'avois pas doublé dans ma cinquième édition, c'est peu[t] être moins pour me conformer aux perceptions qui se font, que dans la vue que le[s] réclamations que cette incertitude entraînera, attireront l'attention sur la convenanc[e] qu'il y auroit à prohiber les papiers de toutes espèces.... Nous avons en France, e[t] sur-tout depuis la réunion de la Hollande, assez de fabriques de l'espéce pour n'avo[ir] pas besoin du produit de celles étrangères.

Article		Droit	Date
RAPLUIE *de toile cirée.* [Espèce de pavillon portatif monté sur un bâton, et qu'on étend à volonté.]	*Pièce*	0..75	15 mars 1791.
ARASOLS *de soie.* [C'est la même chose que parapluie, mais d'une surface plus petite.] — Les parapluies autres que de toile cirée doivent être traités comme parasols. (*LD. 2 juin* 1812.)	*Pièce*	2.. 0	15 mars 1791.
ARCHEMIN NEUF *brut.* [Peaux de mouton, de veau, de chèvre, de lièvre, de lapin, de chat ou de chien, préparées par la mégisserie. Le parchemin brut est toujours neuf, et on ne le nomme ainsi que parce qu'il n'est pas raturé : il est reconnoissable par la fleur blanche qu'on voit sur toute sa superficie. Les rognures sont comprises dans cet article.]	*Exempt.....*	—	15 mars 1791.
	Droit de bal.		24 nivôse 5.
CHEMIN NEUF *travaillé.* [C'est celui raturé et poncé qui a subi cette seconde opération par le parcheminier : il doit être tel pour être employé à l'écriture, l'impression et autres usages, même pour être mis en couleur, tel que le vert, etc.]......... (1)	*Quintal*	12..24	15 mars 1791.
EIRA *brava.* [Racine apportée du Brésil. Elle est ligneuse, dure, tortueuse, brune en dehors, d'un jaune grisâtre intérieurement, de différentes grosseurs, sans odeur et d'un gout un peu amer.]	*Quintal*	4— 8	15 mars 1791.
	Idem	8..16	DL. 8 février 1810.
FUMS *non dénommés.* [Ce qui s'entend des substances à odeur aromatique plus ou moins subtile et suave, non reprises au tarif. Les parfums sont solides, ou secs, ou liquides.] (2)	*Quintal*	102.. 0	15 mars 1791.

RENVOIS.

...d'âne. *Voyez* Tussilage.

(1) Ces explications m'ont été données par M. Hébert, parcheminier à Paris..... Pour ne pas paroître en contradiction avec celles que je donne au Tarif de Sortie, il faut que je dise que si la loi du 1 août 1792 a, par ces mots *parchemin travaillé quoique neuf*, entendu exempter le parchemin neuf travaillé, alors ce parchemin, qui est coté à 12 fr. 24 cent. à la sortie, sous la dénomination de *parchemin neuf*, ne doit réellement que le droit de balance ; cependant on perçoit 12 fr. 24 cent., ce qui feroit croire que cette loi n'a voulu parler que des ouvrages faits avec le parchemin.... Ceci demande l'interprétation de l'autorité.

(2) Les parfums se composent avec le musc, l'ambre gris, la civette, les bois de rose et de cèdre, l'iris, la fleur d'orange, le storax, l'encens, le benjoin, le girofle, la vanille, le macis, etc., toutes substances qui sont réputées drogues et qui ont été atteintes par le décret du 8 février 1810, soit à raison de cette essence, soit à raison de leur origine...... Et cependant, par des motifs que je ne conçois pas, on ne veut pas que des parfums ainsi composés payent le double droit..... je le leur avois appliqué dans ma cinquième édition, je ne le raye dans celle-ci que pour me conformer aux perceptions qui ont été indiquées, car pareil ménagement concorde d'autant moins avec mes opinions, qu'il n'existe pas en faveur d'ingrédiens bien moins drogues et bien moins indiens que ceux-ci.

Passementerie et *listonnerie*, telles que Galons, Ganses, Jarretières, Aiguillettes, Franges, Rubans (1), et tous autres Ouvrages de passementerie et rubannerie ; savoir :			
Celle en or et argent faux..........................	*Quintal*.....	3o6.. o	15 mars 1791.
Celle en or et argent fin............................	*Kilogr. net*..	3o..6o	15 mars 1791.
Celle en soie avec or et argent fin....................	*Kilogr. net*..	24..48	15 mars 1791.
Celle en soie sans or ni argent......................	*Kilogr. net*..	15..3o	15 mars 1791.
Celle en soie et ...... matières mêlées............ (2)	*Kilogr*......	7..14	15 mars 1791.
Celle de filoselle ou fleuret. *Comme celle de matières mêlées, mais au net.*		....	1 août 1792.
Passepierre ou *percepierre*. [Plante aquatique qui pousse des tiges longues et rampantes à-peu-près comme le pourpier. Ses feuilles sont découpées, étroites, fermes, charnues, d'un vert brun et d'un goût salé.].............................. (3)	*Quintal*..... / Idem	1—53 / 3.. 6	15 mars 1791. / DI. 8 février 18

RENVOIS.

(1) Il y a aussi des rubans tarifés particulièrement. *Voyez* à Rubans. Cependa
ceux de fleurets ou filoselle seront traités comme passementerie de matières mêlée
(1 *août* 1792.)

(2) Cette taxe se perçoit au *net* lorsqu'il y a de la soie, et au *brut* lorsqu'il n'y
a pas.

La passementerie en soie, avec or faux ou argent faux, doit être traitée comm
celles de matières melées, à 7....14.

La passementerie de pur fil, comme rubans de pur fil.

La passementerie de pure laine, comme rubans de laine.

La passementerie de pur coton, ou dans laquelle il entre du coton, doit êt
traitée comme tissu de coton, c'est-à-dire prohibée. (*LD*. 17 *novembre* 1812.)

(3) La passepierre est une herbe potagère qu'on nomme aussi fenouil marin
mais, malgré ce dernier nom, elle ne sert aucunement en médecine et on ne l'em
ploie que pour la table ; le Tarif de 166, l'avoit, à cette raison, classée à marchan
dises ; et par suite je ne lui avois pas appliqué le décret du 8 février dans m
cinquième édition.... Toutefois il a été prescrit de faire payer le double droit à
passepierre.....

Désignation des marchandises		Quotité	Dates des lois
ASTEL ou *guède*. [Feuilles d'une plante bisannuelle, faites en fer de flèches et d'un vert bleuâtre. On en fait une pâte propre à la teinture, qui, moulée sous une forme ovale, devient fort dure.]....................................	*Exempt*.......... .....—...		15 mars 1791.
	Droit de bal.........		24 nivôse 5.
ASTEL *d'écarlate*. [Ce sont les pulpes fraiches du kermès, dont on a formé des pastilles pour l'usage de la teinture.]............	*Exempt*.......... .....—...		15 mars 1791.
	Droit de bal.........		24 nivôse 5.
ATES *d'amande* et *de pignons*. [Ce sont ces fruits réduits en consistance farineuse, de couleur blanchâtre. Il y a aussi de la pâte d'amande liquide, de consistance huileuse et graveleuse, et de couleur légèrement ambrée.].....................	*Quintal*.....	12..24	15 mars 1791.
TES *d'Italie et Vermicel*. [On appelle pâte d'Italie des pâtes de farine composées et travaillées de différentes formes pour les potages et les ragoûts ; celle dite *Vermicel* est roulée en forme de gros fil.]............................ (1)	*Quintal*....	10—20	15 mars 1791.
	Idem......	1— 2	12 pluviôse 3.
	Idem......	10—20	5 frimaire 5.
	Idem......	20.. 0	DI. 17 pluv. 13 et loi du 30 avr. 1806.
TIENCE. [Plante à tige rougeâtre, feuilles faites comme celles de l'oseille, mais plus longues, plus dures, assez étroites, pointues, d'un goût acide ; fleurs mousseuses, semences triangulaires, racine longue et de la grosseur du doigt, brune en dehors, jaune en dedans, et d'un goût amer.]................. (2)	*Quintal*.....	2— 4	15 mars 1791.
	Idem.....	4.. 8	DI. 8 février 1810.
TTE *de lion*. [Plante dont les feuilles sont oblongues et cotonneuses ; tiges simples, hautes de quatre pouces, fleurs en rose. Il sort de leur centre quatre à six têtes noirâtres et écailleuses, renfermant des fleurons soutenus par des graines menues et aigrettées. La racine, d'usage en médecine, est grosse, ronde, bossuée, inégale, de couleur cendrée en dehors, verte-jaunâtre en dedans, et d'un goût amer.]................... (3)	*Quintal*.....	2— 4	15 mars 1791.
	Idem.....	4.. 8	DI. 8 février 1810.
VÉS. [C'est le nom donné aux pierres qui servent à paver les rues et les routes.]................................	*Exempts*.... .....—...		15 mars 1791.
	Droit de bal.........		24 nivôse 5.
AVOT *rouge* (*Fleurs de*), ou *Coquelicots*. [Ces fleurs sont composées de quatre feuilles larges, minces, d'un rouge de feu éclatant, et qui sont si peu adhérentes, qu'elles tombent au moindre souffle.]................................ (3)	*Quintal*.....	2— 4	15 mars 1791.
	Idem.....	4.. 8	DI. 8 février 1810.

RENVOIS.

ASTEL (crayons de). *Voyez* Crayons.
ATILLES. *V.* Dragées.
ATE de palmier. *Voyez* Sagou.
ATE de papier. *Voyez* Cartons gris.
ATE de tournesol. *Voyez* Tournesol.
ATINS. *V.* la note à Quincaillerie fine.
AVOT blanc (huile de). *Voyez* aux Huiles.

(1) La pâte, dite *semoule*, est tarifée particulièrement. *Voyez* son article.
(2) Les Rhubarbes rapontics étant un genre de plantes voisin de celui des Patiences, il ne faut pas les confondre pour les régimes. (*Voir* à RHUBARBE.) Les patiences n'étoient pas reprises au Tarif de 1664.
(3) La patte de lion ni le pavot n'étoient repris au Tarif de 1664.

PEAUX et CUIRS *passés, tannés, corroyés* et *apprétés* comme suit : (1)

Peaux d'anta, biori, bœufs, buffles, élans, d'empakaasse, de mos ou moos, d'orignac, *tannées en forts*	Quintal.....	36—72	15 mars 1791.
Les mêmes corroyées	Idem......	45—90	*Même loi.*
Peaux de vaches tannées	Quintal.....	32—64	15 mars 1791.
Les mêmes corroyées	Idem......	40—80	*Même loi.*
Peaux de vaches et de bœufs passées en *hongrie*	Quintal.....	30—60	15 mars 1791.
Les mêmes passées en *chamois* et en *buffle*	Idem......	61—20	*Même loi.*
Peaux de vaches fabriquées en *russi* ou *roussi*	Quintal.....	61—20	15 mars 1791.
Peaux de cheval tannées en *croûte* et passées en *hongrie*	Quintal.....	15—30	15 mars 1791.
Les mêmes *étirées* et *corroyées*	Idem......	20—40	*Même loi.*
Les mêmes passées en *chamois*	Idem......	24—48	*Même loi.*
Peaux de boucs, chèvres, chevreaux, chamois, etc. *maroquinées*, *en cordouan*, en rouge	Quintal.....	142—80	15 mars 1791.
Les mêmes en *cordouan* ou *maroquinées*, en noir, bleu, citron et autres couleurs	Idem......	183—60	*Même loi.*
Les mêmes en *basane*	Idem......	36—72	*Même loi.*
Les mêmes *tannées* et *corroyées*	Idem......	61—20	*Même loi.*
Les mêmes passées *en chamois*	Idem......	91—80	*Même loi.*
Les mêmes passées en *blanc* ou en *mégie*	Idem......	55— 8	*Même loi.*
Peaux de cerfs et de chevreuils passées en *chamois*	Quintal.....	153— 0	15 mars 1791.
Les mêmes passées à *l'huile*	Idem......	91—80	*Même loi.*
Peaux de chagrin de *Turquie*	Quintal.....	153— 0	15 mars 1791.
Peaux en façon de *Turquie*	Quintal.....	91—80	15 mars 1791.
Peaux de chiens *tannées* et *corroyées*	Quintal.....	76—50	15 mars 1791.
Peaux d'ânes *tannées* et *corroyées*	Quintal.....	91—80	15 mars 1791.
Peaux de daims, , d'élans passées en *chamois*	Quintal.....	153— 0	15 mars 1791.
Peaux de moutons, brebis et agneaux en *chamois*	Quintal.....	51— 0	15 mars 1791.
Les mêmes passées en *basane* et en *croûte*	Idem......	48—96	*Même loi.*
Les mêmes passées en *blanc* et en *mégie*	Idem......	61—20	*Même loi.*
Peaux d'orignac passées en *chamois*	Quintal.....	122—40	15 mars 1791.
Peaux de porcs et de sangliers tannées en *croûte*	Quintal.....	45—90	15 mars 1791.
Peaux de rennes passées en *chamois*	Quintal.....	367—20	15 mars 1791.
Peaux de veaux tannées en *croûte*	Quintal.....	32—64	15 mars 1791.
Les mêmes passées en *chamois*	Idem......	244—80	*Même loi.*
Les mêmes *corroyées*	Idem......	48—96	*Même loi.*
Les mêmes en *mégie*	Idem......	306— 0	*Même loi.*
Peaux de veaux d'Angleterre ou préparées en *Angleterre*	Quintal.....	91—80	15 mars 1791.
Peaux apprêtées pour *tiges* de bottes	Quintal.....	367—20	15 mars 1791.
Peaux d'agnelins apprêtées pour *vélin* ou *smacques*	Quintal.....	306— 0	15 mars 1791.
Peaux de moutons passées en *mégie* avec la laine, appelées *howes*, *biscains* ou *housses de chevaux*	Quintal.....	36—72	15 mars 1791.
Tous les cuirs *tannés*, *corroyés* ou *apprêtés*, ouvrés ou non ouvrés; les peaux de toutes sortes pour gants, culottes ou gilets, ces mêmes objets fabriqués, comme toutes les peaux ci-dessus. (2)	Prohibés......		10 brumaire 5.

RENVOIS.

PEAUX (dégras de). *Voyez* aux Huiles.
PEAUX et poils. *Voyez* Poil en masse.
PEAUX A CAILLER. *Voyez* pressure.
PEAUX D'AGNEAUX apprêtées *prohibées*. (*LD.* 29 *juillet* 1808.)
PEAUX DE COCHONS non appêtées, 3 pour 100, *comme* omises. (*LD.* 6 *avril* 1806.)
PEAUX DE SANGLIER, *comme* peaux de Cochons.
Peaux de daims *sèches en poils*, droit de balance. (*LD.* 23 *août* 1806.)
Peaux de chevreuils *sèches en poils*, droit de balance (*LD.* 24 *janvier* 1806.)
PEAUX de Castor, Loutre, etc. *V.* Poil en masse.
Peaux de cerfs *sèches en poils*, *comme* Peaux de chevreuils. (*LD.* 1 *août* 1811.)

130. (ENTRÉE. 118.)

(1) Pour la description des Cuirs, voyez la note des Peaux au Tarif de Sortie.
(2) On en excepte les vaquettes ou demi-semelles de Lisbonne qui n'ayant reçu qu'une légère main-d'œuvre sont admissibles en payant 10 pour 100 de la valeur. (*DM.* 19 *décembre* 1806.)

PEAUX et **CUIRS**. (*Suite des*)			
PEAUX *de chiens de mer, de cagneaux bleus, lions* et *ours marins*. [Elles sont très-sèches, point écailleuses, mais raboteuses, et quoique cela susceptibles d'un beau poli.]. (1)	*Quintal*.....	8..16	15 mars 1791.
PEAUX *d'oie et de cygne*. [Elles sont propres à faire éventails, et connues sous le nom de peaux blanches d'Italie.].... (2)	*Quintal*.....	3o6.. o	**LM**. 5 therm. 12.
PEAUX *sèches en poil, de* **VEAUX** *et de* **MOUTONS**. [Ce sont celles qu'on a fait sécher sans en ôter le poil ou bourre.](3)	*Exemptes*... ......—... *Droit de bal.*		15 mars 1791. 24 nivôse 5.
PEAUX *salées* et *en vert de bœufs, vaches et veaux, de chevaux et d'ânes, de moutons, brebis* et *agneaux*. [On nomme peaux en vert celles telles qu'on les lève sur le corps de l'animal ; salées sont celles qu'on a salées avec du sel marin et de l'alun, ou avec du natron pour empêcher qu'elles ne se corrompent.] .... (4)	*Exemptes*... ......—... *Droit de bal.*		15 mars 1791. 24 nivôse 5.
IGNES *d'écaille*. [Sorte d'instrument à dents dont on se sert pour s'arranger les cheveux.]................... (5)	*Kilogramme*.	2.. 4	15 mars 1791.
Ceux en *Ivoire*................... (5)	*Kilogramme*.	1..55	15 mars 1791.

(1) Cette exception de la prohibition a été déclarée par lettre au directeur d'Abbeville, en date du 12 floréal an 12.

(2) Une lettre du Ministre de l'Intérieur, du 5 thermidor an 12, a déclaré que les peaux d'oie et de cygne propres à faire des éventails ne pouvoient être comprises dans la prohibition des espèces de peaux ouvrées *prohibées*, attendu qu'elles sont utiles à une branche de notre industrie et une sorte de matière première, et qu'elles devoient le droit de 1791 par assimilation aux peaux d'agnelins apprêtées pour vélin.... — Ce droit étoit de 150 livres, par conséquent 3o6 fr. par quintal métrique et non pas 3oo fr.

(3) Ainsi transmis par lettres du Direct. génér. des 28 fruct. an 10 et 24 prair. an 11.

Les Peaux sèches en poil de chèvre ne doivent également que le droit de balance. (*LD*. 24 *janvier* 1806.)

(4) Celles des daims y sont comprises. (*Lettre du* 28 *août* 1806.)

(5) L'*Ecaille* brute paye actuellement 15 fr. du kilogramme ; l'Ivoire acquitte 1oo fr. du quintal, et leurs fabrications de main-d'œuvre étrangère sont restées à l'ancien taux, c'est-à-dire à des droits beaucoup plus foibles que leurs matières

PELLETERIES *non apprêtées.* [On nomme pelleterie non apprêtée ou
sauvagine, les sortes de peaux garnies de poils qui, propres à
faire des fourrures, n'ont encore reçu aucune façon ni apprêt.
Elles payent comme suit :

    Peaux de blaireaux. [Le dos est mêlé de noir et de blanc,
      et le ventre est noir.]............................

    Peaux de loutres. [Elles paroissent brunes et ont deux
      sortes de poils ; les uns longs et fermes, les autres plus
      fins forment un duvet soyeux.]....................

    Peaux de loups de bois. [Cette peau a la grandeur de
      celle d'un chien de berger : elle est d'un gris fauve
      mêlé de brun.]...............................

    Peaux de loups cerviers. [Elles sont de la grandeur de
      celles de renard, à poils longs, tachetées et variées en
      couleurs.]....................................

    Peaux de cygnes. [Elles ont un duvet très-doux et d'un
      blanc éclatant : celles des jeunes cygnes sont grises.]..

    Peaux de chèvres angoras. [Elles ont la grandeur de
      celles de chèvres ordinaires ; mais leurs poils sont
      blancs et argentés.]...........................

    Peaux de carcajoux. [Elles ont environ 60 centimètres
      de long, et leurs poils sont plus ou moins noirs.].....

                                        La pièce....   0..20   15 mars 1791.

    Peaux de chats cerviers et *chats tigres*, ainsi nommées à
      cause de leur ressemblance avec celle de ces animaux..

    Peaux de lions et lionnes. [Elles sont d'un fauve clair ;
      celles des lions ont une crinière.]..................

    Peaux de martres de toutes espèces. [Elles sont petites et
      longues, de couleurs nuancées depuis le jaune clair
      jusqu'au jaune noirâtre.]........................

    Peaux d'oies. [Elles ont un duvet très-fin de la nature de
      la plume.]....................................

    Peaux de renards de toutes espèces. [Elles sont de diffé-
      rentes nuances de jaune, et quelques-unes sont mélan-
      gées de gris.]................................

    Peaux de pékands, veaux, vaches et *loups marins.* [Ces
      peaux sont lisses et ont très-peu de poils.]...........

                                        La pièce....   0..10   15 mars 1791

    Peaux de chats de feu et *de chats sauvages, de chiens*
      et *de chikakois, de fouines, de genettes, de mar-*
      mottes, de putois et *de vison.* [Toutes ces peaux sont
      à-peu-près des mêmes couleurs que celles des martres.]

    Peaux de gredbes. [Ce sont les peaux d'un oiseau dont le
      duvet est si fin, qu'il paroit tenir davantage du poil
      que de la plume : il est d'un blanc très-éclatant.]....

                                        La pièce....   0.. 5   15 mars 1791.

RENVOIS.

premières.... Pareille discordance provient et de la mauvaise classification du **Tarif**
de 1791, et des mauvais principes sur lesquels ce Tarif a été établi.... Je dis mauvais principes, parce qu'un pays comme la France n'a que faire des fabrications
étrangères, et l'importation des peignes comme celle de tous objets entièrement
fabriqués, devroit être sévèrement prohibée..... Je n'excepterois de la prohibition que
les outils et les métiers qui seroient propres au perfectionnement de nos fabrications......

PELLETERIES. *Peaux d'ours* et *d'oursins de toutes couleurs.* [Ces peaux sont grandes, ont le poil fort long, de diverses couleurs, noir, blanc, gris, roussâtre, et quelquefois l'extrémité dorée.]....................	*La pièce....*	0..25	15 mars 1791.
Peaux de léopards, panthères, tigres et *zèbres.* [Toutes ces peaux, qui sont très-grandes, ont le poil serré et court : elles sont rayées, mouchetées ou tachetées de fauve et de noir, ou de noir et de blanc. Cet article comprend aussi toutes les peaux qu'on nomme *tigrées.*]	*La pièce....*	0..50	15 mars 1791.
Peaux d'hermines blanches et *lasquettes.* [Elles sont très-petites et très-blanches. La lasquette est une hermine de petite espèce.]..........	*Le timbre de 40 peaux.*	2.. 0	15 mars 1791.
Peaux d'hermines de terre mouchetées, bervesky, écureuils d'Amérique, palmistes des Indes. [Ces peaux sont très-petites ; les unes sont rayées, les autres mouchetées.]....................	*La pièce....*	0.. 2	15 mars 1791.
Peaux de petits-gris et *écureuils de toutes espèces.* [Le petit-gris est lui-même un écureuil. Ces peaux sont à longs poils, ont la grandeur de celle d'un gros rat, et leurs couleurs les plus ordinaires sont rousses.].......	*La pièce....*	0.. 1	15 mars 1791.
NOTA. *Les pelleteries ci-dessus paieront, à l'exception des ours, le double des droits ci-dessus lorsqu'elles seront apprêtées* (1).			
Peaux d'agneaux, dites *d'Astracan, de Russie, de Perse* et *de Crimée.* [Ce sont les peaux très-petites d'agneaux morts-nés. Elles ont le poil court, blanc ou noir, lisse et très-luisant....................	*La pièce....*	0..50	15 mars 1791.
Peaux de lapins blancs, riches, roux, noirs et *bruns, apprêtées.* [Elles ont le poil très-doux et très-fin. Le *riche* est un lapin gris.].....................(2)	*La pièce....*	0..10	15 mars 1791.
Peaux de lièvres blancs, apprêtées. [Elles ont aussi un poil très-doux et très-fin.].....................	*La pièce....*	0.. 6	15 mars 1791.
Gorges de renards, de martres et *de fouines.*.........	*La pièce....*	0.. 2	15 mars 1791.

RENVOIS.

(1) La plupart de ces peaux venant de très-loin, ont presque toutes un certain apprêt ; mais il ne faut pas confondre cet apprêt avec le travail des fourreurs dont il s'agit ici pour le double droit.

(2) Les peaux de lièvres apprêtées ont été soumises à ce droit par analogie d'espèces. (*LD. 28 mars 1809.*)

Désignation	Unité	Droit	Date
PELLETERIES. *Queues de martres de toutes espèces*	*Le 100 en N.*	2..50	15 mars 1791.
Queues de petit-gris, d'écureuils, d'hermines, de putois.	*Le 100 en N.*	0..25	15 mars 1791.
Queues de renards, de fouines, de carcajoux, de pékands, de loups	*Le 100 en N.*	1..50	15 mars 1791.
Sacs ou *nappes de martres de Russie, de Canada, de Suède, d'Éthiopie; d'agneaux d'astracan, d'hermines, de lasquettes* .... (1)	*Sac ou napp.*	5.. 0	15 mars 1791.
Sacs ou *nappes de dos* et *ventres de petits-gris, d'écureuils de toutes espèces, lapins de toutes couleurs, taupes, fouines, putois; de dos et ventres de lièvres blancs, d'hermines de terre mouchetées* ou *bervesky, rats palmistes des Indes, d'Hamster; de dos, ventres* et *pattes de renards* .... (1)	*Sac ou napp.*	1..50	15 mars 1791.
Peaux de castor et *rats musqués*, propres à la chapellerie. [Celles de castor sont de différentes couleurs, à poils très-serrés : il y en a d'imprégnées d'une sorte de graisse. Le rat musqué est plus petit ; mais il ressemble au castor.]	*Exemptes*.......—... *Droit de bal.*........		15 mars 1791. 24 nivôse 5.
Peaux de lièvres, de lapins gris, blancs, roux, de toutes espèces et couleurs, *non apprêtées.* [Elles sont telles qu'elles sont levées de dessus ces animaux.].........	*Exemptes*.......—... *Droit de bal.*........		15 mars 1791. 24 nivôse 5.
PELLETERIE *non-dénommée dans le présent article*..... (2) Comme *celles auxquelles elles seront assimilées.*		....	15 mars 1791.
PELLETERIE OUVRÉE, *en manchons, fourrures, palatines,* etc.... (2)	*Par* 100 *fr*..	15.. 0	15 mars 1791.

RENVOIS.

(1) On nomme sac ou nappe des peaux cousues ensemble, de manière que le p[oil]
soit retourné en dedans.

(2) Si les pelleteries importées provenoient d'animaux des deux Indes, elles [pai-]
vroient le double droit de celles auxquelles elles seroient assimilées, ou 15 franc[s de]
leur valeur si elles étoient ouvrées.

Désignation des marchandises		Droits		Loi ou décret
PENNES, ou **PAINES** *de laine* et *de fil*. [Ce sont les bouts qui restent sur les métiers après que les étoffes ont été fabriquées.]....	*Exemptes*	.......—.		15 mars 1791.
	Droit de bal.	....		24 nivôse 5.
PERELLE *non apprêtée*. [Espèce de lichen qui croît sur les rochers. Celle-ci se présente sous la forme écailleuse.]............(1)	*Exempte*	.......—.		15 mars 1791.
	Droit de bal.	....		24 nivôse 5.
PERELLE *apprêtée*. [C'est le lichen ci-dessus, dont on a fait une pâte tinctoriale, au moyen de la potasse, de la chaux et de l'urine putréfiée ; mais elle est moins bonne que celle de l'orseille.]..........................(1)	*Exempte*	.......—.		15 mars 1793.
	Droit de bal.	.......—.		24 nivôse 5.
	Quintal net.	200..	0	DI. 12 sept. 1810.
PÉRIGUEUX, ou **PÉRIGORD**. [C'est un manganèse gris noirâtre compacte, qui pour l'ordinaire est mêlé d'une assez grande quantité de fer.].................................	*Exempt*	.......—.		15 mars 1791.
	Droit de bal.	....		24 nivôse 5.
PERLES FINES. [C'est le bézoard de l'huître nacrée. Les perles augmentent de prix en proportion de leur grosseur, de leur régularité et de leur éclat.]............................(2)	*Exemptes*	.......—.		15 mars 1791.
	Droit de bal.	....		24 nivôse an 5.
PERRUQUES *de toutes sortes*. [On nomme ainsi des cheveux cousus sur une coiffe pour remplacer la chevelure naturelle.]......	*La pièce*	2..	0	15 mars 1791.
PERSIL *de Macédoine*. [Plante assez semblable au persil ordinaire ; mais ses feuilles sont plus amples et un peu plus découpées : sa semence, de couleur obscure, est plus oblongue, plus menue et plus aromatique.]........................ (3)	*Quintal*	10—20		15 mars 1791.
	Idem	20..40		DI. 8 février 1810.
PIEDS *d'élan*. [Ils sont noirs et ont les ongles fendus comme ceux de bœuf. On employoit cet ongle contre l'épilepsie.]...... (4)	*Le 100 en N.*	1..50		15 mars 1791.

RENVOIS.

PENDULES. *Voyez* Horlogerie.
PERCEPIERRE. *Voyez* Passepierre.
PERKALLE. *V.* Toiles de coton.
PERLE (nacre de). *Voyez* Nacre.
PERLES FAUSSES. *Voir* Mercerie commune.
PERSE. *V.* Toiles peintes.
PERSPECTIVES, ou **VUES D'OPTIQUE.** *V.* Instrumens d'Optique.
PÉTROLLE (huile de). *Voyez* aux Huiles.

(1) Voyez la note à ORSEILLE.

La perelle apprêtée se nomme aussi *licheno*, ou *tournesol en pâte* ou *en pain*.

(2) De ce que la loi du 1er août 1792 a rangé les *perles fausses* parmi les articles de mercerie commune, une lettre du 3 frumaire an 14 en a tiré l'induction que les perles fines devoient être soumises au même droit...... C'étoit une fausse application de l'axiôme rapporté dans la note 2 du titre GOMMES. Les perles fines, par leur valeur, demandent à être traitées comme les pierres précieuses, et ce seroit s'écarter du système du tarif existant, que de les classer différemment, quant aux droits. Une lettre ministérielle, du 24 mars 1813, vient d'ailleurs de le décider ainsi.

(3) Le persil de Macédoine n'étoit pas repris au Tarif de 1664.

(4) Le pied d'élan n'est au tarif qu'à raison de sa prétendue propriété de guérir l'épilepsie.... C'est donc comme drogue qu'il s'y trouve : conséquemment il devroit le double droit, mais il a été résolu de ne pas le lui appliquer.

135. (ENTRÉE. 123.)

PIERRES *à aiguiser, de toutes sortes.* [Schistes argileux composés de couches alternativement rousses et noirâtres, ou couleur d'ardoise. Celles de Turquie sont un grès quartzeux d'une extrême finesse.] .... (1)	Quintal.....	1.. 2	15 mars 1791.
PIERRES *arméniennes.* [Elles sont graveleuses, opaques, bien moins dures que celles du lapis lazuli, recevant un poli terne; d'un bleu verdâtre ou obscur. Elles se calcinent au feu.] ...... (2)	Quintal..... / Idem	20—40 / 40..80	15 mars 1791. / DI. 8 février 1810.
PIERRES *à bâtir.* [Il y en a de différentes sortes et couleurs.]	Exemptes... / Droit de bal.	......—— /	15 mars 1791. / 24 nivôse 5.
PIERRES *à chaux.* [Toute pierre calcaire est propre à faire de la chaux. Celles dont on se sert ordinairement sont ou dures et compactes, d'un grain fin, ou raboteuses, ou brillantes, écailleuses et tendres, de couleurs variées, blanches, jaunes, grises ou rouges, se divisant en morceaux irréguliers.]	Comme *chaux à brûler*.....	....	1 août 1792.
PIERRES DE CHOIN *brutes ou même taillées sans être polies.* [C'est une pierre grise ou rouge qui venoit de Choin en Savoie : elle est dure et susceptible de poli.]	Exemptes... / Droit de bal.	......—— /	15 mars 1791. / 24 nivôse 5.
Celles polies, en cheminées, etc.	Par 100 fr...	2..50	15 mars 1791.
PIERRES FINES, *même montées.* [Les pierres fines ou précieuses sont les diamans, les rubis, les saphirs, les topases, les émeraudes, les chrysolites, les améthistes, les grenats, les hyacinthes, les bérylles, etc.] .... (3)	Exemptes... / Droit de bal.	......—— /	15 mars 1791. / 24 nivôse 5.
PIERRES *à feu, à fusil et arquebuse.* [On a donné ce nom, tantôt au silex, et tantôt à la pyrite. Ce sont ces pierres qui, frappées contre l'acier, donnent des étincelles.]	Quintal.....	4.. 8	15 mars 1791.

PICARDATS. *Voyez* Fruits secs.
PICHOLINES. *Voyez* Fruits.
PIERRE d'aigle. *Voyez* Aétite.
PIERRE de fiel. *Voyez* Bezoard.
PIERRE de foudre. *Voyez* Flin.
PIERRE CAUSTIQUE, *comme* droguerie omise. (*LD.* 15 avril 1812.)
— PIERRES fausses non montées, *comme* mercerie commune. (*DM.* 24 *mars* 1813.)
PIERRES fausses montées, *voir* à ouvrages à pierres de composition.
— PIERRES fausses qui ne doivent recevoir d'autre fabrication que l'anneau qui sert à les attacher *comme* ouvrages à pierres de composition. (*DM.* 24 *mars* 1813.)
PIERRE infernale, brute ou apprêtée, doit comme droguerie omise. (*LD.* 26 *févr.* 1812)

(1) Les Pierres à aiguiser de forme circulaire ne sont pas comprises dans cet article; elles sont tarifées sous la dénomination de MEULES.

Les principales Pierres qui servent à afiler se vendent sous les noms de *Pierre de faux* ou *d'ail, à faucheur, du Levant, de Liége, queue de grès, Pierre à huile, émouloire, de Rochon, naxienne :* on les appelle aussi Cos.

(2) La Pierre arménienne étant la matière de ce qu'on vend dans le commerce sous le nom de *cendres vertes* ou *vert d'eau,* lesquelles ont été classées à droguerie par le Tarif de 1664, il en résulte que cette pierre doit le double droit.

(3) La loi du 15 mars 1791, par un écart de principes, avoit accolé les pierres fausses aux pierres fines; mais la loi du 1er août 1792, en distrayant les perles fausses de l'article *perles fines et fausses,* pour les classer à Mercerie, a, par une analogie nécessaire, rangé les pierres fausses non montées dans la même cathégorie, et il n'y a que les perles fines et les pierres fines qui doivent jouir de l'immunité. (*DM.* 2, *mars* 1813.)

Désignation des marchandises	Unité	Droits	Loi
PIERRES *de mangayer*. [Nous croyons qu'il s'agit ici de la pierre magagne qui est employée à lessiver ou purifier les terres qui servent à la verrerie.]..................................	Quintal.....	0..51	15 mars 1791.
PIERRES *à plâtre*. [On donne ce nom au gypse grossier confusément cristallisé, et qui est ordinairement mêlé de carbonate de chaux, ce qui le rend plus propre à la maçonnerie que le gypse pur.]..	Exemptes... / Droit de bal.	...—.. /	15 mars 1791. / 24 nivôse 5.
PIERRES-PONCES. [Matière volcanique de couleur grise, blanchâtre, très-poreuse, légère, friable, composée de fibres différemment contournées, d'un coup-d'œil luisant et soyeux, mais rude au toucher : elle nage sur l'eau.]...................	Quintal.....	1.. 2	15 mars 1791.
PIERRES *savonneuses*. [Elles ont une consistance de cire et sont marbrées de rouge et de blanc. Elles ont le goût et les propriétés du savon : elles sont encore plus onctueuses que la stéatite proprement dite.]..	Exemptes... / Droit de bal.	...—.. /	15 mars 1791. / 24 nivôse 5.
PIERRES *de touche*. [Sorte de schiste d'un grain fin et continu, noir et verdâtre, dur et susceptible de poli, recevant facilement la trace du métal qu'on y frotte.]...................... (1)	Quintal.....	2.. 4	15 mars 1791.
PIGNONS *blancs*. [Ce sont les coques du pin : elles renferment une amande oblongue à demi-ronde, blanche, douce au goût et tendre.].. (2)	Quintal..... / Idem.....	6—12 / 12..24	15 mars 1791. / DI. 8 février 1810.
PIGNONS *d'Inde*. [Ce sont des graines qui ressemblent beaucoup à la première espèce de ricin tarifée à Catapuce. Elles sont convexes d'un côté et un peu aplaties de l'autre, marquées de quatre angles : leur écorce est grisâtre et tiquetée de brun ; l'amande est blanchâtre, d'un gout gras, mais âcre et brûlant.].... (2)	Quintal..... / Idem.....	8—16 / 16..32	15 mars 1791. / DI. 8 février 1810.
PINCEAUX *de poils fins*. [On nomme ainsi des poils enchâssés dans le chalumeau d'une plume, dont les peintres se servent pour appliquer les couleurs.]................................	Quintal.....	146..88	15 mars 1791.
Ceux *autres* que de poils fins et de cheveux............	Quintal.....	18..56	15 mars 1791.
PIQUÉS *de toutes sortes*. [On comprend sous cette dénomination les étoffes fabriquées de manière à laisser apercevoir des petits carrés, des petits ronds, ou de certaines rayures en espèces de reliefs.]...	Prohibés....	....	10 brumaire 5.

RENVOIS.

PIERRE de grès. *Voyez* Pavés.

PIERRE de sel. *Voyez* les renvois à Sel.

PIERRES de composition. *Voyez* Ouvrages en pierres de composition.

PIERRES. Pour les autres, *voyez* à leurs noms propres.

PIGNONS (huile de). *Voyez* aux Huiles.

PIMENT, *comme* Poivre noir. (*DI.* 12 *sept.* 1810.)

PINCETTES de fer, même du duché de Berg, *Comme* Ouvrages en fer. (*CD.* 21 *frim. an* 14.)

PIPES de porcelaine, *comme* mercerie fine. (*DM.* 16 *octobre* 1812.)

PIPES à fumer. *Voyez* Mercerie.

PIRESTRES. *Voyez* Pyréthres.

PISTACHES. *Voyez* aux Fruits.

(1) On nomme *Schiste* la pierre qui se sépare par lames et par feuilles comme l'ardoise.

(2) Le Tarif de 1664 n'a pas classé les pignons parmi les drogueries, toutefois ils me paroissent devoir l'être à raison de leur produit et de leur usage.

Désignation	Unité	Droits	Loi / Décret
Pivoine (*Racines et fleurs de*). [Les racines sont formées en navets ; elles sont grosses comme le pouce, rougeâtres en dehors, blanches en dedans. Les fleurs sont amples, disposées en rose, de couleur purpurine, incarnate ou panachée, et soutenues par un calice à cinq feuilles.]...........................(1)	*Quintal*..... Idem......	6—12 12..24	15 mars 1791. DI. 8 février 1810.
Plaqués *de toutes sortes*. [On nomme ainsi les ouvrages recouverts d'une lame d'or ou d'argent.]........................	*Prohibés*....	....	10 brumaire 5.
Plâtre *à bâtir*. [C'est la pierre à plâtre qui, calcinée dans un four, a été ensuite battue et réduite en poudre blanche.]..........	*Exempt*..... *Droit de bal.*	..—.	15 mars 1791. 24 nivôse 5.
Plomb *minéral* ou *Alquifoux*. [Ce minéral, nommé aussi *galène*, a la couleur du plomb et l'éclat métallique. Sa forme cristalline la plus ordinaire est le cube ou l'octaèdre, plus ou moins tronqués dans leurs angles et leurs bords : lors même qu'il est en masses irrégulières, ses fragmens sont presque toujours des cubes ou des lames carrées.].........................(2)	*Quintal*..... Idem......	1— 2 2.. 4	15 mars 1791. DI. 8 février 1810.
Plomb *noir* (*Mine de*). [Carbure de fer natif qui se présente en morceaux arrondis irréguliers, ou en forme de rognons. Ce minéral est luisant, d'un bleu noirâtre, gras au toucher ; sa cassure est tuberculeuse, il tache les mains et laisse sur le papier un trait noir qui lui a fait donner le nom de crayon noir.]....................................(3)	*Quintal*..... Idem......	1—3 3.. 6	15 mars 1791. DI. 8 février 1810.
Plomb *brut* et *en saumon*. [Le plomb est un métal mou et facile à fondre ; il est très-pliant, très-tenace ; c'est le moins sonore et le moins élastique des métaux. On appelle *saumons de plomb* des lingots aplatis d'un côté et arrondis de l'autre.]........ (4)	*Quintal*..... Idem...... Idem......	6—12 1—20 6..12	15 mars 1791. 12 pluviôse 3. 9 floréal 7.
Celui *à tirer* et en *grenailles*. [C'est du plomb fondu en petites balles ou en grains.]......................	*Quintal*..... Idem......	9—18 24.. 0	15 mars 1791. DI. 23 oct. 1811.
Celui *laminé* et *ouvré* de toute autre sorte........... (5)	*Quintal*..... Idem......	18—36 24.. 0	15 mars 1791. DI. 23 oct. 1811.

<table>
<tr><td>

</td><td>

(1) La pivoine n'étoit pas reprise au Tarif de 1664, mais une lettre du 16 avril 1810 a ordonné de lui appliquer le double droit.

(2) Ce que dans le commerce on nomme plomb minéral est la galène que les ouvriers appellent alquifoux .... il n'étoit pas réputé droguerie dans le tarif de 1664, mais il a été rangé dans cette classe depuis le décret du 8 février 1810, sous la dénomination alquifoux.

On nommoit encore plomb minéral, une autre espèce de galène et même la mine de plomb noire, mais cette dernière est tarifée particulièrement à l'article suivant.

(3) C'est par lettre du 30 juin 1810, qu'il a été ordonné d'appliquer le décret du 8 février 1810 à la mine de plomb noire.

(4) La dénomination de plomb brut comprend nécessairement le plomb vieux et le plomb en mitraille. (*LD*. 19 *avril* 1808.)

(5) Partie de ce titre (celle *Plomb ouvré* de toute sorte) est en contradiction avec l'article 5 de la loi du 10 brumaire an 5, qui prohibe tous Ouvrages en métaux.

</td></tr>
</table>

PLUMES. [C'est ainsi qu'on nomme le duvet qui couvre les oiseaux ; mais ici ce nom s'applique plus particulièrement aux tuyaux de leurs ailes et de leurs queues.

Désignation			
Les plumes *d'autruche*, *d'aigrette*, *d'espadon*, de *héron*, *d'oiseau couronné* et autres de première qualité qui entrent dans le commerce des *plumassiers*. [Les plumes d'autruche viennent en masse, c'est-à-dire en paquets de cinquante. Elles cessent d'être brutes lorsqu'elles ont reçu un apprêt, soit d'arrangement, soit de couleur.]............................ (1)	Quintal.....	102— 0	15 mars 1791.
	Idem.......	500— 0	DI. 17 pluv. 13.
	Idem.......	500— 0	30 avril 1806.
	Idem.......	1000..0	DI. 8 févr. 1810.
Les mêmes apprêtées......................... (1)	Quintal net..	306— 0	15 mars 1791.
	Idem.......	1500—0	DI. 17 pluv. 13,
	Idem.......	1500—0	30 avril 1806.
	Idem.......	5000..0	DI. 8 févr. 1810.
Plumes de *qualité inférieure*, comme *petites noires*, *bailloques brutes et de vautour*. (2) [Ce sont les plumes du dos et du ventre de l'autruche qu'on nomme petites noires et bailloques ; elles viennent en paquets de cent. On doit ranger dans cette classe les plumes d'autruche communes, appelées noir grand, petit-gris, et femelle obscure.]................................... (1)	Quintal.....	40—80	15 mars 1791.
	Idem.......	150— 0	DI. 17 pluv. 13.
	Idem.......	150— 0	30 avril 1806.
	Idem.......	300.. 0	DI. 8 févr. 1810.
Les mêmes apprêtées......................... (1)	Quintal.....	102— 0	15 mars 1791.
	Idem. *net*..	500— 0	DI. 17 pluv. 13.
	Idem.......	500— 0	30 avril 1806.
	Idem.......	1000..0	DI. 8 févr. 1810.
Plumes *à écrire brutes*. [Ce sont celles d'oies et de cygnes, et même de corbeaux.].........................	Quintal.....	6—12	15 mars 1791.
	Idem.......	1—22	12 pluviôse 3.
	Idem.......	6—12	5 frimaire 5.
	Idem.......	20.. 0	DI. 17 pluv. 13 et loi du 30 avr. 1806.
Les mêmes *apprêtées*. [On nomme plumes à écrire apprêtées celles dégraissées et dépouillées de la pellicule qui y est attachée lorsqu'on les tire des ailes des oiseaux.]..	Quintal net..	40—80	15 mars 1791.
	Idem.......	8—10	12 pluviôse 5.
	Idem.......	40—80	5 frimaire 5.
	Idem.......	60— 0	DI. 17 pluv. 13.
	Idem.......	100.. 0	30 avril 1806
Plumes *à lit*. [Ce sont les plumes les plus fines de différens oiseaux, dont les tuyaux sont assez petits pour être peu sentis au travers le barbu dont elles sont revêtues : on les fait sécher pour en faire des oreillers, etc.].....	Quintal.....	15—50	15 mars 1791.
	Idem.......	30.. 0	DI. 17 pluv. 13 et loi du 30 avr. 1806.

RENVOIS.

PLUMES ÉTÊTÉES d'autruche, aigrette, etc. *comme* plumes de première qualité. (*LD.* 6 *janvier* 1808.)

PLUMES DE COQ, on perçoit *comme* plumes de qualité inférieure.

PLUMETS OU PANACHES de femmes. *V.* Modes.

(1) Il résulte d'une décision ministériell. du 15 octobre 1812, que le décret du 8 février 1810 est applicable aux plumes d'autruches....... Ainsi toutes celles des oiseaux des Indes doivent être, par analogie, assujetties au doublement des droits de la loi du 30 avril 1806.

(2) Les plumes de vautour seront traitées comme plumes de qualité inférieure. (1 *août* 1792.)

Poids et Mesures destinés à peser ou à mesurer suivant l'ancien usage.............(1) }	Prohibés........	....	18 germinal 3.
Poil *en masse* et *non filé* de lapin, lièvre, loutre, castor, chameau, chèvre et chevreau.......... }	*Exempt*..... *Droit de bal.*	.—...	15 mars 1791. 24 nivôse 5.
Poil *filé* et en *écheveaux*, payoit, savoir :			
Celui de lapin et lièvre.......... }	*Quintal*.....	81—60	15 mars 1791.
Celui de castor..........	Idem......	367—20	*Même loi.*
Celui de chameau, retors et en cordonnets..........	Idem......	122—40	*Même loi.*
Celui de chèvre, retors en cordonnets pour boutons.....	Idem......	244—80	*Même loi.*
Tous *poils filés*, excepté ceux ci-après..........	*Prohibés*....	....	10 brumaire 5.
Poil *de chèvre* filé. [Il sert à faire des camelots, des boutons, et autres ouvrages de passementerie, etc.]..........(2) }	*Quintal*.... Idem......	1— 2 10.. 0	15 mars 1791. DI. 17 pluv. 13 et loi du 30 avr. 1806
Poil *de chien filé*.......... }	*Exempt*.... *Droit de bal.*	.—...	15 mars 1791. 24 nivôse 5.
Poil ou *soie de porc* et *de sanglier*. [Ces poils, de la longueur du doigt, et très-rudes, servent à faire des brosses, etc.].......... }	*Quintal*.... Idem...... Idem...... Idem......	2— 4 0—20 2— 4 15.. 0	15 mars 1791. 12 pluviôse 3. 3 frimaire 5. DI. 17 pluv. 13 et loi du 30 avr. 1806.
Poiré. [Jus de poires de médiocre qualité dont on fait une boisson. Ce liquide approche assez du vin blanc par la couleur et par le goût.].......... }	268 *litres*....	6.. 0	15 mars 1791.

(1) Les poids de fonte dont les anneaux sont brisés ne sont pas compris dans la prohibition. (*Décision du* 26 *prairial an* 7.)

(2) C'est en vertu d'une lettre ministérielle du 2 nivôse an 5, que le poil de chèvre n'est pas compris dans la prohibition des poils filés; il n'y a d'y compris que les ouvrages qui en sont fabriqués.

Les poils de chèvre filés ou en motte ne sont pas soumis aux certificats d'origine (*DM*. 12 *frim*. 9.)

Désignation	Unité	Droits	Loi
POISSONS D'EAU DOUCE *frais*. [Dénomination générique des animaux qui vivent dans l'eau. On entend par poissons d'eau douce ceux pêchés dans les rivières.]................ (1)	*Exempts..*	....—...	15 mars 1791.
	Droit de bal.	....	24 nivôse 5.
POISSONS DE MER, *frais, salés* ou *fumés*, de pêche et préparation étrangères, autres que celles anglaises......... (2)	*Quintal.....*	40—80	15 mars 1791.
	Idem... (3)	10—20	19 mai 1793.
Y compris les poissons marinés...............	Idem......	1— 2	12 pluviôse 3.
	Idem......	10—20	3 frimaire 5.
Payoient — Ceux de pêche étrangère....................	Idem......	20—40	9 floréal 7.
Les mêmes, importés sur bâtimens françois......	Idem... (4)	0—50	*Même loi.*
Poissons frais, secs, salés et fumés.............	Idem......	40—80	A C. 2 therm. 10.
	Idem......	40— 0	8 floréal 11.
Les mêmes, *paieront* pendant la guerre...............	Idem......	20.. 0	A C. 4 compl. 11 et loi du 22 vent. 12.
Anchois. [Sorte de petit poisson long et plat qu'on sale ou qu'on marine.].................... (5)	*Quintal.....*	18—36	15 mars 1791.
	Idem......	9—18	9 floréal 7.
	Idem......	18..36	A C. 2 therm. 10.
Morue. [La tarification s'applique également aux langues, noos, nowes ou tripes de ce poisson...................	*Quintal.....*	10.. 0	DI. 12 sept. 1810.
Rogues, coques, rares et résures de *Morue.* [Ce sont les œufs salés de ce poisson, lesquels servent d'appât pour pêcher les sardines]......................	*Exemptes...*	....—...	15 mars 1791.
	Droit de bal.	....	24 nivôse 5.
Thon mariné. [Ce sont les tronçons de ce poisson, cuits et conservés dans de l'huile d'olive.]............ (5) Le *thon salé* doit le même droit. (*LD.* 4 oct. 1809.)....	*Quintal.....*	91..80	15 mars 1791.
POISSONS SECS...............................(6)	*Quintal.....*	8.. 0	DI. 12 sept. 1810.
Stockvisch. [C'est une espèce de merluche salée et desséchée de couleur grise, qu'il faut distinguer des morues vertes ou salées, assujetties au droit des poissons de mer.] (*C. du D. d'Anvers, du 28 ventôse an 11.*)]...................	*Quintal.....*	16— 0	A C. 14 vent. 11.
	Idem......	16— 0	8 floréal 11.
	Idem......	8— 0	A C. 4 compl. 11.
	Idem......	8.. 0	22 ventôse 12.

(1) Cependant les esturgeons et saumons pêchés dans l'Escaut sont reputés poissons de mer. (*DM.* 27 *vendemiaire an 7.*)... La loi n'exemptant que les poissons d'eau douce frais, il en résulte que lorsqu'ils sont préparés, ils doivent le droit imposé sur le poisson de mer (*CD.* 13 *octobre* 1807.).... Ainsi decide pour les anguilles marinées et préparées à l'étranger.

(2) Les coquillages de mer et les huîtres ne sont pas compris sous la dénomination de poisson; voir leurs articles. Un décret impérial du 31 mai 1808 permet l'introduction des sardines fraîches ou en vert, provenant d'Espagne, sous le simple droit de balance.... elle ne pourra avoir lieu que par le port de *Saint-Jean-de-Luz* pour l'entrée par mer et par les bureaux d'*Andaye* et de *Behobie* pour celle par terre. Les poissons provenant de *prises* sont passibles des droits du tarif. (*LD.* 2 *juin* 1808.) —Ces droits, par application du décret du 8 février 1810, seroient doubles si la pêche avoit été faite dans les mers des Indes. Les tarifications sur les poissons ne s'appliquent pas aux produits de la pêche françoise, qui est essentiellement exempte.... l'exemption s'étend même au *corail* péché par les navires armés en Corse et dans la ci-devant Ligurie. (*LD.* 5 *nov.* 1806 *et* 12 *nov.* 1807.)... Elle s'applique encore au *thon* péché sur les côtes de la Sardaigne par les sujets de la ci-devant Ligurie. (7 *sept.* 1807.) Les cétacées et autres poissons qui échouent sur nos côtes ne doivent aucun droit; mais l'huile qu'on en retire doit le droit des huiles. (*DM.* 4 *août* 1812.)

(3) Cette même loi du 19 mai 1793 n'assujettissoit les harengs et maquereaux salés et fumés qu'à 5 fr. 10 cent. du quintal décimal.

(4) Les harengs et maquereaux n'y étoient pas compris.

(5) Les anchois et le thon mariné conservés dans l'huile jouissent, relativement aux déclarations, de la faveur accordée aux marchandises sujettes au coulage.

(6) Avant cette tarification, les poissons secs devoient comme ceux frais, salés ou fumés. — Sur la question de savoir auquel d s

POIVRES NOIRS *de toutes sortes, même ceux connus sous la dénomination de* POIVRE LONG, CORAIL DE JARDIN, *ou* PIMENT *en graines ou en grabeau*..............(1)			
Le poivre ordinaire est une graine desséchée, petite, de la grosseur d'un pois moyen, sphérique, revêtue d'une écorce ridée, noire ou brune ; au-dessous de cette écorce se trouve une substance un peu dure et compacte, d'un vert jaune en dehors, blanche intérieurement, et vide dans son milieu ; elle est d'une saveur âcre et chaude.]....................	*Quintal net.*	5o—6o	15 mars 1791.
	Idem.....	6o— o	AC. 3 therm. 10.
	Idem.....	6o— o	8 floréal 11.
Le poivre long est un fruit desséché avant la maturité : il est grisâtre, gros comme une plume de cygne, long d'un pouce et demi, cannelé et comme chagriné ; il est partagé intérieurement en petites cellules dans chacune desquelles est une seule graine arrondie très-petite, noirâtre en dehors, blanche en dedans...........................	Idem.....	1oo— o	DI. 17 pluv. 13.
	Idem.....	15o— o	DI. 4 mars 1806.
	Idem.....	15o— o	3o avril 1806.
	Idem.....	3oo— o	DI. 8 février 1810.
Le piment, ou *corail de jardin,* est une capsule purpurine divisée intérieurement en deux ou trois loges qui renferment beaucoup de semences plates, d'un blanc jaunâtre, et de la figure d'un petit rein.	*Quintal net.*	4oo.. o	DI. 5 août 1810.
POIVRES BLANCS. [C'est ainsi qu'on nomme le poivre mondé ; ainsi, tout poivre dont on a enlevé l'écorce noire extérieure doit être rangé dans cette classe.].......................(1)	*Quintal net.*	6oo.. o	DI. 5 août 1810.
POIVRE A QUEUE ou CUBÈBE. [Petits fruits secs, sphériques, grisâtres, ridés, garnis d'une petite queue, et d'une odeur aromatique. Leurs grains sont fragiles et d'un goût fort âcre qui attire la salive.].................................	*Quintal.*....	4— f	15 mars 1791.
	Idem.....	8..16	DI. 8 février 1810.

RENVOIS.

POISSON (huile de). *Voyez* aux Huiles.

POIVRONS. Ce sont des légumes secs, nommés ainsi en Toscane, 51 cent. du quintal. (*LD.* 6 *septembre* 1811.)

POLIGATA de Virginie. *Voyez* Seneka.

deux droits devait être assujettie la P....E, poisson de mer *sec et salé,* il a été répondu que ce poisson devoit acquitter le droit de 20 fr. imposé sur le poisson salé. (*LD.* 21 *décembre* 1810)

Mais le harengs-saurs ne doivent que le droit des poissons secs. (*DM.* 19 *mars* 1811.).

(1) La tare à déduire pour les poivres en futailles sera de 12 pour 100 ; elle ne sera que de 3 pour 100 lorsqu'ils arriveront en sacs. (*Loi du 8 floréal an 11.*)

Le piment de la Jamaïque doit comme poivre. (*Décis. du 27 mai* 1806.)

La poussière de poivre doit aussi comme poivre. (*LD. à Parme* 31 *mai* 1810.)

Désignation	Unité	Droit	Date
Poix *grasse*, *poix noire*, *poix-résine* ou *résine de sapin*. [Nom des substances résineuses qui découlent du sapin, principalement de celui appelé *Pesse*.].......................... (1)	Quintal..... Idem...... Idem......	0—51 4— 0 5.. 0	15 mars 1791. DI. 17 pluv. 13. 30 avril 1806.
Polion *de montagne*. [Ce sont, en douanes, les sommités des tiges de cette plante garnies de fleurs blanches ou jaunes qu'on apporte séchées par petites bottes ; elles ont une odeur forte et aromatique, et un gout amer et désagréable.]............... (2)	Quintal..... Idem.....	3— 6 6.. 12	15 mars 1791. DI. 8 février 1810.
Pommades *de toutes sortes*. [On donne ce nom à une composition faite avec la graisse de chevreau, des pommes de reinettes et de l'huile essentielle odorante.].......................... (3)	Quintal.....	61..20	15 mars 1791.
Porcelaine *commune*. [Composition réduite à un état mitoyen entre le verre et la poterie : elle est préparée et cuite sous toutes sortes de figures, de vases et d'ustensiles. On ne comprend cependant dans la porcelaine commune que la vaisselle servant à la table et qui n'est que d'une seule couleur.]........	Quintal.....	163..20	15 mars 1791.
Celle fine. [Elle présente dans sa cassure un grain très-fin, très-serré et très-compacte : elle est très-peu transparente et ornée de peintures, dorures, etc. Celle de la Chine, quoique d'une seule couleur, se traite aussi comme porcelaine fine.]...................... (4)	Quintal.....	326..40	15 mars 1791.
Potasse. [Alkali de la consistance de la chaux, qu'on retire ordinairement de la cendre des végétaux : elle est d'un bleu noirâtre, pesante, sèche, et d'un gout caustique.]............... (5)	Exempte.... Droit de b.. Quintal net..	..—.. ..—.. 30.. 0	15 mars 1791. 24 nivôse 5. DI. 12 sept. et 5 novemb. 1810.
Cendres gravelées, connues sous la qualification de *vedasses*, *guédasses*, *casubes*, etc, lorsqu'elles viennent des ports de la Baltique et du Nord.......................... (5 et 6)	Quintal net..	15.. 0	DI. 7 mars 1811.

RENVOIS.

—**Polozum.** *Voyez* Fonte verte.
Pommes-de-terre. *V.* la note à Grains.
—**Pumpholix.** *Voyez* Calamine blanche.
Portefeuilles de basane. *V.* Mercerie commune.
Portefeuilles de maroquin. *Voyez* la note à Mercerie fine.

(1) Voir la note à Brai.
(2) Le polion n'étoit pas repris au tarif de 166½.
(3) Il s'agit ici des pommades d'odeur, comme de celles sans odeur, de toutes les pommades enfin qui entrent dans le commerce de la parfumerie.
Une lettre du 16 avril 1810 a dit de ne pas appliquer le double droit aux pommades.
(4) S'il en arrivoit de la Chine, il faudroit leur faire payer le double droit, par application du décret du 8 février 1810.
(5) Les droits sur les potasses, guédasses, vedasses, casubes, etc. ne seront perçus désormais qu'au poids net, ou avec la déduction de la taxe ordinaire de 12 pour 100. (*D.* 7 *mars* 1811.)
(6) Les cendres gravelées qui ne viennent pas des ports de la Baltique ou du Nord, doivent le droit imposé sur les potasses. (*CD.* 29 *nov.* 1810, *et* 27 *mars* 1811.)

Désignation	Unité	Droit	Loi
POTERIE *de terre grossière.* [Vases de différentes formes, faits en terre cuite, et qu'on recouvre d'un vernis : lorsqu'il est bleu, il est coloré par l'oxide de fer : le ton d'aventurine qu'on y remarque n'est qu'accidentel.]..........................(1)	*Quintal*.....	3.. 6	15 mars 1791.
POTIN *gris* ou *Arco.* [C'est le produit de la refonte des lavures et des ordures qui sortent de la fabrique du laiton, auxquelles on mêle du plomb ou de l'étain. On s'en sert pour faire des robinets.]..	*Quintal*.....	9..18	15 mars 1791.
POUDRE *à poudrer, excepté celles ci-après.* [Composition faite d'amidon et d'os brûlés jusqu'à blancheur. On la réduit en une poudre très-fine et très-blanche.].......................	*Quintal*.....	12..24	15 mars 1791.
Celle *de Chypre.* [C'est la meilleure poudre à poudrer : il y entre des racines d'iris, du musc, et de la civette.]..	*Kilogr*......	4.. 8	15 mars 1791.
Celle *de senteur.* [C'est la poudre à poudrer ordinaire qu'on a parfumée avec quelqu'odeur.].............	*Quintal*.....	91..80	15 mars 1791.
Celle *de terre argileuse.* [Sorte de poudre à poudrer composée avec une terre très-blanche des environs de Gênes.]....................................	*Prohibée*....	....	AD. 13 vent. 4.
POUDRE *à tirer* ou *à feu.* [Composition très-inflammable faite de charbon, de salpêtre et de soufre. Elle est de couleur noire et en petits grains.]....................................(2)	*Prohibée*.... *Exempte*.... Idem......	..—. ..—.	15 mars 1791. 11 mars 1793. 13 fructidor 5.

RENVOIS.

POTERIE de grès. *Voyez* Faïence.
POUDRE DE CAFÉ, *comme* Chicorée moulue. (LD. 30 *avril* 1808.)
POUDRES médicinales. Prohibées. (DM. 19 *janvier* 1813.)
POUDR. D'OR, droit de bal. (*Gênes, nov.* 1809.)
POULAINS. *V.* Chevaux.

(1) Les creusets d'orfèvres et ceux propres aux monnoies, les cruches et bouteilles de grès, même celles connues sous le nom de barbues et barbançons, seront traités comme poterie de terre. (*Loi du* 1 *août* 1792.)

Les carreaux de terre ont été renvoyés dans la classe de la poterie de terre grossière par DM. du 16 octobre 1806.

(2) Les poudres provenant de prises ou de saisies seront déposées, si elles sont bonnes, dans les magasins de la marine, et le ministre de ce département les fera payer au même prix que celles qu'il reçoit de l'administration des poudres; quand ces poudres ne sont point admissibles pour ce service, elles sont versées dans les magasins de cette administration qui les paye en raison de la quantité du salpêtre qu'elles contiennent.

Pouliot. [Plante à racine fibreuse, menue, légere, d'un brun grisâtre en dehors, jaunâtre en dedans, et à tiges carrées et velues, feuilles noirâtres, fleurs bleuâtres ou purpurines découpées en deux lèvres, et de même structure que celles de la menthe, d'une odeur très-pénétrante, et de saveur très-âcre et très-amère.]....................... (1 et 2)	*Quintal*....	2— 4	15 mars 1791.
	Idem.....	4.. 8	DI. 8 février 1810.
Pourpre *naturelle* et *factice*. [On nomme pourpre naturelle une liqueur épaissie, d'abord blanche ou verte, et qui ne rougit qu'étendue d'eau ou exposée à l'air : elle est fournie par un coquillage univalve dont le caractère est une coquille ovale très-souvent tuberculeuse ou épineuse. La factice est un composé de pastel et de cochenille, ou de graine d'écarlate ; elle est de couleur rouge tirant sur le violet.]........................... (2 et 3)	*Quintal*....	15—30	15 mars 1791.
	Idem.....	30.. 60	DI. 8 février 1810.
Pouzzolane. [Matière terreuse qui est rejetée par les volcans. Cette espèce de sable est d'un rouge brun et d'une forme croûteuse ou graveleuse.]................................	*Exempte*.....—...		15 mars 1791.
	Droit de bal.........		24 nivôse 5.
Presle (*Feuilles de*). [La plante est composée de tuyaux striés, creux et emboîtés les uns dans les autres : à leurs articulations croissent des filets longs disposés en rayons circulaires, qui représentent assez bien une queue de cheval.]............... (4)	*Quintal*....	0..51	15 mars 1791.
Presure. [Espèce de levain animal dont on se sert pour faire cailler le lait. Plusieurs plantes ont la même propriété.].............	*Exempte*...—...		15 mars 1791.
	Droit de bal.........		24 nivôse 5.
Pyrèthres. [Ce sont les racines de deux espèces de camomilles qui mâchées excitent la salivation. L'une est en morceaux longs et gros comme le petit doigt, ridée, grisâtre en dehors, blanchâtre en dedans ; l'autre est longue d'un demi-pied, fibreuse en son sommet, grise brunâtre en dehors, et blanchâtre en dedans.]...........................	*Quintal*....	5—10	15 mars 1791.
	Idem.....	10..20	DI. 8 février 1810.

O o. 145. (Entrée. 133.)

(1) La loi du 15 mars 1791 se sert de l'expression Pouliot de Virginie. Si au titre Serpentine ou Serpentaire, elle a entendu tarifer la plante au lieu de la pierre, alors il y a contradiction manifeste, puisque *Pouliot de Virginie*, coté ici à 2 fr. 4 cent., et *Serpentaire*, coté à son article à 10 fr. 20 cent., sont positivement la même plante sous différentes dénominations.

(2) Le pouliot ni le pourpre n'étoient pas repris au Tarif de 1664.

(3) Si le pourpre ne devoit pas le double droit comme droguerie, il le devroit à raison de son origine : le coquillage qui fournit celui naturel se pêche dans les mers des Indes, et les ingrédiens qui entrent dans la composition de celui artificiel proviennent aussi des Indes ; donc l'un et l'autre se trouvent frappés par le décret du 8 février 1810.

(4) Dans la cinquième édition de mon tarif, j'avois doublé le droit sur la presle, parceque ses feuilles servent effectivement en médecine pour la guérison de la phthisie et des écoulemens blancs des femmes, et que *ce sont les feuilles que la loi de 1791 tarife*..... Toutefois on ne veut pas appliquer le décret du 8 février 1810 à la presle, sous le motif qu'elle sert de polissoir ; cela est vrai pour les tiges, mais point pour les feuilles....

QUERCITRON. [Ecorces d'un chêne blanc qui croît dans la nouvelle Angleterre ; elles donnent une très-belle teinture, et sont d'un jaune rougeâtre à l'intérieur, et noirâtres extérieurement : on les importe des Etats-Unis grossièrement concassées.......	*Quintal*.....	5— 0	AC. 15 germ. 12.
	Idem.....	5— 0	1 pluviôse 13.
	Idem.....	10— 0	DI. 8 février 1810.
	Quintal....	30.. 0	DI. 12 sept 1810.
QUINCAILLERIE en gros ouvrages en fer, comme fléaux de balance etc......... (1) Les *Étrilles* seront aussi traitées comme grosse Quincaillerie en fer (1ᵉʳ *août* 1792.).....................	*Quintal*.....	20—40	15 mars 1791.
	Prohibée....	....	10 brumaire 5.
QUINCAILLERIE *en limes communes*. [Ce qui ne s'entend que de celles de la plus grosse qualité.]..................... Les *étaux* grossiers et les *enclumes* de maréchaux et de serruriers ont été rangés dans cette classe par LD. 16 mars et 30 novembre 1809.....................	*Quintal*.....	20—40	15 mars 1791.
	Idem......	8—16	12 pluviôse 3.
	Idem......	20..40	3 frimaire 5.

QUINCAILLE. (*Suite de la*)
QUINCAILLERIE *en fer* et *acier*, consistant en scies, vrilles de toutes sortes, et en INSTRUMENS ARATOIRES..................
    Les *pelles* de fer et les *serans* (outils propres à peigner
    le chanvre) seront traités comme instrumens aratoires.
    1er août 1792..
    Sont aussi réputés instrumens aratoires, les charrues,
    bêches, pioches, serpes, houes, haches, râteaux, coi-
    gnées, fourches, sarcloirs, marteaux, ciseaux pour les
    haies, tenailles, forces à tondre les moutons, hoyaux,
    croissans, etc.] ....
        Quintal..... 40..80 | 15 mars 1791.

QUINCAILLERIE *en faux* et *faucilles*. (C'est l'instrument dont on se
sert pour la moisson et qui consiste en une lame d'acier un peu
courbée emmanchée triangulairement au bout d'un bâton..

Quintal.....	40—80	15 mars 1791.
Idem......	8—16	12 pluviôse 3.
Idem......	40—80	3 frimaire 5.
Idem......	50 — 0	DI. 11 juillet 1810.
Idem......	100.. 0	DI. 22 déc. 1812.

QUINCAILLERIE *fine*, en acier, comme alènes, broches, carlets, em-
porte-pièces, limes fines à orfévres et à horlogers, et toutes
limes en acier...(1)
    Les autres outils pour les arts et métiers, exceptés de la
    prohibition par la *Loi du* 19 *pluviôse an* 5, sont compris
    dans cette classe................................(2)
        Quintal..... 76..50 | 15 mars 1791.

QUINCAILLERIE en *cuivre* de toute sorte ou avec *cuivre rouge*, jaune ou
plaqué sans or ni argent.................................
    Quintal..... 48—96 | 15 mars 1791.
    Prohibée.... .... 10 brumaire 5.

RENVOIS.

(1) Les patins étant, à cause de leur prix et de la qualité du fer dont ils sont
composés, rangés dans la classe de la quincaillerie fine, sont passibles du droit
d'entrée de 76 fr. 50 cent.; on ne doit donc pas les confondre dans la mercerie en
fournissant les déclarations aux douanes. (*LD.* 27 *frimaire* 14.)

(2) Les outils propres aux arts et métiers peuvent entrer avec certificat d'origine,
en payant les droits de chaque espèce. (*LD. du* 29 *avril* 1809.)

Désignation		Droit	
QUINQUINA. [Écorce d'un arbre qui croît au Pérou et à Santa-Fé et dont il y a plusieurs espèces, indépendamment de celles que je vais décrire............................ (1) QUINQUINA *gris roulé*. Son écorce est large, mince, fibreuse, légère, d'une couleur grisâtre tirant sur brun foncé; d'une saveur extrêmement amère........................	*Kilogr. net.*	7.. 0	DI. 12 sept. 1810.
QUINQUINA *jaune*. L'écorce, bien sèche, présente dans son intérieur une couleur d'un jaune de paille; *mouillée*, sa couleur est plus intense; *en poudre* sa couleur est plus pâle, mais en la mettant en contact avec l'air elle reprend la couleur naturelle à l'écorce; *infusée à froid*, elle fournit une teinture foible. C'est le meilleur après l'orangé qui est d'un jaune foncé tirant sur le fauve........................	*Kilogr. net.*	4.. 0	DI. 12 sept. 1810.
QUINQUINA *rouge*. L'écorce, bien sèche, est rougeâtre dans l'intérieur; *mouillée*, la couleur est plus intense; *en poudre*, la couleur reste uniforme; *infusée à froid* dans l'eau, elle présente une teinture semblable à celle de l'écorce mouillée, sans écume........................	*Kilogr. net.*	10.. 0	DI. 12 sept. 1810.
REDON ou RODOU. [Sorte de plante qu'on sème toutes les années comme le chanvre. Cette herbe, étant bien sèche et mise en poudre, a la propriété du tan.]........................	*Exempt.....* *Droit de bal.*	..—..	15 mars 1791. 24 nivôse 5.
REDOUL ou ROUDON (*Feuilles de*). [Elles sont ovales, oblongues, et croissent sur un arbrisseau dont le fruit, semblable à la mûre de buisson, est un poison. Ces feuilles servent à la teinture noire des maroquins.]........................	*Exemptes...* *Droit de bal.*	..—..	15 mars 1791. 24 nivôse 5.
RÉGLISSE *en bois*. [Ce sont les racines ou les branches de cette plante. Les racines sont rameuses, traçantes, jaunes en dedans, roussâtres en dehors; les tiges sont hautes de quatre à cinq pieds, fortes, branchues, ligneuses et de couleur jaunâtre.].. (2 *et* 3)	*Quintal....* Idem.... Idem.... Idem....	1—53 5— 0 5— 0 10.. 0	15 mars 1791. DI. 17 pluv. 13. 30 avril 1806. DI. 8 février 1810.
RÉGLISSE (*Jus de*). [C'est le suc tiré des racines de cette plante. Il est importé en rotules d'un noir jaunâtre, solides et enveloppées dans des feuilles de laurier.]............ (2 et 3)	*Quintal....* Idem.... Idem.... Idem *n*..	6—12 24— 0 24— 0 48.. 0	15 mars 1791. DI. 17 pluv. 13. 30 avril 1806. DI. 8 février 1810.

QUINQUINA (sel de). *Voyez* aux Sels.
QUINTESSENCE. *Voyez* l'Essence.
RABETTE (graine de). *Voyez* aux Graines.
RACEMOSUM. *Voyez* Amome.
RACINES pour Brosses. *Comme* bruyères à faire vergettes (*LD*. 28 *avril* 1810.)
RACINES de Calaguala. *Comme* droguerie omise. (*LD*. 30 *juillet* 1807.)
RACINES. *V*. aux Noms propres de leurs Plantes.
RADIX dictami. *Voyez* Dictame.
RAISINÉ de Fruits cuits, *comme* omis, 10 pour 100. (*LD*. 24 *nivôse* 13.)
RAISINS. *Voyez* Fruits secs.
—RAISINS de Damas et de Corinthe. *V*. Fruits secs.
RAMEAUX de Palme et d'Olivier 5 pour 100 (*Verceil* 15 *mai* 1810.)
RAMONETTES. *Voyez* Mercerie commune.
—RAPATELLE. *Voyez* Toile de crin.
RAPONTIC. *Voyez* Rhubarbe fausse.
RAPURES d'ivoire. *Voyez* Ivoire.
RAQUETTES. *Voyez* Mercerie commune.
RATAFIAS. *V*. Liqueurs.
RATINES et RAZ-DE-CASTOR. *Voyez* Draperie
Ravin Sara. *Comme* Muscade sauvage. (*LD*. 23 *avril* 1811.)

148. (ENTRÉE. 136.)

(1) Antérieurement au décret du 12 septembre 1810, toutes les espèces de quinquina ne devoient par la loi du 15 mars 1791 que 16 francs 32 cent. par quintal; ce droit fut changé en celui de 100 francs par le décret du 17 pluviose an 13, sanctionné par la loi du 30 avril 1806, et il fut porté à 200 francs par suite du décret du 8 février 1810... Aujourd'hui le quinquina est divisé en trois espèces qui payent comme il est indiqué dans les colonnes ci-dessus.

Une décision impériale du 21 septembre 1808, admettoit le quinquina en poudre ou en extrait au droit de 20 pour 100 comme droguerie omise; mais le quinquina en poudre étant susceptible de falsification, il a été décidé de nouveau qu'il seroit traité comme *médicamens composés*, c'est-à-dire prohibés.

(2) Le réglisse en bois et le jus de réglisse sont réputés drogueries par le tarif de 1664, des lettres du 29 mars, 26 avril et 25 mai 1810 ont conservé le jus de réglisse dans cette classification, et le même ordre a été donné sur le réglisse en bois, par lettres du 16 août et 26 décembre 1810.

(3) L'introduction par terre des bois et jus de réglisse provenant du sol espagnol, pourra avoir lieu par les bureaux de *Behobie* et d'*Ainhoa*, sans être assujettie à la formalité du certificat d'origine. (*DI*. 20 *juillet* 1808.)

Le réglisse en morceaux, quelles que soient leurs dimensions, n'étant pas proprement dénaturé, acquittera comme réglisse en bois. (*LA. au Direct. de Clèves du 21 brumaire an 7.*)

RÉGULE *martial.* [C'est de l'antimoine réduit à l'état de métal pur à l'aide du fer.]...................................... (1)	*Quintal*.....	16—32	15 mars 1791.
	Idem.....	32..64	DI. 8 février 1810.
RÉGULE *de Vénus.* [C'est encore de l'antimoine pur, mais débarrassé du soufre, son minéralisateur, à l'aide du cuivre.]....... (1)	*Quintal*.....	40—80	15 mars 1791.
	Idem *net*..	81..60	DI. 8 février 1810.
RHUBARBE. [Nom marchand d'une racine médicinale en morceaux assez gros et inégaux. Elle est pesante, d'un jaune brun en dehors, marbrée intérieurement comme la noix muscade, un peu spongieuse, d'une odeur de drogue; elle donne une teinture de safran à l'eau.]...............................	*Quintal*.....	36—72	15 mars 1791.
	Idem *net*..	120— 0	DI. 17 pluv. 13.
	Idem.....	120— 0	30 avril 1806.
	Idem.....	240— 0	DI. 8 février 1810.
	Kilogr. net..	6.. 0	DI. 12 sept. 1810.
RHUBARBE *blanche* ou *Méchoacan.* [On donne ce nom à une racine blanchâtre et compacte, d'une substance un peu mollasse, un peu fibrée, d'un goût douceâtre, puis âcre. On l'importe en morceaux ou tranches sèches.]........................	*Quintal*.....	5—10	15 mars 1791.
	Idem.....	10..20	DI. 8 février 1810.
RHUBARBE (*Fausse*) ou *Rapontic.* [Racine sèche d'Asie à-peu-près longue comme le doigt, grosse d'environ deux pouces, jaune, ressemblant assez à la rhubarbe, mais plus légère, moins compacte, moins odorante, moins amère et d'un goût visqueux. Sa plante est une espèce de patience.]..............	*Prohibée*....	....	15 mars 1791.
RHUM. [Nom donné par les Anglois à l'eau-de-vie qu'ils retirent du sucre. Ce nom a prévalu en Europe sur celui de *tafia*, que les Colons français donnent à la même liqueur.]..............	*Prohibé*....	....	15 mars 1791.
RICIN. [Semences ovales ou oblongues assez grosses, de couleur livide et tachée en dehors, remplies d'une moelle blanche et tendre.]................................. (2)	*Quintal*.....	8—16	15 mars 1791.
	Idem.....	16..32	DI. 8 février 1810.

—**RÉGULE** d'antimoine, arsénic, cobalt, étain. *Voyez* chacun de ces Noms.

RÉSIDU de drogues. *Voyez* Grabeau.

RÉSIDU DE TEINTURES, *comme* droguerie omise. (*LD.* 7 avril 1810.)

RÉSIDU D'EAU-FORTE, *comme* Potasse. (*LD.* 16 *décembre* 1806.

RÉSINE élastique. *Voyez* aux Gommes.

—**RÉSINE** de jalap. *Voyez* Jalap.

RÉSINE de sapin. *Comme* Poix.

RÉSINE de Scammonée. *V.* Scammonée.

RESSORTS de tournebroche, prohibés. (*DM.* 16 *août* 1812.)

RHODES (bois de). *Voyez* aux Bois.

RHODIUM (essence d'). *Voyez* aux Essences.

RHUBARBE (sel de). *Voyez* aux Sels.

(1) Il y a incontestablement erreur dans les tarifications de la loi du 15 mars 1791, car le régule martial tarifé à 16 fr. 32 c., le régule de Vénus tarifé à 40 fr. 80 c., et le régule d'antimoine tarifé à 8 fr. 16 c., plus le régule jovial (non tarifé à moins qu'on n'ait entendu le faire à 24 fr. 48 c. sous le nom de *régule d'étain*) sont bien constamment la même substance, et il n'y a de différence que dans les agens employés pour les réduire à l'état de métal pur.... Le régule d'antimoine a été purifié à l'aide du tartre et du nitre, le régule jovial à l'aide de l'étain, et le martial à l'aide du fer. On auroit tort de croire que le régule de Vénus est l'oxide de cuivre réduit à l'état métallique; car, dans ce cas, il seroit Cuivre rosette soumis seulement au droit de balance: le régule de Vénus est aussi de l'antimoine mais débarrassé à l'aide du cuivre.... Ainsi ces quatre régules sont le sulfure d'antimoine débarrassé du soufre, son minéralisateur, et réduit à l'état de métal pur au moyen de l'un ou l'autre de ces agens; tous les quatre présentent la même consistance, la même couleur, etc., et il n'y a aucun moyen de les reconnoître; les différentes figures qu'ils offrent n'établissent aucune différence entre eux, ces figures ne dépendant que des refroidissemens plus ou moins lents.

On traite encore pour les droits l'antimoine métal, (celui dont j'ai parlé dans la note de l'article *Antimoine cru*,) comme régule d'antimoine; ceci est également une erreur: et elle se prouve par cela seul qu'une lettre du 6 juin 1810, en ordonnant de percevoir le double droit sur le regule d'antimoine, reconnoît implicitement que celui dont il est ici question est une droguerie et non le métal adjoint à la fonte des caractères, etc.

On a aussi, dans une lettre du 16 avril, différencié le régule d'étain et le régule de Vénus du régule martial, certes on reviendra sur cette disposition, car ce seroit donner à ces deux premières dénominations une signification qu'elles n'ont pas réellement... Ces divergences prouvent au surplus combien il seroit nécessaire de refaire la nomenclature du Tarif.

(2) Le Catapuce ou *Palma Christi*, tarifé par la loi du 15 mars 1791, à 6 fr. 12 c., est un ricin.... Le Pignon d'Inde, tarifé comme ci à 8 fr. 16 c., est également une espèce de ricin..... Il y a donc erreur dans la loi.

Désignation des marchandises	Unité	Droit	Loi ou décret
Riz *de tous autres pays que ceux ci-après.* [Le Riz est une sorte de grains blancs assez connus.]........................ payoit	Quintal.....	5— 0	DI. 17 pluv. 13.
	Idem.....	5— 0	30 avril 1806.
Celui importé d'Amérique .... devoit	Idem.....	20— 0	DI. 12 sept. 1810.
Riz de toute autre origine que celle d'Italie......... paiera	Quintal.....	0..51	DI. 30 août 1811.
Riz *exporté d'Italie pour la France,* .... payoit	Quintal.....	2— 0	Tr. 20 juin 1808.
paiera	Droit de bal..	....	DI. 25 septemb. et 10 octobre 1810.
Rocou. [C'est avec la pellicule rougeâtre qui est sur la semence du *rou-couyer* qu'on forme le rocou du commerce qu'on importe en tablettes ou en petites boules de couleur de feu, plus vif en dedans qu'au dehors, douces au toucher, et jamais très-dures.].	Quintal.....	6—12	15 mars 1791.
	Idem....	6— 0	AC. 3 therm. 10.
	Idem.....	6— 0	8 floréal 11.
	Idem.....	12— 0	DI. 8 février 1810.
	Quintal net..	200.. 0	DI. 12 sept. 1810.
Romarin [*Feuilles de*]. [Elles sont étroites, d'un vert brun en dessus, blanches en dessous, peu succulentes, d'une odeur forte, aromatique, agréable et d'un goût âcre.]......... (1)	Quintal.....	8—16	15 mars 1791.
	Idem.....	16..32	DI. 8 février 1810.
Ras ou Rosnas. [Racine importée d'Arménie, en morceaux, de la longueur de la main et de la grosseur de la racine de réglisse : elle donne une teinture rouge très-forte.].............. (2)	Exempt.....	...—..	15 mars 1791.
	Droit de bal.	....	24 nivôse 5.
Roseaux des Indes ou Rotins. [On nomme rotins dans le commerce ces baguettes de jonc avec lesquelles on bat les habits et dont on fait des siéges dits de canne, des meubles, etc.]...... (3)	Quintal.....	6—12	15 mars 1791.
	Idem.....	12..24	DI. 8 février 1810.
Roseaux *ordinaires et à l'usage des toileries.* [Ce sont les tiges et écorces filamenteuses de diverses plantes assez connues.]....	Exempts....	...—..	15 mars 1791.
	Idem......	...—..	1 août 1792.
	Droit de bal.	....	24 nivôse 5.
Roses *fines et communes.* [Il s'agit ici des fleurs très-connues du rosier, dont il y a un grand nombre d'espèces.]..............	Quintal.....	10—20	15 mars 1791.
	Idem.....	20..40	DI. 8 février 1810.
Roses (*Marc de*) *en chapeaux ou en pains.* [C'est le résidu de la distillation des roses auquel on donne la forme de petits pains, et qu'on a fait sécher au soleil.]...................... (4)	Quintal.....	0..51	15 mars 1791.

RENVOIS.

Romarin (fleurs de). *Voyez* à Fleurs.
Romarin (essence de). *Voyez* aux Essences.
Rognures de Peaux. *Comme* Oreillons. (*LD.* 27 *avril* 1811.)
—Rogues de morue. *Voyez* Poissons.
Roses (essence ou huile de). *Voyez* aux Essences.
Roseaux (nattes de). *Voyez* à Nattes.

(1) Le tarif de 1791, à l'article romarin, cote ainsi... Romarin (fleurs de) 8 fr. 16 cent. C'est probablement par erreur de l'imprimeur que ces fleurs sont cotées à ce prix, puisqu'à l'article *fleurs de violette, de pêcher et de romarin*, elles ne sont taxées qu'à 7 fr. 14 cent. ; d'où il m'a paru qu'il s'agissoit ici des feuilles et non des fleurs; c'est ainsi que j'ai tarifé. Je préviens toutefois de cette discordance.

(2) Croiroit-on que le Ronas tire à *néant* par la loi du 15 mars 1791, est la même chose que ce qu'elle a *tarifé* sous la dénomination d'alisari, que c'est, en un mot, la racine sèche de garance ... si le Ronas, *plante*, différoit par quelques modifications de la garance cultivée en Europe, certes ces modifications ne pourroient regarder que les botanistes et non pas les douaniers qui ne doivent considérer les marchandises que d'après leurs propriétés spécifiques. . .

(3) C'est comme production de l'Inde que les rotins se trouvent soumis au double droit.

(4) Dans la cinquième édition de ce Tarif, j'avois doublé le droit sur le marc de roses, mais comme on n'a reconnu d'autre propriété directe à ce résidu que celle de servir aux parfums, il a été arrêté qu'on le laisseroit au simple droit.

Rosette. [Sorte de craie rougeâtre approchant de la couleur ama- ranthe. C'est proprement du blanc de Rouen auquel on a donné cette couleur rouge par une teinture réitérée de bois de Brésil.].. (1)	*Quintal*..... Idem.....	2— 4 4.. 8	15 mars 1791. DI. 8 février 1810.
Rouge *pour femmes*. [Composition faite de talc de Venise et de carmin, réduite en poudre et broyée sur le porphyre.]... (2)	*Kilogr*......	8..16	15 mars 1791.
Rubans *anglois*. [Les rubans sont des tissus plats, minces et étroits, faits de différens fils.]...................................	*Prohibés*....	....	10 brumaire 5.
Rubans *de fil écru et d'étoupes*. [Ce sont ceux qui ont été faits avec des fils écrus, et qui n'ont reçu aucun blanchiment.]........ (3)	*Quintal*.....	61..20	15 mars 1791.
Ceux de fil blanc.................................... (3)	*Quintal*.....	102.. 0	15 mars 1791.
Ceux de fil teint.................................... (4)	*Quintal*.....	142..80	15 mars 1791.
Ceux de laine et *de fil de chèvre mélés*, les cordons et tresses de mêmes matières....................(5)	*Quintal*.....	122..40	15 mars 1791.
Ceux en poil de chèvre, mêlés de soie et tresses de mêmes matières.......................................	*Quintal*.....	204.. 0	15 mars 1791.

RENVOIS.

—**Rotins.** *Voyez* Roseaux des Indes.

Rouge d'Inde. *Voyez* Terre rouge.

Rubans de fil a jour, imitant la dentelle, *comme* omis, 10 pour 100 (*LD* 12 *avril* 1808.)

Rubans de fleuret ou de filoselle. *Comme* Passementerie de matières mêlées.

Rubans de soie. *Voyez* Passementerie.

Rubia tinctorum. *Voyez* Garance.

(1) Le Tarif de 1664 a classé la rosette parmi les drogueries-épiceries.

(2) A raison des ingrédiens qui entrent dans la composition de ce rouge, il de-vroit, ce me semble, être soumis au double droit

(3) Les cordons et lacets de fil seront traités comme rubans de fil. (1 *août* 1792.)

(4) Les tissus de laine et de fil teints seront traités comme rubans de fil teints. (1 *août* 1792.)

Les rubans de fil et de laine importés des manufactures du duché de Berg ne payoient que 10 pour 100 de leur valeur par la loi du 6 fructidor an 4; mais celle du 6 nivôse an 10 en a fixé les droits conformément au tarif.

(5) Les rubans de fil et de laine doivent comme ceux de laine et fil de chèvre. (*LD.* 27 *novembre* 1812.)

Les rubans uniquement de laine, ou mélangés de fil et laine, lorsqu'ils sont teints, soit dans la totalité de la matière, soit seulement dans une partie, doivent c mme rubans teints.

Les rubans, tresses, gances et lacets en pur coton, ou dans lesquels il entre du coton sont prohibés comme tous ouvrages fabriqués avec du coton. (*I.D.* 5 *févr.* 1813.)

Désignation des marchandises			
RUCHES *à miel*. [Espèces de paniers ordinairement en forme de cloche, dans lesquels on loge les abeilles.]	*Exemptes*...	...——...	15 mars 1791.
	Droit de bal.	....	24 nivôse 5.
RUE (*Feuilles de*). [Partagées en plusieurs segmens, elles sont petites, oblongues, charnues, un peu grosses, lisses, d'une couleur de vert de mer, et rangées par paires sur une côte terminée par une seule feuille.]............ (1)	*Quintal*.....	2— 4	15 mars 1791.
	Idem.....	4.. 8	DI. 8 février 1810.
SAFRAN. [Ce qu'on appelle safran dans le commerce est le stigmate de la fleur d'une plante dont la racine est un oignon : ce stigmate séché est mollasse, doux au toucher, en longs filets de couleur jaune rougeâtre, fort odorant et d'un goût balsamique agréable.]................. (2)	*Kilogr. net.*.	4—59	15 mars 1791.
	Idem.....	9— o	DI. 17 pluv. 13.
	Idem.....	9— o	30 avril 1806.
	Idem.....	18.. o	DI. 8 février 1810.
SAFRANUM ou *Safran bâtard*. [C'est la fleur du carthame qui est découpée en lanières et de couleur approchant celle du safran : elle sert en teinture.]..................	*Exempt*.....	...——...	5 mars 1791.
	Droit de bal.	...——...	24 nivôse 5.
	Quintal.....	10— o	DI. 17 pluv. 13.
	Idem.....	10— o	30 avril 1806.
	Idem.....	20.. o	DI. 8 février 1810.
SAFRE ou *Zaphre*. [On donne ce nom à l'oxide de Cobalt, qui a la propriété de se convertir au feu en un verre bleu. La couleur du safre est si foncée qu'il paroît presque noir. Fondu avec trois parties de quartz en poudre et une partie de potasse, il donne le smalt ou azur.]....................... (3)	*Quintal*.....	15—30	15 mars 1791.
	Idem.....	30..60	DI. 8 février 1810.
SAGU ou *Sagou*. [Nom d'une espèce de pâte végétale et alimentaire, préparée aux Indes avec la moelle de palmier. Elle arrive en petits grains de couleur roussâtre : elle est inodore et de saveur fade.]............................	*Quintal*.....	20—40	15 mars 1791.
	Idem *net*..	40..80	DI. 8 février 1810.
SALEP ou *Salop*. [Nom d'une substance végétale et alimentaire préparée avec les racines d'orchis : elle prend la consistance et la dureté de la gomme arabique.]...................	*Quintal*.....	61—20	15 mars 1791.
	Idem *net*..	122..40	DI. 8 février 1810.

(1) La Rue n'étoit pas reprise au Tarif de 1664.

(2) L'introduction *par terre* des safrans, provenant du sol espagnol pourra avoir lieu par les bureaux de *Behobie* et d'*Ainhoa*, sans être assujettie à la formalité des certificats d'origine. (*DI.* 20 *juillet* 1808.)

(3) Voir COBALT (*régule de*) pour ne pas se tromper... à raison de l'azur son produit, le safre a été soumis au double droit ; toutefois en 1664 il étoit classé à marchandises...

Désignation		Droits	Loi / Date
Salpêtre. [Espèce de sel de pierre ou sel minéral. Celui du commerce est sec et en longs cristaux, d'un blanc sale, bien dégraissés.].	*Prohibé*.....	—...	15 mars 1791.
	Quintal.....	6—12	1 août 1792.
	Prohibé.. (1)	....	13 fructidor 5.
Salsepareille. [Branches de racines longues de plusieurs aunes, grosses comme des joncs, flexibles, cannelées, et sous l'écorce roussâtre desquelles on voit une substance blanche, farineuse et très-friable.]........... (2)	*Quintal*....	12—24	15 mars 1791.
	Idem *net*..	100— o	DI. 17 pluv. 13.
	Idem.....	100— o	30 avril 1806.
	Idem.....	200.. o	DI. 8 février 1810.
Sang de Bouc ou *Bouquetin*. [C'est le sang de ces animaux qui a été desséché au soleil : il est sec, dur, et difficile à réduire en poudre.].................... (3)	*Quintal*.....	15—30	15 mars 1791.
	Idem.....	30..60	DI. 8 février 1810.
Sang de Dragon *de toutes sortes*. [Espèces de gommes-résines d'un rouge foncé, en petits pains ou en masses très-dures : il y en a aussi de mollasse.]...................	*Quintal*.....	18—36	15 mars 1791.
	Idem.....	36..72	DI. 8 février 1810.
Sangles *pour meubles*, etc. [Sortes de tissus plats de la largeur de la main, faits de fil de chanvre.]................... (4)	*Quintal*.....	22..40	15 mars 1791.
Sanguine *pour crayons*. [Espèce d'hématite. Celle-ci est compacte et en masses solides ; sa couleur est plus ou moins rouge, et présente quelquefois un éclat métallique : elle n'a qu'une dureté moyenne.]................... (5)	*Quintal*....	o—51	15 mars 1791.
	Idem.....	1.. 2	DI. 8 février 1810.
Sarrette. [Plante vivace à tige de deux ou trois pieds, cannelée et rougeâtre, feuilles en lyre et dentées toutes dissemblables, de couleur verte obscure, fleurs laciniées, semences garnies d'aigrettes : d'usage en teinture et en médecine.]........ (6)	*Quintal*....	1— 2	15 mars 1791.
	Idem......	2.. 4	DI. 8 février 1810.

RENVOIS.

Salpêtre (beurre de) *Voyez* l'art. Nitre.

—**Sandaraque.** *Voyez* Gomme sandaraque.

Sandaraque (huile de). *Voyez* aux Huiles.

Sangles pour chevaux. *V.* Harnois.

Santal (bois de). *Voyez* aux Bois.

Sapin (bourgeons de). *Voyez* Bourgeons.

Sarcolle (gomme de). *Voyez* aux Gommes.

Sardines, comme Poissons.

Sarrazin. *Voyez* Grains.

(1) Un arrêté du 27 pluviôse an 8 autorise les fabricans qui emploient le salpêtre comme matière première, à en tirer par Lorient, le Havre, Dunkerque, Anvers ou Marseille, en payant le droit imposé par la loi du 1 août 1792 (6 fr. 12 cent. du quintal décimal), et sous la condition d'expédier ce salpêtre par acquit-à-caution du port d'arrivée au lieu de sa destination, et de rapporter dans le mois le certificat de décharge de l'autorité du lieu où est située la fabrique.

(2) Les longs filamens que porte la racine de cette plante, et le corps ou portion de la plante qui porte ces mêmes filamens doivent acquitter le même droit. (*LD. au Direct. d'Anvers du 5 vend. an 11*).

(3) Le sang de Bouc ne peut être considéré que comme droguerie ; il n'étoit pas repris au Tarif de 1664.

(4) Les sangles pour chevaux devoient comme sangles pour meubles par la loi du 15 mars 1791 ; mais celle du 1 août 1792 donnant une nomenclature de ce qui sert à l'équipement des chevaux, y a compris les sangles, et a ordonné que ces équipemens seroient traités comme Harnois.

(5) Sous le titre Terre rubrique, la sanguine ne doit que le droit de balance ; car ces deux dénominations s'appliquent également à l'hématite compacte.

La sanguine étoit réputée drogue par le Tarif de 1664, une lettre du 16 avril 1810, l'avoit ôtée de cette classe, mais elle y a été reportée depuis. Cette nouvelle détermination n'entraîne-t-elle pas aussi l'application du double droit sur le ferret d'Espagne et l'hématite... il y auroit au moins concordance d'en agir ainsi ; toutefois j'ai laissé le ferret et l'hématite sous le simple droit, à raison de ce qu'il y a décision spéciale.

(6) La sarrette n'étoit pas reprise au tarif de 1664.

Sassafras ou *sarafras*. [Nom qu'on donne dans le commerce de l'épicerie au bois de laurier sassafras : il est spongieux et léger, de couleur cendrée, roussâtre en dehors, d'un goût âcre, douceâtre, aromatique et d'odeur pénétrante.]................	*Quintal*.....	3— 6	15 mars 1791.
	Idem.....	6..12	DI. 8 février 1810.
Sauge. [Plante dont il y a plusieurs espèces : celle officinale a ses feuilles lancéolées, ovales, entières, et légèrement crénelées : elle a de grandes fleurs bleues en épi et des semences presque rondes et noirâtres.]...........................(1)	*Quintal*.....	2— 4	15 mars 1791.
	Idem.....	4.. 8	DI. 8 février 1810.
Savon blanc. [Produit de la combinaison de l'huile d'olive avec l'alkali minéral, rendu caustique par la chaux. Il est en pâte dure et sèche, et propre à blanchir le linge.].................	*Quintal*.....	18—36	15 mars 1791.
	Idem......	24— 0	AC. 28 pluv. 11.
	Idem......	24— 0	8 floréal 11
	Prohibé........	....	DI. 11 juillet 1810.
Savon noir. [Il est formé par la combinaison d'une huile ou d'une graisse quelconque avec l'alkali végétal : il est en pâte liquide, de couleur noire, verte ou jaunâtre.].....................	*Quintal*.....	12—24	15 mars 1791.
	Idem......	18— 0	AC. 28 pluv. 11.
	Idem......	18— 0	8 floréal 11.
	Prohibé....	....	DI. 11 juillet 1810.
Savonnettes. [Ce sont de petits pains ou boules de savon très-épuré et parfumé de différentes odeurs.]......................(2)	*Quintal*.....	81..60	15 mars 1791.
Saxifrage (*Graines ou Semences de*). [On donne ce nom aux tubercules attachés sur les fibres de la racine de la saxifrage blanche : ils sont gros comme des grains de coriandre, et de couleur en partie rougeâtre et en partie blanchâtre.].................	*Quintal*.....	3— 6	15 mars 1791.
	Idem.....	6..12	DI. 8 février 1810.

RENVOIS.

Sassafras (huile de). *Voyez* aux Huiles.
Satin en soie. *V.* Etoffes de soie.
Satin turc. *Voyez* Draperies.
Saturne (sel de). *Voyez* aux Sels.
Saucisson. *Voyez* Chairs salées.
Sauge (huile de). *Voyez* aux Huiles.
Saumon. *Voyez* Poissons.
Savon de Naples. *Comme* Savonnettes. (*DM.* 16 avril 1811.)

1 Ce sont les semences de la sauge officinale que le Tarif de 1664 répute droguerie.

(2) Par la lettre du 16 avril 1810, les savonnettes ne sont pas soumises au double droit.

Désignation	Unité	Droit	Loi
Scabieuse. [Plante dont il y a plusieurs espèces. Elles ont les feuilles simples ou ailées, les fleurs ordinairement terminales, les corolles extérieures souvent plus grandes et irrégulières, les semences ovales, oblongues, couronnées par le calice propre.].	*Quintal*.....	2— 4	15 mars 1791.
	Idem.. (1)	4.. 8	DI. 8 février 1810.
Scammonée. [Racine épaisse, charnue, blanchâtre en dedans, brune en dehors, d'où on retire une résine.]................ (2)	*Quintal net*..	102— 0	15 mars 1791.
	Idem.....	300— 0	DI. 17 pluv. 13.
	Idem.....	300— 0	30 avril 1806.
	Idem.....	600.. 0	DI. 8 février 1810.
Scammonée (*Résine de*). [Suc concret et friable : celui d'Alep a une odeur virulente ; brisé il est d'un gris noirâtre et brillant ; manié dans les doigts, il se change en une poussière blanche et cendrée. Celui de Smyrne est noir, plus compacte et plus pesant.]............................... (2)	*Quintal net*..	306— 0	15 mars 1791.
	Idem.....	300— 0	DI. 17 pluv. 13.
	Idem.....	300— 0	30 avril 1806.
	Idem.....	600.. 0	DI. 8 février 1810.
Schenaute ou *jonc odorant*. [Espèce de jonc qu'on apporte d'Arabie, garni de feuilles et quelquefois de fleurs. Il est sec, roide ; sa tige est arrondie, luisante, genouillée, de la longueur d'un pied, remplie d'une moelle spongieuse, d'un jaune pâle vers sa racine, et d'un vert pourpre vers son sommet quand il est récent, d'une odeur approchant de celle de la rose.]...... (3)	*Quintal*.....	18—36	15 mars 1791.
	Idem.....	36..72	DI. 8 février 1810.
Schenaute (*Paille de*) ou *Squenautes*. [Ce sont les tuyaux de la tige du jonc ci-dessus : ils ont la grosseur, la figure et la couleur de la paille d'orge.]................................... (3)	*Quintal*.....	20—40	15 mars 1791.
	Idem *net*..	40..80	DI. 8 février 1810.
Scilles ou *squilles marines*. [On appelle ainsi de gros oignons qui croissent naturellement sur les bords de la mer. Ces racines sont grosses comme la tête d'un enfant, et composées de tuniques épaisses et visqueuses, rougeâtres dans une espèce, grisâtres dans l'autre.]...............................	*Quintal*.....	1—33	15 mars 1791.
	Idem.....	3.. 6	DI. 8 février 1810.
Sebestes. [Fruit du sebestier. C'est une espèce de petite prune noirâtre, pointue à son sommet, ridée, à demi-desséchée, renfermant un noyau à quatre loges et à quatre semences.].....	*Quintal*.....	4— 8	15 mars 1791.
	Idem.....	8..16	DI. 8 février 1810.

RENVOIS.

Scavisson. (écorces de) *Comme* Droguerie omise. (*LD.* 5 *novembre* 1806.)
Sceaux, Cuveaux, avec ou sans cercles de fer, 15 p.ur 100. (*LD..... mars* 1812.)
Schals. *Voyez* à Gazes.
Scies. *Voyez* Quincaillerie.
Seiche (os de). *Voyez* Os de seiche.
Seigle. *Voyez* Grains.
Seignette (sel de). *Voyez* aux Sels.

(1) La scabieuse n'étoit pas reprise au Tarif de 1664.
(2) Par explication donnée, le droit du décret du 17 pluviôse an 13 s'applique également à la résine.
(3) Pour couvrir les tarifications discordantes de la loi de 1791, j'établis là, entre le jonc odorant (*juncus odoratus*) et la paille de Schenaute, une distinction qui paroîtra assez singulière aux botanistes et même aux négocians.......... Au fait, ces deux dénominations sont synonymes.

Sel ammoniac. [Celui du commerce est importé en pains de couleur cendrée en dehors, blanchâtres en dedans et demi-transparens. Sa cristallisation est en aiguilles, d'un gout salé, âcre et piquant, d'usage en teinture et en médecine.] .... (1)	*Quintal*....	10—20	15 mars 1791.
	Kilogram ..	0—75	AC. 4 pluv. 11.
	Idem......	0—75	8 floréal 11.
	Idem......	1—50	30 avril 1806.
	Idem *net* ..	5.. o	DI. 8 février 1810.
Celui venant directement d'Egypte par vaisseau françois. (Il est plus noirâtre.) .... (1)	*Kilogram* ..	0—25	AC. 4 pluv. 11.
	Idem.....	0—25	8 floréal 11.
	Idem.....	0—50	30 avril 1806.
	Idem *net* .	1.. o	DI. 8 février 1810.
Sel gemme ou *Sel fossile naturel.* [C'est le plus dur et communément le plus pur des sels fossiles : il a la couleur et presque la transparence des pierres précieuses ; il est souvent en beaux cristaux taillés à huit angles solides et à six faces.].............	*Quintal*....	10—20	15 mars 1791.
	Idem.....	20..40	DI. 8 février 1810.
Sel marin et *Sel de salines.* [C'est le sel de cuisine ; il ne contient ni excès de base, ni excès d'acide ; c'est un sel neutre parfait.]..................	*Prohibés*....	...—....	22 mai 1790.
	Idem....	...—....	15 mars 1791.
Ceux provenant soit des marais salans, soit des salines et fabriques de l'intérieur, ne pourront être introduits *pour la consommation* soit par mer, soit par terre, qu'en payant................................ (2)	*Par kilogr*...	0—10	DI. 16 mars 1806.
	Idem......	0—20	DI. 27 mars 1806.
	Idem......	0..20	24 avril 1806.

(1) Le sel ammoniac étoit classé à marchandises par le Tarif de 166₄... Toutefois il a été arrêté que le décret du 8 février 1810 lui seroit appliqué.

(2) Les départemens de la Meurthe, du Jura, du Mont-Blanc, de la Haute-Saône, du Doubs, du Bas-Rhin et du Mont-Tonnerre, paieront outre ces 20 centimes par kilogramme de sel, *deux francs* par quintal de celui fabriqué dans leurs salines. (24 *avril* 1806.)... Ce droit est dû par l'acheteur au moment de l'enlèvement.

Tous les sels arrivant dans les ports de France doivent acquitter le droit, quand même on justifieroit de l'origine françoise par un acquit-à-caution, à moins que cette expédition ne donnât la preuve du paiement de ce droit.

Les sels provenant des marais salans ou salines jouiront de la faculté d'entrepôt dans les villes d'*Anvers, Gand, Bruges, Ostende, Dunkerque, Calais, Boulogne, Etaples, Saint-Valery-sur-Somme, Abbeville, Dieppe, le Havre, Rouen, Honfleur, Caen, Cherbourg, Granville, Marans, Saint-Malo, le Legué, Morlaix, Brest, Lorient, Quimper, Vannes, Rhedon, Nantes, la Rochelle, les Sables, Rochefort, Charente, Bordeaux, Libourne, Bayonne, Cette, Agde, Narbonne, Toulon, Marseille, Arles* et *Nice.* (DI. 1 *juin* 1806.)—La durée de l'entrepôt sera de dix-huit mois. Il sera cependant accordé des prolongations lorsque les circonstances le réclameront. (*DM.* 16 *octobre* 1808.)—La ville de Gênes pourra jouir de la faculté de l'entrepôt, mais sous la condition expresse que les sels seront entreposés dans les magasins du port franc... —Les sels ne pourront être débarqués à Livourne que sous la condition de la mise immédiate en entrepôt réel et de leur réexportation par mer, à moins qu'ils ne soient achetés par la régie impériale.

L'entrepôt des sels sera réel et soumis à toutes les conditions et formalités prescrites pour les entrepôts des douanes... — Les sels entreposés dans les ports qui ont cette faculté, pourront être expédiés par mer à destination des autres ports de France, sous la formalité de l'acquit-à-caution... — Si la destination est pour l'un des ports qui ont la faculté de l'entrepôt, lesdits sels pourront être de nouveau entreposés : dans le cas contraire, ils paieront les droits au moment du débarquement.

Il y aura un entrepôt réel de sels dans les villes de Paris, Lyon, Toulouse et Orléans ; il sera soumis à toutes les formalités prescrites pour les entrepôts des douanes....... — Les sels destinés pour ces entrepôts seront expédiés par rivière, sous les formalités d'acquit-à-caution des douanes.

L'administration des douanes sera chargée de la surveillance desdits entrepôts, et de la perception du droit sur les sels qui y seront déposés, lorsqu'ils entreront dans la consommation... — Les sels transportés par mer pourront être expédiés sous acquit-à-caution : le droit sera perçu, au moment du débarquement, sur les sels conduits dans les ports qui ne jouiront pas de l'entrepôt... — Si les sel

SELS pour la médecine.

Désignation	Unité	Droit	Date
Celui d'*Epsom*. [C'est un sel amer formé d'acide sulfurique et de magnésie qui se trouve naturellement dans les eaux minérales d'Épsom ; il est d'un blanc tirant sur le gris.]....................	*Quintal*..... Idem..... Idem.....	6—12 12—24 10.. 0	15 mars 1791. DI. 8 février 1810. DI. 26 mars 1810.
Celui *de Duobus*. [Il est d'un goût médiocrement salé, mais désagréable, quoique ni âcre ni piquant ; il pétille vivement sur le feu.]....................	*Quintal*..... Idem......	6—12 12..24	15 mars 1791. DI. 8 février 1810.
Celui *de Glauber*........................ *Comme le sel Duobus*.		....	1 août 1792.
Celui *d'oseille*. [Il est blanc et a une saveur piquante et acide.]....................	*Quintal*..... Idem.....	10—20 20..40	15 mars 1791. DI. 8 février 1810.
Ceux *de quinquina* et *de rhubarbe*. [C'est comme préparations médicales que sont défendus ces deux sels, très-improprement appelés *sel de quinquina* et *sel de rhubarbe*.]....................	*Prohibés*....	....	15 mars 1791.
Celui *de Saturne*. [Combinaison de l'acide du vinaigre et du plomb. Il est en petits cristaux en forme d'aiguilles, de saveur douce un peu sucrée.]..................... Celui *de tartre* ou *végétal*. [Il est extrait de la lie de vin et est aussi en aiguilles.]..................... Celui *de seignette*. [Il est d'un blanc mat, de saveur salée médiocrement forte : il devient farineux à l'air sec.].. Celui *de lait*. [Sa couleur est quelquefois rousse, alors il a une saveur sucrée ; et d'autres fois blanche, alors il est farineux.]....................	*Quintal*..... Idem *net*..	20—40 40..80	15 mars 1791. DI. 8 février 1810.
SEL *volatil de corne de cerf, de vipère et de carabé*. [Ces sels sont en cristaux brillans renfermés ordinairement dans des flacons bouchés avec soin. L'odorat en est affecté d'une manière excessivement vive.]....................	*Quintal net*.. Idem.....	122—40 244..80	15 mars 1791. DI. 8 février 1810.

sont transportés dans un des ports où l'entrepôt sera permis, ils pourront être entreposés sous une double clef, dont l'une restera entre les mains du receveur de la douane, et n'acquitter les droits que lorsqu'ils en seront tirés pour la consommation... —Si les sels entrent dans les rivières pour remonter dans l'intérieur, les droits seront perçus au bureau des douanes le plus avancé en rivière, à moins qu'ils ne soient destinés pour l'un des grands entrepôts de l'intérieur.

Il sera accordé, à tous ceux qui enlèveront des sels des lieux de fabrication, cinq pour cent pour tout déchet... — Les sauniers ou paludiers qui voudront enlever des sels des marais salans pour les transporter à dos de chevaux et de mulets et les vendre dans l'intérieur, ne paieront les droits qu'au retour de chaque voyage, s'ils fournissent caution pour le montant desdits droits : il ne leur sera accordé un second crédit que lorsque le premier aura été acquitté. (*DI*. 11 *juin* 1806.)

Lorsque la déclaration donnera ouverture à un droit de plus de 600 francs, l'administration pourra recevoir en paiement des obligations cautionnées à 3, 6 ou 9 mois. (24 *avril* 1806).

La subvention d'un décime par franc n'est pas applicable aux sels. (*CD*. 2 *mai* 1806.)

Les sels saisis par entrepôt frauduleux, quelle que soit leur origine, peuvent être admis à la consommation en payant les droits.

Il en est de même pour tous les sels provenant de saisies. (*CD*. 10 *décemb*. 1806.)

Les sels employés à la pêche maritime ou pour les salaisons destinées aux approvisionnemens de la marine et des colonies, sont exempts du droit. (*DI*. 11 *juin* 1806) —Sont aussi exempts les sels employés dans la fabrication de la soude. (*DI*. 13 *octobre* 1809.)

A défaut d'espace, il n'est possible de donner ici que les renseignemens relatifs à la perception, il faut donc, pour les autres, recourir au Code.

SELS *dans les départemens au-delà des Alpes*. La vente du sel continuera d'être faite dans ces départemens, au profit de l'État, par la régie établie dans le ci-devant Piémont. (24 *avril* 1806.) ..... — L'exécution du DI. du 16 *février* 1807, qui ordonne la perception d'un droit de deux décimes par kilogramme sur les sels marins provenant de la fabrication du salpêtre, ne pouvant se concilier avec la décision impériale du 12 décembre 1806, portant que cette espèce de sel sera livrée à la régie des sels et tabas, à raison de 16 centimes par kilogramme, le Ministre a décidé, le 4 décembre 1807, que ce décret ne devoit point recevoir son application dans les départemens soumis au privilège de cette régie.

SEMENCES FROIDES *et autres médicinales.* [Cet article comprend toutes les semences ou graines médicinales non tarifées. Les semences froides sont celles de la citrouille, du concombre, de courge et de melon, appelées *majeures : les mineures* sont celles de laitue, de pourpier, de chicorée et d'endive.].............	Quintal.....	6—12	15 mars 1791.
	Idem.....	12..24	DI. 8 février 181c
SEMOULE. [Pâte faite de la plus fine farine, comme le vermicel, mais divisée en petits grains semblables à ceux de moutarde.].....	Quintal.....	8.. o	DI. 17 pluv. 13 e loi du 30 avr. 1806
SÉNÉ *en feuilles, follicules ou grabeau.* [Ce sont de petites feuilles sèches en forme de larmes, d'un vert tirant sur le jaune, d'une odeur de drogue et d'une saveur âcre, amère et nauséabonde : elles viennent du Levant en balles. Les *follicules* sont des gousses plates, le plus souvent recourbées, composées de deux membranes oblongues au milieu desquelles sont rangées des graines semblables à celles de raisin.]....................	Quintal.....	12—24	15 mars 1791.
	Idem *net*..	50— o	DI. 17 pluv. 13.
	Idem *net*..	50— o	30 avril 1806.
	Idem *net*..	100.. o	DI. 8 février 181c
SENÉKA ou *poligata de Virginie.* [Racine ligneuse et odorante, longue de quatre doigts, de la grosseur d'une plume à écrire, tortueuse, rameuse et fibreuse, jaunâtre en dehors, blanchâtre en dedans, d'un gout âcre, un peu amer, et légèrement aromatique.]......................... (1)	Quintal.....	8—16	15 mars 1791.
	Idem.....	16..32	DI. 8 février 181c
SÉNEVÉ. [Nom vulgaire de la plante *Moutarde.* Ses feuilles sont assez semblables à celles de la rave : elle a de petites fleurs jaunes à quatre feuilles ; il leur succède des siliques anguleuses et pointues, remplies de petites semences arrondies, presque rousses ou noirâtres, d'un gout âcre et mordant.]............... (2)	Quintal.....	1— 2	15 mars 1791.
	Idem.....	2.. 4	DI. 8 février 181c
SERPENTINE ou *Serpentaire.* [La *serpentine* est une pierre de couleur verte obscure, tachetée comme la peau d'un serpent : elle est tendre, onctueuse et susceptible d'un poli gras ; dans l'intérieur elle est mate et sa cassure est inégale, à grains fins, quelquefois fibreuse. La *serpentaire* est une plante dont la racine est fibreuse, menue, légère, jaunâtre en dedans et d'un gris brun en dehors, d'odeur aromatique agréable.]....... (3)	Quintal.....	10—20	15 mars 1791.
	Idem.....	20..40	DI. 8 février 181c
SESELI. [Racine grosse, simple, blanche et aromatique qui pousse une tige cannelée, velue, se divisant en rameaux tortus : les feuilles ressemblent à celles de fenouil, les fleurs sont disposées en lvs ; ses semences sont aplaties et élevées d'une bordure taillée en grains de chapelets.]....................	Quintal.....	3— 6	15 mars 1791.
	Idem.....	6..12	DI. 8 février 181c
SIROPS *non dénommés.* [On donne le nom de *sirop* à des extraits de fleurs, de fruits, de racines, de graines, etc. tirés par décoction ou par infusion et mêlés avec du sucre.]............. (4)	Quintal.....	51.. o	15 mars 1791.

—SEMEN cartami. *Voyez* Carthame.
SEMEN contra. *Voyez* Barbotine.
—SEMEN dauci. *Voyez* Daucus.
— EMENCES de ben. *Voyez* Ben.
SEMENCES D'ORVALE. *Comme* graines de jardin. (*LD. premier juin* 181..).
SEMENCES. Pour les autres, *voyez* aux noms de leurs plantes.
SÉRANS. *V.* Quincaillerie en instrum. aratoires.
SÉRAPHICUM. *Voyez* aux Gommes.
SÉRAPHIQUE. *Voyez* aux Gommes.
SERGES de satin. *Voyez* Draperies.
SERPES et Serpettes. *Voyez* Quincaillerie.
SERRURERIE *Voyez* Fers ouvrés.
SIAMOISE. *V.* la note à Toile à matelats.
SIFFLETS en bois, *V.* Bois ouvré.
158. (ENTRÉE. 146.)

(1) Le senéka n'est pas repris au Tarif de 1664, mais il doit le double droit soit comme drogue, soit comme production des Indes.

(2) Le sénevé n'a été considéré ni comme drogue ni comme épicerie par le Tarif de 1664, toutefois une lettre du 2 juin 1810 a ordonné de lui appliquer le double droit

(3) La loi, en s'exprimant ainsi, laisse en doute si c'est la pierre ou la plante qu'elle impose. *Voyez* la note à POULIOT.

(4) A moins qu'ils ne viennent des Indes, il a été indiqué, ainsi que pour les parfums, de ne percevoir que le simple droit sur les sirops non dénommés.... Que pareil ordre soit donné en faveur des sirops de betterave, de raisin et de tous ceux enfin destinés à remplacer le sucre de canne, et à nous affranchir de la dépendance coloniale, voilà qui est bien, mais étendre cet ordre aux sirops pharmaceutiques a ceux de conserve, à ceux même composés avec le sucre de canne, c'est un ménagement qui ne me paroît pas être dans l'esprit du décret du 8 février 1810...

Soies (*graine de vers à soie.*) Ce sont les œufs de cet insecte, dont le nom propre est *phalène de mûrier*. Ces œufs sont ronds, de couleur cendrée, et éclosent à une température de douze degrés et demi..	*Exempte....* *Droit de bal.*	........—..	15 mars 1791. 24 nivôse 5.
Soies *en cocons* et *bourres de soie crues*. [Production filamenteuse du ver à soie. On nomme *bourre* l'étoupe soyeuse qui couvre l'extérieur des cocons, et qu'il faut lever pour découvrir la soie.]..	*Exemptes...* *Droit de bal.*	........—..	15 mars 1791. 24 nivôse 5.
Soies grèzes *de toutes sortes, excepté celles ci-après.* [Toute soie immédiatement dévidée de dessus le cocon est de la soie grèze : elle vient par pelottes ou en masses.].....................	*Kilogr. net..* Idem...... Idem......	1— 2 0—10 1.. 2	15 mars 1791. 12 pluviôse 3. 9 floréal 7.
Celles grèzes doubles ou *doupions*. [C'est l'espèce la plus grossière qui ne sert qu'à la fabrication des tapis.].....	*Kilogr. net..* Idem...... Idem......	0—51 0— 5 0..51	15 mars 1791. 12 pluviôse 3. 9 floréal 7.
Soies ouvrées *en poil, trame, organsin et à coudre écrues*. [C'est de la soie dévidée de dessus les cocons les plus parfaits, qui a reçu toutes les préparations qui la rendent propre à être employée.].....................................	*Kilogr. net..* Idem...... Idem......	2— 4 0—41 2.. 4	15 mars 1791. 12 pluviôse 3. 3 frimaire 5.
Soies *cardées* (*Fleurets* et *Filoselle crus* et *Bourre de*). [Les soies *cardées* sont celles qui ont été peignées avec certain instrument. Celles *crues* ont leur couleur naturelle ; elles ont été tirées sans feu et dévidées sans les faire bouillir.]....... (1)	*Kilogr. net..* Idem...... Idem......	0—82 0— 8 0..82	15 mars 1791. 12 pluviôse 3. 9 floréal 7.
Soies en ouate, c'est-à-dire **ouate de soie**. [C'est de la soie cardée et étendue en feuilles gommées d'un côté].................	*Quintal.....*	61..20	15 mars 1791.
Soies *teintes*, et **Fleurets** *teints*. [On nomme fleurets les fils faits avec la matière la plus grossière de la soie.]..............	*Kilogr. net..* Idem...... Idem......	3— 6 0—61 3.. 6	15 mars 1791. 12 pluviôse 3. 3 frimaire 5.

RENVOIS.

Sifflets d'os. *Voyez* Mercerie commune.
Silex. *V.* Pierres à feu.
Simarouba (Écorces de). *Voyez* aux Écorces.
Similor. *Voyez* Tombac.
—**Sirop** de kermès. *Voyez* Kermès.
Smalt. *Voyez* Azur.
Snacks. *Voyez* à Cornes, etc.
Socs de charrue. *V.* Quincaillerie.
Soieries. *Voyez* Etoffes de soie.
Soies de porc et de sanglier. *Voyez* Poils.
Soies (Gazes de). *Voyez* aux Gazes.

(1) Ce droit est applicable au filoselle ou fleuret filé cru. (*LD.* 17 janv. 1 o.)
La bourre de soie débouillie, nommée en Italie *Pettenuzzo*, sera traitée comme bourre de soie non cardée. (*Avis des experts, du 22 août 1811.*)

Désignation des marchandises			
Soldanelle, ou *Chou de mer*. [Plante à racine menue et fibreuse, à tiges grêles, sarmenteuses, rougeâtres et rampantes, à feuilles en cœur arrondi et à fleurs en cloches à bords renversés, de couleur purpurine.].................................... (1)	*Quintal*.....	3— 6	15 mars 1791.
	Idem.....	6..12	DI. 8 février 1810.
Son *de toutes sortes de grains*. [On appelle *son* l'écorce des graines céréales, lorsqu'elle a été brisée et séparée de la farine qu'elle renfermoit par la mouture et le blutage.]..................	*Exempt*.....	....—...	15 mars 1791.
	Droit de bal.	....	24 nivôse 5.
Sorbec. [Pâte turque composée de citron, de musc, d'ambre ou autres parfums, et de sucre candi. On en fait une boisson.].......	*Quintal*.....	36—72	15 mars 1791.
	Idem *net*..	73..44	DI. 8 février 1810.
Souchet, ou *Cyperus, de toutes sortes*. [Plante dont il y a plusieurs espèces, et qui se distinguent en ce que la gaîne de leurs feuilles est entière, sans aucune fente, et que leurs tiges sont ordinairement triangulaires, sans articulations et sans corolles : les fleurs sont en épi.].................................... (2)	*Quintal*.....	2— 4	15 mars 1791.
	Idem.....	4.. 8	DI. 8 février 1810.
Soude, *de toutes sortes*. [Substance saline. La plus grande partie des soudes du commerce se fait avec les cendres des plantes qui croissent sur les bords de la mer. On l'importe en pierres d'un gris bleuâtre, poreuses et d'un goût salé.].......... (3)	*Exempte*....	....—...	15 mars 1791.
	Droit de bal.	....—...	24 nivôse 5.
	Prohibée....	....	DI. 11 juillet 1810.
Soufre *brut* ou *vif*. [C'est une substance simple, grise, grasse, argileuse, légère, friable et très-inflammable. Celui qui a subi une fusion est en morceaux jaunes et luisans.].............	*Exempt*.....	....—...	15 mars 1791.
	Droit de bal.	....	24 nivôse 5.
Soufre *en canons*. [C'est le soufre qui a été liquéfié trois fois sur le feu, et auquel on a donné, dans un moule, la forme de bâton. Il est dur, d'un beau jaune, et d'odeur désagréable.]	*Quintal*.....	2— 4	15 mars 1791.
	Idem.....	0—20	2 pluviôse 3.
	Idem.....	2— 4	9 floréal 7.
	Idem.....	4.. 8	DI. 8 février 1810.
Soufre (*Fleur de*). [Poudre jaune tirée du soufre impur qui reste dans les vaisseaux où s'est formé le soufre en canons.].....	*Quintal*.....	6—12	15 mars 1791.
	Idem.....	12..24	DI. 8 février 1810.

<hr>

RENVOIS.

Soraga, ou lin cotonisé. *Prohibé*. (*DM.* 6 août 1811.)
Souflets. *Voyez* Mercerie commune.
Soufre (Esprit de). *Voyez* aux Esprits.
Soufre (Huile de). *Voyez* aux Huiles.
Soufre en meches. *Voyez* Mèches soufrées.
Souliers de cuir. *V.* Cordonnerie.
Souliers de cordes. *V.* Alpagates.
Soufre sublimé. *Voyez* Soufre (Fleur de).

(1) La soldanelle n'étoit pas reprise au tarif de 1664.

(2) Il ne faut pas confondre parmi les souchets, *à cause du droit*, le Calamus ni le Curcuma.

(3) Le natron ou soude blanche est tarifé particulièrement. *Voyez* à Anatron.

Les soudes provenant de prises, saisies et confiscations, seront admises dans la consommation, en payant un droit de 80 fr. par quintal. (*DI.* 25 *octobre* 1810, *art.* 2.) — La perception doit se faire au net. (*DM.* 21 *novembre* 1812.)

Les soudes de Varech des isles Glenauts seront admises par la direction de Lorient, avec certificat du commandant de ces isles. (*DI.* 28 *octobre* 1811)

Désignation des marchandises	Unité	Droits	Dates
ᴘATH, ou *Spalt*. [Substance pierreuse à structure lamelleuse. Le spath adamantin de Chine est une pierre brune ; celui du Bengale et ailleurs est gris ou verdâtre. On l'emploie aux mêmes usages que l'émeril.]	*Exempt*.	—. .	15 mars 1791.
	Droit de bal.	. . . . . .	24 nivôse 5.
ᴘODE. [C'est de l'ivoire brûlé et réduit en une matière poreuse, cassante, légère, blanche, alkaline, et facile à réduire en poudre.]	*Quintal*.	4— 8	15 mars 1791.
	Idem.	8..16	DI. 8 février 1810.
TAPHISAIGRE, ou *Herbe aux poux* ou *à la pituite*. [Genre de dauphinelles dont la graine nous est apportée sèche : elle est de la grosseur d'un pois, de figure triangulaire, noirâtre en dehors, blanchâtre en dedans, ridée, et d'un goût âcre et brulant.]	*Quintal*.	3— 6	15 mars 1791.
	Idem.	6..12	DI. 8 février 1810.
ᴁCAS, ou *Sticade*. [Plante du genre des lavandes, dont les épis garnis de petites fleurs en gueule, sont apportés desséchés.]	*Quintal*.	3— 6	15 mars 1791.
	Idem.	6..12	DI. 8 février 1810.
ᴛIL *de grains*. [Argile coloré avec la graine d'Avignon, et qu'on importe en trochisques pour la peinture.] . . . .(1)	*Quintal*.	12—24	15 mars 1791.
	Idem.	24..48	DI. 8 février 1810.
ᴏRAX *calamite*. [Résine du *liquidambar*. Elle est brillante, de couleur rougeâtre, assez solide, un peu grasse, remplie de larmes blanches, de saveur âcre assez agréable, et d'odeur aromatique pénétrante et suave.]	*Quintal*.	20—40	15 mars 1791.
	Idem *net*. .	40..80	DI. 8 février 1810.
ᴏRAX *liquide*. [Résine liquide de couleur rouge-brune, rarement jaune et transparente, d'une saveur médiocrement âcre et d'une odeur aromatique douce.]	*Quintal*.	6—12	15 mars 1791.
	Idem.	12..24	DI. 8 février 1810.
ᴏRAX *rouge et en pains*. [C'est de la sciure de bois rouge mêlée avec du storax liquide et du storax extracté. Il est en masses rougeâtres ou jaunâtres, sans aucune larme blanche.]	*Quintal*.	8—16	15 mars 1791.
	Idem.	16..32	DI. 8 février 1810.

RENVOIS.

ᴇRMA ᴄETI. *Voyez* Baleine.
ᴘHÈRES *V.* Instrumens d'astronomie.
ᴘICA. *Voyez* Nard.
ᴘODE des Grecs. *V.* Tutie.
ᴜENANTE. *Voyez* Schenante.
ᴛILLES. *Voyez* Scilles.
ᴜINE. *Voyez* Esquine.
ᴀTUES. *V.* aux noms de leurs matières et à Ouvrages.
ᴇRCUS DIABOLI. *Voyez* Assa-fœtida.
ᴏCKVISCH. *Voyez* Poissons.

(1) C'est sous la dénomination *squil de grain* que le Tarif de 1664 a classé le stil de grain parmi les drogueries.

Stuc. [Pierre factice dont le plâtre calciné fait la base.]..........

	Exempt.....	....	5 mars 1791.
	Droit de bal.	....	24 nivôse 5.

Sublimé *doux* et *corrosif*. [Préparations chimiques composées de mercure, de cinabre, d'esprit de nitre, de vitriol lessivé en blancheur et de sel marin décrépité. Le *corrosif* est réduit en une masse blanche et brillante par le moyen des vaisseaux sublimatoires Le *doux* est ordinairement aussi en masse blanche, mais pleine de petites aiguilles dures et brillantes.]

Quintal.....	30—60		15 mars 1791.
Idem *net*..	61..20		DI. 8 février 1810.

Sucre *brut*. [Le sucre est un jus exprimé d'un roseau des Indes nommé *canne à sucre*. Le premier qu'on en tire est le sucre brut ou moscouade : c'est celui dont tous les autres sont composés. On le met dans des barriques percées de deux ou trois trous : ces trous sont faits pour achever de le purger ; alors il se sèche et devient tel qu'on nous l'apporte en Europe.].. (1)

Quintal net...	18—36		15 mars 1791.
Idem........	3—67		12 pluviôse 3.
Idem........	18—36		3 frimaire 5.
Idem........	7—50		9 floréal 7.
Idem........	45— 0		AC. 3 therm. 10.
Idem........	45— 0		8 floréal 11.
Idem........	55— 0		DI. 4 mars 1806.
Idem........	55— 0		30 avril 1806.
Idem........	110— 0		DI. 8 février 1810.
Quintal net.	300.. 0		DI. 5 août 1810.

RENVOIS.

Substances médicinales réduites en poudre, *prohibées* comme médicamens composés. (*DM.* 19 *janvier* 1813.)

Succin. *Voyez* Ambre jaune.

Succin (huile de). *Voy*. aux Huiles.

Succin carabé. *V*. Ambre jaune.

Sucre de Betterave, prohibé. (*LM.* 25 *avril* 1812.)

(1) C'est le sucre dans sa première consistance ; il est jaune et ressemble à du sable ; il diffère des sucres tête ou terrés en ce qu'il conserve toujours de la fraîcheur et même de l'humidité, ainsi qu'une odeur de sirop. (*LA. au Direct. de Bruxelles du* 17 *therm. an* 4.)

Les sucres bruts sont compris au nombre des objets sujets à coulage : ils ne sont par conséquent point soumis à la déclaration du poids ou de la contenance.

Les droits d'entrée et de consommation seront perçus au ne. sur les sucres bruts, tête et terrés ; la tare à déduire sera, pour les sucres bruts en futailles, de 15 pour 100, et pour les sucres tête et terrés aussi en futailles de 12 pour 100. (8 *floréal an* 11.)

La tare pour les sucres bruts et terré en sacs est de 3 pour 100. (*Lett. du* 8 *flor.* 11.)

Les raffineurs qui tireront des entrepôts, des sucres bruts ou terrés, jouiront pour le paiement des droits de consommation, d'un crédit de quatre mois, en fournissant leurs obligations valablement cautionnées. (*AC.* 29 *thermidor an* 11.)

Désignation	Unité	Droit	Loi
SUCRE *tête et terré*. [On appelle sucre terré la *cassonade* qu'on a blanchie par le moyen de la terre dont on couvre le dessus des formes dans lesquelles on le met pour le purger.]........(1)	*Quintal net*..	36—72	15 mars 1791.
	Idem......	7—34	12 pluviôse 3.
	Idem......	36—72	3 frimaire 5.
Cassonade de raffinerie et *sucres terrés*, dénommés *première, deuxième et troisième*....................	*Quintal net*..	30— 0	9 floréal 7.
Sucre terré, dénommé *quatrième, petit sucre* ou *tête*....	Idem......	20— 0	*Même loi*.
Tout *sucre tête et terré*............................	*Quintal net*..	75— 0	AC. 3 therm. 10.
	Idem......	75— 0	8 floréal 11.
	Quintal net..	100— 0	DI. 4 mars 1806.
	Idem......	100— 0	30 avril 1806.
	Idem......	200— 0	DI. 8 février 1810.
	Quintal net.	400.. 0	DI. 5 août 1810.
SUCRE *raffiné, candi* ou *en pains*. [C'est le sucre nettoyé par l'eau, la chaux et les blancs d'œufs et cuit après. Il est en état de solidité sous la forme d'un pain pointu, ayant la consistance de la pierre, quoique facile à casser et à réduire en poudre. Celui *candi* est le plus épuré ; on le réduit en congélation.](2).	*Quintal*....	51— 0	15 mars 1791.
	Idem......	10— 0	2 pluviôse 3.
	Prohibé.....	.....—...	10 brumaire 5.
	Quintal net..	40— 0	9 floréal 7.
	Idem......	50— 0	AC. 3 therm. 10.
	Prohibé.....	....	AC. 7 vent. 11 et loi du 8 flor. 11.
SUIE *de cheminée*. [Matière noirâtre et fuligineuse que la fumée a déposée contre les parois des cheminées].................	*Exempte*....	.....—..	15 mars 1791.
	Droit de bal........		24 nivôse 5.
SUIF *non ouvré*. [Espèce de graisse dure fournie par les seuls quadrupèdes ruminans.].................................	*Exempt*.....	.....—...	15 mars 1791.
	Droit de bal........		24 nivôse 5.
SUMAC. [Arbrisseau d'environ 3 mètres de hauteur, à tige forte, divisée en branches irrégulières : l'écorce est recouverte d'un duvet jaunâtre : on coupe ses rejetons qu'on fait sécher pour les réduire en poudre et en former un tan.].................	*Exempt*.....	.....—..	15 mars 1791.
	Droit de bal.....	...—...	24 nivôse 5.
	Quintal....	30.. 0	DI. 12 sept. 1810.

RENVOIS.

SUCRE de lait. *C'est* le sel de lait.

SUCRION. *Voyez* Grains.

SUCS. Pour les différens sucs, *voyez* aux noms qui leur sont propres.

SUIF en chandelles. *Voyez* Chandelles.

Sulfate d'Alumine. *Voyez* Alun.

Sulfate de Chaux. *Voyez* Gypse.

Sulfate de Cuivre. *Voyez* Couperose bleue.

Sulfate de Fer. *Voyez* Couperose verte.

SULFATE DE MAGNÉSIE. *Voy*. Sel d'Epsom.

Sulfate de Potasse. *Voyez* Sel duobus.

Sulfate de Soude. *Voyez* Sel de glauber.

Sulfate de Zinc. *Voyez* Couperose blanche.

Sulfure d'Antimoine. *Voyez* Antimoine cru.

163. (ENTRÉE. 151.)

(1) Le *Sucre tête* conserve une légère odeur de sirop, et on y reconnoît le mélange des matières étrangères qui ont servi à sa première préparation.... Le *Sucre terré* se caractérise par sa sécheresse, sa couleur d'un blanc grisâtre, et l'absence de toute odeur de sirop.... Tous deux se pelotonnent et s'écrasent aisément sous le doigt ; ils sont plus ou moins blancs et en consistance de sable. (*LA. au Directeur de Bruxelles, du 17 therm. 4.*) *Voir* la note 1 de la page précédente.

(2) Les sucres raffinés, provenant de prises, saisies et confiscations, seront admis dans la consommation, en payant 450 fr. par quintal métrique. (*DI. 25 octobre 1810, art. 1.*)

Ils ne pourroient être réexportés qu'après avoir payé ce droit. (*CD. 2 nov. 1810.*)

Tabacs **en feuilles** et **en côtes**, venant par *navires étrangers*. [Le tabac est une plante connue en Europe depuis la découverte de l'Amérique; mais qui n'a été apportée en France que vers 1560. Il y en a de différentes espèces, les unes à feuilles larges et sans queues, les autres à feuilles étroites, pointues et à queues, d'autres encore à feuilles arrondies et obtuses par le bout. On importe ces feuilles séchées : elles sont alors d'un noir jaunâtre.]

	Quintal.....	51— 0	15 mars 1791.
	Idem......	51— 0	20 mars 1791.
	Idem.....	25—50	5 septemb. 1792.
	Idem......	51— 0	22 germinal 5.
	Idem......	60— 0	22 brumaire 7.
	Idem......	60— 0	29 floréal 10.
	Kilogr. net..	1— 0	5 ventôse 12.
	Idem......	2— 0	DI. 25 fév. 1806.
Les Tabacs payoient....................	Idem......	2— 0	30 avril 1806.

Ils ne peuvent plus être importés que pour compte de la Régie des droits réunis (*DI.* 29 *décembre* 1810).... (1) Ils seront.. *Exempts*... .... DM. 20 août 1811.

Ceux arrivant directement par *navires françois* des Etats-Unis d'Amérique, des Colonies Espagnoles, de l'Ukraine et du Levant (*A.* 16 *thermidor* 8), *payoient* :

	Quintal.....	32—25	15 mars 1791.
	Idem......	30—25	20 mars 1791.
	Idem......	20—40	5 septemb. 1792.
	Idem......	30—25	22 germinal 5.
	Idem......	40— 0	22 brumaire 7.
	Idem......	40— 0	29 floréal 10.
	Kilogr. net..	0—?0	5 ventôse 12.
	Idem......	1—80	DI. 28 fév. 1806.
	Idem......	1—80	30 avril 1806.

Ils ne peuvent plus être importés que pour compte de la Régie des droits réunis (*DI.* 29 *décembre* 1810.).... (1) Ils seront.. *Exempts*.... .... DM. 20 août 1811.

Tabacs *fabriqués*. [Ce sont les feuilles ci-dessus apprêtées soit en carottes pour être rapées, soit filées pour être fumées, soit en cigarres, en poudre, etc., etc.].

	Prohibés....	...—..	15 mars 1791.
	Idem......	...—..	29 mars 1791.
Tabacs en *cigarres* et ceux du Brésil, et autres filés, payoient	*Quintal*.....	51— 0	5 septemb. 1792.
Ceux ci-dessus et tous autres fabriqués ou préparés......	*Prohibés*....	...—..	22 brumaire 7.
Les mêmes...........................	*Prohibés*....	....	DI. 29 déc. 1810.

(1) Par décret du 27 février 1811, la disposition de celui du 29 décembre 1810, qui attribue à l'administration des droits réunis l'achat des tabacs en feuilles, la fabrication et la vente des tabacs fabriqués ont été déclarées applicables à la régie des tabacs au-delà des Alpes, et recevront, en conséquence, leur exécution dans les départemens où ladite régie exerce le privilège qui lui a été concédé par le décret du 2 thermidor an 13.

Ainsi les tabacs ne peuvent plus être importés pour compte particulier, et ceux exotiques introduits pour les fabriques impériales doivent être présentés au premier bureau d'entrée qui en assurera le transport par acquit-à-caution. — Au surplus les tabacs que la Régie feroit venir directement d'Amérique, ne pourroient être admis sans une décision spéciale de Sa Majesté, conformément aux réglemens généraux sur le commerce maritime. (*CD.* 17 *août* 1811.)

La franchise des droits s'étend à celui de balance, mais on continuera à constater le poids des tabacs introduits. (*Même circulaire.*)

Tableaux. [On donne ce nom aux ouvrages de peinture, soit sur bois, sur cuivre ou sur toile.] *Ils sont admis sans certificats quelle qu'en soit l'origine.* (*LM.* 5 *fructidor* 11.) . . . .

Exempts....	....—..	15 mars 1791.
Droit de bal.	....	24 nivôse 5.

Ceux à *cadres* ou *bordures* ainsi que ceux *sous verres*, payent sur l'estimation des cadres ou bordures et des verres s'il y en a. (*LD.* 24 *fruct.* 13.) . . . .

Par 100 *fr.*.	15.. o	15 mars 1791.

Tabletterie (*Ouvrages de*). [On comprend sous cette dénomination ces petits ouvrages faits au tour ou marquetés, qui ne sont pas tarifés particulièrement, tels que damiers, trictracs, échiquiers, tablettes artistement travaillées, etc.]. . . . .

Par 100 *fr.*.	15— o	15 mars 1791.
Prohibés....	....	10 brumaire 5.

Talc. [Pierre magnésienne extrêmement onctueuse sous le doigt. Il y en a de blanc, de jaune et de verdâtre.]. . . . .

Exempt.....	....—..	15 mars 1791.
Droit de bal.	....	24 nivôse 5.

Tamarin. [Fruit du Tamarinier. C'est une gousse oblongue un peu comprimée, ayant une double écorce ou enveloppe, l'extérieure sèche et fragile, l'intérieure membraneuse : entre ces écorces se trouve une pulpe acide et à trois semences aplaties, anguleuses et luisantes.]. . . . .

Quintal....	5—10	15 mars 1791.
Idem......	20— o	DI. 17 pluv. 13.
Idem......	20— o	30 avril 1806.
Idem......	40.. o	DI. 8 février 1810.

Tamarin *confit*, ou **Gourre.** [Ce sont les fruits ci-dessus édulcorés avec du sucre ou du miel.]. . . . .

Quintal....	30—60	15 mars 1791.
Idem *net*..	61..20	DI. 8 février 1810.

Tamaris (*Bois de*). [Ce bois, qui provient d'un arbre de moyenne hauteur, est blanc. Il sert principalement à faire des tasses, des gobelets, etc. On en brûle pour en obtenir le sel de tamaris par lixiviation, etc.]. . . . .

Quintal....	15—30	15 mars 1791.
Idem......	30—60	DI. 8 février 1810.
Quintal....	150.. o	DI. 12 sept. 1810.

Tamaris (*Ecorce de*). [C'est l'écorce de l'arbre ci-dessus : elle est rude, grise au dehors et rougeâtre en dedans. Elle sert en médecine.]. . . . .

Quintal.....	6—12	15 mars 1791.
Idem......	12..24	DI. 8 février 1810.

RENVOIS.

TAN. [On nomme *tan* des écorces qui, battues et réduites en poudre
grossière, sont propres à préparer les cuirs.]............... *Exempt*..... ....—.. 15 mars 1791.
Droit de bal......... 24 nivôse 5.

TAPIS. [Les tapis sont des tissus ras ou peluchés, très-fournis de matières, et qui sont travaillés à l'aiguille ou sur des métiers.]
Ceux de *fil* et *laine*............................ *Quintal*..... 102— 0 15 mars 1791.
(1) *Prohibés*.... .... 10 brumaire 5.

Ceux de *laine*.............................. *Quintal*..... 146—88 15 mars 1791.
(1) *Prohibés*.... .... 10 brumaire 5.

Ceux de *soie* ou *mélés de soie*...................... *Quintal*..... 3o6.. 0 15 mars 1791.

Ceux dits *Anglois*.............................. *Prohibés*.... .... 10 brumaire 5.

TAPISSERIES, *façon d'Anvers et de Bruxelles*. [Etoffes employées à
couvrir les murailles des appartemens : elles sont ordinaire-
ment en laine et fil, travaillées au métier et ornées de dessins.] *Quintal*..... 81..6o 15 mars 1791.

Celles avec *or* et *argent*.......................... (2) *Quintal*..... 489..6o 15 mars 1791.

Celles *peintes*................................ (2) *Quintal*..... 91..8o 15 mars 1791.

Celles autres que celles ci-dessus................. (2) *Quintal*..... 244..8o 15 mars 1791.

RENVOIS.

TAMBOURS. *Voyez* à Mercerie.
TAMBOURS de Basque et TAMBOURINS. *V.* Ins-
trumens de musique.
TAMES-TAMES, instrum. de musiq. 12 p. 100.
TAMIS. *Voyez* Mercerie.
TAN (Bois ou Ecorces à). *Voyez* Bois et Ecorces.
—TANAISIE. *Voyez* Herbe aux vers.
TAPIOCA. *V.* Cassave.
TAPISSERIES en cuir. *Voyez* Cuirs dorés.

(1) C'est par décision du 28 mars 1809 que l'ordre a été donné d'appliquer le
premier Pa agraphe de l'art 5 de la loi du 10 brumaire an 5, aux tapis composés de
laine, coton et poil ou mélangés de ces matières en quelque proportion que ce soit.
(*CD.* 4 *avril* 1809.)
Cette prohibition s'étend aux tapis grossiers de poil de vache. (*LD.* 4 *décembre* 1809.)
(2) La loi du 10 brumaire an 5 n'a-t-elle pas aussi frappé les tapisseries comme
étoffes de laine, etc. C'est une question que, pour l'intérêt de nos manufactures,
l'on devroit résoudre affirmativement.

Désignation	Unité	Droit	Date
Tapsie *noir* et *blanc*. [Ce sont les racines de la plante de ce nom. Elles sont peu grosses, longues, chevelues vers la tige, empreintes d'un suc laiteux très-âcre, un peu corrosif et amer ; de couleur grise ou blanchâtre, et quelquefois noire en dehors.]	*Quintal*.....	2— 4	15 mars 1791.
	Idem... (1)	4.. 8	DI. 8 février 1810.
Tartre. [Substance saline blanche ou rouge qui s'attache aux parois des tonneaux de vin, sous la forme d'une croûte composée de plusieurs couches où on aperçoit une cristallisation confuse.]	*Quintal*.....	1—57	15 mars 1791.
	Idem......	0—'5	12 pluviôse 3.
	Idem......	1—53	9 floréal 7.
	Idem......	6— 0	DI. 17 pluviôse 13.
	Idem......	6— 0	30 avril 1806.
	Idem... (2)	12.. 0	DI. 8 février 1810.
Térébenthine *commune*. [Résine liquide de sapin, plus claire que celle ci-dessous, et dont l'odeur et la saveur ont quelque ressemblance avec celles de l'écorce de citron.]...............	*Quintal*.....	3—57	15 mars 1791.
	Idem......	7..14	DI. 8 février 1810.
Térébenthine *de Venise*. [Substance résineuse qui découle du mélèze : elle est liquide, visqueuse, plus épaisse que l'huile, plus coulante que le miel, semi-transparente, de couleur jaunâtre, d'odeur aromatique forte, assez agréable, de saveur âcre et peu amère.]....................................	*Quintal*.....	15—30	15 mars 1791.
	Idem......	30..60	DI. 8 février 1810.
Terre *d'ombre, de Lemnos, Rouge* ou *Rouge d'Inde* et *Terre rubrique à faire crayons*. [Matières terreuses, de couleur plus ou mois brune obscure, qu'on emploie principalement en peinture.]... (3)	*Exempte*....	....—....	15 mars 1791.
	Droit de bal.	....	24 nivôse 5.
Terre *à pipe, de moulard ou cimolée*, et *Terre sigillée*. [La *terre à pipe* est tendre, liante, légère, douce au toucher ; elle blanchit au feu. Le nom de *moulard* ou *cimolée* est donné tantôt à une terre bolaire naturelle, tantôt à la terre qui se trouve au fond de l'auge des couteliers. La terre *sigillée* est une terre bolaire couleur de chair, détrempée, formée en pastilles et marquée d'un cachet.]..............................	*Exempte*....	....—....	15 mars 1791.
	Droit de bal.	....	24 nivôse 5.
Terre *verte*. [Substance terreuse qui offre plusieurs jolies nuances de vert ; c'est un véritable ochre de cuivre. On l'importe en morceaux de différentes grosseurs pour la peinture.]........ (4)	*Quintal*.....	2— 4	15 mars 1791.
	Idem......	4.. 8	DI. 8 février 1810.

167. (Entrée. 155)

(1) La Tapsie n'étoit pas rep ise au Tarif de 1664.

(2) Ce droit concerne seulement le tartre de vin et non la gravelle, qui est exempte de droits. (1 *août* 1794.)
Le tart e a été soumis au double droit par lettres du 16 avril et 14 mai 1810.
Une lettre du 6 octobre 1812 a ordonné de traiter le tartre vitriol *comme* potasse.

(3) Voir la note de l'article BRUN-ROUGE.

(4) C'est par lettre du 21 mai 1810 que la terre verte a été soumise au double droit.

Thé. [Petites feuilles récoltées sur un arbuste, qui, séchées et frisées, deviennent propres à l'infusion très-connue sous ce nom. Il y a différentes espèces de thé.]......	*Quintal net..* 153— c Idem..... 50—	5 mars 1791. 9 floréal 7.
Celui dont la valeur étoit au-dessous de 10 fr. payoit..	*Kilogr. net..* 2—	DI. 17 pluv. 13.
Celui dont la valeur étoit au-dessous de 8 fr. payoit.....	Idem..... 3— Idem...... 3— *Kilogr. net..* 6—	DI. 4 mars 1806. 5 avril 1806. DI. 8 février 1810.
Ceux dont les valeurs surpassoient celles ci-dessus (*primitivement de* 10 *francs et au-dessus, ensuite de* 8 *fr. et au-dessus*), payoient en sus...............	*Par* 100 *fr..* 5— c Idem...... 10— c Idem...... 10— c	DI. 17 pluv. 13. DI. 4 mars 1806. 30 avril 1806.
Thés *de toutes sortes*, sauf celles ci-après, payoient........	*Quintal net..* 150— c	DI. 5 août 1810.
Ils paieront...................	Idem...... 300.. c	DI. 25 nov. 1811.
Thé Heysven. [Ce thé est roussâtre et comme bleuâtre ; c'est un des plus communs ; la feuille en est petite. Il a été cueilli dans une saison plus avancée]......	*Quintal net.* 900.. o	DI. 5 août 1810.
Thé Vert. [Celui du commerce est en feuilles longuettes tirant sur le vert, elles sont plus roulées que les autres espèces]......	*Quintal net.* 600.. o	DI. 5 août 1810.
Toiles *de* **chanvre** et *de* **lin.** [Tissu uni fait au métier.]..... (1)	*Quintal..* (2) 142—80 Idem...... 36—72 Idem...... 5—10 Idem...... 51.. o	15 mars 1791. 19 mai 1793. 12 pluviôse 3. 3 frimaire 5.
Celles *écrues*. [Ce sont celles telles qu'on les retire de dessus les métiers, et qui ont la couleur primitive du fil.].......(3)		
Celles *blanches*. [Ce sont celles qui ont reçu cette couleur par l'opération du blanchiment.]............	*Quintal..* (2) 91—80 Idem...... 45—90 Idem...... 5—10 Idem...... 61..20	15 mars 1791. 19 mai 1793. 12 pluviôse 3. 3 frimaire 5.

168. (Entrée. 156.)

(1) Le linge de table même en pièces n'est pas compris sous la dénomination *Toiles ;* il est tarifé particulièrement. Voir à Linge.

(2) Les toiles écrues importées par les bureaux de Lille, Valenciennes, Givet, a Chapelle et St.-Louis, ne payoient que 73 fr. 44 cent. du quintal décimal par la loi du 15 mars 1791. Les toiles blanches payoient aussi 142 fr. 80 cent. lorsqu'elles étoient importées par d'autres bureaux que ceux ci-dessus.

(3) Les toiles grossières et n'étant propres qu'aux emballages, sont rangées dans la classe des toiles gommées, treillis. (LD. 2 mai 1807.) Et le ministre a autorisé admission, au droit de 10 pour 100 de la valeur, de toiles écrues très grossières, qu'on emploie en Allemagne à laver les appartemens. (DM. 7 septembre 1812.)

Mais les toiles grossières *qui ne sont pas écrues, employées à l'emballage des laines, des cotons et des riz,* ne sont pas considérées comme toiles d'emballage, et sont traitées comme toiles écrues soumises au droit de 51 fr. du quintal. (*Avis des experts, du* 29 *octobre* 1811.).... Moitié de ce droit pour celles importées d'Italie. (*Lettre à Foligno,* 4 *novembre* 1811.)

Toiles (*Suite des toiles de chanvre et de lin.*)

Celles à *voiles grosses*. [On reconnoît les toiles à voiles en ce qu'étant très-serrées, l'eau ne les pénètre pas.]... (1)	*Quintal*.....	20—40	15 mars 1791.
	Idem......	2— 4	12 pluviôse 3.
Comme toiles de chanvre et de lin, suivant qu'elles sont écrues *ou* blanches.	....		3 frimaire 5.
Celles à *voiles fines*. [Ce sont celles dont l'aune ancienne ne pèse pas un demi-kilogramme.]............. (2)	*Quintal*.....	51— 0	15 mars 1791.
Comme toiles de chanvre et de lin, suivant qu'elles sont écrues *ou* blanches.	....		3 frimaire 5.
Celles *teintes* et *peintes*. [Cet article comprend toutes les toiles de chanvre et de lin qui ont reçu quelque couleur, soit par l'impression, soit par la teinture.] Ainsi toutes ces toiles, *à l'exception de celles ci-dessous*, doivent................................. (3)	*Quintal*.....	275..40	15 mars 1791.
Celles à *carreaux*, *pour matelas*. [Elles sont le plus ordinairement à carreaux bleus et blancs, fortes et peu fines.]............................ (4)	*Quintal*.....	81..60	15 mars 1791.
Toiles dites *coutils*. [Cette toile, très-forte et très-serrée, est ordinairement de fil de chanvre.]........... (5)	*Quintal*.....	81..60	15 mars 1791.
Toiles gommées, *treillis*, *bougrans* et *autres toiles à chapeaux de toutes couleurs*. [Les premières sont légères : les *treillis* sont ou une toile écrue grosse et forte, ou une toile teinte gommée, calendrée et lustrée : les *bougrans* sont de grosses toiles de chanvre très-gommées, calendrées et teintes : les *toiles à chapeaux* sont glacées et teintes en diverses couleurs.]......... (6)	*Quintal*.....	30..60	15 mars 1791.
Toiles cirées de toutes sortes. [Ce sont des toiles enduites d'une certaine composition faite de cire ou de résine mêlée de quelques autres ingrédiens. Il y en a de communes et de très-belles dont on se sert pour couvrir les tables, etc.].................................. (7)	*Quintal*.....	40..80	15 mars 1791.

(1) Les toiles préparées pour peindre seront traitées comme les toiles à voiles grosses. (1 *août* 1792.) Elles doivent donc le droit de 20 fr. 40 c. du quintal, imposé par la loi du 15 mars 1791 sur les toiles à voiles grosses.

(2) Les toiles d'étoupes seront traitées comme toiles à voiles fines. (1 *août* 1792.)

(3) Les toiles fines, quoiqu'à carreaux, imitant l'étoffe de soie qu'on appelle *quinze seize*, qui sont susceptibles d'être employées en rideaux, doivent les droits comme toiles peintes et teintes. Les toiles peintes ou teintes de pur fil ne peuvent entrer par *terre* que par les bureaux de Bourg-Libre, Verrières-de-Joux, Versoix et Verceil; *par le Rhin*, que par Cologne, Coblentz, Mayence et Strasbourg; *par mer*, que par les ports qui ont un entrepôt fictif ou réel.

(4) Une décision du 7 pluviôse an 8 assimile aux toiles à matelas celles à carreaux, dont la chaîne est formée de fil de lin ou de chanvre, et la trame de fil de coton. On fabrique en Suisse une toile à carreaux nommée *siamoise*, servant à l'habillement des femmes de campagne et à faire des matelas : c'est cette toile dont il s'agit dans la décision. (*CA.* 11 *pluviôse* 8.) Cette toile, comme contenant du coton, me paroît devoir suivre actuellement la prohibition ordonnée par la loi du 30 avril 1806 sur les toiles de coton.

(5) Les coutils rayés peints ou teints en telle partie que ce soit, payent comme toiles teintes et peintes. (*Décision du 1 ventôse 12.*) Ceux en coton sont prohibés.

(6) Les toiles ajamis bleues du Levant payent comme toiles à chapeaux. (*D. 2 messidor an 5.*).....

(7) Les toiles cirées peintes pour tapisseries doivent comme tapisseries peintes.

V v. 169. (**Entrée.** 157.)

Désignation	Unité	Droit	Loi
TOILES *de* COTON et TOILES *de* FIL *et de* COTON............ payoient	*Quintal*.....	153— 0	15 mars 1791.
Celles *écrues* ....*Id.*	Idem......	80— 0	9 floréal 7.
Celles *blanches* ....*Id.*	Idem......	100— 0	*Même loi.*
Toute *Toile de coton* ou *de fil et coton*, payoit autant } *de fois qu'il y avoit de mètres carrés au kilogramme*.. }	*Mètre carré*..	0— 5	AC. 6 brum. 12.
	Idem......	0— 5	22 ventôse 12.
Celles *écrues* ou *blanches* furent taxées en sus par......	*Mètre carré*..	0—10	DI. 17 pluv. 13.
Celles *qui avoient plus de 12 mètres carrés au kilogramme* payoient................................1°. }	Idem......	0—60	*Même décret.*
2°.	*Par* 100 *fr*...	5— 0	*Même décret.*
Les *Toiles de fil et coton* et *Toiles de coton*, payoient } autant de fois qu'il y avoit de mètres carrés au kilogr... }	*Mètre carré*..	0—10	DI. 1 compl. 13.
Toutes *Toiles de coton blanches* et *Toiles de fil et coton*, seront.	*Prohibées*.(1)	....	DI. 22 fév. 1806 et loi du 30 avr. 1806.
Celles *teintes* ou *peintes* en une seule couleur..............	*Quintal*.....	275—40	15 mars 1791.
Elles payoient *d'abord le droit imposé sur celles blanches* }	*Mètre carré*..	0—50	AC. 6 brum. 12.
plus un droit additionnel de.....................	Idem......	0—50	22 ventôse 12.
	Idem......	0—50	DI. 1 compl. 13.
Elles seront................................ (1)	*Prohibées*...	....	DI. 22 fév. 1806 et loi du 30 avr. 1806.
Celles *teintes* ou *peintes* en plusieurs couleurs..............	*Quintal*.....	275—40	15 mars 1791.
Elles payoient *d'abord le droit imposé sur celles blanches* }	*Mètre carré*..	1— 0	AC. 6 brum. 12.
plus un droit additionnel de.....................	Idem......	1— 0	22 ventôse 12.
	Idem......	1— 0	DI. 1 compl. 13.
Elles seront................................ (1)	*Prohibées*...	....	DI. 22 fév. 1806 et loi du 30 avr. 1806.
Toiles de nankin. [Elles sont d'un jaune écru foncé et } fort étroites.].................................. }	*La pièce*.....	0—75	15 mars 1791.
	Par mètre...	0—25	9 floréal 7.
	Prohibées...	...—..	DI. 26 vend. 13.
	Idem......	...—..	1er. pluviôse 13.
	Par mètre...	0—50	DI. 17 pluv. 13.
	Idem......	0—50	30 avril 1806.
	Par mètre..	1— 0	DI. 8 février 1810.
	Prohibées...	....	DI. 5 nov. 1810.
Toiles dites *nankinets*. [Ce sont les nankins d'Eu- } rope.].. }	*Prohibées*...	....	10 brumaire 5.
TOILES *de crin*, ou *Rapatelle*. [Espèce de toile plus ou moins claire } faite de crin de cheval.].................................. }	*Quintal*.....	20..40	15 mars 1791.

RENVOIS.

TOILES de batiste. *V.* Batiste.
TOILES en mouchoirs, *voir* Mouchoirs.
TOILES ouvrées. *V.* Linge.
TÔLE. *Voyez* Fer et Ouvrages en tôle.
Tonnes à eau, *comme* futailles, lorsqu'elles
    peuvent avoir la même propriété. (*LD.*
    30 *janvier* 1812.)

(1) Avant la prohibition, elles n'étoient admissibles même que par certains bureaux... — Les toiles de coton brochées, brodées ou rayées sont traitées comme mousselines brodées.

Désignation des marchandises	Unité	Droit	Date
Tombac, *Similor* ou *Metal de prince* et *de Manheim*. [C'est un alliage de cuivre et de zinc formé par la fusion directe et simultanée des deux métaux. Il est cassant, de couleur d'or, et susceptible d'un beau poli.]	*Quintal*. . . .	15..3o	15 mars 1791.
Celui ouvragé, en feuilles, en calottes de boutons, gratté ou non.	*Quintal*. . . . . *Prohibé*.	36—72	15 mars 1791. 10 brumaire 5.
Tormentille. [Racines de deux plantes de ce nom, qui ne diffèrent que par la grosseur et le foncé de leurs couleurs : elles sont en tubercules raboteux, peu fibreux, plus ou moins droits, de couleur obscure en dehors, rougeâtres en dedans, et d'un goût astringent.]. . . . . (1)	*Quintal*. . . . . Idem.	2— 4 4.. 8	15 mars 1791. DI. 8 février 1810.
Tourbes. [Mottes d'un brun noirâtre, propres au chauffage, faites de terreau altéré dans l'eau.].	*Exemptes*. . . . *Droit de bal.*	—	15 mars 1791. 24 nivôse 5.
Tournesol ou *Maurelle en drapeaux.* [Ce sont des morceaux de toile imbibés et empreints d'une teinture rouge préparée avec le suc du *croton teignant* et un peu de liqueur urineuse. Celui de Constantinople est du crépon ou toile teinte en rouge avec la cochenille.].	*E. rempt*. . . . . *Droit de bal.*	—	15 mars 1791. 24 nivôse 5.
Tournesol en *pâte.* [C'est une pâte ou laque sèche préparée avec le *lichen perelle*, l'urine, la craie et la potasse : sa couleur est bleue ; elle vient en pains ou en morceaux.]. . . . . (2)	*Quintal*. . . . . Idem. . . . . . Idem.	1o— o 1o— o 2o.. o	DI. 14 fév. 1806. 3o avril 1806. DI. 8 février 1810.

RENVOIS.

Tortue (Ecailles de). *Voyez* Ecailles.
Tortues vivantes, *comme* omises, 3 pour 100.
    (*LD.* 14 septembre 1810.)

(1) La tormentille n'étoit pas reprise au Tarif de 1664

(2) Il est chimiquement reconnu que le tournesol en pâte n'est autre chose que la perelle préparée, laquelle doit comme orseille aꞌpreter d'après la décision ministérielle du 31 janvier 1811.... Ce seroit donc être en rapport avec les connoissances que de faire payer le droit de 2oo francs au tournesol en pâte ou en pains, et j'aurois indiqué cette perception si l'on n'avoit admis *en règle* que lorsqu'une loi tarife une marchandise sous une dénomination, il faut une autre loi ou une décision ministérielle pour lui appliquer le nouveau droit qu'une disposition subséquente fixe sous une autre dénomination.....

Tours et Etaux *d'horlogers.* [Ce sont des machines composées dont l'une a été décrite à *étaux*. Les tours servent à façonner en rond différentes fournitures d'horlogerie.]................... *Comme* omis. (*DM.* 22 *nivôse* 7.) — *Par* 100 *fr.*. | 10.. 0 | 22 août 1791.

Truffes *fraîches.* [Sorte de champignons dont la couleur est noirâtre et la surface couverte de tubercules prismatiques : de forme globuleuse irrégulière et d'odeur pénétrante et succulente.].......... — *Quintal*..... | 36..72 | 15 mars 1791.

Celles *sèches.* [Ce sont les plantes ci-dessus coupées par tranches et ainsi desséchées.]..................... — *Quintal*..... | 20..40 | 15 mars 1791.

Turbith. [C'est une racine communément séparée de sa moelle, ligneuse, desséchée, coupée en morceaux oblongs, compactes, de la grosseur du doigt, résineux, bruns ou gris en dehors, blanchâtres en dedans, d'une saveur âcre et nauséabonde.].....................
- *Quintal*..... | 10—20 | 15 mars 1791.
- Idem...... | 20..40 | DI. 8 février 1810.

Tussilage, ou *Pas-d'âne.* [Plante dont les fleurs jaunes ressemblent à celles du pissenlit ; elles croissent avant les feuilles, qui sont grandes, larges, anguleuses, presque rondes, vertes en dessus, blanchâtres et cotonneuses en dessous.]........ (1)
- *Quintal*..... | 2— 4 | 15 mars 1791.
- Idem...... | 4.. 8 | DI. 8 février 1810.

Tutie. [Espèce de suie métallique comme la calamine. Celle-ci est en écailles voûtées ; dure, grise et chagrinée en dessus.]....
- *Quintal*..... | 2— 4 | 15 mars 1791.
- Idem...... | 4.. 8 | DI. 8 février 1810.

Usnée. [Sorte de lichen ou mousse d'arbre à tiges filamenteuses ramassées en touffes ou pendantes. Sa substance est spongieuse, molle et souple lorsqu'elle est humide : elle est cassante lorsqu'elle est sèche.].................................. (1)
- *Quintal*..... | 2— 4 | 15 mars 1791.
- Idem...... | 4.. 8 | DI. 8 février 1810.

172. (Entrée. 160.)

(1) Le tussilage ni l'usnée n'étoient repris au Tarif de 1664.

Dénomination	Unité	Droits	Autorité
Vanille, ou *Badille*. [Fruit du vanillier qu'on apporte du Mexique et du Pérou. Ces fruits, tels qu'on les voit dans le commerce, sont des espèces de siliques ayant six à sept pouces de longueur, d'un roux brun, un peu aplaties d'un côté, larges de près de quatre lignes, et se divisant en deux vulves dans leur longueur. La pulpe qu'elles renferment est roussâtre, remplie d'une infinité de petits grains noirs, luisans. Elle est un peu âcre, grasse et a une odeur suave.]............	*Kilogramme.*	12—24	15 mars 1791.
	Kilogr. net..	12—24	AC. 9 nivôse 11.
	Idem......	12—24	8 floréal 11.
	Idem......	24—48	DI. 8 février 1810.
	Kilogr. net.	60.. 0	DI. 12 sept. 1810.
Vélin. [Il est plus uni, plus lisse et plus fin que le parchemin. Il est fait de peaux d'agnelins morts-nés qu'on ne passe pas à la chaux.]....................	*Quintal.....*	12..24	15 mars 1791.
Vendanges et *le Moût.* [On nomme *vendanges* les raisins tels qu'on les recueille pour faire le vin. Le *moût* est le jus exprimé du raisin ; en un mot, du vin doux et nouvellement fait.] .... (1)	*Les deux tiers du droit sur le vin.* (2)		DM. 4 vend. 12 et loi du 22 vent. 12.
Verjus. [Liquide extrait d'une variété de raisins qui est très-acide.]..	*Les 268 litres.*	6.. 0	15 mars 1791.
Vermeil. [Composition de gomme gutte ; de vermillon et d'autres ingrédiens. Le *vermeil doré* se fait avec de l'or amalgammé avec le mercure. Ces couleurs servent aux orfévres et aux peintres.].. (3)	*Quintal.....*	20—40	15 mars 1791.
	Idem *net..*	40..80	DI. 8 février 1810.
Vermillon. [Nonobstant tout ce qu'on dit, le vermillon n'est autre chose que du cinabre, soit natif, soit artificiel.]........ (4)	*Quintal.....*	20—40	15 mars 1791.
	Idem......	100— 0	DI. 17 pluv. 13.
	Idem......	100— 0	30 avril 1806.
	Idem *net..*	200.. 0	DI. 8 février 1810.

(1) Pour faciliter la perception, il sera pris trois tonneaux de vendange ou moût pour un tonneau de vin. (*DM.* 4 *vendém. an* 12.) — Il y a nécessairement erreur dans ce calcul : car la vendange devant les deux tiers du vin, trois tonneaux de vendanges égalent indubitablement DEUX tonneaux de vin.

(2) Excepté quand ils proviennent de vignes possédées par les François *soit* sur territoire étranger voisin des départemens de la rive du Rhin et de ceux de Marengo, de la Sésia, de la Doire, du Tanaro et de la Stura. (22 *ventôse* 12.), *soit* sur la rive droite du Rhone. (*DI.* 16 *décemb.* 1811.) Ils ne payent alors que le droit de balance.

Les vendanges provenant de la rive droite du Lenza sont comme les vins, exemptés des droits d'entrée. (*DM.* 27 *juin* 1812.)

(3) Il ne peut pas s'agir dans cet article du vermeil doré, puisque c'est de l'or *en ouvrages d'orfévrerie,* conséquemment le titre ci-dessus ne peut concerner que la composition colorante, et dès-lors ce vermeil doit le double droit par ce'a que les ingrédiens qui le composent sont frappés par le décret du 8 février 1810.... Le Tarif de 1664 l'avoit toutefois classé à marchand.ses où étoient portées d'autres matières colorantes ; mais comme ces dernières ont été retirées de cette classe, il y a concordance de réputer aussi celle-ci *drogue.*

(4) Le vermillon n'étoit pas réputé droguerie par le Tarif de 1664, mais une lettre du 22 mai 1810 ayant rangé le cinabre dans

VERNIS *de toutes sortes.* [On donne ce nom dans les arts à toute matière liquide dont la propriété, après sa dessiccation, est de garantir les métaux, bois, papiers, etc., des influences de l'air et de l'eau. Ils sont en général composés d'esprit-de-vin et de gommes ou résines.].....................(1)	Quintal..... **Idem**......	40—8(81..6.	15 mars 1791. L. 8 février 1810.
VERRE *de Moscovie.* [On a donné ce nom au *Mica* à grandes lames. C'est une substance minérale qu'on emploie au lieu de verres pour les fenêtres des vaisseaux.].......................	*Exempt*..... *Droit de bal.*	...—...	15 mars 1791. 24 nivôse 5.
VERRES *cassés* ou *Groisil.* [On nomme *groisil*, dans la verrerie, le verre cassé et les morceaux de glace.]...................	*Exempts*..... *Droit de bal.*	...—...	15 mars 1791. 24 nivôse 5.
VERRES *en bouteilles.* [Ce qui, pour les droits et la prohibition, s'entendoit d'abord des bouteilles de verre noir pleines ou vides; depuis le 17 pluviôse an 13 l'entrée est repermise aux bouteilles pleines.]..........................(2)	*Le* 100 *en N.* *Prohibés*.... *Le* 100 *en N.*	4— 0 ...—. 12.. 0	15 mars 1791. 10 brumaire 5. DI. 17 pluv. 13 et loi du 30 avr. 1806.
VERRES *en vases* servant à la chimie. [Ces verres sont de formes très-variées, mais peu usités; ils sont, par cela seul, très-faciles à distinguer des autres.].....................	*Par* 100 *fr.*. *Prohibés*...	5— 0	15 mars 1791. 10 brumaire 5.
VERRERIES et CRISTAUX *de toutes espèces,* à l'exception de ceux tarifés et des verres servant à la Lunetterie et à l'Horlogerie.].. (3)	*Prohibés*.... Idem.....	...—.	15 mars 1791. 10 brumaire 5.

VÉRONIQUE. *V.* Vulnéraires.
—VERRE d'antimoine. *V.* Antimoine préparé.
VERRE (Grains de). *Voyez* la note à Mercerie.
VERROUX en fer. Prohibés (*LD.* 21 *frim.* 14.)
VERS à soie (Graine de). *Voyez* aux Soies.

cette classe, il devient clair que le vermillon, qui n'est autre chose que du cinabre, doit conséquemment le double droit.

Il y a cependant entre ces deux objets une singulière discordance de perception; elle provient du défaut de méthode de la loi de 1791, qui, tout en tarifant le cinabre et le vermillon aux mêmes droits, les a cependant classés au Tarif, de manière à faire croire que ce sont deux marchandises différentes; de là devoit résulter ce qui est arrivé, c'est que lorsqu'on changeroit la tarification de cette marchandise, sans rappeler ses deux noms synonymes, on percevroit le nouveau droit sous une dénomination, et l'ancien sous une autre..... Le trésor perd nécessairement à raison de ce défaut de méthode, car le commerce présente toujours la marchandise sous la dénomination qui est la moins imposée, et c'est ainsi qu'il aura fait liquider plus de cinabre que de vermillon......

(1) Les vernis étoient classés à marchandises dans le Tarif de 186? , mais puisqu'on a réputé drogues les couleurs à peindre, il est conséquent de traiter de même les vernis... les gommes qui entrent dans leur composition devoient d'ailleurs les entraîner dans cette classification et il en a été décidé ainsi.

(2) Les bouteilles vides restent prohibées et ne peuvent même être admises sous prétexte qu'on veut les remplir de vin destiné pour l'étranger; car en faisant usage de ces bouteilles sur le territoire français, on éluderoit les dispositions de la loi, qui a voulu favoriser les verreries nationales. (DM. 22 germinal 5.) Une lettre du ministre des finances à celui de l'intérieur, du 2 messidor an 5, confirme cette décision. — Pour les bouteilles françaises revenant de l'étranger, voyez la note à Marchandises de retour.

(3) Les glaces et miroirs sont tarifés particulièrement. Voyez Glaces. — Les verres servant à la lunetterie payent comme ins-

Vert-de-gris *sec et en poudre.* [Combinaison de l'oxide de cuivre avec l'acide du vinaigre. La rouille verte qui s'engendre sur le cuivre est du vert-de-gris : on la racle et on l'envoie en poudre ou en pains dans des sacs de peaux ou en tonneaux.].........	*Quintal*.....	15—3o	15 mars 1791.
	Idem......	3o..6o	DI. 8 février 1810.
Celui cristallisé. [Il est clair, transparent, et à-peu-près comme le sucre candi ; c'est la substance ci-dessus mise en cristallisation.]......................	*Quintal*....	20—40	15 mars 1791.
	Idem *net*..	4o..8o	DI. 8 février 1810.
Celui humide. [C'est du vert-de-gris étendu dans de l'eau pour servir à la peinture.]......................	*Quintal*.....	6—12	15 mars 1791.
	Idem......	12..24	DI. 8 février 1810.
Vert *de montagne.* [Carbonate de cuivre vert, tantôt compacte et tantôt pulvérulent : il est ordinairement mêlé de parties terreuses.]................................	*Quintal*.....	15—3o	15 mars 1791.
	Idem......	3o..6o	DI. 8 février 1810
Vert *de vessie.* [Ce sont des baies de nerprun réduites en pâte dure qu'on enveloppe dans des vessies : elles donnent un beau vert dont se servent les peintres et les teinturiers.]............ (1)	*Quintal*.....	20—40	15 mars 1791.
	Idem *net*..	4o..8o	DI. 8 février 1810.
Vez-cabouli. [Racine médicinale des Indes. On la tire de Surate ; elle s'emploie aussi en teinture.]...........................	*Quintal*.....	6—12	15 mars 1791.
	Idem......	12..24	DI. 8 février 1810
Viande *fraîche.* [On désigne sous ce nom la chair des animaux que les hommes ont reconnue propre à leur servir de nourriture.]	*Droit de bal*..........	24 nivôse 5.

RENVOIS.

Vestes de peaux. *Voyez* Ouvrages en peaux.
Vert de Brunswick, doit *comme* couleur à peindre. (*Avis des experts, du* 15 *déc.* 1812.)
Vert E Frise. *Comme* de gueri. omise.
Viandes salées. *Voyez* Chairs salées.
Velles. *V.* Instrumens de musique.
Vieux linges. *Voyez* Drilles.
— **Vif-argent.** *Voyez* Mercure.

trumens d'astronomie, d'optique, etc. ; et ceux pour l'horlogerie doivent également 10 pour 100 de leur valeur, mais comme omis.

(1) Le vert de vessie est classé à marchandises dans le Tarif de 1664, mais, à raison de ce qu'il a été décidé que le décret du 8 février 1810 frappoit sur les couleurs à peindre, il devient concordant de doubler le droit sur le vert-de-vessie qui d'ailleurs devoit le supporter par sa matière première.

Vinaigre. [Liqueur aigrie. On fait du vinaigre de vin, de cidre, de bière, et généralement avec tous les sucs des végétaux qui ont subi d'abord la fermentation spiritueuse.].....................	Les 268 *litres*. Le *litre*.....	3— 0 0..10	15 mars 1791. DI. 17 pluv. 13 et loi du 30 avr. 1806.
Vins. [Liqueur tirée par expression du fruit de la vigne. Les vins sont ou rouges ou blancs et servent de boisson.] (1) Ceux *ordinaires*, en *bouteilles*...................... (2)	268 *litres*.... Le *litre*....	60— 0 0..25	15 mars 1791. DI. 17 pluv. 13 et loi du 30 avr. 1806.
Ceux *ordinaires*, en *futailles*.................. .....(3)	268 *litres*.... Le *litre*....	25— 0 0..25	15 mars 1791. DI. 17 pluv. 13 et loi du 30 avr. 1806.
Ceux *de liqueur*, tels que de Malaga, Pakaret, Kérès, Rota, Alicante, Constance, du Cap, de Madère, de Tokay et autres, soit qu'ils entrent en futailles ou en bouteilles.................................... (4)	Le *litre*.....	1.. 0	DI. 17 pluv. 13 et loi du 30 avr. 1806.
Vins de l'île d'Elbe pour la Toscane, la Ligurie et les Etats romains·..	Le *litre*.....	0.. 5	DI. 20 sept. 1809 et 15 novembre 1810·
Vins provenans du territoire situé sur la rive droite de Lenza, cédé au royaume d'Italie..............................	*Droit de bal*..	....	DI. 16 déc. 1811.
Viorne ou *Hardeau* (*Feuilles et baies de*). [Elles croissent sur un arbrisseau ; les feuilles, semblables à celles de l'Orme, sont velues, crénelées ; les baies sont molles, presqu'ovales, noires, et contiennent une semence fort aplatie, large, cannelée et presqu'osseuse.].................................. (5)	*Quintal*..... Idem......	2— 4 4.. 8	15 mars 1791. DI. 8 février 1810.

RENVOIS.

Vins cuits, *comme* Vins de liqueur. (*LD.* 25 *janvier* 1809.)

Vins de Porto, *comme* Vins ordinaires. (*LD.* 29 *octobre* 1812).

Vins de Ténérif, *comme* Vins de liqueur. (*LD.* 23 *août* 1810.) ·

Vin (Lie de). *Voyez* Lie.

Vincetoxicum. *Voyez* Contrayerva blanc.

(1) Les habitans de la rive gauche du Rhin, possesseurs de vignes sur la rive droite avant le 1 vendémiaire an 13, pourront y faire leur vin et importer chaque année, jusqu'au 1 nivôse, le produit de leur récolte ; ils en préviendront le directeur des Douanes. [*DI. 9 vendémiaire an 13, et Loi du 1 pluviôse an 13.*]

Les vins qui proviennent des vignobles que l'hospice de Genève possède à Celigny, peuvent arriver à Genève en exemption de droits. [*Déc. 22 vend. an 8.*]

(2) Indépendamment de ce droit, celui sur les bouteilles est aussi perceptible.

(3) Les vins importés en futailles sans emballage ni doubles fonds, depuis Port-Louis jusqu'à la pointe septentrionale du département du Bas-Rhin, et ceux par les bureaux de terre frontière d'Espagne, depuis Mont-Louis inclusivement, jusqu'à St.-Jean-Pied-de-Port aussi inclusivement, ne payoient que 12 fr. par muid de 268 litres. [1 *août* 1792, *et Arrêté du 5 fructidor an 6.*] Ces dispositions locales sont annul'ées par suite du décret du 17 pluviôse an 13.

(4) Le vin de Pédro est passible du droit d'un franc par litre, fondé sur ce que ce vin a été reconnu pour être de l'espèce de *Ximenès*, et que, quoique travaillé avec du sucre de la Havane, qui lui donne un goût sirupeux, il n'en conserve pas moins sa qualité de vin d'Espagne fin. Cependant il ne paiera que comme vin ordinaire à la Douane d'Anvers. [*DM. 5 frim. 14.*]

(5) La viorne n'étoit pas reprise au Tarif de 1664.

176. (Entrée. 164.)

Désignation	Unité	Droit	Date
Vipères *vivantes et sèches*. [Genre de reptiles dont le caractère consiste à avoir des plaques transversales sous le ventre, deux rangs de demi-plaques sous la queue, et des crochets à venin à l'extrémité antérieure de la mâchoire supérieure.]...... (1)	*Le* 100 *en N.*	5— 0	15 mars 1791.
	Idem......	10.. 0	DI. 8 février 1810.
Visnage (*Taille de bisnague* ou). [Sortes de cure-dents faits des petites branches de l'arbre de ce nom taillées par les deux bouts : ils sont en général d'une couleur blonde.]................	*Quintal*.....	12..24	15 mars 1791.
Vitriol *blanc*. [Sulfate de zinc. C'est la même chose que la couperose blanche.]....................(2)	*Quintal*....	15—3o	15 mars 1791.
	Idem......	1—53	12 pluviôse 3.
	Idem......	15..3o	3 frimaire 5.
Vitriol *de Chypre*. [Sulfate de cuivre. C'est une couperose bleue.]....	*Quintal*....	7—65	15 mars 1791.
Sera traité comme Couperose bleue.		....	1 août 1792.
Vitriol *rubifié* ou *Calcantum* , ou *Colcothar*. [C'est le vitriol naturel qui vient d'Allemagne et de Suède en pierres d'un rouge brun ; il se trouve constamment partie à l'état d'oxide, et partie à l'état de sulfate de fer. On fait aussi du Colcothar artificiel.].................................. (2)	*Quintal*....	4..5o	15 mars 1791.
Voitures *vieilles ou neuves*, excepté celles servant aux voyageurs, sous la condition du retour..................................(3)	*Par* 100 fr...	12— 0	15 mars 1791.
	Prohibées...	....	10 brumaire 5.
Volaille. [Dénomination générique sous laquelle on comprend les oiseaux domestiques que l'on nourrit dans les basses-cours.]..	*Exempte*....	...—..	15 mars 1791.
	Droit de bal.	....	24 nivôse 5.
Vulnéraire. [On donne ce nom à un mélange d'herbes aromatiques sèches, telles que véronique, pervenche, sanicle, bugle, etc. On les appelle aussi *faltranck*.]...................... (1)	*Quintal*....	4— 8	15 mars 1791.
	Idem......	8..16	DI. 8 février 1810.

(1) Les Vipères ni les vulnéraires n'étoient pas repris au Tarif de 1664.

(2) Les vitriols, bien que classés à Drogueries dans le Tarif de 1664, ne seront pas soumis au double droit. (*DM.* 13 *novembre* 1811.)

(3) Pour concilier les besoins des voyageurs avec cette prohibition , il a été arrêté que ceux-ci consigneroient à la Douane de leur passage le tiers de la valeur de leur voiture. Lors de la sortie , le quart de cette valeur sera immédiatement remboursé, et la somme restante sera portée en recette définitive comme droit acquis. La condition du retour des voitures à l'étranger ne peut excéder trois années, ou si la somme consignée n'est pas redemandée dans les deux premières années, il n'y a lieu à aucun remboursement. (*CD.* 7 *fructidor* 10.).... — Il arrive souvent que le retour ne s'effectue point par le bureau d'entrée : en ce cas on doit se borner à certifier la sortie sur la reconnoissance de consignation, le directeur général pourvoit ensuite par un ordre particulier et d'après la demande qui lui en est faite, au remboursement de la somme excédant celle qui constitue le droit. (*LD.* 17 *germinal* 11.) Le douzième de la valeur étant acquis au Gouvernement, même dans le cas de réexportation, il doit être porté en recette au moment où il est versé entre les mains du Receveur : quant au surplus, il n'appartient au trésor public qu'après l'expiration des délais fixés pour le renvoi à l'étranger. (*LD.* 15 *messidor* 11.)

Obs. Dans plusieurs bureaux, ce recouvrement se fait par une opération plus simple.... Le receveur perçoit d'abord le

YEUX D'ÉCREVISSES ou *Oculi cancri.* [On appelle ainsi deux petits demi-hémisphères crétacés qu'on trouve sous le corcelet des écrevisses à l'époque où elles vont changer de test. Ils sont de couleur blanche.]....................................	*Quintal.....* Idem......	8—16 16..32	15 mars 1791. DI. 8 février 1810.
ZÉDOAIRE. [Racine médicinale dont il y a deux espèces : celle nommée *longue* est tuberculeuse, dense et solide, d'un gout âcre, amer et aromatique ; elle a une légère odeur de gingembre ou de camphre mêlée de celle de laurier. La *ronde* ne diffère de celle-ci que par sa forme sphérique ; elle est un peu raboteuse, et se termine quelquefois en pointe.]....................	*Quintal.....* Idem......	18—36 36..72	15 mars 1791. DI. 8 février 1810.
ZINC ou *Toutenague.* [Il ne se présente jamais sous la forme de métal vierge ou natif ; il est toujours à l'état d'oxide, soit simplement combiné avec l'oxigène, comme dans la *calamine* ; soit avec le soufre, comme dans la *blende* ; soit enfin avec les acides sulfurique ou carbonique ; mais il est rare de le trouver dans ces deux derniers états. Le *zinc*, qu'on obtient par le moyen de l'art à l'état de régule ou métal pur, est de couleur gris de plomb clair, tirant au bleuâtre. Sa contexture est lamelleuse, et sa cassure présente de larges facettes. Celui en petits lingots se nomme *Toutenague* dans le commerce.]..................	*Exempt.....* *Droit de bal.* *Quintal.....*	........—. ..—... 50.. 0	15 mars 1791. 24 nivôse 5. DI. 10 août 1810.

FIN DU TARIF GENERAL D'ENTREE.

RENVOIS.

XANTOLINE. *Voyez* Barbotine.

XAPANA, *comme* herbe médicinale.

XILO-BALSAMUM. *Voyez* Bois de baume et Car-
pobalsamum.

YVOIRE. *Voyez* Ivoire.

ZAFFRE. *Voyez* Safre.

douzième de la valeur de la voiture entrante, il délivre ensuite un *Récépissé*, en forme d'acquit-à-caution, des trois douzièmes qui lui sont remis en consignation.... Lorsqu'on lui rappo te, dans les délais, cette espèce d'acquit-à-caution déchargé, il restitue alors et sans ordre, le montant de la somme déposée qui est resté entre ses mains.

TARIFS PARTICULIERS.

TARIF DES MARCHANDISES

IMPORTÉES DIRECTEMENT DES COLONIES FRANÇAISES.

MARCHANDISES COLONIALES *ci-après dénommées*, IMPORTÉES DIRECTEMENT PAR NAVIRES FRANÇAIS *ou* HOLLANDAIS des Colonies en notre pouvoir, soit dans les Indes orientales, soit dans les Indes occidentales, *seront traitées comme suit :*

Bois d'acajou.		
Bois de teinture *moulus*.		
Cacao.		
Café.		
Cannelle fine et ordinaire.		
Clous de girofle.	*Droit de bal.*	DI. 1 nov. 1810, art. 1.
Cochenille.		
Cotons en laine.		
Indigos.		
Muscade.		
Poivres blancs et noirs.		
Sucres brut, tête et terré.		
Thés.		

LES MÊMES MARCHANDISES importées directement desdites Colonies en notre pouvoir, PAR NAVIRES AMÉRICAINS. ... } *Quart des droits.* .... DI. 1 nov. 1810, art. 2.

NOTA. Les pièces de bord des bâtimens, justificatives de l'exécution des conditions d'importation directe, seront soumises à SA MAJESTÉ en conseil de commerce, afin qu'elle statue sur leur validité. (*DI.* 1er *novembre* 1810, art. 3.)

Les dispositions ci-dessus auront un effet rétroactif, et seront exécutées comme si elles avoient été rendues le 5 août 1810. (*Même décret, art.* 4.)

OBS. Il résulte du régime actuellement suivi, que toutes marchandises coloniales autres que celles ci-dessus spécifiées, sont traitées comme étrangères ....
Cependant quelques espèces dénommées au Décret d 12 septembre 1810, et même dans des dispositi ns antérieures à celui du 5 aout, ont aussi été admises en franchise, mais par des dispositions spéciales.

TARIF DES MARCHANDISES

DE PRISES.

Les Marchandises provenant des bâtimens capturés sur les ennemis de l'État, seront traitées comme suit :

1° Celles dont la consommation est défendue, comme étant réputées provenir des fabriques angloises (1), à l'exception des sucres raffinés	*seront brûlées et les capteurs indemnisés* (2)........		DI. 18 oct. 1810, et avis du Conseil du 8 mars 1810.
Les Sucres raffinés provenant de prises (*et même de saisies et confiscations*), seront admis en payant............ (3)	*Quintal*.....	450.. o	DI. 25 oct. 1810.
2° Celles simplement prohibées, *à l'exception des objets ci-après*. (Cet article comprend toutes les marchandises dont la consommation n'est pas interdite, quoique l'importation de l'étranger en soit défendue.) — Ainsi sont dans cette classe, la *Mélasse*, le *Nitre* raffiné, le *Rhum*, les *Savons*, etc... (4 et 7)	*Par 100 fr.*...	40.. o	DI. 24 juin 1808, et loi du 12 janv. 1810.
Les poudres et salpêtres. (5) { *seront versées dans les magasins de l'État, et les capteurs indemnisés..........*			13 fructidor 5.
Les Sels de prises, *ainsi que ceux de saisies et confiscations*, acquitteront................................. (6 et 7)	*Par kilogr.*...	o... 20	24 avril 1806.
Les soudes *provenant des mêmes origines*, seront aussi admises, en payant................................. (7)	*Quintal*.....	80.. o	DI. 25 oct. 1810.
Les Tabacs en feuilles et fabriqués, *idem*. { *seront versés aux manufactures impériales, et les capteurs indem.*			(7 et 8.)
3° Toutes les autres marchandises imposées à des droits d'entrée par le tarif général. .... (7) { *Acquitteront ces droits.*			DI. 24 juin 1808 e loi du 12 janv. 1810

(1) Voir la nomenclature des objets qui doivent être brûlés, à l'article Marchandises angloises du tarif général.

(2) L'indemnité à accorder pour les marchandises de prises qui doivent être brûlées, est la même que celle réglée pour les employés des douanes par le décret du 18 octobre 1810.... Ainsi ce sont des experts qui procèdent à l'estimation des objets capturés, et ils en établissent le prix à l'étranger, d'après les factures et mémoires qui se trouvent à bord des bâtimens capturés. (*CD, 6 juin 1811.*)

(3) Ces sucres ne pourroient être réexportés sans payer ce droit de 450 francs. (*CD. 2 novembre 1810.*)

(4) Les dispositions de la loi du 12 janvier 1810, relatives à l'admission des marchandises prohibées lorsqu'elles proviennent de prises, ne sont rapportées par le décret du 18 octobre même

année, que pour les espèces réputées anglaises par l'article de la loi du 10 brumaire an 5. (*Sens de la circulaire du 4 juille 1811.*)

(5) Les poudres à feu provenant de saisies et de confiscations suivent le même régime. Si les poudres sont bonnes, elles sont payées aux capteurs sur le prix de celles de l'administration de poudres.... Si elles ne sont pas admissibles pour le service de la marine, elle ne sont payées qu'en raison de la quanti du salpêtre qu'elles contiennent. (*Code n° 426 et 432.*)

(6) Les sels de prises ne sont admissibles à aucune des faveurs, que la loi du 24 avril et le décret du 11 juin 1806 réservent aux sels français. (*CD. 28 novembre 1807.*)

(7) A l'exception des denrées coloniales, des sucres raffinés des poudres et salpêtres, des drilles et des objets dont le décr du 18 octobre 1810 ordonne la destruction, toutes les marchandises de prises continuent à jouir de la faculté d'être réexportées.... Si elles sont de l'espèce prohibée n° 2, elles ne peuvent être réexpédiées que sur des navires de cent tonneaux et au-dessus (*CD.* 26 *prairial an* 11).... Dans tous les cas, la réexportation doit s'effectuer directement par mer; les marchandises ne paient alors que le droit de balance. (*CD.* 21 *mars* 1807.)

(8) Ce régime que j'indique pour les tabacs de prises n'a pas de titre positif, mais il résulte de la combinaison des principes du décret du 29 décembre 1810 avec ceux de l'avis du Conseil d'État du 8 mars 1811 et de la circulaire du 22 juin suivant, laquelle admet les tabacs de saisies et de confiscations....

Lorsque le capitaine d'un navire armé en course aura conduit une PRISE dans un port de France, il sera tenu d'en faire la déclaration au bureau de la Douane.

Les prises ne peuvent rester dans les rades ni aux approches des ports au-delà du temps nécessaire pour leur entrée dans ces ports. (*AC.* 2 *prairial* 11, *art.* 67.)

Les scellés seront apposés et ne pourront être levés sur la prise qu'en présence d'un préposé des douanes. (*Article* 69.)

Le préposé des douanes prendra à bord un état détaillé des balles, ballots, futailles et autres objets, qui seront mis à terre ou chargés dans les chalans ou chaloupes : un double de cet état sera envoyé à terre et signé par le garde-magasin, pour valoir réception des objets y portés.

À mesure du déchargement des objets, et au moment de leur entrée en magasin, il en sera dressé inventaire en présence d'un visiteur des douanes qui en tiendra état et le signera à chaque séance. (*Art.* 70.)

L'officier d'administration de la marine sera assisté, dans tous les actes relatifs aux prises, du principal préposé des douanes.

En cas d'avaries ou de détériorations de la cargaison, la vente pourra en être ordonnée après affiche et avoir appelé le principal préposé des douanes, etc..... *Cette vente ne peut avoir lieu que pour les espèces non prohibées, et sous la condition du paiement des droits, ou de la réexportation, suivant le cas.*

Après que la procédure de l'instruction relative à la prise sera terminée, il sera procédé sans délai au déchargement des marchandises qui seront inventoriées et mises en magasin, lequel sera fermé de trois clefs différentes, dont l'une demeurera entre les mains du receveur des douanes, etc..... *Ce magasin est fourni par les parties intéressées à la prise.*

Les décisions du conseil des prises ne pourront être exécutées à la diligence des parties intéressées qu'avec le concours du principal préposé des douanes. (*Art.* 84.)

Les dispositions prescrites par les lois pour les déclarations à l'entrée et à la sortie, ainsi que pour les visites et paiemens de droits, seront observées relativement aux armemens en course et aux navires pris sur les ennemis de l'état, dans tous les cas où il n'y est pas dérogé par les dispositions de l'arrêté consulaire du 2 prairial 11.

Les directeurs, inspecteurs et receveurs des douanes prendront les mesures nécessaires pour prévenir toute fraude et soustraction, à peine d'en demeurer personnellement responsables.

Les marchandises de prises, lorsqu'elles sont admissibles, doivent, comme celles importées de l'étranger, jouir de l'entrepôt d'un an. (*LD.* 14 *février* 1811, *au directeur d'Anvers.*)

Les marchandises de prises, entreposées au port d'arrivée, ne peuvent être expédiées par continuation d'entrepôt. (*CA.* 16 *nivôse an* 6.)

Les denrées coloniales provenantes de prises ne peuvent transiter. (*LD.* 8 *mars* 1809.)

Les droits sur les objets de prises sont à la charge des acquéreurs, et seront toujours acquittés avant la livraison, entre les mains du receveur des douanes avec lequel l'officier supérieur de l'administration de la marine se concertera pour indiquer l'heure de la livraison. (*AC.* 2 *prairial* 11.)

Les navires de prises, leurs agrès et apparaux sont exempts de droits (19 *mai* 1793.) Cette exemption, maintenue par DM. du 5 thermidor 12, comprend les canons dont ils sont armés (*DM.* 11 *mars* 1806,) et s'étend à tous les droits de navigation (*CD.* 9 *thermidor* 12.) — *Voir d'ailleurs les notes du tarif général.*

TARIF DES PRODUCTIONS
DE L'ILE DE CORSE.

CIRE JAUNE non ouvrée...............................

CUIRS DE BŒUFS ET DE VACHES, secs en poils....................

FRUITS, comme suit :
    Amandes...............................

    Cédrats...............................

    Châtaignes...............................

    Citrons...............................

    Noix...............................

    Oranges...............................

HUILES D'OLIVES...............................

MIEL...............................

VINS du cru du département de la Corse...............................

Droit de bal......... **DI.** 24 avril 1811, art. 20.

Les objets ci-dessus devront être expédiés avec des certificats des autorités locales qui en attesteront l'origine, visés par les préfets et sous-préfets, et accompagnés d'expéditions délivrées par les préposés chargés, dans les différens ports, de la perception des droits de navigation. (*Dl.* 24 *avril* 1811, *article* 21.)

Il est inutile d'observer que les marchandises qui ne sont pas reprises dans ce tarif particulier, doivent les droits du tarif général.

Les poissons de mer, soit frais, soit salés, importés de l'île de Corse et provenans de la pêche de ses habitans, doivent même être considérés comme produits de pêche étrangère. (*LM.* 15 avril 1812.)

TARIF DES PRODUITS

DES PROVINCES ILLYRIENNES.

Fers et Aciers en lames et en barres...........

Soufre en canons....................... } *Moitié des droits du tarif général.* .... DI. 27 nov. 1810.

Et tous produits du sol des provinces Illyriennes,
    destinés pour la France....................

Plomb en saumon, ne paiera à son passage par les douanes Illyriennes
    et Italiennes, et à son entrée en France par les bureaux de
    Gênes, Verceil et Casatisme, que le.................... *Droit de bal.* ....DI. 20 sept. 1812.

Le Décret impérial du 27 novembre 1810, en établissant un régime particulier des Douanes pour les provinces Illyriennes, a exempté (*art.* 14) de la moitié des droits du tarif français les fers et aciers en lames et en barres. . . . . le soufre en canons venant de ces provinces, ainsi que les produits de leur sol destinés pour la France et qui entreront par les bureaux de Verceil ou Casatisme auxquels celui de Brigg est ajouté. En conséquence les espèces de marchandises dont il s'agit y sont admises au demi droit lorsqu'elles y sont présentées avec acquit-à-caution ou passavant des Douanes de l'Illyrie, attestant qu'elles ont été expédiées dans ces provinces ou qu'elles proviennent de leur cru.

Celles qui sont dans la classe des drogueries, tels que les produits mercuriels qui forment une branche importante de l'industrie de ce pays, étant frappées du doublement ordonné par le Décret du 8 février 1810, la réduction à leur égard se borne à ne les assujettir qu'aux droits primitifs du Tarif. (*CD.* 7 octobre 1811.)

Tous les objets provenans du sol des provinces Illyriennes, sont exemptés des droits de transit à leur passage en Italie, alors qu'ils sont destinés pour la France. — Voir d'ailleurs l'article Transit à la page 8.

TARIF DES MARCHANDISES

DE FABRIQUE OU DU CRU DU ROYAUME D'ITALIE,

Conformément au traité de commerce du 20 juin 1808, et au décret impérial du 10 octobre 1810 (1).

DÉSIGNATION des MARCHANDISES.	DROITS QUI RÈGLENT CEUX A PERCEVOIR.					DROITS TELS QU'ILS DOIVENT ÊTRE PERÇUS à l'importation d'Italie en France.		
	DROITS DU TARIF FRANÇAIS au 20 juin 1808.			DROITS du tarif italien.				
	Proportions.	Quotité.	DATES des lois.	Quotité.	Changemens.	POIDS et mesures.	Quotité.	TITRES de perception.
Armes à feu............	moitié de..	73..44	8 flor. 11...	......	....	quintal...	36..72	Traité, art. 11.
Bestiaux...............	exempts...	......	24 nivôse 5.	......	....	exempts...	....	Traité, art. 11.
Chanvre brut, peigné ou apprêté..............	droit de bal.	......	24 nivôse 5.	......	....	droit de bal.	....	Traité, art. 11.
Chapeaux d'écorces de bois.	moitié de..	5.. 0	30 avril 1806	......	....	la douzaine	2..50	Traité, art. 11.
— Chapeaux de paille....	moitié de..	8.. 0	30 avril 1806	......	....	la douzaine	4.. 0	Traité, art. 11.
Cire blanche, brute......	moitié de..	61..20	15 mars 1791	......	....	quintal...	30..60	Traité, art. 11.
— Cire blanche, ouvrée...	moitié de..	81..60	15 mars 1791	......	....	quintal...	40..80	Traité, art. 11.
Cordages de chanvre.....	moitié de..	15.. 0	30 avril 1806	......	....	quintal...	7..50	Traité, art. 11.
Crêpes de soie.........	......	......	......	......	....	droit de bal.	....	DI. 10 oct. 1810, art. 19.
Etoffes de laine, *comme suit :*								
Bayette et Espagnolette...	moitié de..	......	....	0..20	....	braccio...	0..10	DI. 10 oct. 1810, art. 10.
Bonneterie fine et mi-fine...	moitié de..	......	....	1..35	....	la livre....	0..67½	DM. 14 mars 1812.
—Celle commune........	moitié de..	......	....	0..58	....	la livre....	0..29	DM. 14 mars 1812.
Bouracan de fil et de laine, mi-laine, ou moitié fil et laine...............	moitié de..	......	....	0..14	....	braccio...	0.. 7	DI. 10 oct. 1810, art. 10.
Burats à bluter, en pièces (*buratti per aburattare*)...	moitié de..	......	....	0..10	....	braccio...	0.. 5	*Idem*, art. 10.

RENVOIS.

(1) Il y a en Italie trois mesures de longueur qu'on nomme *braccio*; 1° le braccio pour les laines, qui vaut en mètre 0,6774; — 2° le braccio pour la soie, qui vaut 0,5281; — 3° le braccio pour les toiles, qui vaut 0,5942.

	Proportions.	Tarif français.	Tarif italien.		Droits à percevoir.
Bouracans, Burats (*ordinaires*), camelots ordinaires, y compris ceux de Leipsick, chinettes, crepons, duranti, gros-grain, diablement forts, éternels, triforts et semblables	moitié de . .	0..20	braccio . . .	0..10	DI. 10 oct. 1810, art. 10.
Casimirs n'excédant pas la largeur de 16 pouces	moitié de . .	0..77	braccio . . .	0..38½	Idem, art. 10.
— S'ils sont d'une plus grande largeur	moitié de . .	0..98	braccio . . .	0..49	Idem, art. 10.
Couvertures de laine fine et mi-fine	moitié de . .	20.73	quintal . . .	10..36½	DM. 14 mars 1812.
— Celles grossières	moitié de . .	9..21	quintal . . .	4..60½	DM. 14 mars 1812.
Draps fins et demi-fins, comme ceux de Flandres, de Hollande, d'Espagne, de Limbourg, d'Abbeville, de Louviers, de Sedan, Pagnon, d'Elbœuf, de Carcassonne, de Padoue, de Schio, et autres semblables, *de quelque largeur qu'ils soient*, y compris les draps de billard	moitié de . .	1..16	braccio . . .	0..58	DI. 10 oct. 1810, art. 10.
Draps ordinaires, *qui n'ont pas la largeur de 25 pouces*, comme ceux de Lodève, Neusotto, Sesino, Gianizzero, Karsei, Pergolo, Ceneda, Feltrino, Bassano, Cottoncino, et autres semblables, et ceux de Schio ordinaires	moitié de . .	0..39	braccio . . .	0..19½	Idem, art. 10.
— Draps de 27 pouces	moitié de . .	0..58	braccio . . .	0..29	Idem, art. 10.
— Ceux qui ont plus de 27 p.	moitié de . .	1..16	braccio . . .	0..58	Idem, art. 10.
Draps ordinaires communs, non teints, non cardés, non tondus, non apprêtés	moitié de . .	0..20	braccio . . .	0..10	Idem, art. 10.
— drap de Qodella, ou d'agneau	moitié de . .	0..16	braccio . . .	0.. 8	Idem, art. 10.
— drap dit petit poil et Qoverso	moitié de . .	0..39	braccio . . .	0..19½	Idem, art. 10.

R E N V O I S.

	Proportions.	Tarif français.		Tarif italien.	Droits à percevoir.		
Draps de petit poil fin, de castor, de laine fine, les calmouks et alpagats de poils mêlés de laine.....	moitié de..	.....	.....	o..53	.... braccio...	o..29	DI. 10 oct. 1810, art. 10
Draps perpétuels, *Londrins, Silésies et autres semblables*, n'excédant pas la largeur de 16 pouces.....	moitié de..	.....	.....	o..47	.... braccio...	o..25½	*Idem*, art. 10.
— S'ils sont d'une plus grande largeur.........	moitié de..	.....	.....	o..70	.... braccio...	o..35	*Idem*, art. 10.
Droguets.............	moitié de..	.....	.....	o..27	.... braccio...	o..13½	*Idem*, art. 10.
Flanelle, pariglia et penia.	moitié de..	.....	.....	o..23	.... braccio...	o..11½	*Idem*, art. 10.
Malborouck in spiga......	moitié de..	.....	.....	o..20	.... braccio...	o..10	*Idem*, art. 10.
— Malborouck, excepté celui in spiga, n'excédant pas la largeur de 12 pouces...	moitié de..	.....	.....	o..10	.... braccio...	o.. 5	*Idem*, art. 10.
— Celui d'une plus grande largeur.............	moitié de..	.....	.....	o..16	.... braccio...	o.. 8	*Idem*, art. 10.
Molletons de laine........	moitié de..	.....	.....	o..39	.... braccio...	o..19½	*Idem*, art. 10.
Peluches et velours *de laine*, n'excédant pas la largeur de 12 pouces..........	moitié de..	.....	.....	o..39	.... braccio...	o..19½	DI. 10 oct. 1810, art. 10
— S'ils sont d'une plus grande largeur.............	moitié de..	.....	.....	o..58	.... braccio...	o..29	*Idem*, art. 10.
Ratines fines....*comme les draps fins*..		.....	.....	.....	....	......	*Idem*, art. 10.
--Ratines ordinaires, *comme les draps ordinaires*..		.....	.....	.....	....	......	*Idem*, art. 10.
Serge de laine et étamine..	moitié de..	.....	.....	o..20	.... braccio...	o ..10	*Idem*, art. 10.
Faux et faucilles.........	moitié de..	40..80	3 frim. 5..	.....	.... quintal...	20..40	Traité, art. 11.
Fil de chanvre ou de lin, — Ceux simples, bis, écrus et blancs.............	moitié de..	10.. o	30 avril 1806	.....	.... quintal...	5.. o	Traité, art. 11.
— Ceux retors..........	moitié de..	61..20	15 mars 1791	.....	.... quintal...	30..60	Traité, art. 11.
— Ceux à voiles........	moitié de..	6..12	15 mars 1791	.....	.... quintal...	3.. 6	Traité, art. 11.
Fromages	moitié de..	6.. o	7 sept. 1807	.....	.... quintal...	3.. o	Traité, art. 11.
Gazes de soie..........	moitié de..	30..60	15 mars 1791	.....	.... kilog. net.	15..30	Traité, art. 11.

RENVOIS.

	Proportions.	Tarif français.	Tarif italien.	Droits à percevoir.		
Grains de verre..........	....	....	....	quintal...	20.. o	Traité, art. 13.
Huile d'olive, fine.......	moitié de..	20.. o 30 avril 1806	....	quintal...	10.. o	Traité, art. 11..
— Huile d'olive commune.	moitié de..	12.. o 30 avril 1806	....	quintal...	6.. o	Traité, art. 11.
Librairie................	....	....	....	droit de bal.	....	DI. 10 oct. 1810, art. 21.
Lin brut, tayé et apprêté..	droit de bal.	...... 24 nivóse 5.	....	droit de bal.	......	Traité, art. 11.
Parapluies de toile cirée...	moitié de..	0..75 15 mars 1791	....	la pièce...	o ..37½	Traité, art. 11.
Poissons de la pêche italienne, *comme suit* :						
— Poissons d'eau douce, frais...............	droit de bal.	...... 24 nivóse 5.	....	droit de bal.	......	Traité, art. 11, § 2.
— Poissons de mer, secs...	moitié de..	8.. o DI. 12 sep. 1810	....	quintal...	4.. o	Traité, art. 11, § 2.
— Ceux frais, salés ou fumés et Anchois.......	moitié de..	20.. o 22 vent. 12.	....	quintal...	10.. o	Traité, art. 11, § 2.
— Morue...............	moitié de..	10.. o DI. 12 sep. 1810	....	quintal...	5.. o	Traité, art. 11, § 2.
— Rogues de morue (œufs).	droit de bal.	...... 24 nivóse 5.	....	droit de bal.	......	Traité, art. 11, § 2.
— Stockvisch...........	moitié de..	8.. o 22 vent. 12.	....	quintal...	4.. o	Traité, art. 11, § 2.
— Thon mariné.........	moitié de..	91..80 15 mars 1791	....	quintal...	45..90	Traité, art. 11, § 2.
Raisins secs...........	moitié de..	8.. o 30 avril 1806	....	quintal...	4.. o	Traité, art. 11.
Riz....................	....	....	....	droit de bal.	....	DI. 10 oct. 1810, art. 19.
Soies..................	....	....	....	droit de bal.	....	DI. 10 oct. 1810, art. 13.
Toiles de chanvre et de lin, et toiles à voiles, *comme suit* : (1)						
— Celles écrues..........	moitié de..	51.. o 3 frimaire 5	....	quintal...	25..50	Traité, art. 11.
— Celles blanches........	moitié de..	61..20 3 frimaire 5	....	quintal...	30..60	Traité, art. 11.
Vins ordinaires, (2)						
— Ceux en bouteilles.....	moitié de..	0..25 30 avril 1806	....	le litre....	0..12½	Traité, art. 5 et 11.
— Ceux en futailles......	moitié de..	0..25 30 avril 1806	....	le litre....	0..12½	Traité, art. 5 et 11.
Vins fins ou de luxe, (2)						
— Ceux en bouteilles....	....	....	....	le litre....	0..25	Traité, art. 5 et 11.
— Ceux en futailles......	....	....	....	quintal...	5.. o	Traité, art. 5 et 11.

RENVOIS.

(1) Les toiles teintes ou peintes, à carreaux ou gommées, payent le même droit. (*LD.* 24 *mai* 1811, *et* 13 *novembre* 1812.)

(2) Ces droits d'entrée sur les vins ne les dispensent pas de ceux d'octroi et des droits réunis. (*Traité, art.* 11, § 2.)

Les marchandises reprises dans le premier paragraphe de l'article 11 du Traité, n'étant soumises, aux termes de cet article, qu'à la moitié des droits du tarif français *actuellement existant*, il en résulte qu'elles ne peuvent être passibles d'aucune des augmentations survenues ou à survenir après la date du traité; donc, les Faux et Faucilles, qui à l'époque du 20 juin 1808 n'étoient taxées qu'à 40 francs 80 centimes, ne doivent toujours, lorsqu'elles proviennent d'Italie, que 20 francs 40 cent., et non pas les 25 francs qu'on leur a fait acquitter dans quelques bureaux; cette perception de 25 francs a été faite comme étant la moitié du droit de 50 francs, auquel les Faux et Faucilles de l'étranger ont été réimposées par décret du 11 juillet 1810, mais comme la date de ce décret est postérieure à celle du traité de commerce avec l'Italie, il est évident que sa disposition ne concerne, ni ne peut concerner les fabrications de ce royaume. Raisonner autrement seroit prétendre que les mots *actuellement existant*, n'ont aucune signification dans le traité, qu'ils y sont surabondans, et certes le premier paragraphe de son article 3, en établissant une exception en défaveur des draps importés de France en Italie, dénote trop clairement que la proportion a été calculée sur les tarifications *alors* existantes et non sur celles qui pourroient exister.... S'il en étoit autrement, rien ne seroit aussi facile à l'une ou à l'autre puissance que de détruire les compensations de ce traité; il ne s'agiroit, pour cela, que d'augmenter les droits sur les espèces qui se fabriquent concurremment dans l'un et l'autre pays; et comme cette augmentation feroit que les fabrications importées ne pourroient soutenir la concurrence de prix avec les fabrications indigènes, il en résulteroit que le traité se trouveroit à l'instant anéanti, sinon de forme, du moins de fait.....

Mais bien que ces marchandises ne soient pas susceptibles de l'augmentation proportionnelle, elles le sont de la diminution; l'article 12 du traité consent à ce que, si par des traités avec d'autres puissances, les marchandises désignées en l'article 11 obtenoient de payer moins que le taux existant au 20 juin 1808, celles de même espèce, venant d'Italie, n'acquitteroient que la moitié des droits fixés par lesdits traités... Or, si elles ont un privilège aussi marqué sur des origines favorisées, à plus forte raison l'ont-elles sur les origines qui ne le sont pas, et conséquemment le poisson sec nouvellement imposé à 8 francs au lieu de 20, ne doit-il, lorsqu'il est de pêche italienne, que 4 francs au lieu de 10 francs.... Donner un autre sens à cet article 12 seroit se mettre dans le cas de traiter souvent l'Italie plus mal que les autres puissances.....

Les marchandises désignées en ce tarif devront être accompagnées d'un certificat du négociant expéditionnaire, visé par l'autorité locale, et d'expéditions délivrées dans les douanes italiennes. — Elles pourront sauf les draps et étoffes de laine, être introduites en France par terre, par tous les bureaux des douanes françaises placés sur les frontières du royaume d'Italie. — Les mêmes marchandises ne seront admises en France par mer, que par les ports de Livourne, Gênes, Savone, Nice, Marseille, Toulon, Cette, Bordeaux, Nantes, Brest, le Hâvre et Anvers (ainsi que par ceux des états romains. *DI.* 1ᵉʳ *février* 1810, *art.* 18.) — On sera tenu d'y représenter les certificats et expéditions ci-dessus prescrits. (*Traité art* 15.)

Les draps et étoffes de laine des fabriques italiennes ne pourront être envoyées en France que lorsque les négocians qui voudront faire ces envois auront obtenu du ministre de l'intérieur du royaume d'Italie, des permis d'exportation. — L'importation en France s'en fera par les bureaux de Verceil, de Casatisme, de Pietra-Mala, de Plaisance et de Saint-Prosper, où l'on représentera également le certificat du fabricant ou négociant expéditionnaire, et les expéditions des douanes italiennes. (*DI.* 10 *octobre* 1810, *art.* 10.)

L'importation pourra également avoir lieu par le bureau de Foligno. (*DI.* 27 *novembre* 1810.) — Même faveur est accordée au bureau de Briq. (*DI.* 19 *juin* 1811.)

Les denrées et marchandises expédiées respectivement des deux états, soit pour la consommation, soit pour passer à l'étranger, ne paieront que la moitié des droits de garde ou de magasinage qui sont ou pourront être établis dans les deux états pour les marchandises venant d'autres pays. (*Traité, art* 16.)

TARIF DES DOUANES
A L'EXPORTATION.

Il sera perçu 15 centimes par 100 francs de valeur, sur les objets dont la sortie est permise, et qui ne sont pas assujettis à des droits (*Loi du 24 nivôse an* 5). Ainsi toutes les marchandises, non dénommées dans l'État ci-après, doivent ce droit de balance du commerce, à moins qu'elles ne soient comprises génériquement dans les espèces tarifées ou prohibées.

Le droit additionnel de 10 centimes par franc, doit également être perçu à l'exportation, tant sur les marchandises tarifées que sur celles qui ne sont sujètes qu'au droit de balance.

Les Décrets qui établissent des prohibitions à la sortie, ne sont point applicables aux expéditions pour les Colonies françaises d'Amérique, à la charge d'en assurer la destination par acquit-à-caution. (*Loi du 3 sept.* 1793.)

MARCHANDISES.		QUOTITÉ des DROITS. fr. c.	DATES DES LOIS.
Acier *non ouvré*, ou simplement *fondu*	Prohibé	.. — ..	15 août 1793.
	Idem	.. — ..	19 thermidor 4.
	Quintal	5 — 10	24 nivôse 5.
	Idem	0 .. 30	9 floréal 7.
Alun	Prohibé	.. — ..	12 pluviôse 3.
	Idem	.. — ..	19 thermidor 4.
	Quintal	2 .. 4	24 nivôse 5.
Celui des fabriques du département de l'*Ourthe*, exporté par le départem. de la *Roër*. (*DM, 8 fruct.* 8.) .... (1)	Quintal	10 — 20	19 thermidor 4.
	Idem	1 .. 2	24 nivôse 5.
Amidon	Quintal	2 — 4	24 nivôse 5.
	Prohibé	.. — ..	LM. 15 floréal 8 et 27 pluviôse 10.
Peut sortir depuis *Clèves* jusqu'à *Genève*.	Quintal	2 — 4	DM. 2 brum. 12.
Par les *frontières de terre*, et par les ports ouverts à l'exportation des grains, à destination des *États neutres* ou amis. (2)	Idem	2 — 4	LM. 14 mars 1806
	Idem	2 — 4	DM. 17 oct. 1806.
	Idem	2 .. 4	LM. 6 déc. 1806.

<table>
<tr><td>

RENVOIS.

Ablette. *Voyez* Écailles d'Ablette.

Acier ouvré. *Voyez* Ouvrages en acier, Mercerie, Quincaillerie, ou Métiers suivant le cas.

Agneaux. *Voyez* à Bestiaux.

Agrès et Apparaux. *Voyez* Mâts et Munitions navales.

Alpiste. C'est la graine de Milet.

Alquifoux. *Voyez* la note à Mines métalliques.

B b b. 189. (Sortie. 1.)

</td><td>

OBSERVATIONS.

(1) Il doit être accompagné d'un certificat d'origine, signé d'un officier municipal. Depuis que le département de la *Roër* couvre celui de l'*Ourthe*, c'est par ce premier département que peut sortir l'alun des fabriques du département de l'Ourthe.

(2) Les Amidons et Poudres à poudrer, qui, pour aller à leurs destinations, doivent descendre le *Rhin*, seront accompagnés d'un acquit-à-caution qui devra être déchargé par les magistrats du pays neutre ou ami de la France que le déclarant indique. Dans les autres cas, la sortie étant immédiate, la formalité de l'acquit-à-caution est sans objet.

</td></tr>
</table>

Marchandises	Unité	Droit	Date
Amurca. [C'est le marc de l'huile d'olives.]......................	*Quintal*.....	1.. 2	15 mars 1791.
Anes et Anesses...	*Pièce*.......	0..25	15 mars 1791.
Ardoises. Par les départemens correspondans à ceux du *Nord* et des *Ardennes*.................................... }	*Le millon en N.*	1.. 0	1 août 1792.
Argent et Or. (toute espèce de matières d')	*Prohibées*...	..—..	10 juillet 1791.
	Idem......	..—..	15 septemb. 1792.
	Idem......	..—..	19 thermidor 4.
	Droit de bal.	..—..	AC. 17 prairial 10
Non travaillées.............,...................(1)	*Prohibées*...	..—..	AC. 23 ventôse 11
Argent et Or monnoyés, soit au type de *France*, soit au type étranger, (piastres comprises.)......................(1) }	*Prohibés*....	..—..	10 juillet 1791.
	Idem......	..—..	5 septemb. 1792.
	Idem......	..—..	19 thermidor 4.
	Droit de bal.	..—..	AC. 17 prairial 1
	Prohibés...	..—..	AC. 21 ventôse 1

RENVOIS.

Antimoine cru. *Droit de balance.* (*DM.* 29 *septembre* 1812.)

Approvisionnemens militaires. *V*. la note à Munitions.

Arcanson. *Voyez* Brai sec.

Argent et Or travaillés. *Voyez* Ouvrages d'Orfévrerie et de Bijouterie.

(1) Toutefois la libre circulation du numéraire, entre la France et le Royaume d'Italie, a été autorisée par décret du 10 octobre 1810, mais sa sortie pour les autres pays continuera d'être sévèrement prohibée.

Comme les arrêtés du 21 et 23 ventôse an 11 ne font que remettre en vigueur les dispositions prohibitives des lois des 5 et 15 septembre 1792 : voici l'analyse des décisions intervenues sur leur exécution.

Les capitaines étrangers qui apportent des denrées et marchandises à la foire de Beaucaire, peuvent exporter en numéraire le prix de leur fret, et non celui de leurs marchandises, qu'ils ont la faculté d'échanger contre nos productions. [*Lettre du 2 messidor* 4.]

Les capitaines et matelots de navires neutres abordant dans un des ports de France, jouissent de la faculté de remporter le numéraire dont ils sont porteurs, pourvu qu'ils en aient fait la déclaration aux préposés qui se rendent à bord avant le débarquement. [*Arrêté du Comité des Finances, du* 11 *frim.* 3.]

Les voituriers et tous les autres particuliers ne peuvent également exporter de plus fortes sommes en numéraire que celles qu'ils ont importées de l'étranger, et dont ils ont fait constater la quotité par une déclaration au premier bureau d'entrée. [*Déc.* 2 *germ.* 4.] D'après laquelle déclaration il leur est délivré un passavant pour le bureau d'expédition. [*LD.* 16 *vent.* 10.]

Les prisonniers de guerre étrangers, retournant dans leur patrie, peuvent sortir avec une somme qui n'excédera pas trois mois de leur solde. [*A.* 15 *fruct.* 3.]

Les voyageurs sont admis à présenter des soumissions cautionnées de faire rentrer, dans un délai qui ne peut excéder trois mois, les sommes nécessaires à leurs besoins. [*DM.* 22 *prair.* 4.]

Les courriers des armées peuvent exporter la quantité nécessaire au besoin de leur route, pourvu qu'elle n'excède pas le montant des sommes qui leur sont allouées pour leurs dépenses personnelles, et qu'elle soit mentionnée sur le *part* qui leur est expédié et qui leur sert de passeport. Cette mention doit être certifiée par le directeur et le contrôleur des bureaux des postes. [*CA.* 26 *vendémiaire* 5.]

Lorsqu'il s'agira de la solde des armées françaises occupant le pays étranger, l'exportation aura lieu sur les bordereaux des payeurs généraux, accompagnés de certificats du préfet du département qui en constateront la quotité et la destination. Ces certificats seront retenus comme pièces justificatives. [*CA.* 28 *germ.* 6.]

Les Espagnols peuvent exporter des pièces d'or étrangères pour la valeur des piastres qu'ils ont importées dans nos hôtels des monnoies. [*Déc.* 8 *th.* 9.]—L'exportation des piastres *par transit* et pour compte du gouvernement espagnol, a été autorisée par AC. du 4 prair. 11.

Quant aux pièces d'or et d'argent au type de Hollande que rassemblent les habitans de la rive gauche du Rhin, on peut, sans incon-

Désignation		Régime	Droit	Date
ARMES DE CALIBRE et ARMES A FEU de guerre.............	(1 et 2)	*Prohibées*...	·—·	10 juillet 1791.
		Idem......	·—·	21 juillet 1792.
		Idem......	·—·	22 août 1792.
		Idem......	·—·	12 pluviôse 3.
		Idem......	....	19 thermidor 4, et LM. 23 ventôse 12.
ARMES DE LUXE, comme Pistolets, Fusils de chasse. [Cette dénomination n'est applicable qu'aux armes enrichies et damasquinées. (*LM.* 25 *ventôse* 12.). . . Et il faut que ces armes soient complètes (*DM.* 24 *vend.* 14).].....................	(2)	*Prohibées*...	·—·	21 juillet 1792.
		Par 100 *fr.*	5— o	19 thermidor 4.
		Idem......	o—50	24 nivôse 5.
		Prohibées...		DM. 5 therm. 12.
N. B. Les Armes de luxe de la fabrique de *Liége* dont le calibre n'excède pas 22 à la livre, pouvoient s'exporter par les bureaux d'*Anvers*, *Venloo* et *Cologne* en payant.		*par* 100 *fr.*	o—50	DI. 9 vendém. 13.
Marquées d'*EX* à la culasse, elles ne payoient aussi par *Verceil* que.................................		Idem......	o—50	1 pluviôse 13.
Celles ci-dessus et autres dont l'exportation seroit permise.		Idem...(3)	5.. o	DI. 17 pluv. 13, et loi du 30 avr. 1806.
AVIRONS DE BATEAUX......................................		*Exempts*....	·—·	1 août 1792.
		Droit de bat.	....	24 nivôse 5.

RENVOIS.

ASPHALTE *Voyez* Graisse d'Asphalte.
AVELANÈDES. *Voyez* la note à Écorces de chênes.
AVITAILLEMENS des vaisseaux. *Voyez* Vivres.

vénient, en permettre la sortie sous la soumission cautionnée d'en faire rentrer la valeur en argent de France dans un très-court délai. [*LD.* 26 *vent.* 10.] Mais une lettre du Ministre des finances au Directeur général, en date du 27 messidor an 13, prescrit de s'opposer à la sortie des couronnes impériales dites de Brabant, et des ducatons.—Suivant la lettre du DG., du 8 avril 1807, la prohibition sur les monnoies à la sortie s'étend aux *demi*-couronnes de Brabant, aux *demi*, *quart* et *huitième* de ducatons. —

Il en est de même des ducats de Hollande et d'Allemagne, des fredericks d'or et florins: *la seule exception* à cette défense de sortie ne concerne que la monnoie de billon ou les pièces d'argent d'un usage local et d'un bas titre dont la valeur intrinsèque est trop inférieure à celle nominative pour qu'elles deviennent l'objet de quelques spéculations.

Enfin il ne doit être exporté aucune somme en numéraire que sur des permissions du Gouvernement. [*DM.* 22 *prair.* 4.] On ne peut considérer comme telles que les autorisations du Ministre des finances, transmises par l'administration aux Directeurs. [*CA.* 6 *therm.* 5.] Peu importe alors que l'exportation se fasse en lingots d'or ou d'argent, pourvu que la valeur n'excède pas la somme dont l'exportation aura été permise. [*CA.* 11 *flor.* 4.]

La prohibition du numéraire n'affecte pas celui destiné pour les Colonies. [*CD.* 18 *vent.* 11.] Mais on ne peut y expédier des piastres que sur des permissions spéciales du Ministre du trésor public. [*AC.* 9 *germ.* 11.]

(1) Sont compris dans la prohibition des armes de guerre, 1°. les fusils dits *de traite*, qui ne pourront être exportés, jusqu'à la paix générale, qu'après une permission du Ministre de la guerre. [30 *avril* 1806.]..... 2°. Les canons de fusil. [*LM.* 23 *ventôse* 12.]..... 3°. Toutes autres portions d'armes. [*DM.* 8 *vendém.* 12.].... 4°. Les fusils et pistolets à vent, comme étant armes offensives, dangereuses, cachées et secrètes, dont la fabrication, l'usage et le port sont interdits par les lois. (*DI.* 2 *nivôse* 14.).... 5°. Les armes de calibre, de quelque espèce qu'elles soient, (*DM.* 14 *therm.* 12.)..... 6°. Il est même défendu de permettre aux voyageurs ou autres particuliers qui passent à l'étranger, d'emporter avec eux leurs fusils, sous quelque prétexte que ce soit, de chasse, sûreté personnelle, ou autres.

Les armes blanches, enrichies ou non, suivent aussi la prohibition qui frappe les autres armes. (*DM.* 21 *mars* 1806.)

(2) Sont exceptées de la prohibition des armes, 1°. les armures anciennes, comme étant objets d'arts. (*DM.* 12 *prairial* 7.)... 2°. Les armes d'honneur que le Gouvernement accorde aux guerriers qui se sont distingués; sur présentation, par les courriers, du certificat du Ministre de la guerre indiquant leur destination. (*LM.* 26 *floréal* 8.)... 3°. Les fleurets, même non montés. (*LM.* 1er *juin* 1807.)

(3) Les armes à feu, de luxe, ne peuvent sortir sans être marquées d'une empreinte justifiant qu'elles ont subi l'épreuve. Celles qui en sont dépourvues doivent être arrêtées et saisies aux frontières. (*LM.* 31 *août et* 4 *octobre* 1811, *et CD.* 7 *octobre* 1811.)

BESTIAUX *de toutes sortes*, savoir : (1)			
BŒUFS et TAUREAUX ....(2)	*Pièce*......	1— 0	15 mars 1791.
	Prohibés....	...—..	1 mars 1793.
	Idem......	...—..	12 pluviôse 3.
	Idem......	....	19 thermidor 4.
Pouvoient sortir pour l'*Espagne*, en payant.	*Pièce*......	1—50	24 nivôse 5.
Également pour l'*Helvétie*........................	Idem......	1—50	9 floréal 7.
Ils paieront pour l'Espagne, la Suisse et l'Italie......(3)	Idem......	12.. 0	DI. 17 pluv. 13 et loi du 30 avr. 1806.
GENISSES [jeune vache qui n'a point porté.].............	*Pièce*......	0—50	15 mars 1791.
	Prohibées...	...—..	1 mars 1793.
	Idem......	...—..	12 pluviôse 3.
	Idem......	...—..	19 thermidor 4.
Comme Vaches........ (4)	*Pièce*......	5.. 0	DI. 17 pluv. 13 , et loi du 30 avr. 1806.
VACHES,...................................	*Pièce*......	0—75	15 mars 1791.
	Prohibées...	...—..	1 mars 1793.
	Idem......	...—..	12 pluviôse 3.
	Idem......	...—..	19 thermidor 4.
Pouvoient sortir pour l'*Espagne*, en payant...........	*Pièce*......	0—75	24 nivôse 5.
Aussi pour l'*Helvétie*.........................	Idem......	0—75	9 floréal 7.
Elles paieront par toutes les frontières............ (3)	Idem......	5.. 0	DI. 17 pluv. 13 et loi du 30 avr. 1806.
VEAUX. [Pour être réputé veau, il faut que ce bétail ait moins d'un an.].............................	*Pièce*......	0—30	15 mars 1791.
	Prohibés....	...—..	1 mars 1793.
Ceux au-dessus de six mois........................	Idem......	...—..	19 thermidor 4.
De six mois et au-dessous, payoient	*Pièce*......	0—50	*Même loi.*
Par *mer*...............................	*Prohibés*....	...—..	AC. 8 pluv. 10.
Ils paieront, sans distinction d'âge ni de frontières.....	*Pièce*......	1.. 0	DI. 17 pluv. 13 et loi du 30 avr. 1806.

RENVOIS.

BARBUES. *Voyez* la note à Vins en bouteilles.
BARILLETS. *Voyez* la note à Futailles.
BASANE. *Voyez* la note à Peaux en mégie.
BASIN. *Voyez* Étoffes.
BATEAUX. *Voyez* la note à Navires.
BATIMENS DE MER. *Voyez* Navires.
BATISTE. *Voyez* Toiles.
BÉLIERS. *Voyez* à Bestiaux.

(1) La sortie des bestiaux pour l'approvisionnement des habitans et de la garnison de l'île d'Elbe, est autorisée en exemption de droits. (*DM.* 17 *juin* 1812.)

Elle devra s'effectuer sous acquit à caution par les ports de Livourne, Vada, Piombino, Castiglione, della Pescaja, Porto Ercole et san Stephano. (*CD.* 18 *juin* 1812.)

(2) Par la loi du premier août 1792, les Bouvillons ne devoient que 60 centimes par tête.

(3) Les dispositions énoncées dans la note des Mules et Mulets sont communes aux Bœufs et Vaches.

Les buffles femelles et leurs petits doivent être traités comme vaches ou veaux. (*LD.* 8 *janvier* 1813.)

(4) Lorsque les genisses ont moins d'un an, elles doivent être traitées comme veaux. (*LD.* 4 *février* 1813.)

BESTIAUX (*Suite des.*)			
AGNEAUX. [Sont réputés Agneaux, les Moutons qui ont moins d'un an.] *Ils payoient*	*Pièce*	0—15	15 mars 1791.
	Prohibés	.—.	1 mars 1793.
	Idem	.—.	12 pluviôse 3.
	Idem	.—.	19 thermidor 4.
(1) *Seront traités comme les* Moutons.			AD. 9 prairial 5.
BÉLIERS Ils payoient.	*Pièce*	0—50	15 mars 1791.
	Prohibés	.—.	1 mars 1793.
	Idem	.—.	12 pluviôse 3.
	Idem	.—.	19 thermidor 4.
(1) et (2) *Seront traités comme les* Moutons.			AD. 9 prairial 5.
BREBIS et **MOUTONS** payoient.	*Pièce*	0—25	15 mars 1791.
	Prohibés	.—.	1 mars 1793.
Pouvoient sortir pour l'*Espagne* en payant	*Pièce*	0—75	19 thermidor 4.
Idem	Idem	0—55	24 nivôse 5.
Ils paieront par toutes les frontières. (1)	Idem	1.. 0	DI. 17 pluv. 13 et loi du 30 avr. 1806.
Les mêmes, mais de race **MERINOS** ou **METIS.** [Ceux-ci se reconnoissent à la finesse de leur laine]	*Prohibés*		DI. 21 frim. 14 et loi du 30 avr. 1806.
COCHONS. payoient.	*Pièce*	0—50	15 mars 1791.
	Prohibés	.—.	1 mars 1793.
Pour l'*Espagne* et la *Suisse* seulement..., ils payèrent.	*Pièce*	1—25	19 thermidor 4.
	Pièce	0—50	24 nivôse 5.
Par mer.	*Prohibés*	.—.	AC. 8 pluv. 10.
Ils paieront par toutes les frontières.	*Pièce*	3.. 0	DI. 17 pluv. 13 et loi du 30 avr. 1806.

RENVOIS.

(1) Ainsi ils doivent aujourd'hui un franc par tête à l'exportation. (*LD.* 8 *juin* 1810.) — Déjà des décisions ministérielles des 19 frimaire et 12 nivôse an 5, avoient déclaré que la dénomination générique *Mouton*, s'appliquoit à toute la race.

(2) La toison doit en être enlevée si elle a plus de cinq mois. (*Déc.* 19 *vent.* 13.)

Bestiaux (*Suite des.*)			
Boucs..	*Pièce*.......	0—40	15 mars 1791.
Comme bestiaux dont l'autorisation de sortie n'est pas nominativement désignée par les lois...............	*Prohibés*....	..—...	1 mars 1793.
	Idem......	..—...	12 pluviôse 3.
	Idem......	....	19 thermidor 4.
Cabris et Chevreaux. [Ce sont les petits des chèvres.]...	*Pièce*.......	0—15	15 mars 1791.
Comme bestiaux dont l'autorisation de sortie n'est pas nominativement désignée par les lois...............	*Prohibés*....	..—...	1 mars 1793.
	Idem......	..—...	12 pluviôse 3.
	Idem......	....	19 thermidor 4.
Chèvres......................................	*Pièce*.......	0—40	15 mars 1791.
	Prohibées...	..—...	1 mars 1793.
	Idem......	..—...	12 pluviôse 3.
	Idem......	....	19 thermidor 4.
Celles des *Pyrénées*. Pour l'*Espagne*, pendant six mois...	*Pièce*.......	0—35	AC. 18 brum. 11.
Idem.......................................	Idem......	0—35	8 floréal 11.
Pendant un an..............................(1)	Idem......	1— 0	1 pluviôse 13.

RENVOIS.

(1) L'année étant expirée, et l'autorisation de sortie n'ayant pas été renouvelée, il s'ensuit que l'exportation des chèvres par les Pyrénées ne doit plus avoir lieu.

BEURRES..	*Prohibés*....	...—..	1 mars 1793.
	Idem.......	...—..	12 pluviôse 3.
	Idem.......	...—..	19 thermidor 4.
Excepté celui des dép. *réunis*, du *Mont-Blanc* et de l'*Ain*.	*Quintal*.....	5—10	*Même loi.*
des mêmes départemens................	*Idem*......	1— 2	24 nivôse 5.
de tous autres départemens............	*Idem*......	5—10	*Même loi.*
Par tous les départemens........................	*Prohibés* ...	...—..	AC. 5 frimaire 9.
Idem..	*Quintal*.....	5—10	AC. 13 germin. 9.
Par mer......................................	*Prohibés*....	...—..	AC. 8 pluviôse 10.
Par tous les départemens.......................	*Quintal*.....	5—10	LD. 1 germin. 10.
Par les départemens maritimes....................	*Idem*......	5— 0	8 floréal 11.
Par tous les départemens........................	*Prohibés* ...	...—..	AC. 25 fruct. 11.
Par toutes les frontières.....................	*Idem*......	...—..	22 ventôse 12.
Par les départemens maritimes de l'ancienne France. (1).	*Kilogram*....	0..15	DI. 3 oct. 1810.
Par les mêmes départemens, *lorsque les prix des beurres s'élèveront à* 1 fr. 50 cent. le *kilogramme*........ (1)	*Prohibés*	....	DI. 3 oct. 1810.
BEURRES, par les départemens Hollandois et Anséatiques...	*Kilogram*....	0..20	DI. 3 oct. 1810, et 19 octobre 1811.
Par ces mêmes départemens réunis, lorsque le prix des beurres s'élèvera à 2 francs le kilogramme dans ces départemens................................ (1)	*Prohibés*	....	DI. 3 oct. 1810, et 19 octobre 1811.

RENVOIS.

BIJOUTERIE. *Voyez* Ouvrages de Bijouterie.
BISCUIT DE MER. *Voyez* Pain.
BITUME MINÉRAL. *Voyez* Graisse d'asphalte.

(1) Les prix des beurres seront indiqués aux Directeurs des douanes par les Préfets des départemens dans lesquels se trouve leur division; aussitôt que le taux de la prohibition sera atteint, elle sera établie dans les bureaux du ressort de la Préfecture où les beurres seront parvenus au *maximum* déterminé. (*CD*. 29 *octobre* 1810.)

Le beurre envoyé par les propriétaires des fromageries du département du Doubs, aux propriétaires des vaches qu'ils tirent de Suisse à loyer, peut sortir jusqu'à concurrence de 78 quintaux 33 kilogrammes, en payant........... 5 francs du quintal.

Cette faculté est restreinte depuis le 20 mai jusqu'au 10 octobre de chaque année. (*DI.* 15 *novembre* 1811.)

Bois *à brûler* et de *construction* navale ou civile..................	*Prohibé*.....	..—...	15 mars 1791.
	Idem......	..—...	12 pluviôse 3.
	Idem......	..—...	19 thermidor 4.
	Idem......	..—...	AC. 2 therm. 11
	Prohibé.....	....	22 ventose 12.
Celui de **Chauffage** des États de Parme et de Plaisance *pour le royaume d'Italie*, à la charge d'en effectuer l'exportation *par le Pô*..................... (1)	*Par* 100 *fr*..	5.,0	DI. 25 fév. 1808, loi du 12 janv. 181
Celui de **Chauffage** des forêts de la rive gauche du Tibre, peut sortir *par mer*, en payant.............	*Par* 100 *fr* .	5..0	DI. 30 juil. 1810
Bois de Chauffage, *pour l'Espagne*, par le port de Saint-Jean-de-Luz, jusqu'à la concurrence de 400 stères par an, et après l'acquittement de 25 cent. par stère, au profit de l'hospice de Saint-Jean-de-Luz....	*Droit de bal.*	....	DI. 31 mai 1808
Bois en **Planches** ou autrement *ouvrés* (*ne pouvant servir à la construction navale*), sortant des départemens des *Vosges*, des *Deux-Nèthes*, de la *Meuse-Inférieure*, de l'*Ourthe*, des *Forêts* et de la *Moselle*, de la vallée de *Lucelle*, du canton de *Gex* et du *Mont-Blanc*.................... (2)	*Par* 100 *fr*.. Idem......	5—0 5..0	19 thermidor 4. 24 nivôse 5.
Bois d'*Éclisse*. [Planches fendues pour tamis, seaux, cribles, etc.] (3)	*Par* 100 *fr*..	4—0	15 mars 1791.
	Prohibé.....	..—..	1 août 1792.
	Par 100 *fr*..	4.. 0	19 thermidor 4.

RENVOIS.

Bœufs. *Voyez* à **Bestiaux.**
Bois d'Acajou. *V.* **Productions coloniales.**

(1) Les bois de construction, *travaillés au village de Gondo*, par exception aux lois prohibitives, peuvent sortir à destination des maisons cantonnières dans la partie de cette montagne qui dépend du royaume d'Italie. (*DI.* 9 *septembre* 1811.)

(2) La Hollande couvrant le département des Deux-Nèthes, le droit de 5 pour 100 est dû à leur exportation de la Hollande. (*Lettre au Directeur principal en Hollande*, 6 *novembre* 1811.)

Et ce droit de 5 pour 100 est également dû à la sortie des planches, etc., par la direction de Hambourg. (*DM* 14 *octobre* 1812.)

BOIS EN FASCINES. Lorsque leur sortie et autorisée par des décisions spéciales, ils n'en doivent pas moins cinq pour cent de la valeur.

OSIERS. Ils pourront sortir par les états de Parme et de Plaisance, en payant 5 pour 100 de leur valeur. (*DM.* 27 *août* 1812.)

Ils pourront également être exportés par les départemens anséatiques, pour le royaume de Westphalie, sous ce même droit de 5 pour 100. (*DM.* 17 *novembre* 1812

(3) Bois à fond de cribles, seront traités comme bois d'éclisses. (*LD.* 13 *août* 1812

Mais lorsqu'ils auront reçu tout l'apprêt en main-d'œuvre pour remplacer la peau employée au fond des tamis, ils n'acquitteront que le droit de balance. (*LD.* octobre 1812.)

Bois *Feuillard*. [Ce sont des lattes à faire cercles et cerceaux.]......	*Quintal*.....	3— 6		15 mars 1791.
	Le mille en N.	1—50		1 aout 1792.
	Par 100 *fr*...	4.. 0		19 thermidor 4.
Bois *Merrain*. [Planches de chêne pour douves de tonneaux.]... (1)	*Prohibé*.....	..—...		15 mars 1791.
	Idem......	..—...		12 pluviôse 3.
	Idem......	....		19 thermidor 4 et DM. 12 flor. 7.
Bois de PIN et de SAPIN ; des départemens frontières d'*Espagne* (22 *ventôse an* 12), peuvent sortir, en payant : (2) Pour les PLANCHES de 10 pieds et au-dessous.........	*Le mille en N.*	25— 0		19 thermidor 4.
	Idem......	6..25		24 nivôse 5.
Pour les POUTRES , *idem*.......................	*Pièce*.......	0—50		19 thermidor 4.
	Idem......	0..12		24 nivôse 5.
Pour les SOLIVES , *idem*	*Pièce*.......	0—10		19 thermidor 4.
	Idem......	0.. $2\frac{1}{2}$		24 nivôse 5.
Bois de PIN et de SAPIN , des rives du Rhin (3), de la Lys et de l'Escaut (22 *ventôse an* 12), et ceux des rives de la Meuse (*DI.* 28 *mars* 1807), pourront aussi sortir, mais en payant....................	*Par* 100 *fr*...	5.. 0		24 nivôse 5.
BOIS DE BUIS...........................	*Quintal*.....	4— 8		15 mars 1791.
	Par 100 *fr*...	4.. 0		19 thermidor 4.

RENVOIS.

BOIS DE MARQUETERIE. *V.* Produc. coloniales.
BOIS DE PARFUMERIE. *V.* Produc. Coloniales.
BOIS DE TEINTURE. *V.* Produc. Coloniales.
BOISSONS. *Voyez* la note à Cidre.
BOÎTES DE MONTRES. *Voyez* la note à Ouvrages d'Orfèvrerie,

(1) Celui en planchettes de la dimension de quatre à dix pouces de large, sur un à deux pieds et demi de long (ancienne mesure), qui se fabriquent à Aersen, département de la Roër, peut sortir en payant 5 pour 100 de sa valeur. (*DM.* 12 *fruct.* 7.)

Les planches préparées dans les départemens anséatiques avec des bois tirés des pays voisins, peuvent aussi sortir en payant 5 pour 100 de leur valeur. (*DM.* 22 *décembre* 1812.)

(2) La loi du 19 thermidor an 4, qui avoit primitivement autorisé la sortie des bois de pin et de sapin, prescrivoit qu'ils fussent accompagnés d'un certificat justificatif qu'ils n'étoient pas propres au service de la marine, et d'une soumission de rapporter certificat d'arrivée du Consul français en Espagne; mais il a été transmis, par circulaire du 29 thermidor an 13, que ces mesures n'auroient plus lieu. . . . — Néanmoins leur exportation reste subordonnée à la condition que prescrivoit cette loi, de sortir par les ports aussi depuis Bordeaux jusqu'à Saint-Jean-de-Luz et par Port Vendre. (*Circulaire du* 19 *vend.* 13.)

(3) Le départ. des Vosges est compris parmi ceux du Rhin. (*LD.* 4 *sept.* 1806.)

BONNETERIES. [Ce qui comprend les Bonnets, les Bas et même les Gants tricotés on au métier]...................... (1)	*Prohibées* ...	..—..	15 août 1793.
	Idem......	..—..	12 pluviôse 3.
	Quintal.....	20—40	19 thermidor 4.
	Idem......	1— 2	24 nivôse 5.
Celles de FIL, de COTON, ou de FIL ET COTON, *fines*.........	*Quintal*....	1..50	DI. 31 juillet 181c
Les mêmes *ordinaires*....................	*Quintal*....	1..10	DI. 31 juillet 181c
Celles de LAINES *fines*....................	*Quintal*....	1..40	DI. 31 juillet 181c
Les mêmes de *Laines ordinaires*....................	*Quintal*....	1.. 0	DI. 31 juillet 181c
Celles de POIL....................	*Quintal*....	1..20	DI. 31 juillet 181c
Celles de SOIE....................	*Quintal*....	2.. 0	DI. 31 juillet 181
Les mêmes de Soie, mêlées en Poil, Fil, Coton ou Laine....	*Quintal*...	1..25	DI. 31 juillet 181
Celles de FILOSELLE ET FLEURET....................	*Quintal*....	1..15	DI. 31 juillet 181
BOURDAINE. [Arbrisseau dont le bois réduit en charbons entre dans la composition de la poudre à canon.]....................	*Prohibée*....	..—..	15 mars 1791.
	Sera traitée comme Bois ou Charbon (2).	....	19 thermidor 4.

RENVOIS.

BONNETS à poils. *Voyez* Chapeaux.
ROUES. *Voyez* à Bestiaux.
BOUGIES. *Voyez* la note à Cire blanche.
BOUGRAN. *Voyez* à Toiles.

(1) Voir la note à l'article *Draps*, pour les exportations pour l'Italie.

(2) Avant de dire pourquoi j'applique à la Bourdaine et à quelques autres objets la loi du 19 thermidor au 4, qui, cependant, ne parle pas nominativement de ce marchandises-là, il est nécessaire que je rapporte le texte des articles 2 et 3 d cette loi :

ART. II. « Les prohibitions à la sortie seront restreintes aux objets compris dan l'état annexé sous le numéro 2. »

ART. III. « Les marchandises non dénommées dans cet état (ni dans celui nu » méro 1), ou qui n'étoient pas précédemment assujetties à des droits à la sortie par le tarif du 15 mars 1791, les lois du 1 aot » 1792 et du 12 pluviôse an 3, continueront d'être exportées en exemption de droits. »

A n'examiner que le texte de ces deux articles, on pourroit induire que tous les objets qui n'ont pas été rappelés nominati vement dans l'état n°. 2 de la loi du 19 thermidor an 4, peuvent sortir alors qu'ils n'ont pas été soumis depuis à un nouvea régime, et qu'ils le peuvent même en exemption des droits dès qu'ils n'ont pas été tarifés par les lois invoquées par l'article 3 ci dessus ;... mais cette induction ne concorderoit pas avec les prohibitious génériques établies par ce même état n°. 2, et dè lors ces deux articles ne sauroient être entendus dans leur sens littéral ;... pour ne laisser planer aucun doute sur cette matière, j'a fait provoquer une lettre administrative ; en décidant que telle marchandise devoit être traitée comme telle au re, cette lettre donn donc, implicitement, pour titre à citer, la loi qui régit la marchandise à laquelle elle assimile l'objet douteux, et c'est pour cett

Désignation	Unité	Droits	Loi / Date
BOURRE et PLOC de *Bœuf,* de *Vache,* de *Cerf* et autres communes...	*Quintal.....*	4.. 8	15 mars 1791.
BOURRE de *Chèvre* et BOURRE de *Laine*...............(2)	*Quintal.....*	12..24	15 mars 1791.
BOURRE *lanice* et BOURRE *rouge.* [La bourre *lanice* est la partie la plus grossière qui provient de la laine. Celle *rouge* est le poil de chèvre le plus court.]..................(2)	*Quintal.....*	6..12	15 mars 1791.
BOURRE *tontisse.* [C'est la laine qui tombe des draps lorsqu'on les tond.]..............................(2)	*Quintal.....*	8..16	15 mars 1791.
RAIS *gras* et *secs*..	*Prohibés....*	....—	5 septemb. 1793.
	Idem......	....—	12 pluviôse 3.
	Idem......	....—	19 thermidor 4.
Payoient { Pour l'*Espagne*..........................	*Quintal.....*	1— 2	*Même loi.*
Également pour l'*Espagne*...............	Idem.	0—51	24 nivôse 5.
Encore pour l'*Espagne* seulement........	Idem.	0—51	9 floréal 7.
Par les ports de la *Méditerranée*..........	*Prohibés....*	....—	AC. 14 fruct. 10.
Par navires français et par *terre*..........	*Quintal.....*	0—50	*Même arrêté.*
Par navires étrangers...................	Idem.	1— 0	*Même arrêté.*
Ces trois dernières dispositions avoient été consacrées par la loi du		....—	8 floréal 11.
Par les ports de la *Méditerranée*....................	*Prohibés....*	....—	AC. 25 fruct. 11.
Par toutes les frontières, paieront... { par navires français et par *terre*..	*Quintal.....*	1.. 0	DI. 17 pluv. 13 et
{ par navires étrangers..........	Idem.	2.. 0	loi du 30 avr. 1806.
ROU, ou écorce de noix....................................	*Quintal.....*	3.. 6	15 mars 1791.

RENVOIS.

BOURRE DE SOIE. *Voyez* Soies.

BOUTEILLES, même pleines. *Voyez* la note à Vins en bouteilles.

BŒUFS. *Voyez* à Bestiaux.

BRONZE OUVRÉ. *Voyez* Ouvrage en bronze.

BOUGRAN. *Voyez* Toiles cirées.

...raison que j'ai invoqué la loi du 19 thermidor an 4, comme régissant les espèces dénommées dans ladite lettre que voici :

« Les ÉTOFFES AVEC OR et ARGENT FAUX, et l'OR FAUX *filé sur fil,* peuvent » sortir, ainsi que les FEUILLES DE HOUX et les ROGUES, COQUES, RARES et RE- » SURES DE MORUE.

» La prohibition qui affecte les ÉCORCES A TAN s'applique au TAN et aux subs- » tances qui, comme le RODON, peuvent être employées au même usage.

» Les BOURDAINES comme *bois* ou *charbons,* les RETAILLES *de peaux et de parche-* » *min* faisant partie des *matières propres à la fabrication de la colle,* les CORDAGES VIEUX, ... les REGRETS D'ORFÈVRE, comme *cendres,* sont également prohibés. » (*LD.* 25 *mars* 1806.)

Cette lettre comprenoit le *pain* et le *biscuit* dans la nomenclature des prohibitions, mais depuis il a été décidé qu'ils suivroient le nouveau régime des grains, ainsi voyez les articles PAIN et GRAINS.

Quant aux étoffes enrichies, elles sont soumises aujourd'hui à des droits... *Voir* également cet article.

(2) Aucune loi subséquente ne s'étant expliquée, depuis celle du 15 mars 1791, sur ces trois derniers articles de BOURRES, et les tarifs ayant cessé de les coter, il s'étoit élevé des doutes sur la faculté de leur sortie ou sur la quotité de leur perception; la question en a été soumise au Ministre de l'Intérieur, qui a décidé, le 14 février 1806, que ces objets ne devoient point être compris dans la classe de ceux frappés de prohibition; ils doivent en conséquence le droit ci-dessus.

CAILLOU à *Faïence* ou *Porcelaine*. [Sorte de pierre blanche et sablonneuse.] ..... }	*Moitié du droit imposé sur la* Derle.	....		1 août 1792.
CARACTÈRES *d'Imprimerie*.	*Quintal*.....		4 .. 8	DM. 12 germin. 7
CARTES à *jouer*, non timbrées. .... (1)	*Prohibées*...	....		AD. 3 pluviôse 6
Celles *tarotées* ou autres, avec ou sans légende, pourvu que la forme ou la dimension diffère des cartes usitées en France. (2) }	*Droit de bal.*	....		AD. 19 floréal 6.
CARTONS *gris*, ou PATES *de papier*.	*Prohibés*....	...—...		15 mars 1791.
	Idem......	....		19 thermidor 4.
CARTONS *en feuilles*.	*Prohibés*....	...—...		20 septembre 179
	Idem......	...—...		12 pluviôse 3.
	Idem......	....		19 thermidor 4.
CARTONS *fins*, à presser les draps. [Ils sont fermes et élastiques, d'un gris cendré très-luisant et d'une épaisseur de trois cartes à jouer au plus.] }	*par* 100 *fr*...	1— 0		AC. 8 vendém. 1
	Idem......	1.. 0		22 ventôse 12.

CABLES. *Voyez* Cordages.
CABRIS. *Voyez* Bestiaux.
CACAO. *Voyez* Productions coloniales.
CAFÉ. *V*. Productions coloniales.
CARDES A CARDER. *V*. la note à Métiers.
CALAMINE. *Voyez* la note à Mines métalliques.

RENVOIS.

(1) Celles timbrées peuvent sortir ....., et même les droits de timbre sur les Cartes à jouer et la Musique gravée, seront remboursés sur les quantités exportées à l'étranger. A cet effet, les expéditeurs en feront la déclaration au Directeur des droits réunis qui ordonnera le plombage des ballots et délivrera le permis d'exportation. Ce permis revêtu du certificat de sortie, sera rapporté dans les deux mois au Directeur de Régie qui ordonnancera le remboursement. (*DI*. 30 *therm*. 12.)

(2) Différentes lettres administratives ont transmis l'ordre de ne percevoir que le droit de balance sur les cartes exportées.... Ces mêmes lettres ont déclaré que la perception du droit de 5 centimes par jeu exporté, fixée par les décrets des 16 juin 1808 et 9 février 1810, concernoit l'administration des droits réunis, et non pas celle des douanes.

Cendres *de toute sorte*, excepté celles ci-après.............. (1)	Prohibées...	...—.	15 mars 1791.
	Idem......	...—.	12 pluviôse 3.
	Idem......	....	19 thermidor 4.
Celles *lessivées*, provenant des fabriques de savon des départemens du *Mont-Tonnerre* et de *Rhin-et-Moselle*, à destination de la rive droite du *Rhin*.................. (2) }	Droit de bal.	....	1 pluviôse 13.
Chandelles...	Prohibées...	...—.	12 pluviôse 3.
	Prohibées...	..—..	19 thermidor 4.
	Quintal.....	2..55	24 nivôse 5.
Chanvre *en masse*, cru et en filasse	Prohibé....	...—.	26 février 1792.
	Idem......	...—.	19 mai 1793.
	Idem......	...—.	12 pluviôse 3.
	Idem...(3)	...—.	19 thermidor 4.
Jusqu'au 1er vendémiaire an 12.....................	Idem......	...—.	AC. 26 messid. 11.
Pendant la guerre.............................	Idem......	.—.	AC. 30 fruct. 11.
	Prohibé.....	....	22 ventôse 12.
Celui **peigné ou apprêté**.........................	Prohibé....	...—.	26 février 1792.
	Quintal.....	2— 4	1 août 1792.
Reprohibé par les mêmes dispositions que celles pour le Chanvre.	..—..	....	
Et encore.....................................	Prohibé.....	....	22 ventôse 12.
Les Étoupes de Chanvre. Par les départ. qui bordent le *Rhin*.	Quintal.....	6— 0	AC. 11 pluv. 11.
	Idem......	6— 0	8 floréal 11.
Jusqu'au 1er vendémiaire an 12.....................	Prohibées...	...—.	AC. 26 messid. 11.
Pendant la guerre.............................	Idem......	...—.	AC. 30 fruct. 11.
Seront traitées *comme* Chanvre.	....		CD. 25 germ. 12.

RENVOIS.

Chaînes de Fer. *Voyez* Ouvrages en fer.
Chairs salées. *Voyez* Viandes salées.

(1) L'exportation de l'espèce nommée *Boues de Cendres d'Orfèvre* ou *Regrets* fut autorisée par la loi du premier août 1792 en payant 50 centimes par quintal, mais cette espèce se trouve aujourd'hui comprise dans la prohibition ;... *Voyez* la note de la page 194 (Sortie 10.)

(2) Les fabricans de savon, de Mayence, pouvoient déjà exporter leurs cendres lessivées, en vertu du décret impérial du 9 vendémiaire an 13.

(3) La loi du 19 thermidor an 4 avoit autorisé la sortie des Chanvres gris, longs-peignés, mi-fins, fins et superfins du département du Bas-Rhin par Bourg-Libre, en payant 6 fr. 12 cent. par quintal. Celle du 24 germinal an 6 a maintenu cette exception, en y ajoutant celle pour le Chanvre blanc peigné. Cette sortie fut étendue à tous les bureaux établis sur le Rhin par la loi du 9 floréal an 7 ; mais les arrêtés des Consuls des 26 messidor et 30 fructidor an 11 ont suspendu ces exceptions, et la loi du 22 ventôse an 12 en a définitivement consolidé la prohibition.

Chapeaux............... D'une valeur au-dessous de 18 l. pièce...	Prohibés....	.....—...	12 pluviôse 3.
D'une valeur { au-dessous de 5 l. pièce...............	Prohibés....	.....—...	19 thermidor 4.
de 5 à 12 l.......................	Pièce.......	0—25	Même loi.
de 12 l. et au-dessus................	Idem,.....	0— 5	Même loi.
De tous prix........................	Pièce.......	0— 5	24 nivôse 5.
Ceux de Castor, poil et laine, *fins*,................ (1)	Pièce.......	0..20	DI. 31 juil. 1810.
Ceux de poil et laine, et demi-castor.................	Pièce.......	0..15	DI. 31 juil. 1810.
Ceux de poil et laine *communs*....................	Pièce.......	0..10	DI. 31 juil. 1810.
Les Chapeaux de paille, d'écorces de bois et sparterie, } Sckakos et bonnets à poil.... .... }	Pièce......	0.. 5	DI. 31 juil. 1810.
Charbons *de* Bois et de *Chénevottes*. Sauf ceux ci-après........ (2)	Prohibés....	.....—...	15 mars 1791.
	Idem......	....—,..	12 pluviôse 3.
	Idem......	....	19 thermidor 4.
Ceux par les départemens des *Deux-Nèthes*, la *Meuse-Inférieure*, la *Vallée de Lucelle*, et le *Pays de Gex*.. }	Par 100 *fr*..	5.. 0	19 thermidor 4.
Ceux *de Bois*, par les départemens qui avoisinent le *Rhin*.	Par 100 *fr*...	20.. 0	DI. 23 fruct. 13 et loi du 30 avr. 1806.
Ceux des Etats romains, par les bureaux des douanes du département de Rome......................... }	Par 100 *fr*..	5.. 0	DI. 25 avril 1810.

RENVOIS.

(1) C'est par erreur que la tarification des chapeaux fins est portée à 1 fr. 20 cent. dans les éditions du décret du 31 juillet 1810;...... ils ne doivent que 20 centimes la pièce. (*DM. 4 avril* 1811.)

(2) Les communes de *Sarre*, d'*Hurugues* et de *Briaton*, continueront à jouir de la faculté qui leur avoit été accordée, par arrêté du 18 floréal an 4 et 15 frimaire, an 6, d'exporter les charbons provenant des bois des coupes réglées de leurs territoires et des arbres situés sur les montagnes des Pyrénées, savoir: les communes de *Sarre* et d'*Hurugues* jusqu'à concurrence de 400 quintaux par an, et celle de *Briaton* de 200 quintaux; en acquittant, pour le droit de sortie, 2 fr. *par char*, et 1 fr. 50 cent. *par charrette*. (*Loi du* 30 *avril* 1806.)

CHARBON *de terre*, ou HOUILLE............................ (1)	*Prohibé*.....	....	15 août 1793.
	Idem........	....	12 pluviôse 3.
Par les départemens réunis seulement.............. (2)	*Quintal*.....	1— 2	19 thermidor 4.
Par les autres départemens.........................	*Prohibé*.....	....	*Même loi.*
Sortant. { Par terre........................... (5)	*Le millier*...	1.. 2	24 nivôse 5.
{ Par l'Escaut et par mer............... (4)	*Tonn. de mer.*	0..75	*Même loi.*
Sortant par les bureaux des douanes du département de Rome.. }	*Par 100 fr.*.	5.. 0	DI. 23 avril 1810.
CHARDONS *à Drapiers* et *Bonnetiers.* [Plantes dont la tête est armée de petits crochets.]................................ }	*Quintal*.....	6..12	15 mars 1791.
CHAUX. ....(2)	*1565 kilogr.*..	1— 0	19 thermidor 4.
	Quintal.....	0..15	DI. 17 pluv. 15 et loi du 30 avr. 1806.
CHEVAUX, y compris *Jumens* et *Poulains*.................	*Pièce*.......	6— 0	15 mars 1791.
Ceux dont la valeur excèdoit 300 liv................	*Idem*.......	5 — 0	*Même loi.*
	Prohibés....	....	1 mars 1793.
	Idem........	....	12 pluviôse 3.
	Idem........	....	19 thermidor 4.
Sauf les chevaux Hongres........................	*Idem*... (5)	....	9 floréal 7.
CHEVAUX HONGRES........................	*Pièce*.......	100.. 0	DI. 19 juin 1811.
CHOCOLAT.........	*Quintal*.....	0..51	24 nivôse 5.

RENVOIS.

CHATAIGNES. *Voyez* Marrons.
CHIFFONS. *V.* Drilles.
CHEVRES. *V.* Bestiaux.
CHEVREAUX. *V.* à Bestiaux.

(1) Les tourbes ont été assimilées au charbon de terre pour les droits de sortie. (*Décis. de l'Admin., transmise par circul. du Direct. d'Anvers, du 27 vend. 7.*)

(2) L'arrêté du Directoire du 9 prairial an 4 avoit déjà autorisé la sortie du charbon de terre et de la chaux par les départemens réunis.

(3) Charbons de terre provenant des mines du pays de Nassau, 10 centimes par millier pesant. (*Lettres au Directeur de Cologne, des 29 frim. et 8 vent. an 7.*)

(4) Le Charbon de terre sortant de France pour la Hollande y doit à son entrée un droit particulier. Voir au Tarif d'entrée page 46.

(5) Pour assurer le maintien de cette prohibition, le conducteur d'un cheval monté ou attelé, qui ira à l'étranger, fournira soumission cautionnée de ramener ledit cheval dans un délai qui ne pourra excéder deux mois, à peine d'en payer la valeur. (*9 flor. 7.*)
On ne doit pas appliquer ces dispositions aux conducteurs de voitures publiques, dont la marche est toujours régulière, et qui sortent et reviennent avec le même nombre de chevaux. (*Lettre du Direct. de Clèves à l'Inspect. à Venraye, du 15 prair. 7.*)
L'étranger qui arrive en France avec un cheval, doit avoir la facilité de retourner chez lui avec un cheval, sauf à lui à en faire la déclaration portant signalement au premier bureau d'entrée; autrement il ne pourroit le réexporter. L'article 6 du titre 2 de la du 9 floréal an 7 semble indiquer cette mesure. (*Lettre précitée.*)
Les chevaux ne peuvent être reconnus à la rentrée qu'au bureau où ils auront été signalés.
Les marchands du Cantal qui vont en Espagne, présenteront, pour leurs chevaux, un certificat du sous-préfet de leur domicile, sur lequel sera délivré l'acquit à-caution; ainsi ils ne seront tenus ni à la caution ni à la consignation de la valeur. (*Décis. 28 niv. 9.*)

CIDRE. [Boisson faite de jus de pommes pressurées.]	*Prohibé*.....	...—..	15 août 1793.
	Exempt..(1)	...—..	19 thermidor 4.
	Droit de bal.	....	24 nivôse 5.
CIRE JAUNE non ouvrée...................................	*Quintal*.....	10—20	15 mars 1791.
	Prohibée....	...—..	12 pluviôse 3.
	Quintal.....	20—40	19 thermidor 4.
	Idem......	10..20	24 nivôse 5.
CIRE BLANCHE............................... (2)	*Prohibée*....	...—..	12 pluviôse 3.
	Quintal.....	10—20	19 thermidor 4.
	Idem......	1.. 2	24 nivôse 5.
CLOUTERIE en fer et acier.............................	*Prohibée*....	...—..	19 thermidor 4.
Par le *Doubs*, le *Jura* et les *Basses-Pyrénées*......, (3)	*Quintal*.....	2— 4	*Même loi.*
Par toutes les frontières...........................	*Idem*......	0..50	9 floréal 7.
CORAIL *non-ouvré*..................................	*Prohibé*.....	....	DM. 30 janv. 1807.
CORDAGES USÉS, y compris les filets vieux et les câbles vieux.... (4)	*Prohibés*....	...—..	15 mars 1791.
	Idem......	....	19 thermidor 4.
Ceux neufs, blancs, sans tannage, ni goudronnés, ni en fil de caret...................................	*Prohibés*....	...—..	12 pluviôse 3.
	Idem......	...—..	19 thermidor 4.
	Quintal.....	5—10	24 nivôse 5.
De fabrique française, goudronnés et non goudronnés...	*Droit de bal.*	...—..	AC. 14 fruct. 10.
	Idem......	....	8 floréal 11.

RENVOIS.

CLAPONS. *Voyez* Matières propres à l'engrais.
CLOCHES (métal de). *Voyez* Métal de cloches.
CLOCHES, CLOCHETTES. *Comme* Ouvrages en bronze. (*L.* 15 *nivôse* 9.)
CLOUTERIE en Cuivre. *Voyez* Cuivre laminé.
COCHENILLE. *V.* à productions coloniales.
COCHONS. *V.* à Bestiaux.
COCONS de soie. *Voyez* aux Soies.
COLOMBINE. *Voyez* Matières propres à l'engrais.
CORBEILLES en osier, *voir* ouvrages d'osier.
CORDONNERIE. *Voyez* Ouvrages en cuir.
Cordonnets de fil, *comme* Rubans. (*LD.* 29 *avril* 1812.)

(1) Comme non compris dans l'état de prohibition de la loi du 19 thermidor an 4 (*art.* 2 *et* 3 *de ladite loi*), et ne pouvant être assimilé à aucune prohibition. Les boissons ne peuvent s'embarquer sans permis des Droits réunis; à défaut, les préposés aux douanes peuvent saisir. (*Lettre au Directeur de Marseille, du* 27 *mai* 1806.)

(2) La bougie, n'étant pas comprise au tarif, ne doit que le droit de balance. (*Lettre au Directeur de Rouen, du* 9 *frimaire an* 8.)

(3) Cette sortie étoit aussi autorisée par les départemens réunis. (*AD.* 9 *prair.* 4.)

(4) La loi du 19 thermidor an 4 prohiboit l'exportation de tous les cordages : des lois postérieures ont autorisé la sortie de ceux *neufs ;* mais ceux *usés* restent sous la prohibition. Les filets vieux y sont compris. (*C.* 20 *floréal* 10.) *Voyez* la note 1, de la page 198. (SORTIE. 10.)

Les CABLES étoient aussi nominativement prohibés par la loi du 19 thermidor an 4, mais on exceptoit de la prohibition ceux mis sur navires étrangers en remplacement de vieux ou pour sûreté de la traversée. Ils payoient 5 fr. 10 cent. du quintal, par décision du 17 nivôse an 8..... depuis la loi du 8 floréal an 11, les câbles sont traités comme cordages; ainsi *ceux usés* restent sous la prohibition comme matières propres à la fabrication du papier, et *ceux neufs*, goudronnés ou non, ne doivent que le droit de balance.

Désignation	Unité	Droit	Référence
CORNES de bœufs , vaches, cerfs , snaks, moutons, béliers, et autres cornes communes, payoient..................................	*Quintal.....*	1— 2	15 mars 1791.
Elles paieront, ainsi que les os et les sabots.......... (1)	*Idem.........*	10.. o	DI. 4 janvier 1811.
COTON *filé*..	*Prohibé....*	...—.	19 mai 1793.
	Idem......	...—.	12 pluviôse 3.
	Quintal.....	40—80	19 thermidor 4.
	Idem......	10—20	24 nivôse 5.
	Droit de bal.	...—.	DI. 3 vend. 13.
	Idem......	...—.	1 pluviôse 13.
	Prohibé....	...—.	DM. 16 mai 1808.
	Idem......	...—.	DI. 21 mai 1808.
(2)	*Droit de bal.*	....	DI. 30 janv. 1809.
COUPEROSE.	*Prohibée....*	...—.	12 pluviôse 3.
	Quintal....	4.. 8	19 thermidor 4.
COUVERTURES *de* LAINE.................. payoient *comme* Étoffes.	*Quintal....*	1— 2	CA. 22 messid. 8.
Les mêmes acquitteront par.......................... (3)	*Quintal....*	1..25	DI. 31 juillet 1810.
Celles en COTON ....(2) et (3)	*Quintal....*	1..40	DI. 31 juillet 1810.

RENVOIS.

CORNES. *Voyez aussi* Matières propres à l'engrais.
Cornes pour lanternes. *Voyez* la note ci-contre.
Côtes de feuilles de Tabac. *Voyez* Tabac.
Coton en laine. *V.* Productions coloniales.
Coton en pennes. *V.* Pennes de coton.
Coton (Ouate de). *Voyez* Ouate.
Coton. [Ouvrages de *Voyez* Toiles, Étoffes, Bonneterie, etc.

(1) Cornes pour lanternes (feuilles de), doivent être traitées à la sortie comme mercerie commune, et payer 1 fr. par quintal. (*Lettre de l'Administration au Ministre de l'intérieur*, 17 *mai* 1811.) Ces cornes faisoient ci-devant partie de la mercerie commune à l'entrée, et quoiqu'elles en aient été retirées, elles doivent rester dans cette classe à la sortie.

(2) Un décret du 5 août 1811 accorde une prime de 220 par quintal à l'exportation des cotons filés et des toiles, bonneteries et autres ouvrages en coton, sans aucun mélange d'autre matière. Pour avoir droit à cette prime, il faut que la sortie s'opère par Strasbourg.

(3) Voir la note à l'article Draps pour les expéditions pour l'Italie.

CUIRS *en vert*. [Ce sont ceux qui n'ont reçu aucune préparation, tels enfin qu'ils ont été levés de dessus l'animal.]	*Prohibés*....	...—..	26 février 1792.
	Idem.....	...—..	1 mars 1793.
	Idem.....	...—..	12 pluv. 3.
	Idem.....	....	19 thermidor 4.
CUIRS *secs* en poils. [Ce sont les peaux de bœufs, vaches, buffes, etc. qu'on a fait sécher sans en ôter le poil ou bourre.................(1)	*Prohibés*....	...—..	26 février 1792.
	Idem......	...—..	1 mars 1793.
	Idem......	...—..	12 pluviôse 3.
	Idem......	....	19 thermidor 4.
CUIRS *tannés*. [Ce sont ceux dont on a fait tomber le poil, et qui ont ensuite été mis dans la fosse au tan.]	*Prohibés*....	...—..	19 thermidor 4.
	Par 100 *fr*..	1— 0	24 nivôse 5.
Excepté ceux ci-après.......................... (2)	*Prohibés*....	...—..	AC. 2 therm. 11.
	Idem......	....	22 ventôse 12.
CUIRS pour *semelles*. [On répute tels ceux qui ont reçu toute la main-d'œuvre qui leur convient...................(2)	*Droit de bal*.	....	DM. 5 fructid. 11.
CUIRS *corroyés* et *fabriqués*. [Ce sont les cuirs tannés, réparés et adoucis au gras ou au sec par un dernier apprêt.].............. — Par les départem. réunis.	*Exempts*....	...—..	19 thermidor 4.
— Par toutes les frontières.	*Par* 100 *fr*..	1— 0	24 nivôse 5.
	Droit de bal.	...—..	AC. 26 vend. 11.
	Idem......	....	8 floréal 11.
Ceux destinés à la *reliure des livres*. [Ils sont préparés par le corroyeur avec l'eau saturée d'alun, et sont secs et roides au toucher ; ils pèsent au plus une livre.]............ (3)	*Droit de bal*.	....	LM. 7 messid. 12.

RENVOIS.

Cravaches en cuirs, *comme* harnois de luxe.
(*LD*. 25 *mars* 1811.)
CUIRS pour les autres. *Voyez* à l'article PEAUX.

(1) Tous les cuirs secs en poil pouvoient être réexportés dans les six mois de l'arrivée en payant 10 cent. par cuir ; mais cette disposition de la loi du 24 nivôse an 5 se trouve subordonnée à l'origine de ces cuirs..... Voir, en conséquence, la circulaire du 31 octobre 1810, à l'article Productions coloniales.

(2) Les cuirs de bœufs forts, auxquels la tannerie imprime toute la main-d'œuvre qui leur convient, et qui pèsent communément 13 kilogr. pièce, sont exceptés de la prohibition. (*DM*. 5 *fructid*. 11.) Ceux de vaches, qui pèsent en général 10 kilogr. et demi pièce, n'ayant pas besoin de corroyage, peuvent aussi sortir, quoique simplement tannés. (*DM*. 5 *pluviôse* 13.)

(3) Pour ne pas confondre ces cuirs avec les peaux à empeignes ou à tiges de bottes, on saura que ces dernières pèsent au moins trois livres ; préparées au suif ou à l'huile de poissons, elles sont souples à cause de la préparation graisseuse qu'elles ont subie.

Désignation des marchandises	Unité	Droits	Décision
CUIVRE et LAITON *non ouvrés*. . . . . (1 et 2)	*Prohibés.* . . .	. . . —. .	19 mai 1793.
	Idem.	. . . .	19 thermidor 4.
CUIVRE et LAITON *ouvrés*, autrement qu'en planches et en mercerie. . . . . (2)	*Prohibés.* . . .	. . . —. .	12 pluviôse 3.
	Quintal.	3c—60	19 thermidor 4.
	Idem.	4. . 8	24 nivôse 5.
CUIVRE *laminé*, pour doublage de vaisseaux et à fonds de chaudières, les BARRES à chevilles, les CLOUS de cuivre rouge durcis au gros marteau, les CLOUS de cuivre allié pour doublage, et les PENTURES de gouvernail. . . . . (2)	*Droit de bal.*	. . . —. .	AC. 5 brum. 11.
	Idem.	. . . .	8 floréal 11.
DERLE. [Sorte de terre qu'on emploie dans la fabrication de la Porcelaine.]	*Quintal.*	1. . 2	15 mars 1791.
DIAMANS et PIERRERIES, vrais ou faux, *avec* et *sans* monture. Pour la pierre.	*Droit de bal.*	. . . .	DM. 12 brum. 6.
Pour la monture.	*Par 100 fr.* . .	0. . 50	Même décision.

RENVOIS.

(1) Cette prohibition n'étoit pas relative au *cuivre en planches* employé dans nos ports pour radouber les vaisseaux étrangers. (*DM.* 17 *ventôse* 6.) Il n'étoit pas même susceptible des droits. (*Déc.* 12 *brumaire* 8.)

Le vieux cuivre est également prohibé.

(2) Le laiton étant soumis à la législation du cuivre jaune, les planches qui ne sont pas laminées doivent être considérées comme *matière première* prohibé. (*Lettre à Cologne du* 21 *février* 1812.)

On ne peut délivrer des permis d'embarquement pour les métaux dont l'espèce est en usage dans les ateliers de la marine, que sur des déclarations visées par un agent principal de cette partie.

DRAPERIES. .... (1)	Prohibées...	......—.	15 août 1793.
	Exemptes. ..	...—..	19 thermidor 4.
	Quintal.....	1— 2	24 nivôse 5.
Celles FINES, ou des fabriques DE PREMIÈRE CLASSE, telles que *Louvier*, *Sedan*, et Abbeville. .... }	Quintal.....	3.. o	DI. 31 juillet 1810.
Celles FINES, des fabriques de Languedoc ou draps dits LON-DRINS. .... }	Quintal.....	2..50	DI. 31 juillet 1810.
Draperies d'ELBEUF...............................	Quintal.....	2..25	DI. 31 juillet 1810.
Draperies ORDINAIRES ou de fabriques DU SECOND ORDRE....	Quintal.....	2.. o	DI. 31 juillet 1810.
Draperies *petites*, ou étoffes de laine *fine*.	Quintal.....	1..50	DI. 31 juillet 1810.
Celles *petites ordinaires*.	Quintal.....	1..10	DI. 31 juillet 1810.
Draperies en étoffes de laine commune, telles que *Ratines*, *Calmouck*, etc. .... }	Quintal.....	1.. o	DI. 31 juillet 1810.

RENVOIS.

DRAPS DE COTON. *Voyez* Etoffes.
Eau rase. Droit de balance. (*LD.* 7 *août* 1811.)

(1) Les Draps et Etoffes de laine et de coton, ou mélangés de ces matières; les Toiles de coton blanches et peintes; les Mousselines, cotons filés, bonneteries, et généralement tous les ouvrages de coton et de laine, devront être accompagnés d'un certificat délivré par un fabricant français qui aura obtenu un permis du Ministre de l'intérieur.......... Ce certificat sera visé par l'autorité du lieu de la fabrique. (*DI.* 10 *octobre* 1810.) — Les bureaux ouverts à ces exportations sont ceux de Verceil, Casatisme, Plaisance, San-Prosper, Pietra-Mala, Foligno et Briq. (*DI.* 7 *mars* 1811.)

Drilles. Vieux Linges, ou Chiffes.................................	*Prohibées.*...	...—..	15 mars 1791.
Comme matière propre à la fabrication du papier. . (1) {	Idem......	....	3 avril 1793.
	Idem......	....	12 pluviôse 3 et 19
	Idem......	....	thermidor 4.
Celles *dites* Chiffons de toiles de coton et de laine. (1).	*Prohibées.* ..	...—..	1ᵉʳ pluviôse 13.
Eaux-de-Vie de toutes espèces........................... étoient	*Prohibées...*	...—..	15 août 1793.
Peuvent sortir, en payant par .... (2)	268 *litres*....	0..25	19 thermidor 4.
Écailles *d'Ablette.* [Elles servent à colorer les fausses perles.].....	*Quintal*.....	4.. 8	15 mars 1791.

(1) En reprohibant les matières propres à la fabrication du papier, les lois des 12 pluviôse 5, et 19 thermidor 4, ont né essairement maintenu les peines dictées par la loi du 3 avril 1793, relativement à l'exportation ou circulation frauduleuse des drilles; ainsi lorsqu'il y aura contravention, ce seront les dispositions de cette loi du 3 avril qu'il faudra invoquer...... Et il doit en être de même pour les fraudes relatives aux chiffons de coton et de laine: la loi du premier pluviôse 13 le dit expressément en son article 28.

Les chiffons provenant de prises avoient joui de la faculté de la réexportation; mais nos papeteries éprouvant le plus grand besoin de cette matière première, le Ministre de l'intérieur a décidé, le 4 août 1806, que la réexportation des chiffons provenant de prises seroit défendue.

(2) Les eaux-de-vie sortant du port de Cette, soit pour la France, soit pour l'étranger, paieront, pendant cinq années, un droit extraordinaire de 3 francs par muid de 268 litres. (*Loi du 21 nov.* 1808.)

Il est fait remise aux eaux-de-vie de grains fabriquées en France qui sont exportées à l'étranger, du droit de fabrication qu'elles ont acquitté. (*20 avril* 1810.) Elles ne peuvent sortir que par *Mayence, Coblentz, Cologne, Ostende, Dunkerque* et *le Havre* (*DI. 9 vend.* 13.); et par *Urdengen* (*30 avril* 1806.).

Les Eaux-de-vie de France et de genièvre exportées du port de Dunkerque, par les Smogleurs, paieront 3 francs par ancre de 40 litres. (DI. 15 juin 1810.)

Écorces *de Chêne*, et autres à faire tan.................... (1)	*Prohibées*...	...—..	15 mars 1791.
	Idem......	....	19 thermidor 4.
Celles du canton de *Lure*, avec restriction de n'en sortir que 25 mille quintaux (*anciens*) par année........ }	*Quintal net.*	1.. 2	24 nivôse 5.
Écorces *de Tilleul*, pour cordages.....................	*Quintal.....*	8..16	15 mars 1791.
Écorces *de Grenadier*................................	*Quintal.....*	2..55	15 mars 1791.
ﬞ. SANDOLLES........................ *Seront traitées comme* Bois d'éclisses.		....	1 août 1792.
Essence *de Térébenthine* et Térébenthine *en pâte*. [L'esprit de Térébenthine doit le même droit. (*LD. 22 janvier 1810.*).... }	*Quintal.....*	0..51	24 nivôse 5.
Étain non ouvré............................	*Prohibé.....*	...—..	19 mai 1793.
	Idem......	...—..	12 pluviôse 3.
	Idem......	....	19 thermidor 4.
Celui ouvré...................................	*Prohibé.....*	...—..	19 thermidor 4.
	Quintal.....	5..10	24 nivôse 5.

RENVOIS.

Écorces de Noix. *Voyez* Brou.
Écorces de pin, moulues, *droit de balance* (LD. 30 octobre 1810.)
Engrais. *Voyez* matières propres à l'engrais.
Espèces d'Or et d'Argent. *Voyez* Argent monnoyé.

(1) Les cosses du gland, nommées *Avelanedes*, dont on peut se servir pour passer les cuirs, et qui, sous ce rapport, devroient être prohibées, jouissent néanmoins de la faculté de sortir, parce qu'il n'est pas encore déterminé si on peut en faire usage dans nos manufactures. (*Dec. du 28 pluv. 8.*) ... — Depuis, il a été décidé, le 28 novembre 1806, par le Ministre de l'intérieur, que les *Glands* seroient prohibés par le ci-devant Etat de Parme.

Étoffes.				
	Prohibées...	...—..		15 août 1793.
	Exemptes...	...—..		19 thermidor 4.
	Quintal.....	1— 2		24 nivôse 5.
Celles RICHES EN OR ET ARGENT.....................(1)	Quintal....	3.. o		DI. 31 juill. 1810.
Celles RICHES MÉLANGÉES d'or et d'argent, et de soie......(1)	Quintal....	2..5o		DI. 31 juill. 1810.
Celles DE SOIE de toutes sortes... ....(2)	Quintal....	2.. o		DI. 31 juill. 1810.
Celles MÉLANGÉES de soie, fil, coton, ou laine...........(3)	Quintal....	1..5o		DI. 31 juill. 1810.
Celles DE FLEURET, filoselle et bourre de soie..............	Quintal....	1..25		DI. 31 juill. 1810.
Celles DE POIL ET LAINE mêlées.......................(3)	Quintal....	1..20		DI. 31 juill. 1810.
Celles DE COTON *fines*, telles que bazins, piqués..........(3)	Quintal:...	1..6o		DI. 31 juill. 1810.
Celles DE FIL ET COTON ....:.........(3)	Quintal....	1..1o		DI. 31 juill. 1810.
Celles DE COTON *ordinaires*, telles que velours et draps....(3)	Quintal....	1.. o		DI. 31 juill. 1810.

RENVOIS.

ÉTOFFES DE CHANVRE. *Voyez* Chanvre.

(1) La loi du 15 mars 1791 avoit prohibé la sortie des étoffes avec or ou argent *faux*; mais on a vu que la lettre administrative rapportée à la page 198 (sortie 10), en autorise l'exportation....... Quant aux droits, elles doivent, suivant leurs qualités ; acquitter l'un ou l'autre de ceux fixés ci-dessus sur les étoffes riches.

(2) Les étoffes de soie cirées sont comprises dans la dénomination *étoffes de soie de toutes sortes* qui doivent 2 francs du quintal à la sortie. (*Lettre à Marseille*, 7 août 1811.)

(3) Voir la note à l'article *Draps*, pour les expéditions pour l'Italie.

FARINES.....................................(1).	*Prohibées*...	...—.	12 pluviôse 3.
	Idem......	...—.	19 thermidor 4.
	Idem......	...—.	26 ventôse 5.
Assimilées aux GRAINS dont elles sont extraites.	....		LD. 14 janv. 1808. et CD. 22 oct. 1810.
FER *en gueuse et en saumons*.	*Quintal*.....	2— 4	19 thermidor 4.
	Idem......	5..10	24 nivôse 5.
FER en *barres*, en *loupes*, et autres qui n'ont reçu qu'une première main-d'œuvre..........................	*Quintal*.....	6—12	19 thermidor 4.
	Idem......	2—55	24 nivôse 5.
	Idem......	0..50	9 floréal 7.
FER en *verges*, *feuillards*, *carillons*, *rondins* ou en *plaques*.	*Prohibé*.....	...—.	19 mars 1793.
	Idem......	...—.	12 pluviôse 3.
	Quintal.....	4— 8	19 thermidor 4.
	Idem......	1— 2	24 nivôse 5.
	Idem......	0..50	9 floréal 7.
FÉRAILLES et VIEUX FER............................	*Prohibés*...	...—.	15 mars 1791.
	Idem......	....	19 thermidor 4.
FER-BLANC...................................	*Prohibé*.....	...—.	12 pluviôse 3.
	Quintal.....	6—12	19 thermidor 4.
	Idem......	2..55	24 nivôse 5.

RENVOIS.

FARINE D'AVOINE. *Voyez* Gruau.
FAUX et FAUCILLES, *comme* Quincaillerie ordinaire en fer et acier. (*LD.* 24 *juin* 1811.
FER OUVRÉ. *Voyez* Ouvrages en fer.

(1) Les farines suivent le même régime que les grains dont elles sont extraites. Ainsi, lorsqu'il y a lieu à l'exportation, elles payent les mêmes droits et peuvent sortir par les mêmes ports. (*DM.* 25 *messid.* 12.)

Feuilles de Houx. [Est un arbre toujours vert dont les feuilles sont armées de pointes.]	*Prohibées* ...	....—..	15 mars 1791.
(1)	*Quintal*	20..40	19 thermidor 4.
Celles de Myrte, et autres propres à la teinture et aux tanneries .... }	*Quintal*	20..40	15 mars 1791.
Fil-de-fer et d'acier	*Quintal*	1— 2	24 nivôse 5.
	Idem	0..50	9 floréal 7.
Fil de lin et de chanvre *retors*	*Quintal*	2..55	19 thermidor 4.
Les mêmes *simples*	*Quintal*	20..40	15 mars 1791.
Fil de mulquinerie et *de linon*. [Est un fil de lin très-fin.]	*Kilogramme.*	2.44—80	15 mars 1791.
	Prohibé	....	19 thermidor 4.

RENVOIS.

Feuilles de Fustet. *Voyez* Fustet.
Feuilles de Redoul. *Voyez* Redoul.
Féverolles. *Voyez* aux Graines.
Fil de cuivre pur. *Comme* Cuivre ouvré. (*LD.* 4 *mai* 1807.)
Fil de laiton noir. *Comme* Cuivre ouvré. (*LD.* 4 *mai* 1807.)
Fil de poil de chien. *Voyez* Poil de chien.
Filets vieux. *Comme* Matières propres au papier. (*C.* 20 *floréal* 10.)
Filoselle. *Voyez* Soies.
Fleur de soufre, *comme* soufre. (*LD.* 22 *sept.* 1812.)
Fleurets. *Voyez* Soies, ou Armes, suivant le cas.

H hh. 213. (Sortie. 25.)

(1) Ce n'est pas la loi du 19 thermidor an 4 qui tarife les feuilles de houx, mais il résulte de ses articles 1 et 2 qu'elles peuvent sortir........ traitées, à l'entrée, comme feuilles propres à la teinture; elles doivent suivre le même régime à la sortie, et payer conséquemment 20..40... Ces inductions se tirent de la lettre administrative rapportée à la page 198. (sortie 10.)

Foins et Fourrages. [Ce qui s'entend de toute herbe fauchée et séchée pour la nourriture des bestiaux.]	Prohibés....	..—..	1 mars 1793.
	Idem......	..—..	12 pluviôse 3.
	Idem......	....	19 thermidor 4.
Le Foin peut sortir par le pays de *Gex*, en payant par...	*Charriot*....	0..50	24 nivôse 5.
	Charrette...	0..25	*Même loi.*
Le Foin récolté dans les marais Pontins pour le royaume de Naples peut aussi sortir en payant par	*Charriot*....	0..50	DI. 23 avril 1810.
	Charrette....	0..25	*Même décret.*
Forces à *tondre les draps*.. [Sorte de grands ciseaux.]	*Pièce*.......	3.. 0	19 thermidor 4.
Fromages........................étaient.	*Prohibés*....	..—..	12 pluviôse 3.
Par les dép. réunis, le *Mont-Blanc*, l'*Ain* et le *Jura*...	*Quintal*.....	5—10	19 thermidor 4.
Par les autres départemens.	*Prohibés*....	..—..	*Même loi.*
Par tous les départemens payoient	*Quintal*.....	0—51	24 nivôse 5.
Ils paieront par toutes les frontières	Idem......	1.. 0	DI. 17 pluv. 13 et loi du 30 avr. 1806.
Fruits.........................	*Prohibés*....	..—..	13 août 1793.
	Exempts....	..—..	12 pluviôse 3.
	Idem... (1)	..—..	19 thermidor 4.
	Droit de bal.	....	24 nivôse 5.
Festet (*feuilles* et *branches* de)	*Quintal*.....	2.. 4	15 mars 1791.
Futailles *vides* ou *en bottes*	*Prohibées*...	..—..	15 mars 1791.
	Idem......	..—..	12 pluviôse 3.
	Idem... (2)	....	19 thermidor 4.

RENVOIS.

Fouets. *Comme* Mercerie commune. (*LD.* 5 *septembre* 1811.)

Fourrages. *Voy.* Foin.

Frai de Poisson. *Voy.* la note à Rogues de Morue.

Froment perlé *comme* grains (*LM.* 23 *mai* 1806.)

Fumiers. *Voy.* Matières propres à l'engrais.

Fusils de traite, de calibre, à vent, damasquinés. *Voy.* l'art. Armes et sa note.

(1) C'est en vertu des articles 2 et 3 de la loi du 19 thermidor an 4 que j'ai conservé l'exemption aux fruits.

(2) Les Tonneliers de Mayence peuvent exporter un nombre de futailles proportionné à la quantité de *bois merrain* qu'ils tirent de l'étranger. Le bois merrain importé, et les futailles exportées, paieront le droit de balance (1 *pluviôse* 13.)

Les futailles et tonneaux fabriqués dans la même ville peuvent sortir pour aller chercher les vins, à la charge de les ramener en même quantité et contenance après la récolte et en payant le droit de balance (*D*. 21 *cent*. 12.)

Les futailles peuvent sortir vides pour la pêche de la baleine, moyennant soumission de les faire rentrer pleines.

Les barillets servant à mettre les anchois en saumure, qui se fabriquent dans le territoire de Gênes, peuvent sortir (*DM.* 9 *septembre* 1806.)

Garance (*racine de*)	*Exempte*	...—..	1 août 1792.
	Droit de bal.	....	22 nivôse 5.
Gaude. [ou herbe à jaunir]	*Exempte*	...—..	1 août 1792.
	Droit de bal.	...—..	24 nivôse 5.
	Prohibée	...—..	AC. 2 vend. 11.
	Prohibée	...—..	8 floréal 11.
	Quintal	10— 0	AC. 3 therm. 11.
	Quintal	10.. 0	22 ventôse 12.
Gazes et **Marly.**			
Ceux de soie	*Quintal*	2. 50	DI. 31 juillet 1810.
Ceux de soie et fil, ou de soie et coton	*Quintal*	1..25	DI. 31 juillet 1810.
Gommes	*Prohibées*	...—..	12 pluviôse 5.
	Quintal	10..20	19 thermidor 4.

GRAINE *d'Avignon*, GRAINETTE ou GRAINE *jaune*...............	Quintal.....	10..20	15 mars 1791.
GRAINES. Celles dites FÉVEROLES et HARICOTS.............	Prohibées...	...—..	14 pluviôse 3.
Y compris le *Maïs* ou *Blé de Turquie*................	Quintal.....	0—31	22 thermidor 5.
	Prohibées...	...—..	5 complém. 5.
Comme MENUS GRAINS....		....	DI. 13 brum. 13.
Celles de JARDIN. [Sous cette dénomination on doit comprendre toutes semences de légumes non farineux et de fleurs. (*LA au Directeur de Genève, du 27 brum.* 8.).....	Quintal.....	3.. 6	1 août 1792.
Celles nommées MIL et MILLET	Quintal.....	3— 6	DM. 27 vend. 7.
	Prohibées...	....	LM. 17 mars 1812.
Celles de PASTEL.....................	Prohibées...	....	DI. 4 déc. 1811.
Celles de TRÈFLE. Cette dénomination comprend génériquement toutes les graines ou semences de pâturage. (*LA. au Directeur de Genève, du 27 brum.* 8.).............. (3)	Quintal.....	3— 6	1 août 1792.
	Prohib... (1)	...—..	14 pluviôse 3.
	Quintal.. (2)	3— 6	19 thermidor 4.
	Idem......	5— 0	9 floréal 7.
	Idem......	8.. 0	DI. 17 pluv. 13 et loi du 30 avr. 1806.
Celles de VESCE, nommées aussi *jaresses*. [Espèce de grain rond et noirâtre, servant à la nourriture des chevaux et des pigeons.]..............	Prohibées...	...—..	14 pluviôse 3.
	Idem......	....	DM. 2 compl. 7.
GRAINES GRASSES. [Ce qui s'entend de celles propres à faire huile, telles que celles de *colzat*, *d'oliette*, de *lin*, *rabette*, *navette*, etc.]..................... (4)	Quintal.....	1— 2	1 août 1792.
	Prohibées...	...—..	3 septemb. 1793.
	Idem......	...—..	12 pluviôse 3.
	Idem......	....	19 thermidor 4.

RENVOIS.

Graine ou semence de Canarie, *c'est* l'Alpiste, Mil ou Millet.
GRAINE de moutarde, ou sennevé, droit de balance. (*LD.* 2 *décembre* 1812.)
GRÉMENT de Navires. *Voyez* Mâts.

(1) Cette loi prohiboit en même temps les graines de luzerne et de sainfoin.
(2) C'est en vertu des articles 2 et 3 de la loi du 19 thermidor an 4 que ce droit de 3 fr. 6 cent. étoit redevenu celui à percevoir.
(3) La graine de spergule, par lettre de l'administration au directeur de Clèves, en date du 16 thermidor an 4, a été assimilée, pour la sortie, à la graine de trèfle. Cette graine est petite, noire, d'une forme presque ovale ; l'herbe qui en provient est de la hauteur de six à huit pouces et sert à la nourriture des vaches dont elle augmente beaucoup le lait.
Les graines de prairies sont assimilées aux graines de trèfle. (*CA.* 7 *prair* 8.)
(4) On ne peut leur assimiler les noix, dont la sortie est permise. (*LD.* 25 *février* 1807.)

RAINS. [Ce qui s'entend de toutes les semences qui viennent dans des épis, tels que *Blés, Seigles, Orges, Maïs,* etc.]	*Prohibés*....		—		21 septembre 1793.
	Idem....		—		1 mars 1793.
	Idem....		—		12 pluviôse 3.
	Idem....		—		7 vendém. 4.
	Idem....		—		19 thermidor 4.
	Idem....		—		26 ventôse 5.
Pour { l'*Espagne,* le *Portugal,* l'*Allemagne,* la *Hollande,* } pouvoient sortir en payant... { pour les seigles, maïs et autres grains......	*Quintal*....		1—0		DI. 25 prairial 12 et 15 brum. 13.
pour les blés..	*Idem*......		2—0		*Mêmes décrets.*
Lorsque l'exportation des grains ne sera pas défendue (1). Les **Fromens** et les **Riz** (2) acquitteront à la sortie (3) un droit proportionnel à leurs prix moyens. (4) — Fixés à..... 24 fr. l'hectolitre.	*Prohibés*....				
à..... 23 fr............	*Quintal net*..		8.. 0		
à..... 22 fr............	*Quintal net*..		6.. 0		*Décision de S.M.* du 2 juillet 1806
à..... 21 fr............	*Quintal net*..		4.. 0		(5).
à..... 20 fr............	*Quintal net*..		3.. 0		
à..... 19 fr............	*Quintal net*..		2.. 5		
Au-dessous de 19 f............	*Quintal net*..		2.. 0		
Menus Grains, tels que seigle, orge, maïs, haricots, féveroles, légumes secs, etc., lorsque l'exportation en sera permise. (1)..	*Moitié des droits imposés sur le froment,*............				Même décision (5).

(1) En ce moment l'exportation des blés et menus grains est prohibée par toutes les frontières....... Les décrets successifs qui font cette défense portent, pour les seigles, la date du 15 juin 1810, et celles des 22 juin, 11 juillet, 10 août et premier novembre 1810, pour les farines, froment, et autres grains...... Mais nonobstant la défense de sortie, les grains et farines peuvent être envoyés d'un port de l'empire à un autre avec l'autorisation spéciale du Ministre du commerce..... Et ceux importés de l'étranger continuent à pouvoir être réexportés, conformément à la loi du 11-17 novembre 1810. (*D.M. 5 juillet* 1810.)

Lorsque la prohibition des grains de France sera levée, ce sera toujours la décision impériale du 2 juillet 1806 qui fixera les droits de sortie...... Il n'a été ajouté d'autre disposition, pour ce cas, que celle de la circulaire du 7 juillet 1810, portant que l'exportation de tous objets de première nécessité, pour une puissance ennemie, ne pourra avoir lieu que sur navires français, simulés ou non simulés.

(2) C'est une lettre de M. le Directeur général, adressée à Anvers le 18 août 1808, qui a d'abord assimilé les riz au froment, et cet ordre de faire payer aux riz les mêmes droits qu'aux fromens, a été renouvelé notamment à Cette, par lettre du 7 juillet 1810. — Toutefois cette disposition ne s'applique pas aux riz exportés par la 27e division militaire; ils y sont soumis au droit de 3 francs par quintal imposé par la loi du 30 avril 1806, lorsque la sortie en est permise.

(3) Les droits sur les grains seront perceptibles au poids net, en évaluant le brut suivant les tares reçues dans le commerce. (*DM. 5 fructidor* 12.)...... — Ils ne sont pas soumis au droit additionnel (*ID.* 14 janvier 1809.)

(4) Les Préfets arrêtent, les 15 et dernier de chaque mois, les prix moyens des mercuriales du département : si le prix vient à s'élever à 24 fr. l'hectolitre, l'exportation sera prohibée dans les vingt-quatre heures de la notification qu'en fera le Préfet au Directeur des Douanes : cependant les vaisseaux qui, ayant déjà payé les droits, se trouveroient encore dans le port au moment de la prohibition, auront la liberté de sortir (*LM.* 7 juillet 1806.)... — Ce sont les mercuriales du marché de Toulouse qui règlent les prix et la faculté d'exportation pour les ports d'Agde, Cette et la Novelle. — Ce sont celles du département des Deux-Nèthes qui la régleront pour la Hollande. (*DI.* 18 octobre 1810.)

(5) Alors que le décret du 15 juin 1810 prohiba les seigles, un autre décret de la même date doubla les droits que le règlement

GRAISSE D'ASPHALTE. [Sorte d'oing noir, nommé aussi *huile bitume minérale*, provenant de l'exploitation de la mine d'*Asphalte* du département du *Bas-Rhin*]................................. *Droit de bal.* ...—.. DM. 6 vent. 5.

GISRASES de toute autre sorte. [Ce qui s'entend de toutes les substances onctueuses provenant des animaux.].............. *Quintal*..... 6—12 | 15 mars 1791. · *Prohibées*... ...—.. 12 pluviôse 3. · Idem..... .... 19 thermidor 4.

GRAVELLE et TARTRE DE VIN. [Ce dernier est une espèce de sel qui s'élève des vins fumeux et qui prend la consistance de la pierre. Il est cassant et brillant. La *gravelle* est de la lie de vin desséchée.]................................ *Quintal*..... 7..14 | 15 mars 1791.

GRIGNON................................... *Sera traité comme l'*Amurca. .... 1 août 1792.

GROISIL. [Nom donné, dans les verreries, aux morceaux de glace et de verre cassés.]................................. *Prohibé*.... ...—.. 15 mars 1791. · Idem...... ...—.. 12 pluviôse 3. · Idem...... .... 19 thermidor 4.

GRUAU D'AVOINE ET D'ORGE................................. *Droit de bal.* ...—.. LD. 13 mai 1806. · *Prohibé*.... .... LM. 28 avril 1812.

HABILLEMENS *supportés*, à l'usage des voyageurs, et n'excédant pas le nombre de six......................... (1)	*Exempts....*	......	DM. 27 nivôse 8.
HARNOIS *de luxe*, pour voitures et chevaux. [Ce qui comprend les Selles, et tout ce qui sert à atteler les chevaux].......	*Par* 100 *fr...*	5— 0	19 thermidor 4.
	Idem......	0..50	24 nivôse 5.
HERBE *de maroquin.* [Espèce d'herbe dont les maroquiniers se servent à la place du sumac.]................................	*Quintal.....*	3.. 6	15 mars 1791.
HERBES propres à la teinture, non dénommées à la *sortie*......... (2)	*Quintal.....*	10..20	15 mars 1791.
HOUBLON	*Quintal.....*	5—10	15 mars 1791.
	Prohibé.....	......	AC. 9 frimaire 9.
Mais peut être exporté pour l'Allemagne par les bureaux de *Cologne* et de *Mayence.* DM. 12 août 1812. (*lorsque son prix n'est pas monté à* 120 *francs le quintal dans les marchés d'Alost et de Liège*) en payant........................	*Quintal....*	5.. 0	DI. 28 mars 1807 et loi du 7 sep. *dito.*

RENVOIS.

(1) Les habits de théâtre qui accompagnent les acteurs dans leurs déplacemens, ne sont sujets à aucun droit. (*LD. du 5 germ.* 13.)

(2) C'est à tort que dans tous les Tarifs on comprenoit dans cet article les herbes de l'espèce non dénommées à l'entrée........pour payer 10..20, il suffit que les herbes propres à la teinture ne soient pas reprises au Tarif de sortie. (*Sens de la lettre du 8 août* 1811.)

Huiles d'olive et d'amande...	*Prohibées*...	...—..	15 août 1793.
	Quintal.....	10..20	19 thermidor 4.
Huiles de Graines..étoient	*Prohibées*...	...—..	12 pluviôse 3.
Elles paieront par les départ. autres que ceux ci-après... (1)	*Quintal*.....	6..12	19 thermidor 4.
Celles de *graines* sortant par les départemens de la ci-devant Belgique, les frontières de terre et les départemens qui bordent le *Rhin.* (*DM.* 16 *fruct.* 7.) ....(2) }	*Quintal*.....	2..55	24 nivôse 5.
Huile de Poisson......................................	*Prohibée*....	...—..	12 pluviôse 3.
	Idem......	...—..	19 thermidor 4.
	Quintal.....	2—50	AC. 1 pluv. 11.
	Idem......	2..50	8 floréal 11.
Huîtres *fraîches*....................................	*Le mille en N.*	0..50	15 mars 1791.
Indique. [Pâte bleue, assez semblable à l'indigo, laquelle se fabrique dans le département du *Doubs.*]........................ }	*Prohibée*....	....	DM. 7 ventôse 5.

RENVOIS.

Huile de Palme, *comme* celle de Noix et de faines, 6..12. (*LD.* 24 *septembre* 1811).
Indigo. *Voy.* Productions coloniales.
Indiennes. *Voyez* Toiles peintes.
Jardinage. *Voy.* Légumes verts.
Jarosses. *Voy.* Graines de Vesce.

(1) La loi du 19 thermidor an 4 impose au même droit les huiles de noix et de faines.

(2) Celles expédiées de la Hollande, par mer, pour les départemens anséatiques, participent à cette faveur. (*DM.* 25 *novembre* 1812.)

AINES *non filées*, [à l'exception de celles ci-après] ....(1 et 2)	*Quintal*.....	76—50	15 mars 1791.
	Prohibées...	...—..	26 février 1792.
	Idem......	...—..	19 mai 1793.
	Idem......	...—..	12 pluviôse 3.
	Idem......	....	19 thermidor 4.
Celles non filées *étrangères*, réexportées dans l'année de leur mise en entrepôt....................(2)	*Exemptes*...	...—..	21 juin 1792.
	Quintal.....	2.. 4	24 nivôse 5.
Celles des *États Romains* pourront sortir pour l'Italie, par le bureau de Foligno, en payant...............	*Quintal*.....	5...0	DI. 10 octob. 1810.
AINES *filées*, propres à la tapisserie. [Ce sont celles qui ont été retordues.]................................	*Quintal*.....	18—36	15 mars 1791.
	Prohibées...	...—..	26 février 1792.
	Idem......	...—..	19 mai 1793.
	Idem......	...—..	12 pluviôse 3.
	Quintal.....	20..4	19 thermidor 4.
Celles *filées*, d'autre sorte. [Ce sont celles filées et non retorses.]................................(3)	*Quintal*.....	18—36	15 mars 1791.
	Prohibées...	...—..	26 février 1792.
	Idem......	...—..	19 mai 1793.
	Idem......	...—..	12 pluviôse 3.
	Quintal.....	51.. 0	19 thermidor 4.

RENVOIS.

AITON. *Voy.* Cuivre.
AMINOIRS. *Voyez* la note à Métiers.

(1) Les laines de toute espèce non filées sont comprises dans cette prohibition, même celles à matelas pouvant servir aux fabriques. (*Même loi.*)....

(2) Les laines non filées, venues de l'étranger, ne pourront être réexportées qu'autant qu'elles auront été mises dans l'entrepôt réel du port d'arrivée, et qu'elles en seront expédiées directement pour l'étranger. (*DI.* 25 *février* 1806, et *loi du* 30 *avril* 1806.)

Il résulte de cette disposition une prohibition absolue à la sortie *par terre* des laines non filées, quelles que soient leur espèce et leur origine.

Cependant les laines non filées arrivant d'Espagne à Bayonne, tant par mer que par les bureaux de Béhobie et d'Ainhoa, pourront, à leur sortie de l'entrepôt, être réexportées à l'étranger en transit sur le territoire français. [*DI.* 11 *mai* 1807, et *Loi du* 7 *septembre* 1807.]

A leur réexportation des ports d'arrivée, le droit de 2 fr. 4 cent. imposé par la loi du 24 nivôse an 5, doit continuer à être perçu.

(3) Les laines filées, dites *sayettes*, étant retorses et employées à la tapisserie comme au tricot des bas, ne doivent que le droit de 20..40. (*Avis des experts, du* 26 *mai* 1811.)

Légumes secs, de toute sorte ; tels que *Pois*, *Lentilles*, *Haricots*, etc.	*Prohibés*	—..	1 mars 1793.
	Idem	—..	12 pluviôse 3.
	Idem	—..	19 thermidor 4.
	Assimilés aux menus Grains		LM. 11 juill. 1806.
Légumes *verts* et Jardinage. [Ce qui s'entend de toutes les *Herbes*, *Plantes* et *Racines potagères*.]	*Prohibés*	—..	12 pluviôse 3.
	Idem	—..	19 thermidor 4.
	Quintal	0..20	24 nivôse 5.
Légumes *verts*, sortant de la Hollande (1)	*Exempts*		DI. 18 octob. 1810.
Lie de Vin. [C'est la partie la plus grossière du vin, qui se dépose au fond du tonneau.]	*Quintal*	2.. 4	15 mars 1791.
Liége *non ouvré*. [ou en planches]	*Quintal*	3— 6	1 août 1792.
	Prohibé	—..	1 mars 1793.
	Idem	—..	12 pluviôse 3.
	Quintal	3— 6	19 thermidor 4.
	Idem	2— 4	24 nivôse 5.
	Idem	4.. 0	DI. 17 pluv. 13 et loi du 30 avr. 1806.
Lin *cru*, *tayé* ou *apprêté*.	*Prohibé*	—..	15 mars 1791.
Et même *peigné*.	Idem	—..	19 mai 1793.
	Idem	—..	12 pluviôse 3.
	Idem		19 thermidor 4.

RENVOIS.

Linges à pansemens, *prohibés* comme vieux linges ; mais lorsque la sortie en est autorisée par exception, ils doivent être soumis au droit de 5 pour 100 de la valeur. (*DM.* 29 août 1812.)

Linges vieux. *Voyez* Drilles.

Linon *Voy.* à Toiles.

Lessive résultant de la fabrication du savon. *Voy.* l'art. Salins.

Lastonnerie. *Voy.* Passementerie.

(1) Le droit de balance est dû. (*LD.* 29 *janvier* 1812.)

Malherbe..	*Quintal*.....	2 .. 4	15 mars 1791.
Marchandises admises en entrepôt, prohibées à l'entrée, ou dont le droit excède dix pour cent de leur valeur, ne peuvent être réexportées que sur des bâtimens de cent tonneaux et plus. (1) }	....	......	8 floréal 11.
Marchandises non comprises au Tarif, celles OMISES, à l'exception des herbes non dénommées propres à la teinture........... }	*Droit de bal.*	....	24 nivôse 5.
Marrons et **Chataignes**................................. [*Prohibés*...	... —.		1 mars 1793.
Idem......	.. —.		12 pluviôse 3.
Ide m......	.. —.		LM. 16 vend. 9.
Quintal....	2— 0		DM. 28 nov. 1806.
(2) *Prohibés*...	....		LM. 14 janv. 1812.
Ceux exportés par les frontières de la 27e division militaire .... (2) } *Droit de bal*	... —.		DM. 9 janv. 1807
} *Prohibés* ...	....		LM. 14 janv. 1812
Matelas.................... *Comme les* Matières *dont ils sont composés.* (3).	....		1 août 1792.

RENVOIS.

Maïs. *Voyez* aux Grains.
Manganèse. *V.* la note à Mines métalliques.
Marc d'olives. *Voyez* Amurca.
Marly. *Voyez* Gazes.

(1) Elles doivent en outre s'accompagner d'acquits-à-caution, qui seront déchargés par les agens du Goavernement français dans les ports étrangers où les marchandises seront conduites. (8 *floréal* 11.) — Ces dispositions ne s'appliquent toutefois qu'aux marchandises dont la réexportation n'est pas défendue. — *Voir* la note à productions coloniales.

(2) Les marrons et châtaignes sont prohibés par toutes les frontières, à l'exception de celles du département du Léman, où elles continueront d'acquitter le droit de 2 fr. du quintal à leur exportation. (*Lettre ministérielle, du 14 janvier 1812.*)

(3) Le passager qui s'embarque sur navire étranger peut emporter deux matelas pour son usage dans la traversée, pourvu qu'ils soient composés de *laine vieille* et hors d'état de fournir aux fabriques. (*DM.* 17 *fructidor 4.*)

Ceux à l'usage des voyageurs, et ne contenant que de vieilles laines, peuvent aussi sortir. (*Décis. du 18 flor. et 8 prair. 9.*)

Matières *servant à l'engrais des terres*, telles que *Fumier*, *Colombine*, *Chapons*, *Cornes rapées*, et autres.............. (1)	Prohibées....	...—...	1 août 1792.
	Idem......	...—...	12 pluviôse 3.
	Idem......	....	19 thermidor 4.
L'engrais *connu sous le nom de* Penone (grosses et petites plumes de volaille, vers à soie morts dans leurs cocons), *pourront être exportés par les départemens de l'*Arno, *de la* Méditerranée, *de l'*Ombrone *et du* Taro, *en payant*......	Quintal....	1..25	DI. 30 mars 1812.
Matières propres à la fabrication du *Papier* (2) et de la *Colle*.... (3)	Prohibées...	...—...	12 pluviôse 3.
	Idem......	....	19 thermidor 4.
Mats et Pièces de rechange. [Objets propres à l'équipement d'un vaisseau.].. (4)	Par 100 *fr*...	5.. 0	DM. 7 nivôse 11.
Mélasse des sucres raffinés en France..	Prohibée....	...—...	19 thermidor 4.
	Quintal.....	2—55	24 nivôse 5.
	(5) *Dr. de bal.*	....	DM. 28 fruct. 8.

RENVOIS.

Matières d'Or et d'Argent. *Voyez* Argent.

Maurelle. *Voyez* Tournesol.

Mélasses provenant des Colonies. *Voyez* à Productions coloniales.

(1) On en excepte la Chaux, le Plâtre et la Terre de Marne, qui sont tarifés, et le Gyp e, espèce de pierre à plâtre, dont la sort e est tolérée par le département du *Doubs.*

(2) Les vieux papiers sont compris dans la prohibition. (*L. du* 26 *thermid.* 13.) Une décision ministérielle, du 17 brumaire an 5, en avoit excepté les rognures de papier; mais, ayant les mêmes propriétés que le papier vieux, elles ont été frappées de la même prohibition par LD. 13 août 1808 et 9 novembre 1809.

(3) L'amidon peut sortir. (*Voyez* ce mot.)

(4) Pour prévenir les abus, les capitaines étrangers ne seront admis à se pourvoir de *mâts de rechange* que lorsqu'il sera constaté que c'est par quelque événement de force majeure, ou par quelque autre cause qu'ils n'ont pu prévoir, qu'ils s'en trouvent dépourvus. (*CD.* 16 *nivôse* 11.)

(5) Ces Mélasses doivent être accompagnées d'un certificat de la fabrique, visé par le Maire. — Quant à celles des colon es, *voyez* Productions coloniales.

Mercerie commune. (*Voir de quoi elle se compose au Tarif d'Entrée*.)	*Quintal.* (1)	1—	2	24 nivôse 5.
	Idem.....	1..	0	DI. 31 juill. 1810.
Mercerie fine. Sont traitées comme telles, par la loi du 1er août 1792, les boucles de cuivre, les cordes à violon, les porte-feuilles de maroquin, et autres ouvrages de la même matière, et les éventails fins................... Celle non dénommée à l'entrée dans la classe de la mercerie commune est aussi réputée *fine* par la loi du 15 mars 1791...	*Quintal*...	1..	50	DI. 31 juill. 1810.
Métal de *Cloches*, comme composé de cuivre et d'étain..........	*Prohibé*.....	....		DM. 27 vend. 6.
Métiers pour les fabriques.................................(2)	*Quintal*.....	61—20		15 mars 1791.
	Par 100 *fr*...	1—50		1 août 1792.
	Prohibés....	...—..		12 pluviôse 3.
	Idem.....	....		19 thermidor 4.
Meubles et Effets à usage personnel.......................(3)	*Exempts*....	...—..		DM. 17 oct. 1791.
	Droit de bal.	....		24 nivôse 5.

RENVOIS.

Mérinos. *Voy.* à Bestiaux.

L 11. 225 (Sortie 37.)

(1) Avant le décret du 31 juillet 1810, la mercerie, uniquement composée de fer et d'acier, ne payoit que cinquante centimes du quintal.

(2) La prohibition prononcée par la loi du 19 thermidor an 4, de la *sortie des Métiers*, s'étend, d'après la décision du Ministre de l'intérieur, du 8 août 1806, aux outils qui y sont propres, et à toutes les parties accessoires des métiers, quoique détachées et présentées à la sortie sous le nom de *Quincaillerie, Mercerie*, etc... Toutefois cette prohibition ne s'applique pas aux presses d'imprimeries. (*LD. 14 mars et 1 avril 1808.*)

Les cardes à carder ne sont pas non plus réputées métiers. (*DM. 5 août 1808, 28 avril, 25 juin 1810 et 8 mai 1811.*) — Ainsi ces objets peuvent sortir sous le droit de balance, et il en est de même pour les garnitures de cardes destinées aux mécaniques. (*D. 7 janvier 1811, approuvée par DM. 18 juillet 1812.*)

Les laminoirs simples, à l'usage de l'orfévrerie et de la bijouterie, ne doivent pas non plus être compris dans la prohibition des métiers. (*Décisions des 29 frimaire an 7, 22 prairial an 11, et 3 avril 1811.*)

(3) Cette sortie en exemption de droits n'est tolérée qu'à charge de justifier d'une propriété à trois ou quatre lieues des frontières, de l'identité et du rapport des effets par une soumission cautionnée, le tout par la formalité d'un acquit-à-caution.

MEULES *de Moulin*...	Au-dessus d'un mètre 949 millimètres.....	*Pièce*.......	3o.. o	8 floréal 11.
	Au-dessous, jusqu'à un mètre 297 millim..	*Pièce*.......	20.. o	*Même loi.*
	Au-dessous d'un mètre 297 millimètres....	*Pièce*.......	10.. o	*Même loi.*
Celles *d'Andernach*, par le *Rhin*.	Celles d'un mètre 297 millimètres et au-dessus......	*Par 100 fr.*..	10.. o	DI. 9 vend. 13 et
	Celles au-dessous..........	*Idem*.....	5.. o	loi du 1 pluv. 13.
MIEL................		*Prohibé*....	.—.	15 août 1793.
		Idem......	.—.	12 pluviôse 3.
		Quintal.....	2—55	19 thermidor 4.
		Idem......	5.. o	DI. 17 pluv. 13 et loi du 30 avr. 1806.
MINE *de Fer*, *brute et lavée*. [Les mines de fer varient pour la figure et la forme ; il y en a de blanche, de noire, d'un gris de cendre, de bleue, etc.].........................(1)		*Prohibée*....	.—.	15 mars 1791.
		Idem......	......	19 thermidor 4.
MINE *de Plomb*........................(2)		*Prohibée*....	......	19 thermidor 4.
MINES *métalliques* de toute autre sorte. [Ce qui comprend non-seulement les métaux encore mêlés avec la terre, mais même ceux épurés non tarifés.]....................(3)		*Prohibées*...	......	19 thermidor 4.

RENVOIS.

MILLET ou MIL. *Voyez* aux Graines.
MINIUM. *Voyez* la note à Mine de plomb.
MONTRES. *Voy.* la note à Ouvrages d'horlogerie.
MORESQUES. *Voyez* Soies.

(1) La mine de fer provenant des mines possédées en France par les Espagnols peut sortir comme précédemment. (*Lettre du Ministre de l'intérieur, du 5 messid. 4.*)

(2) Il ne faut pas lui assimiler le *Minium*, qui n'est point un minéral naturel ; c'est le quatrième degré de l'oxidation du plomb, les potiers de terre en font le plus grand usage : on s'en sert aussi pour la médecine et la peinture.

(5) Une décision du Ministre des finances, du 2 fructidor an 4, porte que l'on ne peut comprendre sous la dénomination de mines métalliques le *Manganèse*, minéral assez semblable à l'Antimoine qu'emploient les émailleurs, les potiers de terre et les vitriers ; le *Manganèse* peut donc sortir. . . .

La même faculté a été accordée au *Régule d'Antimoine* sous le droit de balance par LM. du 11 décembre 1807, et à l'antimoine cru par DM. 29 septembre 1812.

L'Alquifoux des mines de Bleiberg et Ccemaud (*Roër*) peut aussi sortir. (*DM.* 5 *messidor an* 10.) et pareille permission a été accordée à celui des mines de Bergcastel (*Sarre*), par DM. 12 thermidor an 12. (*LD.* 27 *septembre* 1810.)

Mais on s'opposera à l'exportation de la *Calamine*, qui est une véritable mine métallique. (*DM.* 7 *octobre* 1812.)

Mouchoirs,			
Ceux de Fil, de Coton et mélangés de Fil et Coton.........	*Quintal*.....	1..5o	DI. 31 juillet 1810.
Ceux de Soie............. :	*Quintal*....	2.. o	DI. 31 juillet 1810.
Mousselines [Tissu fort fin et fort clair fait avec du coton.].....(1)	*Quintal*.....	1— 2	24 nivôse 5.
Celles unies et imprimées...............................	*Idem*.......	2..6o	DI. 31 juillet 1810.
Celles brodées...............................	*Quintal*....	2..8o	DI. 31 juillet 1810.
Mules et Mulets...............................	*Pièce*.......	7— o	15 mars 1791.
	Prohibés...	..—..	1 mars 1793.
	Idem......	..—..	12 pluviôse 3.
	Idem......	..—..	19 thermidor 4.
Au-dessous d'un an, pour l'*Espagne*................	*Pièce*.......	5— o	*Même loi.*
Pour le *Piémont* et l'*Helvétie*....................	Idem......	5— o	9 floréal 7.
Sans distinction d'âge, et par toutes les frontières... (2)	*Pièce*.......	10.. o	DI. 17 pluv. 13 et loi du 3o avr. 1806.
Munitions de guerre. [Ce qui comprend toutes les provisions nécessaires à une armée, les *Boulets, Canons, Cuirasses, Selles de chevaux de cavalerie*, etc. etc.] .... (3)	*Prohibées*....	..—..	10 juillet 1791.
	Idem......	..—..	22 août 1792.
	Idem......	..—..	12 pluviôse 3.
	Idem......	..—..	19 thermidor 4.

RENVOIS.

Morues. *Voy.* Poissons.
Mout. *Voyez* Vendanges.
Moutons. *Voy.* à Bestiaux.

(1) Voir la note à l'article *Draps* pour les expéditions pour l'Italie.

(2) Ce droit est perceptible lors même qu'ils servoient montés ou attelés, à l'exception de ceux venus de l'étranger, et sauf le remboursement des droits sur ceux qui rentreroient dans le délai de deux mois.

(3) Les denrées et approvisionnemens militaires pour les armées pourront sortir sur certificat du Commissaire ordonnateur en chef, indiquant les quantités et leur destination. (*CA.* 9 *floréal* 7.)

Les bâtimens de guerre espagnols ou les corsaires de cette nation qui relâchent dans les ports de l'empire, peuvent y acheter la poudre, les boulets et munitions de guerre dont ils ont besoin. (*CD.* 3o *pluv.* 13.) Pour prévenir toute fraude ou abus, l'exportation ne pourra être effectuée que sur l'ordre des directeurs, d'après l'autorisation de sortie détaillée, délivrée par les administrateurs de la marine

Munitions *navales.* [C'est tout ce qui tient à l'armement et à l'équipement des vaisseaux.]................................... **Prohibées....**	........—..	12 pluviôse 3.
Toutefois ne sont pas réputées telles, les brais, goudrons, planches de pin, cordages, câbles (1), mâts et pièces de rechange, sous certaines conditions et les toiles à voiles. — Ces articles sont tarifés... **Idem......**	....	19 thermidor 4.
Navires, même ceux de *prise*................................. (2) **Prohibés.....**	....	19 thermidor 4.
Navires *marchands,* construits en *France* pour le compte espagnol.... **Par tonneau.**	15— 0	AC. 20 vend. 11.
Idem......	15.. 0	8 floréal 11.
Construits à *Bayonne* pour le même compte, et dont la capacité n'excédera pas 3oo tonneaux........... (3) **Droit de bal.**	....	DI. 20 juill. 1808.
Nerfs de *Bœuf, et autres animaux*............................. **Quintal...'...**	9..18	15 mars 1791.

RENVOIS.

Musique. *V.* les observ. sur les Cartes à jouer.
Myrte. *Voyez* Feuilles de Myrte.
Navets. *Comme* Légumes verts. (*CA.* 22 *mess.* 8.)
Noix. *Voyez* la note à Graines grasses.
Numéraire. *Voyez* Argent monnoyé.

(1) La sortie des câbles a été autorisée par DM. 25 août 1812.
(2) Le Ministre des finances a décidé, le 17 messidor an 6, qu'on ne doit pas comprendre dans la prohibition des navires à la sortie, les *Bateaux*, qu'on ne peut leur assimiler, et dont la sortie est permise.
(3) L'autorisation du Ministre de la marine doit précéder. (*Circul.* 7 *prairial* 11.)

Œufs. Par *mer*	*Prohibés*		AC. 8 pluv. 10.
Or *faux*, filé sur soie (1)	*Prohibé*	—	15 mars 1791.
	Peut sortir	—	19 thermidor 4.
	Droit de bal.		24 nivôse 5.
Oreillons. [On donne ce nom aux rognures de peaux.]	*Prohibés*	—	15 mars 1791.
Comme matière propre à la fabrication de la colle..... }	Idem	—	12 pluviôse 3.
	Idem		19 thermidor 4.
Orge *perlé* et mondé	*Exempt*	—	1 août 1792.
	Droit de bal.	—	LD. 23 mai 1806.
	Prohibé		LM. 28 avril 181:.
Os de Bœufs, *Vaches*, et autres animaux, y compris les *cornes* et les } *Quintal*	1— 2	15 mars 1791.
sabots de bétail..... }	Idem	10.. 0	DI. 4 janv. 1811.
Ouate. (2) *Comme les* matières *dont elle est composée.*			1 août 1792.
Ouate *de* **Coton.**	*Quintal*	40—80	19 thermidor 4.
	Droit de bal.	—	DI. 3 vendém. 13.
	(3) Idem		1 pluviôse 13.

RENVOIS.

Oignons. *Comme* Légumes verts. (C. 22 *mess.* 8.)
Or. *Voyez* Argent.
Orfévrerie. *Voyez* Ouvrages d'orfévrerie.
Osier. *Comme* Bois.
Ouate de Soie. *Comme* Bourre de Soie. (*LD.* 10 se tembre 180~.)
Orcanette, *comme* Herbe propre à la teinture non dénommée. (*L.D.* 7 *janvier* 1812.)

(1) Puisque la lettre administrative, rapportée à la page 190 (Sortie 10), dit que l'or faux, filé sur fil, peut sortir, il est clair que celui filé sur soie le peut également, par suite des articles 2 et 3 de la loi du 19 thermidor an 4.

(2) La Ouate de soie suivra le régime de la bourre de soie. (*LD.* 10 *déc.* 1837.)

(3) Les ouates de coton peuvent continuer à jouir de la faculté de l'exportation, quoique leur matière première ait été frappée de prohibition depuis la loi du 1er pluviôse an 13. (*DM.* 28 *septembre* 1812)

Désignation	Unité	Droit	Date
OUVRAGES en CUIR, *maroquin*, *peaux maroquinées*, et en *souliers de femme* en étoffe.	*Quintal*......	20—40	19 thermidor 4.
Les souliers d'homme et les bottes sont compris dans cet art. (*LD*. 5 *août* 1801).	*Par* 100 *fr*...	o..5o	24 nivôse 5.
OUVRAGES en PEAUX, consistant en *culottes*, *vestes*, *gilets* et *gants*..	*Quintal*.......	20—40	19 thermidor 4.
	Idem......	1.. 2	24 nivôse 5.
OUVRAGES en ACIER et FER, non compris dans la Mercerie et Quincaillerie, ni dans la classe des métiers, munitions et armes. [Les pompes à incendie sont comprises sous cette dénomination. *Lettre au Directeur de Besançon, du* 23 *pluv.* 5].	*Quintal*.....	1— 2	24 nivôse 5.
	Idem......	o..5o	9 floréal 7.
Ceux MENUS [Tels que *coutellerie, serrurerie, taillanderie, fil de fer.*].	*Quintal*......	2—55	19 thermidor 4.
	Idem......	o..5o	9 floréal 7.
Ceux en FER COULÉ ou en FONTE. [Tels que *batterie de cuisine, poëles* et *contre-cœurs, poids à peser.*]. . . .	*Quintal*......	1— 2	19 thermidor 4.
	Idem......	o..5o	9 floréal 7.
OUVRAGES en *Bronze*.	*Quintal*......	1.. 2	24 nivôse 5.

RENVOIS.

OUTILS aratoires en fer et acier, *doivent comme* Quincaillerie ordinaire en fer et acier. (*LD*. 27 juin 1811.)

OUVRAGES EN COTON. *Voyez* Toiles, Bonneterie, Étoffes, etc.

OUVRAGES en osier, droit de balance. (*LD*. 5 novembre 1812)

OUVRAGES en laiton, sont compris à *cuivre et laiton ouvrés*, imposés à 4...8 (*LD*. 27 août 1812.)

OUVRAGES en tôle, *comme* ceux en fer. (*LD*. 15 *mai* 1812.)

Ouvrages *d'Horlogerie*, de fabrique françoise.......... (1 *et* 3)	*Exempts*....	....	7 messidor 3.
	Droit de bal.	....	24 nivôse 5.
Ouvrages *de Bijouterie*............................. (2 *et* 3)	*Par 100 fr*...	5— 0	19 thermidor 4.
	Idem......	0..50	24 nivôse 5.
Ouvrages *d'Orfévrerie*, dont les deux tiers de la valeur seroient en main-d'œuvre.................................... (3)	*Par 100 fr.*... Idem........	5— 0 1.. 0	19 thermidor 4. 24 nivôse 5.
Gros Ouvrages d'Orfévrerie, en *vaisselle d'or et d'argent*, et en *vases d'or et d'argent* servant au culte....... (3)	*Prohibés*..... Idem........ *Par 100 fr*....	.... 1.. 0	15 septemb. 1792. 19 thermidor 4. AC. 17 prairial 10.

(1) Les montres, même avec leurs mouvemens, ne doivent que le droit de balance; mais si les boîtes de montres sont exportées isolément, elles doivent comme ouvrages d'orfévrerie (*Lettre du 11 avril* 1805.)

Voyez, pour le droit de garantie, la note 3 plus bas.

(2) Par ouvrages de bijouterie, on ne doit comprendre que ceux dans lesquels les métaux précieux entrent comme matières principales. Ainsi les candelabres, vases et ornemens de cheminée, composés de bronze, cuivre doré, etc., ni les piédestaux dorés qui ornent les pendules, n'appartiennent pas à cette classe. Les bronzes ne doivent que 1 fr. 2 cent. du quintal, et les autres objets que le droit de balance. (*Lettre au Directeur de Rouen, du 2 comp'. 5.*)

Voyez aussi ce qui a été dit à l'article *Diamans*.

(3) Les ouvrages d'or et d'argent reconnus par les préposés des douanes sans la marque de garantie, doivent être saisis. (*Décis. 8 therm.* 8.) Mais il est accordé à la fabrique d'horlogerie et de bijouterie du département du Léman une exemption du droit de garantie sur tous les ouvrages d'or et d'argent destinés pour l'étranger : ces ouvrages seront soumis au seul droit d'essai.... L'exemption du droit de garantie accordée à l'horlogerie des départemens du Doubs et du Mont-Terrible est restreinte aux seuls objets destinés pour l'étranger. (*DI.* 21 *août* 1806.)

Lorsque les ouvrages neufs d'or et d'argent de fabrique nationale, ayant acquitté les droits de garantie, sortiront de France, les deux tiers des droits de garantie seront restitués au fabricant. Cette restitution sera faite par le bureau de garantie, sur certificat de l'administration des douanes constatant la sortie.

L'exportation des ouvrages d'or et d'argent peut s'effectuer par tous les bureaux indistinctement; mais la prime est réservée à celle qui a lieu par les bureaux dénommés, tant dans l'arrêté du 5 frimaire an 7, que dans les règlemens subséquens. (*LD.* 2 *mai*

Désignation	Unité	Droits		Loi ou décret
PAINS et BISCUITS. [Le biscuit est du pain qui a reçu deux cuissons]. *Prohibés*....		.. — ..		15 août 1793.
Idem....		.. — ..		OM. 3 frimaire 9.
Assimilés aux GRAINS dont ils sont composés (1)				LD. 14 janv. 1808.
PAINS ou TOURTEAUX *de navette*, *lin* et *colzat*.................... *Quintal*......		1— 2		15 mars 1791.
Ceux d'*oliette*, de *rabette* et de *chénevis*.................... } *seront traités comme* pains de navette.		.. — ..		1 août 1792.
Pendant l'an 11............................... *Quintal*......		4— o		AC. 1 pluv. 11.
Idem......		4— o		8 floréal 11.
Jusqu'à nouvel ordre........................... Idem......		4— o		AC. 8 frim. 12.
Idem......		4.. o		22 ventôse 12.
PAPIER. *Celui ordinaire, blanc et gris, soit pour l'écriture ou l'impression*.. (2) } *Prohibé*.....		.. — ..		15 août 1793.
Idem......		.. — ..		12 pluviôse 3.
Par 100 *fr*...		15— o		19 thermidor 4.
Idem......		1.. o		24 nivôse 5.
PAPIER *fin*, et PAPIER *mousse*, à cartier et aux *trois lunes*. *Prohibés*....		.. — ..		15 août 1793.
Par 100 *fr*...		5— o		19 thermidor 4.
Idem......		o..5o		24 nivôse 5.

PARCHEMIN *brut*. [Peaux de mouton , de chèvre ou de veau de lait , préparées par la mégisserie. Il est reconnoissable par la fleur blanche qu'on voit sur toute sa superficie.]............ (1)	*Quintal*...... *Prohibé*......	12—24	15 mars 1791. LM. 11 floréal 12.
PARCHEMIN *neuf*. [Est celui raturé et poncé qui a subi une seconde préparation par le parcheminier.]........ (1 et 2)	*Quintal*......	12..24	15 mars 1791.
Travaillé, quoique neuf. [Ce qui ne doit s'entendre que du parchemin ouvré, ou autrement ouvrages en parchemin.] (1)	*Exempt*...... *Droit de bal.*	...—...	1 août 1792. 24 nivôse 5.
PASSEMENTERIE et **LISTONNERIE**...........................payoit	*Quintal*.....	1— 2	24 nivôse 5.
Celles en Galons, Gauses, Jarretières, Franges et de Dorure fine, *paiera*...	*Idem*.......	2..50	DI. 31 juil. 1810.
Celles en Soie...................................	*Quintal*.....	1..60	DI. 31 juil. 1810.
Celles en Fil, Coton , Laine , ou mélangées de ces matières...	*Quintal*.....	1..20	DI. 31 juil. 1810.
Celles en Poil..	*Quintal*.....	1.. 0	DI. 31 juil. 1810.

Peaux *de Bœufs et de Vaches , salées et en vert*.............. (1)	Quintal......	12—24	15 mars 1791.	
	Prohibées....	...—..	26 février 1792.	
	Idem......	...—..	12 pluviôse 3.	
	Idem......	....	19 thermidor 4.	
Peaux *de Cheval et d'Ane , en vert*..................... (1)	Quintal......	12—24	15 mars 1791.	
	Prohibées....	...—..	26 février 1792.	
	Idem......	...—..	12 pluviôse 3.	
	Idem......	....	19 thermidor 4.	
Peaux *de Moutons , Brebis et Agneaux , en vert*......... (1)	Quintal......	30—60	15 mars 1791.	
	Prohibées....	...—..	26 février 1792.	
	Idem......	...—..	12 pluviôse 3.	
	Idem......	....	19 thermidor 4.	
Peaux *de Veaux , salées et en vert*.................. (1)	Quintal......	30—60	15 mars 1791.	
	Prohibées....	...—..	26 février 1792.	
	Idem......	...—..	12 pluviôse 3.	
	Idem......	....	19 thermidor 4.	
Peaux *non dénommées , salées et en vert*.............. (1)	Quintal....	12—24	15 mars 1791.	
	Prohibées....	...—..	26 février 1792.	
	Idem......	...—..	12 pluviôse 3.	
	Idem......	....	19 thermidor 4.	

RENVOIS.

(1) *Voyez* aussi à **Cuirs**. On appelle cuir *vert*, *crud* ou *frais*, celui qui a été levé sur le corps de l'animal. Cuir *salé* est celui qu'on a salé avec du sel marin et de l'alun ou avec du natron, pour empêcher qu'il ne se corrompe. Cuirs *secs en poil* sont ceux séchés sans en avoir ôté le poil ou bourre. Cuir *tanné* est celui dont on a ôté le poil dans le plain, et qui a été ensuite mis dans la fosse au tan. Cuir *plaqué* est un cuir fort qui, après avoir été tanné, a été séché à l'air et nettoyé de son tan. Cuirs *forts*, sont ainsi nommés pour les distinguer des plus foibles. Cuir *coudré* est celui qu'on a étendu dans une cuve où l'on a jeté de l'eau chaude et du tan par-dessus, pour le rougir et lui donner le grain. Cuir *en croûte* est celui qui a été plamé, coudré et tanné, et qu'on a fait sécher après l'avoir tiré de la fosse au tan. Cuir *corroyé* est celui tanné qui a été apprêté par le foulage et l'huile, en gras ou en sec.

Peaux (Suite des).

Peaux *de Lièvres et de Lapins , crues*....................	*Prohibées*.....	....—..		15 mars 1791.
Et *Peaux de Castor*.............................	Idem........	....		19 thermidor 4.
Peaux *en poils* et autres , *excepté* les pelleteries et celles ci-après..(1)	*Prohibées*...	....		19 thermidor 4.
Peaux *de Chien de mer, quoique non ouvrées*............	*Droit de bal.*	....		DM. 9 therm. 5.
Peaux *passées en blanc* ou *mégie, bronzées ou chamoisées.* (2)	*Quintal*......	51— 0		19 thermidor 4.
	Par 100 fr...	1.. 0		24 nivôse 5.
Pelleteries sauvagines *non apprêtées* , et **Peaux** *de Loutre*.....(3)	*Exemptes*...	...—..		1 août 1792.
	Par 100 fr....	10— 0		20 thermidor 3.
	Idem......	5— 0		19 thermidor 4.
	Idem......	2..50		24 nivôse 5.
Celles ouvrées ou apprêtées.........................	*Droit de bal.*	....		CD. 21 nivôse 11.

RENVOIS.

Peaux de chats.
Peaux de chèvres.
Peaux de chevreuils.
Peaux de basane.
} *Voyez* les notes ci-contre.

Peaux ouvrées. *Voyez* Ouvrages en peaux.

Peaux tannées, corroyées, pour reliures, etc. *Voyez* Cuirs.

Pelloni, c'est une sorte de drap très-ordinaire.

(1) Les peaux non ouvrées , appartenant à la mégisserie et à la chamoiserie, et qui ne sont pas propres à faire fourrures, sont également prohibées. (*D.M.* 7 *nivôse* 11.)

Les peaux de chevreuils, en poils, sont aussi comprises dans la prohibition. (*Même décision.*) — Elles peuvent néanmoins sortir dans les six mois de l'arrivée, en payant 10 centimes la pièce.

Il en est de même des peaux de chèvres.

(2) Les peaux en basane et celles de la buffleterie sont comprises dans la classe des peaux chamoisées. (*LD.* 23 juillet 1808.) — Toutefois les basanes propres à la reliure des livres ne doivent que le droit de balance. — *Voir* à Cuirs.

Les peaux d'agneaux apprêtées doivent aussi comme peaux passées en blanc. (*LD.* 8 *mars* 1809.)

Les peaux d'agneaux en mégie, blanchies d'un côté et conservant la laine de l'autre, peuvent aussi sortir sous le droit d'un pour cent. (*Avis des experts, du* 7, et *LM. du* 9 *juillet* 1812.)

(3) Les peaux de chats n'étant propres qu'à faire fourrure, peuvent être exportées, quel que soit le degré de préparation qu'elles aient reçu, et sont ainsi rangées dans la classe des pelleteries sauvagines. (*LD.* 29 *germinal* 11.)

PENNES ou PAINES *de laine* et *de fil*. [Ce sont les bouts qui restent sur les métiers après que les étoffes ont été fabriquées.]	*Prohibées....* / Idem......	...—... /	15 mars 1791. / 19 thermidor 4.
Les PENNES *de coton*.................... Comme le coton en laine.		....	LM. 21 mars 1806.
PIERRES *à feu*. Celles de fusil....................	*Prohibées....*	...—...	19 thermidor 4.
A briquet et à fusil de chasse....................	*Par 100 fr...*	1— 0	24 nivôse 5.
	Prohibées....	...—...	AD. 25 vendém. 7.
	Idem......	...—...	19 brumaire 8.
	Par 100 fr..	1— 0	AC. 6 prairial 10.
	Idem......	1— 0	8 floréal 11.
Taillées ou brutes....................	*Prohibées....*	...—...	LD. 23 vend. 14.
	Par 100 fr..	1.. 0	LD. 21 juill. 1806.
PLATRE.................... (1)	1565 *kilogr.*	1.. 0	19 thermidor 4.
PLOMB NON OUVRÉ.................... (2)	*Prohibé......*	...—...	19 mai 1793.
	Idem......	...—...	12 pluviôse 3.
	Idem......	....	19 thermidor 4.
PLOMB OUVRÉ. [Non compris dans la classe de la mercerie.] Soit qu'il soit ouvré, laminé ou en grenailles.	*Quintal....* / *Droit de bal.*	5—10 /	24 nivôse 5. / DI. 23 oct. 1811.

RENVOIS.

PENNONES, *voyez* Matières pour l'engrais.
PIASTRES. *Voyez* Argent.
PIÈCES de rechange. *Voyez* Mâts.
PIERRERIES. *Voyez* Diamant.
PIERRES A CHAUX *comme* chaux. (*Lettre du* 18 septembre 1807.)
PIOCHES de fer, *comme* Outils aratoires. (*LD.* 27 *juin* 1811.)
Pipes à fumer, *comme* Mercerie commune. (*LD.* 7 *août* 1811.)
Pipes en porcelaine, *comme* mercerie fine. (*D* II. 16 *octobre* 1812.)
PISTOLETS. *Voyez* Armes.
PLANCHES DE PIN ET DE SAPIN. *Voyez* Bois.
PIEDS. *Voyez* Bourres.

(1) Les pierres à plâtre doivent le même droit que le plâtre. (*LD.* 29 *janv.* 1808.)
(2) On en excepte celui des mines de Poullaouen, qui peut sortir par Morlaix en payant le droit de balance. (*A* 9 *therm.* 10.)

POILS *en masse* et *non filés*, de *Castor*, *Chameau*, *Chèvre*, *Chevreau*, *Lapin*, *Lièvre* et *Loutre*	*Prohibés*	——	15 mars 1791.
	Idem	——	12 pluviôse 3.
	Idem. (1)	——	19 thermidor 4.
POIL *de Chien*, même *filé*	*Prohibé*	——	12 pluviôse 3.
	Idem	——	19 thermidor 4.
POISSONS *frais*	*Prohibés*	——	15 août 1793.
	Idem	——	12 pluviôse 3.
	Par 100 fr.	2—50	19 thermidor 4.
	Exempts	——	24 nivôse 5.
	(2) *Droit de bal.*	——	CA. 25 nivôse 5.
POISSONS de toute autre sorte, *salés*, *secs*, *fumés* et *marinés*	*Prohibés*	——	15 août 1793.
	Idem	——	12 pluviôse 3.
	Idem	——	19 thermidor 4.
Par terre	*Quintal*	1——	24 nivôse 5.
Par toutes les frontières	*Quintal*	1..2	2 nivôse 7.
ROGUES, *Coques*, *Rares* ou *Résure* DE MORUE. [Ce sont les œufs, et différentes parties délicates de la morue.]	*Prohibées*	——	15 mars 1791.
	(3) *Faculté* de sortir.	——	19 thermidor 4.
	Droit de bal.	——	24 nivôse 5.
POMMES-DE-TERRE	*Prohibées*	——	12 pluviôse 3.
	Idem	——	19 thermidor 4.
	Idem	——	DM. 7 pluviôse 8.
	Comme menus grains.	——	LD. 9 octob. 1809.

RENVOIS.

POISSONS (Frai de). *Voyez* la note à Rogues.
POIVRES. *Voyez* Productions coloniales.
POIX blanche. *Voyez* la note à Résines.
POMPES à incendie. *Voyez* Ouvrages en fer.
PORCS. *Voyez* Cochons à l'art. Bestiaux.

(1) La loi du 24 nivôse an 5 avoit autorisé la sortie, pendant trois mois seulement, du poil de lapin, en payant 15 centimes par hectogramme. Une loi du 5 pluviôse an 5 a prohibé cette sortie.

(2) Il est à observer ici que, malgré que les poissons frais soient tirés à néant par la loi du 24 nivôse an 5, on ne perçoit pas moins le droit de balance à leur exportation...... Mais ce droit, qui fut créé par la loi même qui exempta les poissons, est-il effectivement perceptible?..... Il faudroit avoir été présent à la discussion de cet article pour décider la question. .... Je l'indique toutefois dans cette édition, parcequ'il est d'usage de le faire payer, et qu'il semble ressortir de la circulaire du 25 nivôse 5.

(3) La sortie des rogues, coques, rares et résures de morue, ne peut souffrir de difficulté; mais comment doit-on les traiter? .. La lettre citée à la note 2 de la page 198 (Sortie 10.) ne le dit pas. Plusieurs receveurs, consultés sur le régime suivi, ont répondu qu'on les traitoit comme Frai DE POISSONS, soumis au droit de balance à la sortie, par circulaire du 16 messidor an 10.

POTASSE..(1)	*Prohibée....*	...—...	15 mars 1791.
	Exempte....	...—...	1 aout 1792.
	Prohibée....	....	19 thermidor 4.
POUDRE A FEU..	*Prohibée....*	...—..	11 mars 1793.
	Idem.....	...—..	12 pluviôse 3.
	Idem......	...—..	19 thermidor 4.
	Idem(2)...	....	13 fructidor 5.
POUDRE *à poudrer*....................................	*Quintal......*	2— 4	24 nivôse 5.
	Prohibée. (3)	....	DM. 27 pluv. 10.
Peut sortir depuis *Clèves* jusqu'à *Genève*.............	*Quintal......*	2— 4	DM. 2 brum. 12.
Par les *frontières de terre*, à destination des Etats neutres }	**Idem......**	2— 4	LM. 14mars 1806.
ou amis...................................(4) }	**Idem......**	2.. 4	LM. 6 déc. 1806.

R E N V O I S.

POUSSIÈRE de foin, nommée Fenasse, *comme graines de trèfle.* (*LD*. 15 *mai* 1812.)
POUTRES DE PIN ET DE SAPIN. *Voyez* Bois.
PRESSES d'Imprimerie. Droit de balance. (*LD*. 14 *mars* et *premier avril* 1808.)

(1) Cette prohibition ne comprend pas la sulfate de Potasse; la sortie en est permise moyennant le droit de balance. (*LD*. 17 *octobre* 1807.)

(2) Il y a exception pour les poudres de guerre nécessaires à l'approvisionnement des bâtimens de commerce et pour celles dites *de traites* dont les négocians auront besoin pour faire des échanges dans les colonies. . . — Elles seront exclusivement délivrées par l'administration des poudres et accompagnées d'un certificat de la quantité et de la qualité. (*AC.* 27 *prairial* 10.)

Les poudres de chasse accompagnées du passeport des administrateurs des poudres peuvent également sortir. (*DM.* 18 *brum.* 9.)

Mais aucunes autres poudres ne peuvent être exportées, pas même celles provenant de prises ou de saisies.

(3) Celle parfumée est comprise dans la prohibition (*DM.* 12 *germ.* 10.).

(4) *Voyez* la note à AMIDON.

PRODUCTIONS COLONIALES. Il me semble que, pour le régime en douanes, on ne doit considérer comme telles que celles qui n'ont reçu aucune main-d'œuvre en France....... Et c'est d'après ce principe que j'établis cette classification. — (1)

Bois d'Acajou et d'Ébène.............................	*Quintal.....*	4— 8	15 mars 1791.
	Par 100 *fr...*	1— 0	1 août 1792.
Ne peuvent être réexportés qu'*après le paiement des droits d'entrée* (2), et en acquittant à la sortie.............. }	*Par* 100 *fr...*	4.. 0	19 ther. 4, et CD. 31 octobre 1810.
Bois de Marqueterie et de Tabletterie................	*Quintal.....*	4— 8	15 mars 1791.
Ne peuvent être réexportés qu'*après le paiement des droits d'entrée* (2), et en acquittant à la sortie.............. }	*Par* 100 *fr...*	4.. 0	19 ther. 4, et CD. 31 octobre 1810.
Bois de Parfumerie. [Ce sont les bois à odeur, tels que ceux de *Rhodès*, de *Santal*, etc. }	*Exempts..........*	—.	1 août 1792.
Ne peuvent être réexportés qu'*après le paiement des droits d'entrée* (2), et en acquittant à la sortie.............. }	*Droit de bal.*......		24 nivôse 5, et CD. 31 octobre 1810.
Bois de Teinture, *en bûches ou éclisses*..............	*Exempts....* —.		1 août 1792.
Ne peuvent être réexportés qu'*après le paiement des droits d'entrée* (2), et en acquittant à la sortie.............. }	*Par* 100 *fr...*	4.. 0	24 nivôse 5, et CD. 31 octobre 1810.
Bois de Teinture *moulus*...........................	*Exempts....* —.		1 août 1792.
	Par 100 *fr...*	4— 0	24 nivôse 5.
	Droit de bal.. —.		DI. 9 vendém. 13.
Ne peuvent être réexportés qu'*après le paiement des droits d'entrée* (2), et en acquittant à la sortie.............. }	Idem......		1 pluv. 13, et CD 31 octobre 1810.

(1) On ne trouvera donc, sous ce titre des Productions coloniales, ni le *Chocolat*, ni les *Cotons filés*, ni les *Ouates* et les *Pennes* de même matière, ni les *Mélasses* provenant des sucres raffinés en France, ni même les *Sucres* de raffinerie nationale, ni encore les Tabacs indigènes........ J'ai cru devoir faire, à leurs lettres, des articles particuliers pour ces objets, à raison de ce que le régime ne doit, ni ne peut être le même que celui établi sur leur matière première.

(2) « La consommation de la France offrant un vaste débouché aux denrées coloniales provenant de prises, de saisies et de confiscation, soit de nos colonies, l'intention de sa Majesté est que la vente n'en puisse être faite que pour l'intérieur, à *l'exception des Tabacs qui pourront continuer à jouir, dans les cas permis, de la faculté de la réexportation.* En conséquence on s'opposera à toute réexportation de ces marchandises; elles ne pourront rétrograder à l'étranger qu'après avoir acquitté les droits d'entrée et de sortie. — Ces dispositions sont applicables à celles qui sont à présent en entrepôt réel et en dépôt dans les magasins des douanes, ou qui arriveroient à l'avenir; elles révoquent aussi le transit qui avoit été accordé à quelques espèces provenant de nos colonies. » *CD.* 31 *octobre* 1810.)

Lorsque les productions de l'espèce ont été jetées dans le commerce, elles sont censées avoir acquitté les droits d'entrée; ainsi il ne peut être exigé aucune représentation d'acquit de paiement de ces droits lorsqu'elles sont présentées à l'exportation. Il n'en doit être demandé que pour les indigos, dont la sortie est permise dans les deux mois de leur importation, puisque c'est le seul moyen d'en connoître l'époque. Cette demande est également nécessaire pour les cuirs secs en poils venant de l'étranger, parce qu'ils peuvent y être renvoyés dans le délai de six mois. (*CD.* 29 *juillet* 1811.)

CACAO , provenant des colonies françaises.	*Prohibé.* . . .	. . .—. .	12 pluviôse 3.	
Faculté d'en réexporter le 5eme { par navires *français*.	*Par* 100 *fr*. . .	0—50	19 thermidor 4.	
{ par navires *étrangers*.	Idem.	2—50	*Même loi.*	
Faculté d'en réexporter { par navires *français* et par *terre*. . .	*Par* 100 *fr*. . .	1—50	24 nivôse 5.	
la totalité. . . . . { par navires *étrangers*.	Idem.	5— 0	*Même loi.*	
Ne pouvoit être réexporté qu'*après le paiement* { par terre. . .	*Droit de bal.*	. . .—. .	8 floréal 11. , et	
des droits d'entrée et en acquittant à la sortie. { par mer. . .	*Quintal.*	14— 0	CD. 31 oct. 1810.	
. . . .(1) Ne peut sortir de l'entrepôt pour être réexporté.		. . . .	CD. 24 déc. 1810	
CACAO étranger	*Prohibé.* . . .	. . .—. .	12 pluviôse 3.	
	Quintal.	10—20	19 thermidor 4.	
Pouvoit être réexporté dans l'année, en payant.	Idem.	1— 2	24 nivôse 5.	
Sortant de l'entrepôt pour la réexportation, *après avoir ac-*				
quitté les droits d'entrée (2) sera. . . . . }	*Exempt.*	. . . .	8 floréal 11. , et CD. 31 oct. 1810.	
CAFÉ , provenant des colonies françaises.	*Prohibé.* . . .	. . .—. .	12 pluviôse 3.	
Faculté d'en réexporter le 5eme { par navires *français*.	*Par* 100 *fr*. . .	0—50	19 thermidor 4.	
{ par navires *étrangers*.	Idem.	2—50	*Même loi.*	
Faculté d'en réexporter { par navires *français* et par *terre*. . .	*Par* 100 *fr*. . .	1—50	24 nivôse 5.	
la totalité. . . . . { par navires *étrangers*.	Idem.	5— 0	*Même loi.*	
Ne pouvoit être réexporté qu'*après le paiement* { par terre. . .	*Droit de bal.*	. . .—. .	8 floréal 11, et	
des droits d'entrée et en acquittant à la sortie. { par mer. . .	*Quintal.*	12— 0	CD. 31 oct. 1810.	
. . . .(1) Ne peut sortir de l'entrepôt pour être réexporté.		. . . .	CD. 24 déc. 1810.	
CAFÉ étranger.	*Prohibé.* . . .	. . .—. .	12 pluviôse 3.	
	Idem.	. . .—. .	19 thermidor 4.	
Réexporté dans les deux mois de séjour en France.	*Quintal.*	10—20	*Même loi.*	
Pouvoit être réexporté dans l'année, en payant.	Idem.	1— 2	24 nivôse 5.	
Sortant de l'entrepôt pour la réexportation, *après avoir ac-*				
quitté les droits d'entrée (2) sera. . . . . }	*Exempt.*	. . . .	9 floréal 11 , et CD. 31 oct. 1810.	

RENVOIS.

(1) Voici le texte de cette circulaire du 24 décembre 1810. « Les dispositions de
» la loi du 8 floréal an 11 , qui autorisoient le transit des sucres têtés et terrés , café
» et cacao des colonies françaises , et des poivres de toute origine , deviennent , en
» conséquence des ordres de SA MAJESTÉ, transmis par CD. du 31 octobre dernier ,
» sans objet. — Les denrées de ces espéces restant en entrepôt , ne pourront , comme
» toutes les autres , être retirées que pour la consommation intérieure , en payant
» les droits actuels. On n'admettra également que pour cette destination celles qui
» seront susceptibles de franchise ou de modération des droits , appliquée en vertu
» de décision spéciale de SA MAJESTÉ , suivant le Décret du 1er novembre 1810.....
» Les directeurs tiendront la main à ce qu'il ne soit plus délivré aucune expédition
» de transit pour les denrées coloniales , et ils surveilleront avec soin le rapport des
» acquits-à-caution levés dans cet objet avant la circulaire du 31 octobre ;.. ... ils
» n'en feront annuler les soumissions que lorsque M. le directeur général aura
» prescrit cette mesure » (CD. 24 décembre 1810.)
(2) Voir la note 2 de la page précédente.

PRODUCTIONS COLONIALES. *Suite des*)			
COCHENILLE , ne peut être réexportée qu'*après avoir acquitté* *les droits d'entrée* (1) et en payant à la sortie........ }	*Quintal....*	1.. 2	24 nivôse 5. , et CD. 31 oct. 1810.
COTON *en laine*..	*Quintal......*	24—48	15 mars 1791.
	Prohibé.....	. —..	26 février 1792.
	Quintal......	102— 0	20 avril 1792.
	Prohibé......	—..	19 mai 1793.
	Idem........	—..	12 pluviôse 3.
	Idem........	—..	19 thermidor 4.
	Quintal....	1— 0	AC. 6 brum. 12.
	Idem......	1— 0	22 ventôse 12.
	Prohibé.....	—..	DM. 28 avril 1808.
	Idem..... (2)	....	DI. 21 mai 1808 et 12 janvier 1810.
INDIGO des colonies françaises........................	*Prohibé.....*	—..	12 pluviôse 3.
Faculté d'en réexporter le 5ᵉᵐᵉ { par navires *français*......	*Par* 100 *fr*..	0—50	19 thermidor 4.
{ par navires *étrangers*......	*Idem......*	2—50	*Même loi.*
Faculté d'en réexporter { par navires *français* et par *terre*...	*Par* 100 *fr*..	1—5	24 nivôse 5.
la totalité.......... { par navires *étrangers*•............	*Idem......*	5— 0	*Même loi.*
Aujourd'hui.....................................	*Prohibé....*	....	CD. 3 févr. 1808.
INDIGO étranger....................................	*Prohibé.....*	—..	12 pluviose 3.
	Idem.......	....	19 thermidor 4.
Celui sortant de l'entrepôt pour la réexportation, *après avoir* *acquitté les droits d'entrée* (1) sera................ (3) }	*Exempt.....*	—..	19 thermidor 4.
}	*Idem.......*	....	8 floréal 11 , et CD. 31 oct. 1810.

RENVOIS.

COTON FILÉ. *Voy.* à la lettre C.
COTON EN OUATE. *Voy.* Ouate.
COTON EN PENNES. *V.* Pennes.

(1) Voir la note 2 de la page 235.

(2) Par lettre ministérielle du 19 mai 1808, la faculté de réexporter les cotons qui se trouvent en entrepôt réel ou fictif, a été suspendue. Ainsi lorsqu'ils y auront été admis avec les preuves requises d'origine neutre, ils ne pourront rétrograder à l'étranger, et devront, dans les délais prescrits, être livrés à la consommation.

(3) La disposition de la loi du 19 thermidor an 4, qui permet de réexporter les indigos étrangers dans les deux mois de l'arrivée en justifiant du paiement des droits d'entrée, est toujours en vigueur; ainsi auroient-ils été admis pour la consommation, encore pourroient-ils sortir dès que la condition ci-dessus est remplie.

Productions coloniales (*Suite des*).			
Mélasses des colonies françaises........................	*Prohibées* ...	...—..	19 thermidor 4.
Ne peuvent être réexportées qu'*après avoir acquitté les droits d'entrée* et en payant à la sortie............... }	*Quintal.....*	2..55	24 nivôse 5, et CD. 31 oct. 1810.
Poivres *des colonies françaises*.......................	*Prohibés*....	...—..	19 thermidor 4.
Sauf la faculté de réexporter } Par navires français.......	*Par 100 fr...*	0—50	*Même loi.*
le 5ᵉ de ceux alors importés. } Par navires étrangers......	Idem.......	2—50	*même loi.*
Ne pouvoient être réexportés *qu'après le paiement des droits d'entrée*, et en acquittant à la sortie................. }	*Droit de bal.*	...—..	8 floréal 11, et CD. 31 oct. 1810.
.................(1) Ne peuvent sortir de l'entrepôt pour être réexportés.		....	CD. 24 déc. 1810.
Ceux étrangers. [Comme denrées coloniales].............	*Prohibés*....	...—..	19 thermidor 4.
Sortant de l'entrepôt pour la réexportation, *après l'acquittement des droits d'entrée* étoient..................... }	*Exempts*...	...—..	8 floréal 11, et CD. 31 oct. 1810.
.... (1) Ne peuvent sortir de l'entrepôt pour être réexportés.		....	CD. 24 déc. 1810.
Quinquina..	*Prohibé*.....	...—..	DM. 11 mai 1808.
Ne peut être réexporté qu'*après le payement des droits d'entrée* (2), et en acquittant à la sortie................. }	*Droit de bal.*	....	Déc. Imp. par LD. 13 août 1808 et CD. 31 oct. 1810.

RENVOIS.

Mélasse des Sucres rafinés en France. *Voy.* à la lettre M.

(1) Voir la circulaire du 24 décembre 1810 , à la page 240.
(2) Voir la circulaire du 31 octobre 1810 , à la page 239.

PRODUCTIONS COLONIALES. (*Suite des*)

SUCRE BRUT, des colonies françaises	*Prohibé*	—.	15 août 1793.
	Idem	—.	12 pluviôse 3.
	Idem	—.	19 thermidor 4.
Mais faculté d'en réexporter le 5ᵉ } par navires *français*	*Par* 100 *fr.*	0—50	*Même loi.*
} par navires *étrangers*	Idem	2—50	*Même loi.*
Faculté d'en réexporter } par navires *français* et par *terre*	*Par* 100 *fr.*	1—50	24 nivôse 5.
la totalité } par navires étrangers	Idem	10— 0	*Même loi.*
Ne pouvoit sortir de l'entrepôt pour passer par mer à l'étranger, qu'*après le paiement des droits d'entrée*, et en acquittant à la sortie }	*Quintal*	9— 0	8 floréal 11, et CD. 31 oct. 1810.
.................(1) Ne peuvent sortir de l'entrepôt pour être réexportés.			CD. 24 déc. 1810.
Celui étranger	*Prohibé*	—.	15 août 1793.
	Idem	—.	12 pluviôse 13.
	Idem	—.	19 thermidor 4.
Sortant de l'entrepôt pour la réexportation, *après l'acquittement du droit d'entrée* (2), sera }	*Exempt*	...	8 floréal 11, et CD. 31 oct. 1810.
SUCRES TÊTES et TERRÉS provenant des colonies françaises	*Prohibés*	—.	15 août 1793.
	Idem	—.	12 pluviôse 3.
	Idem	—.	19 thermidor 4.
Mais faculté d'en réexporter le 5ᵉᵐᵉ { par navires *français*	*Par* 100 *fr.*	0—50	*Même loi.*
{ par navires *étrangers*	Idem	2—50	*Même loi.*
Faculté d'en réexporter { par navires *français* et par *terre*	*Par* 100 *fr.*	1—50	24 nivôse 5.
la totalité { par navires *étrangers*	Idem	5— 0	*Même loi.*
Ne pouvoient être réexportés qu'*après avoir acquitté* } par terre.	*Droit de bal.*	—.	8 floréal 11, et
les droits d'entrée et en payant à la sortie } par mer.	*Quintal*	15— 0	CD. 31 oct. 1810.
.... (1) Ne peuvent sortir de l'entrepôt pour être réexportés.			CD. 24 déc. 1810.
Ceux *têtes et terrés* étrangers	*Prohibés*	—.	15 août 1793.
	Idem	—.	12 pluviôse 3.
	Idem	—.	19 thermidor 4.
Sortant de l'entrepôt pour la réexportation, *après avoir acquitté les droits d'entrée* (2) seront }	*Exempts*	...	8 floréal 11, et CD. 31 oct. 1810.

RENVOIS.

(1) *Voir* la Circulaire du 24 décembre 1810, à la page 240.
(2) Voir le texte de la circulaire du 31 octobre 1810, à la page 239.

PRODUCTIONS COLONIALES. (*Suite des*)
SUCRES RAFFINÉS et CANDIS. Il ne s'agit ici que de ceux de main-d'œuvre étrangère, provenant *aujourd'hui* de prises, saisies ou confiscations. . . . .

	Prohibés. . . .	. . .—. .	15 août 1793.
	Idem.	. . .—. .	12 pluviôse 3.
	Idem.	. . .—. .	19 thermidor 4.
Ne peuvent être réexportés qu'*après avoir acquitté à l'entrée* 450 *francs* (1) *et à la sortie*.	*Quintal*.	1.. 2	24 nivôse 5 , et CD. 2 nov. 1810.

TABACS ÉTRANGERS *en feuilles*, sortant de l'entrepôt pour être réexportés. . . . . (2) *Exempts*. . . . . 5 ventôse 12 , et CD. 31 oct. 1810.

PRODUCTIONS COLONIALES. Toutes denrées de cette origine, non-dénommées ci-dessus, provenant de prises, de saisies et de confiscations, ou qui existent en entrepôt réel et en dépôt dans les magasins des douanes, ou qui y arriveroient à l'avenir, ... *Ne peuvent être réexportées qu'en payant les droits d'entrée et de sortie.* . . . . CD. 31 oct. 1810.

Les *mêmes*, provenant des colonies françaises , *Ne peuvent sortir de l'entrepôt pour être réexportées* . . . . CD. 24 déc. 1810.

RENVOIS.

SUCRES RAFFINÉS en France. *Voy.* à la lettre S.
TABACS indigènes. *Voy.* à la lettre T.
PROVISIONS de bord. *Voir* Vivres.

(1) Cette condition d'acquitter à l'exportation, et le droit d'entrée sous lequel le décret du 25 octobre 1810, admet les Sucres raffinés de l'espece, et le droit de sortie, est une suite des dispositions de la circulaire du 31 octobre même année. (*CD. : novembre 1810.*)

(2) Cette exemption à la réexportation des tabacs, comme à celle des denrées coloniales, suppose que le droit de balance, dû à l'entrée en entrepôt par suite de l'article 21 de la loi du 8 floréal an 11, a été perçu; sinon, on devroit le faire acquitter en delivrant le permis de réexportation.

QUIRCAILLERIE. (1)			
Celle FINE [Toute quincaillerie en acier et cuivre est réputée fine par le décret].............	Quintal.... Idem......	1— 2 1..60	21 nivôse 5. DI. 31 juil. 1810.
Celle ORDINAIRE. [Le décret répute quincaillerie ordinaire, celle en fer et acier..............	Quintal.... Idem......	0—50 1..20	9 floréal 7. DI. 31 juil. 1810.
Celle COMMUNE. [Pour être traitée comme commune, il faut que la quincaillerie soit entièrement en fer.]...........	Quintal.... Idem......	0—50 1.. 0	9 floréal 7. DI. 31 juil. 1810.
RÉCOLTES, faites par les *Etrangers* sur les terres qu'ils possèdent en France.......	Exemptes.... Prohibées.... Idem......	..—.. ..—..	DM. 17 nov. 1791. AD. 7 fructidor 4. LM. 8 therm. 9.
REDOUL ou ROUDON (feuilles de). [Espèce de sumac propre à la teinture.].........	Quintal......	1..55	15 mars 1791.
REDON ou RODON. [Sorte de plante dont on se sert à la place du *tan*, et qui en a la propriété.]......... *Comme Ecorces à tan* ....(2)	Prohibé...... Idem......	..—..	15 mars 1791. 19 thermidor 4.
RÉSINES. Du cru françois...........	Prohibées... Idem...... Idem......	..—.. ..—.. ..—..	3 septembre 1793. 12 pluviôse 5. 19 thermidor 4.
Pour l'*Espagne* payoient........ *Idem*...... Par toutes les frontières, { par navires étrangers......... { par navires françois et par *terre*. (3)	Quintal...... Idem...... Quintal...... Idem...... *Comme* BRAI.	1— 2 0—31 1— 0 0—50	Même loi. 24 nivôse 5. AC. 14 fruct. 10, et loi du 8 flor. 11.

RENVOIS.

QUINQUINA. *V.* Productions coloniales.
RAISINS à manger *comme* fruits. (*LD.* 29 messidor 12.)
RAISINS pour vin. *V.* Vendanges.
RATINES. *Voyez* à Draperies.
REGRETS D'ORFÉVRE. *Voyez* Cendres.
RÉGULE d'antimoine. *Voyez* la note à Mines métalliques.
RÉSIDU de la fabrication du pastel, *doit* 10..20 par quintal. (*LM.* 23 octobre 1812.)

(1) Voir la note à l'article Métiers.

(2) Il n'y a pas le moindre doute sur cette assimilation : la prohibition qui affecte les écorces à tan s'applique aux substances qui peuvent être employées au même usage. *Voyez* la note 2 de la page 198. (SORTIE 10.)

(3) Le décret du 17 pluviôse 13 et la loi du 30 avril 1806 ayant, à l'importation, assimilé les Résines aux Brais, et les différens régimes à la sortie ayant toujours été les mêmes pour ces deux objets, il s'ensuit qu'il faut les traiter comme Brais. *Voyez* ce mot.

Il ne faut pas traiter ainsi la *poix blanche grasse* ou de *Bourgogne*, composée de résine de térébenthine ; elle peut sortir en payant le droit de balance. (*Dét.* 19 brumaire an 10.)

Désignation			
RETAILLES *de Peaux* et *de Parchemin*. [Ce sont les morceaux qu'on abat des peaux lors de leur fabrication.]................	*Prohibées*...	....	26 février 1792.
Comme matières propres à la fabrication de la colle..(1)	Idem......	....	19 thermidor 4.
RUBANS. [Tissu plat, mince et étroit de différens fils.]..........	*Quintal*.....	1— 2	24 nivôse 5.
Ceux de SOIE.............................	Idem......	2.. 0	DI. 31 juil. 1810.
Ceux de FILOSELLE , fleuret ou bourre de soie..........	*Quintal*.....	1..40	DI. 31 juil. 1810.
Ceux de LAINE	*Quintal*.....	1..20	DI. 31 juil. 1810.
Ceux de FIL écru , blanc ou teint................	*Quintal*.....	1.. 0	DI. 31 juil. 1810.
Ceux de FIL et LAINE , mélangés................	*Quintal*.....	1..10	DI. 31 juil. 1810.
SALINS. [Potasse non calcinée , ordinairement noire jaunâtre et salée. Le salin de Bourgogne est blanc, c'est le résultat de la combustion des lies de vin desséchées. Les sels alkalis sont aussi des salins. Les herbes propres à faire la soude, nommées aussi *Varecs*, *Goëmons*, etc , sont encore comprises parmi les salins. (*LD*. 30 *janvier* 1810.) — La lessive résultant de la fabrication du savon est aussi un salin. (*LD*. 24 *février* 1807.)............	*Prohibés*....	....	19 thermidor 4.

RENVOIS.

REVERS de Balles, comme Ouvrages de cordonnerie. (D. 27 *avril* 1811.)

Riz. *V*. Graine.

ROGNURES de Papier. *Voyez* la note à matières propres, etc.

ROGNURES de Peaux. *Voyez* Oreillons.

ROGUES DE MORUE. *V*. Poissons.

SABOTS DE BÉTAIL. *Voyez* Os.

Safranum, comme Herbe propre à la teinture non dénommée à la sortie. (*LD*. 27 *décembre* 1811.)

(1) Les retailles de peaux et de parchemin font partie des matières propres à la fabrication de la colle, prohibées par la loi du 19 thermidor an 4. *Voir* la note de la page 191. (SORTIE. 10.)

Salpêtres..	*Prohibés*...... ....—	11 mars 1793.
	Idem......	13 fructidor 5.
Savons.	*Prohibés*... ....—.	15 août 1793.
	Exempts (1). ....—..	19 thermidor 4.
	Droit de bal.	24 nivôse 5.
Ceux exportés par le port de Marseille...	(2) *Prime*...	8 floréal 11.
Schals, comme suit :		
Ceux de Soie...............................	*Quintal*.....	1..80 DI. 31 juillet 1810.
Ceux de coton..............................	*Quintal*.....	1..50 DI. 31 juillet 1810.
Ceux de laine..............................	*Quintal*.....	2.. 0 DI. 31 juillet 1810.
Sel. *Celui de cuisine*. [Substance dure, sèche, friable, soluble dans l'eau, et composée de petites parties blanches ou grises.] ...	*Prohibé*...... ...—..	15 août 1793.
	Exempt.. (3) ...—..	19 thermidor 4.
(4)	*Droit de bal*.	24 nivôse 5, et 24 avril 1806.

RENVOIS.

Sandarac, *comme* Gomme. (*LD.* 18 *mars* 1812.)
Saucissons. *Voyez* la note à Viandes.
Semoule, comme Vermicel. (*LD.* 1 *juin* 1810.)

(1) Comme non compris dans l'état de prohibition de la loi du 19 thermidor an 4. (*Articles* 2 *et* 3 *de ladite loi.*)

(2) La prime consiste dans le remboursement des trois quarts des droits payés dans l'année sur les huiles entrées dans leur fabrication, en justifiant de ce paiement. (*Art.* 30.) La quantité d'huile jugée nécessaire à la fabrication d'un quintal de savon blanc, rouge ou marbré, est fixée à 15 kilogr. pesant. (*D.* 25 *brum.* 11.)

Quand on ne justifie point du paiement des droits d'entrée sur les huiles ayant servi à leur fabrication, les savons ne peuvent jouir de cette prime; ils acquittent en conséquence le droit de balance à leur sortie.

(3) Comme non compris dans l'état de prohibition de la loi du 19 thermidor an 4. (*Art.* 2 *et* 3 *de ladite loi.*)

(4) Les sels employés à la pêche et aux salaisons maritimes doivent jouir de l'immunité toute entière; ceux expédiés pour l'étranger acquittent seuls le droit de balance de commerce. (*CD.* 2 *juillet* 1805. ... — Les sels en nature expédiés pour les Colonies françaises doivent aussi ce droit de balance, mais ceux employés aux salaisons des viandes destinées aux armements et approvisionnements de ces colonies, jouissent de l'immunité entière.

Désignation des marchandises		Droit	Loi ou arrêté
Soies *recueillies en France* seront, à l'exception de celles du Piémont, traitées comme suit :			
Soies *grèzes* de toutes sortes.	*Prohibées...*		— 15 mars 1791.
Soies ouvrées en trame, poil et organsin.	*Idem.*		— 12 pluviôse 3.
Soifs à coudre crues.	*Idem.*		19 thermidor 4.
Fleuret ou Filoselle crue.			
Bourre de Soie de toutes sortes.			
Idem. cardée.			
Soies (cocons de). [C'est la coque qui enferme le vers à soie quand il a achevé de filer.	*Prohibés....*		— 15 mars 1791.
	Idem......		— 12 pluviôse 3.
	Idem......		— 19 thermidor 4.
	Idem......		DI. 4 therm. 13 et loi du 30 avr. 1806.
Soies *teintes* et *plates*, propres à faire de la tapisserie.	*Prohibées...*		DI. 23 germin. 13.
Soies *teintes* et fleurets *teints*, propres à la fabrication des étoffes.	*Prohibées...*		— 15 mars 1791.
	Idem......		— 12 pluviôse 3.
	Idem......		— 19 thermidor 4.
Par *Lyon*.	*Kilogr. net...*	0—20	AC. 18 pluv. 11.
Par *Nice*.	*Idem......*	0—30	*Même arrêté.*
Par *Lyon*.	*Kilogr. net...*	4— 0	AC. 19 ventôse 11.
Par *Nice*.	*Idem......*	6— 0	*Même arrêté.*
Par toutes les frontières.	*Prohibées...*		AC. 5 germ. 11, et loi du 8 flor. 11.
Soies *à coudre* (non écrues) (1), grenadine, rondelette et mi-perlée, des Départemens intérieurs de l'Empire, assimilées au fil à coudre, le poids de chaque écheveau n'excédant pas 3 décagrammes.	*Kilogr. net..*	0..10	8 floréal 11.
Soies *cuites*, propres à faire de la tapisserie.	*Kilogr. net.*	1.. 2	19 thermidor 4.

Soies du Piémont, seront traitées comme suit (1) :

Ouvrées en poil, trame, organsin et à coudre écrues. [Ce sont celles moulinées et propres à mettre en teinture].

A *Lyon* .... payoient	Kilogr. net...	3— 0	AC. 18 pluv. 11.
	Idem........	6— 0	8 floréal 11.
	Idem........	5— 0	DI. 4 therm. 13.
	Idem. . . .	3— 0	30 avril 1806.
	Prohibées. .	...—. .	DI. 4 août 1810.
A *Lyon* .... paieront	Kilogr. net. .	3. . 0	DI. 10 oct. 1810.
A *Turin* .... payoient	Kilogr. net...	4— 0	AC. 18 pluv. 11.
	Idem........	8— 0	8 floréal 11.
	Idem........	4— 0	DI. 4 thermid. 13.
	Idem. . . .	4— 0	30 avril 1806.
	Prohibées. .	...—. .	DI. 4 août 1810.
A *Génes* .... paieront	Kilogr. net..	4. .50	DI. 10 oct. 1810.

Rondelettes, ou *trames de doupion écrues.* [Ce sont les moindres de toutes les soies.]

A *Lyon* .... payoient	Kilogr. net...	1—50	AC. 18 pluv. 11.
	Idem........	2— 0	8 floréal 11.
	Idem........	1— 0	DI. 4 thermid. 13.
	Idem. . . .	1— 0	30 avril 1806.
	Prohibées. .	...—. .	DI. 4 août 1810.
A *Lyon* .... paieront (2)	Kilogr. net...	1. . 0	DI. 10 oct. 1810.
A *Turin* .... payoient	Kilogr. net...	2— 0	AC. 18 pluv. 11.
	Idem........	4— 0	8 floréal 11.
	Idem........	1—50	DI. 4 thermid. 13.
	Idem. . . .	1—50	30 avril 1806.
	Prohibées. .	...—. .	DI. 4 août 1810.
A *Génes* .... paieront (2)	Kilogr. net...	1. .50	DI. 10 oct. 1810.

(1) Sur la réclamation de la chambre de commerce de *Turin*, il est intervenu des ordres en vertu desquels il est défendu aux Préposés des Douanes d'introduire dans les ballots de soie la sonde de fer, qui détériore les matériaux d'organsin ; il leur est enjoint de procéder à la vérification des marchandises par l'ouverture des ballots.

Les soies qui devront passer à *Lyon* seront expédiées sous plombs et acquits-à-caution pour la douane de cette ville, où, après avoir acquitté les droits, elles recevront leur destination ultérieure, et ne pourront sortir de France que par les bureaux de *Cologne*, *Mayence*, *Strasbourg* et *Versoix*. (*DI. 4 therm.* 13, et *loi du 30 avril* 1806.)

(2) Le décret du 10 octobre 1810, ne porte pas textuellement le rétablissement de ces droits, mais son application résulte des explications transmises par le ministre de l'intérieur à M. le directeur-général des Douanes, et annoncées par la circulaire suivante :

« Le décret impérial, du 10 octobre dernier, porte que les soies du Piémont pourront être exportées par Génes et Lyon, en » payant, dans le premier bureau, 4 fr. 58 cent., et, dans le second, 3 fr. par kilogramme. — Les questions qui se sont élevées » sur le sens de cette disposition ont été soumises au Ministre de l'intérieur. Il résulte des explications que S. Exc. a transmises à » M. le directeur-général, que la fixation du droit de 4 fr. 50 cent. dû à Génes, et de 3 fr. dû à Lyon, est uniquement relative aux » soies ouvrées en poil, trame, organsin et à coudre écrues, formant la première classe des soies du Piémont imposées par la loi » du 30 avril 1806. Ainsi le nouveau droit de 4 fr. 50 cent. est substitué, pour les soies de cette classe seulement, à celui de 4 fr. » que la loi du 30 avril 1806 avoit établi sur les exportations par le bureau de Génes ; les soies de la même classe sortant par Lyon » ne paieront que l'ancien droit de 3 fr., auquel le décret impérial du 10 octobre n'apporte pas de changement. — Le Ministre a » fait connoître aussi que les droits imposés par la loi du 30 avril, sur les autres espèces de soies du Piémont, doivent de nouveau » leur être appliqués d'après la distinction du bureau par lequel elles seront exportées ; mais la sortie est restreinte aux bureaux

Soies du Piémont. (*Suite des*)
    Soies *à coudre teintes.*

A *Lyon* .... payoient	{ *Kilogr. net...*	o— 5	AC. 18 pluv. 11.
	Idem......	o—10	8 floréal 11.
	Idem......	o—10	DI. 4 thermid. 13.
	Idem.	o—10	3o avril 1806.
	Prohibées..	....—..	DI. 4 août 1810.
A *Lyon* .... paieront (1)	*Kilogr. net...*	o..10	DI. 10 oct. 1810.

A *Turin*............................. payoient	{ *Kilogr. net...*	o—10	AC. 18 pluv. 11.
	Idem......	o—20	8 floréal 11.
	Idem......	o—15	DI. 4 thermid. 13.
	Idem......	o—15	3o avril 1806.
	Prohibées ..	....—..	DI. 4 août 1810.
A *Gênes*............................ paieront (1)	*Kilogr. net...*	o..15	DI. 10 oct. 1810.

Fleurets et *Filoselles* , ou *Bourre de soie cardée.*

A *Lyon*.............................. payoient	{ *Kilogr. net...*	o—15	AC. 18 pluv. 11.
	Idem......	o—3o	8 floréal 11.
	Idem......	o—15	DI. 4 thermid. 13.
	Idem......	o—15	3o avril 1806.
	Prohibées...	....—..	DI. 4 août 1810.
A *Lyon*. .... paieront (1)	*Kilogr. net..*	o..15	DI. 10 oct. 1810.

A *Turin*............................. payoient	{ *Kilogr. net...*	o—20	AC. 18 pluv. 11.
	Idem......	o—40	8 floréal 11.
	Idem......	o—20	DI. 4 thermid. 13.
	Idem......	o—20	3o avril 1806.
	Prohibées..	....—..	DI. 4 août 1810.
A *Gênes*............................ paieront (1)	*Kilogr. net..*	o..20	DI. 10 oct. 1810.

RENVOIS.

» de Gênes et de Lyon, seuls dénommés dans le décret. — Enfin, la permission de » sortie ne s'étend qu'aux qualités de soies du Piémont, pour lesquelles elle avoit » été accordée par la loi du 3o avril 1806, et que le décret impérial du 4 août a » momentanément suspendue. On doit, en conséquence, maintenir la prohibition » sur les autres qualités, notamment sur les soies grèzes. » (*CD.* 19 *décembre* 1810.)

Par mer la sortie des soies ouvrées en trame, poil et organsin, et à coudre écrues provenant du Piémont et du royaume d'Italie, ne peut avoir lieu que par licence spéciale et par le seul port du Hâvre, en payant 15 francs par kilogramme. (*DI.* 4 *décembre* 1811.) — Ces soies seront préalablement dirigées sur Lyon, par acquit-à-caution des bureaux frontières d'Italie ou du Piémont, ensuite de Lyon sur le Hâvre, également sous plomb et acquit-à-caution, faisant mention de l'origine des soies. (*DM.* 4 *janvier* 1811) — Le droit de 15 francs par kilogramme peut être payé à Lyon ou au Hâvre. (*Décision de SA MAJESTÉ du 20 janvier 1812.*)

(1) Voir la note 2 à la page précédente.

SOIES du Piémont. (*Suite des*)

Bourre de soie non cardée.

A *Lyon*.................................... payoient	*Kilogr. net*...	1—5o	AC. 18 pluv. 11.
	Idem......	2—2o	8 floréal 11.
	Idem......	1— o	DI. 4 thermid. 13.
	Idem......	1— o	3o avril 18o6.
	Prohibée...	...—..	DI. 4 août 181o.
A *Lyon* .... paieront (1)	*Kilogr. net*..	1.. o	DI. 1o oct. 181o.

A *Turin*.............................. payoient	*Kilogr. net*...	1—75	AC. 18 pluv. 11.
	Idem......	3—5o	8 floréal 11.
	Idem......	1—5o	DI. 4 thermid. 13.
	Idem......	1—5o	3o avril 18o6.
	Prohibée...	...—..	DI. 4 août 181o.
A *Génes*............................ paieront (1)	*Kilogr. net*..	1..5o	DI. 1o oct. 181o.

Moresques, ou *Restes de soie.*

A *Lyon*.................................... payoient	*Kilogr. net*..	o—2o	AC. 18 pluv. 11.
	Idem......	o—4o	8 floréal 11.
	Idem......	o—2o	DI. 4 thermid. 13.
	Idem......	o—2o	3o avril 18o6.
	Prohibées ..	...—..	DI. 4 août 181o.
A *Lyon* .... paieront (1)	*Kilogr. net*..	o..2o	DI. 1o oct. 181o.

A *Turin*.............................. payoient	*Kilogr. net*...	o—3o	AC. 18 pluv. 11.
	Idem......	o—6o	8 floréal 11.
	Idem......	o—25	DI. 4 thermid. 13.
	Idem.....	o—25	3o avril 18o6.
	Prohibées ..	...—..	DI. 4 août 181o.
A *Génes*............................ paieront (1)	*Kilogr. net*..	o..25	DI. 1o oct. 181o.

RENVOIS. (1) Voir la note 2 à la page 249.

Soies du Piémont (*Suite des*).			
Côtes de Doupion. [Espèce grossière dite *Costa di Doppione* (1), propre à la fabrication des tapis.]			
A *Lyon*.......... payoient	*Kilogr. net*...	0—10	DI. 4 therm. 13.
	Idem.	0—10	30 avril 1806.
	Prohibées...	...—..	DI. 4 aout 1880.
A *Lyon*.......... paieront (2)	*Kilogr. net*...	0..10	DI. 10 oct. 1810.
A *Turin*.......... payoient	*Kilogr. net*...	0—15	DI. 4 therm. 13.
	Idem......	0—15	30 avril 1806.
	Prohibées...	...—..	DI. 4 aout 1810.
A *Génes*.......... paieront (2)	*Kilogr. net*...	0..15	DI. 10 oct. 1810.
Soies du royaume d'Italie, travaillées *en trame et organsin*, qui auront été expédiées sous plombs et acquits à caution pour la douane de Lyon, et qui viendroient à être expédiées de ladite douane, sous les mêmes formalités, à destination de l'étranger, en passant par les bureaux ouverts à la sortie des soies du Piémont.	*Kilogr. net*..	2..50	DI. 10 oct. 1810.
Soude.	*Prohibée*.....	...—..	15 août 1793.
Comme *Salins*......	Idem......	...—..	19 thermidor 4.
Peut sortir par toutes les frontières......	*Droit de bal.*	....	DI. 11 fév. 1811.
Soufre.	*Prohibé*....	...—..	12 pluviôse 3.
	Idem......	...—..	19 thermidor 4.
	(3) *Quintal*.....	1.. 2	24 nivôse 5.

RENVOIS.

Solives de Pin et de Sapin. *Voyez* Bois.
Souliers et bottes *comme* ouvrages en cuir. (*LD.* 5 *août* 1808.)
Speroule. *Voyez* la note à Graines de trèfle.

(1) Une lettre du Ministre de l'intérieur, en date du 5 fructidor an 11, avoit déclaré que cette espèce de soie devoit continuer à rester sous la prohibition dont elles non dénommées étoient frappées à la sortie; cette disposition s'est trouvée changée par le décret du 4 thermidor an 13.
(2) Voir la note 2, à la page 245.
(3) La fleur de soufre doit le même droit. (*LD.* 16 *juin* 1812.)

Sucre *raffiné* et *candi* de fabrication française. — [Y compris celui tappé en petits pains, pour le *Levant*. (*LD.* 22 *prairial* 11.).}	*Prohibé*	......—	..	15 août 1793.
	Idem	......—	..	12 pluviôse 3.
	Idem	......—	..	19 thermidor 4.
	Quintal	1 .. 2		24 nivôse 5.
En justifiant de l'acquit des droits d'entrée et accompagnés du certificat du raffineur duement légalisé.. (1) }	*Prime de* 50 *f. par quintal.*	....		AC. 3 therm. 10, et loi du 8 flor. 11.
Suifs.	*Quintal*	5— 6		15 mars 1791.
	Prohibés	......—	..	19 mai 1793.
	Idem	......—	..	12 pluviôse 3.
	Idem	......—	..	19 thermidor 4.
Sumac.	*Prohibé*	......—	..	12 pluviôse 3.
	Quintal	10 .. 20		19 thermidor 4.
Tabacs *indigènes* en feuilles. { Par *Bourg-Libre*, payoient.........	*Quintal*	4— 8		19 thermidor 4.
Par les départemens du *Rhin*, *Id*...	*Idem*	1—53		24 nivôse 5.
Par les autres départemens, *Id*.....	*Idem*	0—51		*Même loi.*
Par toutes les frontières, *Id*......	*Idem*	7— 0		5 ventôse 12.
(2)	*Prohibés*	....		DI. 29 déc. 1810.
Tabacs *en côtes*, ou *Côtes de Feuilles de Tabac*, payoient..	*Quintal*	1—50		DI. 7 ventôse 13.
	Idem	1—50		30 avril 1806.
(2)	*Prohibés*	....		DI. 29 déc. 1810.

RENVOIS.

Sucres brut, tête, terré, etc. *Voyez* Productions coloniales.

Sucre de chataignes. Droit de balance. (*LM.* 4 *mai* 1812.)

Sulfate de Soude *ou* Sel d'epsom de Lorraine. Droit de balance. (*LD.* 17 oct. 1807.)

Tabacs en feuilles étrangers. *Voyez* Productions coloniales.

(1) Ce certificat doit être envoyé, avec celui de sorti à l'étranger, à M. le Directeur-général, pour qu'il ordonnance le paiement de la prime.

Quand on ne peut justifier du paiement des droits d'entée, les Sucres raffinés sont passibles des droits à leur sortie. — Au surplus, il faut pour jouir de cette prime que l'exportation se fasse par les bureaux qui ont un entrepôt fictif.

(2) Il n'est pas douteux que, par suite du décret du 29 décembre 1810, la prohibition d'exportation des tabacs doit avoir lieu pour les particuliers, mais non pour la Régie. (*Lettre du Ministre des finances au Ministre du commerce, du* 28 *avril* 1812.)

Tabacs *fabriqués*.. (1)	*Quintal*.....	0..51	24 nivôse 5.
Tan. [Ecorces de chêne battues et réduites en grosse poudre.]......	*Prohibé*.....	.....—.	15 mars 1791.
	Idem......	.....—.	16 nivôse 2.
(2)	Idem......	....	19 thermidor 4.
Terre *de Marne*. [Terre grasse et calcaire, de couleur blanche ou rousse]..	*Les 2000 kil.*	0..15	19 thermidor 4.
Terre *des Monnoies*. [Substance analogue aux cendres d'orfévres.]	*Prohibée*....	.....—.	AC. 12 brum. 11.
	Idem.....	....	8 floréal 11.
Terre *de Pipe*. [Sorte de terre glaise d'un gris verdâtre, douce au toucher.]... (3)	*Les 2000 kil.*	10..20	19 thermidor 4.

RENVOIS.

Tartre de Vin. *Voyez* Gravelle.
Taureaux. *Voyez* à Bestiaux.
Térébenthine en pate. *Voyez* Essence de té-
    rébenthine.
Terre de Porcelaine. *Voyez* Derle.

(1) Par suite du décret du 29 décembre 1810, il faut que ces tabacs soient de fabrique impériale, sinon ils seroient saisissables.

(2) Le Tan n'étant autre chose que des écorces moulues propres à cet usage, suit le régime qui affecte les écorces à tan, prohibées par la loi du 19 thermidor an 4..... — *Voyez* la note 2 à la page 198. (Sortie 10.)

(3) La sortie par les départemens réunis en avoit déjà été autorisée par un arrêté du Directoire en date du 9 prairial an 4.

Toiles. *Comme suit :*			
Celles dites **Batiste et Linon**	*Quintal*....	1— 2	24 nivôse 5.
	Idem......	3.. o	DI. 31 juill. 1810.
Toiles de Lin..............................	*Quintal*....	1— 2	24 nivôse 5.
Celles **fines**.............................	Idem......	2..80	DI. 31 juill. 1810.
Les mêmes, **ordinaires**......................	*Quintal*....	1..6o	DI. 31 juill. 1810.
Les mêmes, **communes**	*Quintal*....	1..15	DI. 31 juill. 1810.
Toiles de chanvre........................	*Quintal*....	1— 2	24 nivôse 5.
Celles **fines**............................	Idem......	2..5o	DI. 31 juill. 1810.
Les mêmes, **ordinaires**....................	*Quintal*....	1..4o	DI. 31 juill. 1810.
Les mêmes, **communes**......................	*Quintal*....	1..1o	DI. 31 juill. 1810.

RENVOIS.

Tiges de bottes. *Comme* ouvrages de Cordonnerie, demi pour cent. (*Lettre au Receveur de Paris, 27 avril 1811.*)
Tilleul. *Voyez* Ecorces de tilleul.

Toiles (*Suite des*).			
Celles **mélangées** de lin et de chanvre..................	*Quintal*....	1— 2	24 nivôse 5.
	Idem......	1..5o	DI. 31 juill. 1810.
Les mêmes, mais **communes**...................	*Quintal*....	1.. 5	DI. 31 juill. 1810.
Toiles a voiles.................................	*Prohibées*...	...—..	12 pluviôse 3.
	Idem......	...—..	19 thermidor 4.
	Quintal....	1— 2	24 nivôse 5.
	Idem......	1..25	DI. 31 juill. 1810.
Toiles de fil et coton............................	*Quintal*....	1— 2	24 nivôse 5.
Celles **fines**................................	Idem......	1..45	DI. 31 juill. 1810.
Celles **communes**............................	*Quintal*....	1..20	DI. 31 juill. 1810.
Toiles cirées, gommées; treillis et bougran............	*Quintal*....	1— 2	24 nivôse 5.
	Idem......	1.. 5	DI. 31 juill. 1810.

RENVOIS.

TOILES (*Suite des*).			
TOILES DE COTON.....................................(1)	*Quintal*....	1— 2	24 nivôse 5.
	Prime..... ...—..		DI. 22 févr. 1806.
	Idem...... ...—..		3o avril 1806.
Celles FINES	*Quintal*....	2..70	DI. 31 juill. 1810.
Celles ORDINAIRES.................................	*Quintal*....	1..8o	DI. 31 juill. 1810.
Celles COMMUNES.................................	*Quintal*....	1..3o	DI. 31 juill. 1810.
TOILES PEINTES ET TEINTES, de fil, fil et coton, siamoises et indiennes....................................(1)	*Quintal*....	1— 2	24 nivôse 5.
Celles FINES	Idem......	2.. o	DI. 31 juill. 1810.
Celles COMMUNES................................	*Quintal*....	1..20	DI. 31 juill. 1810.
Celles A CARREAUX et Coutils......................	*Quintal*....	1.. o	DI. 31 juill. 1810.

RENVOIS.

TOILINETTES. Ce nom est donné sur le Rhin à quelques étoffes de laines fines.

(1) Voir la note à l'article Draps, pour les expéditions pour l'Italie.

Désignation des marchandises	Unité	Droits	Loi ou décret
TOURNESOL, ou *Maurelle en drapeau*. [Ce sont des chiffons de toile imbibés et empreints d'une teinture rouge préparée avec le suc du *croton teignant* et un peu de liqueur urineuse.]..(1)	*Quintal*......	2..55	15 mars 1791.
TRICOTS........ *Comme* Bonneteries *suivant les matières dont ils sont composés.*			DI. 31 juil. 1810.
TUF *en pierre*, provenant des carrières d'Andernach. [Matière pierreuse, de nature calcaire ou volcanique, poreuse, légère, tendre, sans être fragile, facile à tailler, principalement propre aux constructions des voûtes.]................(2).	*Quintal*..... / *Idem*........	1— 0 / 1.. 0	DI. 6 janvier 1807. / 7 septemb. 1807.
TULLES .... *Comme* Gazes, *d'après les matières dont ils sont composés.*			DI. 31 juil. 1810.
VENDANGES et le *Moût*, par les frontières des départemens du *Pô*, de la *Doire*, de la *Sésia*, de la *Stura* et du *Tanaro*........	*Quintal*......	1—80	22 ventôse 12.
(3) *Paieront* les deux tiers des droits sur le vin...			DI. 7 ventôse 13 et loi du 30 avr. 1806.
VERMICEL.....................	*Prohibé*.....	...—.	12 pluviôse 3.
Les pâtes d'Italie sont comprises sous cette dénomination. (*LD.* 23 avril 1807, *et* 22 *janvier* 1810.).....................	*Idem*...... / *Quintal*......	...—. / 2..55	19 thermidor 4. / 24 nivôse 5.

RENVOIS.

TOURBES. *Voyez* la note à Charbon de terre.
TOURTEAUX. *V.* Pains de navette, œilliette, etc.
TOUTENAGUE. *Voyez* Zinc.
VACHES. *V.* à Bestiaux.
VARECK. *V.* à Salins.
VEAUX. *V.* à Bestiaux.
VELOURS. *V.* Étoffes.
VERRE CASSÉ. *Voyez* Groisil.
VESSE. *Voyez* aux Graines.

(1) Le tournesol en pains doit le droit de 2 fr. 55 c. comme celui en drapeaux. (*LD.* 20 *juillet* 1811.)

(2) Toutes les éditions de la loi du 7 septembre 1807 portent que le *tuf* en pierre ne doit à sa sortie que 50 cent.,.... mais le Ministre Secrétaire d'État, prévenu de cette erreur de copie, a mandé le 3 novembre 1807, qu'il en avoit ordonné la correction dans les archives... — Ainsi le tuf doit 1 franc par la loi même du 7 septembre 1807.

(3) Par les autres départemens, les vendanges et le moût doivent également les deux tiers des droits imposés à la sortie des vins, en suite des explications données par M. le directeur général, le 29 messidor an 12.

Désignation	Unité	Droits		Lois et décisions
VIANDES....................Celles *fraîches*, *salées* et *fumées*...	*Prohibées*....	...—.		15 août 1795.
	Idem......	...—.		12 pluviôse 3.
	Idem......	...—.		19 thermidor 4.
	Quintal......	1— 2		24 nivôse 5.
Celles SALÉES, sauf pour l'*Espagne* et *Venise*........(1)	*Prohibées*....	....		AC. 5 frimaire 9.
Sortant pour l'*Espagne*............(2)	*Quintal*......	4 ..o		DI. 1ᵉʳ pluv. 13 et loi du 30 avr. 1806.
Sortant par les Etats de Parme et de Plaisance pour le pays de *Venise*........ }	*Quintal*....	4 ..o		DI. 6 janv. 1807.
Celles FUMÉES à Hambourg......................(3)	*Quintal*....	4 ..o		DI. 5 oct. 1812.
Celles FRAÎCHES, par *mer*.........................	*Prohibées*...	...—.		AC. 8 pluv. 10.
Les mêmes, par *mer* et par *terre*.................(4)	*Quintal*....	5.. o		DI. 17 pluv. 13 et loi du 30 avr. 1806.
VINAIGRE de *Bière*, par les départemens correspondans à ceux *du Nord*.	268 *litres*....	2.. o		1 août 1792.
VINAIGRE de *Vin*...........................	*Paiera comme le* Vin.. (5)	....		15 mars 1791.

(1) La prohibition des viandes salées n'affecte pas celles de prises. (*Décis. du* 18 niv. an 9.)..... — On en excepte aussi les Saucissons, dont la sortie est permise par décision du 8 prairial an 9; ils doivent 4 francs par quintal.

(2) Le droit payé pour le sel employé aux salaisons exportées pour la consommation de l'Espagne et du Portugal par la frontière des Pyrénées, sera restitué à la sortie dans les proportions suivantes... — 1°. Pour 100 kilog. de cochon ou bœuf salé, le *montant du droit sur 20 kilog. de sel*, ou 2 *fr*... — 2°. Pour 100 kilog. de jambon, le *montant du droit de 25 kilog. de sel*, ou 2 *fr. 50 cent*. ... — 3°. Pour 100 kilog. de lard en planches, le *montant du droit sur 27 kilog. de sel*, ou 2 *fr. 70 cent*.. — .. — Ceux qui voudront exporter lesdites salaisons par la frontière des Pyrénées en feront la déclaration au premier bureau des Douanes, où il sera délivré un acquit-à-caution. — Sur la déclaration des employés du bureau de sortie, constatant le passage des salaisons à l'étranger, et sur la représentation de l'acquit-à-caution dûment déchargé, le droit sera restitué, comme il est dit ci-dessus, par le bureau qui aura délivré ledit acquit-à-caution. (*DI.* 20 *juillet* 1808)

(3) L'exportation peut avoir lieu par terre comme par mer. (*DM.* 7 *décembre* 1812), et par tous les bureaux de la ligne. (*DM.* 14 *janvier* 1813.)

(4) Les volailles, quand elles sont mortes, sont comprises sous la dénomination de *viande fraîche*. (*LD.* 23 *cent.* 15.)..... — Le gibier a toujours suivi le régime de la volaille à la sortie... — Tous deux doivent comme viandes fraîches. (*LD.* 9 *octob.* 1807.)

(5) Ainsi les droits se perçoivent d'après les distinctions admises pour les ports et bureaux d'exportation.

Vins.

Depuis *Baïonne* jusqu'à *Saint-Jean-de-Luz*. ....(1)	268 *litres*...	1.. 0	19 thermidor 4.
Par la *Garonne* et la *Dordogne*, la valeur du tonneau excédant 200 fr. Le *rouge*...........................	268 *litres*....	7.. 0	19 thermidor 4.
Le *blanc*...........................	Idem.......	4.. 0	19 thermidor 4.
Par les mêmes rivières, le tonneau valant moins de 200 fr.	Idem......	2..50	24 nivôse 5.
Par la *Charente inférieure* et la *Vendée*. Le *rouge*......	Idem......	1.. 0	19 thermidor 4.
Par les mêmes rivières. Le *blanc*...................	Idem......	0..50	19 thermidor 4.
Par la *Loire inférieure*. Le *blanc* du cru du département.	Idem......	0..50	19 thermidor 4.
Par la même rivière. *Autre* que du cru du département.	Idem......	2.. 0	19 thermidor 4.
Par l'*Océan*, depuis la rivière de *Villaine* jusqu'à *Anvers*.	Idem......	7.. 0	19 thermidor 4.

(1) Toute espèce de vins et de vinaigres avoit été frappée de prohibition à la sortie par décret du 15 août 1793 : celui du 5 septembre 1793 a déclaré ne pas comprendre dans la prohibition les vins en bouteille et les vinaigres cosmétiques. La loi du 12 pluviôse an 3 a permis l'exportation des vins en payant 3 sous par pinte. Celle du 19 thermidor an 4 a rétabli les droits fixés par le tarif du 15 mars 1791, excepté pour les vins du département du *Lot*, qui paieront 2 fr. 50 cent. par muid, moyennant certificat d'origine ; ceux sortant par le département du *Mont-Blanc*, les mêmes droits que ceux par l'*Isère* ; ceux exportés par le département du *Mont-Terrible*, les mêmes droits que ceux par les départemens du *Rhin* ; ceux sortant par le département des *Alpes-Maritimes*, les mêmes droits que ceux par le département du *Var*. La loi du 24 nivôse an 5 a tarifé à 2 fr. 50 cent. par muid les vins exportés par la *Garonne* et la *Dordogne*, dont le tonneau ne vaudroit que 200 fr. Un arrêté du 5 fructidor an 6 a imposé les mêmes droits sur les vins sortant par les ports de la rive gauche du *Rhin* que sur ceux sortant par les départemens des *Haut* et *Bas-Rhin*. Un autre arrêté avoit primitivement fixé le droit de sortie des vins de la vingt-septième division militaire à 5 fr. les 268 litres ; mais le décret impérial du 7 ventôse an 13 a annullé cette perception. Ainsi, à l'exception des changemens cités dans cette note, les droits cotés plus haut comme fixés par la loi du 19 thermidor an 4, sont les mêmes que ceux établis par le tarif du 15 mars 1791.

Les vins de Corse, par arrêté du 20 vendémiaire an 11, sanctionné par la loi du 8 floréal, même année, furent imposés à 1 fr. 50 cent. les 268 litres ; mais, par décret du 12 juin 1808, les douanes ont été supprimées dans cette île.

VINS (*Suite des*).

Par les départemens hollandais, et la ligne de Wesel. (1)	268 *litres*....	7.. o 19 thermidor 4.
Par le *haut* et *bas Rhin*, et les départemens qui ont le *Rhin* pour limites. [Les vins sortant par les *départemens anséatiques* acquitteront le même droit que ceux sortant par les départemens du Rhin. *D.M.* 12 *novembre* 1811.].............................. (1 *et* 2)	Idem......	1..25 AD. 5 fructid. 6.
Par la *haute Saone*, le *Doubs* et le *Jura*............	Idem......	o..5o 19 thermidor 4.
Par l'*Ain*, le *Léman* et le *Mont-Blanc*. [Les vins sortant par le département du *Simplon* acquitteront le même droit. *LD.* 15 *novembre* 1811.]..............	Idem......	1.. o 19 thermidor 4.
Par les départemens de la 27.e Division militaire........	Idem......	1.5o DI. 7 ventôse 13 et loi du 3o avr. 1806.
Par les *Bouches-du-Rhône*, le *Var* et les *Alpes maritimes*.	Idem......	1..5o 19 thermidor 4.
Par l'*Hérault* et les *Pyrénées orientales*............ (3)	Idem......	2.. o 19 thermidor 4.
Par l'*Arriège* et les frontières d'*Espagne*............ (4)	Idem......	1..5o 19 thermidor 4.

RENVOIS.

(1) Les vins qui passent de la Hollande dans les villes anséatiques doivent, à leur passage dans la ligne de Wesel, acquitter les droits de sortie. Lorsque ces vins seront expédiés des villes anséatiques pour l'étranger, ils sortiront en exemption de droits, si l'acquit de ceux payés dans la ligne du Wesel est représenté aux frontières. (*LM.* 18 *avril* 1812.)

(2) Pour n'acquitter qu'un franc 25 centimes, il ne suffit pas que l'exportation se fasse par les départemens qui ont le Rhin pour limites, il faut absolument qu'elle ait lieu par un port de la rive gauche du Rhin, et non par terre ou par la rive de Meuse. (*Lettre du Directeur de Clèves au Receveur de Cranembourg, du* 28 *floréal an* 7.)

(3) Les Vins exportés par le département de *l'Aude* payent le même droit.

(4) Les vins sortant du port de *Cette*, soit pour la France, soit pour l'étranger, paieront, pendant cinq ans, un droit extraordinaire d'un franc par muid de 268 litres. (*Loi du* 21 *nov.* 1808.)

Désignation des marchandises	Quantité	Droits	Époque de la fixation
Vins en bouteilles, ou en doubles futailles, ou dans des futailles emballées ou à double fond.............................. (1)	268 litres....	7.. 0	1 août 1792.
Vins fins de Bordeaux, Bourgogne et Champagne, exportés par les smoglers, par les ports de leur admission.....	Bouteille...	0..10	DI. 26 nov. 1811.
Vins Muscats et de liqueur de toute sorte. Par toutes les frontières. (2)............................	Idem......	6.. 0	19 thermidor 4.
Vitriol...	Prohibé......	...—...	12 pluviôse 3.
	Quintal......	4.. 8	19 thermidor 4.
Vivres et Avitaillemens *de retour pour les vaisseaux étrangers*, (tels que provisions de bord, fourrages pour la nourriture des bestiaux embarqués, suifs et étoupes pour réparations, etc.), *pourront sortir dans une quantité nécessaire à leur consommation* (3), en payant, 1°. Pour *avitaillemens*, dont la sortie a toujours été prohibée..	Par 100 fr...	5.. 0	LD. 5 avril et 22 mai 1809.
2°. Pour *vivres* et *avitaillemens* qui, ayant été tarifés, ont été prohibés depuis... (4) les droits antérieurs à leur prohibition.		....	LD. 29 vent. 12, et 5 avril 1809.
3°. Pour les *viandes salées*, destinées aux provisions de bord des navires étrangers................................	Par 100 fr.	4.. 0	CD. 2 sept. 1812.
Zinc. [Métal qui est toujours à l'état d'oxide. Celui réduit à l'état de régule ou *métal pur* est d'un blanc tirant sur le bleu.]........	Prohibé......	...—...	DM. 8 pluviôse 9.
	Droit de bal.	....	DI. 10 avril 1811.

FIN DU TARIF DE SORTIE.

RENVOIS.

VolaILLES. *Voyez* la note à Viandes fraîches.

(1) Les *bouteilles* ou *barbues* sont sujettes au droit de balance, quoique pleines de vin ou de liqueur. (*C. du 3 complément. an 5.*)

(2) Excepté par le département de l'Hérault, où il ne doit que 2 francs. (*LA. au directeur de Cette, en date du 7 pluviôse 4.*)

(3) On ne peut accorder en vivres et avitaillemens, dont la sortie est prohibée, que la quantité strictement nécessaire pour le voyage; si les capitaines en exigeoient pour une destination beaucoup plus éloignée que le port d'où le navire est venu, on refuseroit l'excédant demandé. (*LD 20 floréal 10.*)

(4) Cette disposition ne doit s'appliquer qu'autant que les objets à embarquer auroient été tarifés *généralement* avant leur prohibition; car s'ils l'avoient été *localement*, ils devroient le droit de 5 pour 100. Par *exemple*, les étoupes de chanvre avant leur prohibition absolue, pouvoient sortir par les départemens du Rhin, en payant 6 fr. du quintal; mais comme cette tarification n'étoit que locale, il en résultoit qu'elles étoient alors même prohibées par les autres frontières; conséquemment ce seroit le droit de 5 pour 100, et non celui de 6 fr. du quintal qu'il faudroit percevoir, si l'on en embarquoit pour avitaillemens de navires étrangers......

TARIF DE NAVIGATION,

ET

DISPOSITIONS RELATIVES A CETTE PERCEPTION;

Conformément à l'Acte de Navigation du 21 septembre 1793, aux Décrets en date du même jour et à la Loi du 27 vendémiaire an 2.

LES droits de navigation ne sont perceptibles que du jour où les préposés ont connoissance que la loi, qui les fixe, a été reçue par le préfet du département.

Ils doivent être perçus d'après les lois existantes à l'époque de la déclaration précédée de l'arrivée.

Ils sont dus de l'époque de la déclaration, quoique la jauge qui peut opérer des changemens dans la perception ait été différée.

Si un bâtiment, forcé d'entrer dans un port de France autre que celui de sa destination, y est retenu par un embargo qui l'empêche d'arriver avant une augmentation de droits qu'il n'auroit pas éprouvée sans l'embargo, on ne peut exiger, sur son chargement que les droits existans à l'époque où il seroit arrivé à sa destination sans l'embargo. (*Décis. conforme à ce principe du 7 vent. an 5.*)

Il doit être perçu, en sus des droits de navigation fixés ci-dessous, le décime par franc établi en l'an 7.

DE LA FRANCISATION.

Pour naviguer, sous pavillon français, et jouir des priviléges et avantages qui lui sont attachés, il faut être muni d'un certificat de nationalité, qu'on appelle *Acte de francisation.*

Bâtimens susceptibles d'être francisés.

Sont exclusivement dans le cas d'être francisés :

1°. Les bâtimens construits en France ou dans une possession française. (*Acte de navigation*, art. 2.)

2°. Ceux pris sur l'ennemi et déclarés de bonne prise. (*Même article.*)

3°. Ceux confisqués pour contravention aux lois. (*Même article.*)

4°. Les bâtimens qui, quoiqu'étrangers, appartenoient à des Français et étoient inscrits comme tels à la ci-devant amirauté avant le 12 nivôse an 2.

5°. Ceux jetés sur les côtes ou possessions de France, qui, vendus par les propriétaires ou assureurs, sont devenus propriété française, et ont reçu un radoub ou réparation dont le montant ait été quadruple du prix de la vente. (*27 vend. 2 art. 7.*)

Pour qu'il ne soit point abusé de cette dernière disposition, la valeur des réparations doit être constatée par l'estimation de trois experts nommés d'office ; un par la douane, un par la marine, le troisième par le tribunal de commerce. Cette estimation pourra avoir lieu devant les officiers du port, et le procès-verbal en sera dressé par triple expédition. (*Ainsi convenu entre les Ministres des finances et de la marine, le 29 thermidor an 10.*)

On ne doit délivrer d'acte de francisation à ces bâtimens que sur la représentation du contrat de propriété française et du procès-verbal en due forme des réparations faites au quadruple. L'acte expédié doit relater l'un et l'autre. (*Circulaire du 7 fructidor 10.*)

Si le bâtiment n'avoit pas été naufragé, la circonstance que les réparations auroient excédé du quadruple le prix de la vente, ne lui donneroit pas droit à être francisé. (*DM. 22 prairial 6.*)

Dans tous les cas il faut que les bâtimens présentés à la francisation, même ceux de construction nationale, appartiennent entièrement à des Français, et que les officiers et trois quarts de l'équipage soient français. (*Acte de navigation*, art. 2.)

Un Français, résidant en pays étranger, ne peut être considéré comme propriétaire de tout ou de partie d'un bâtiment français qu'autant qu'il est associé d'une maison française, faisant le commerce en France, et qu'il justifie, par un certificat du consul de France, qu'il n'a point prêté serment de fidélité à l'Etat dans lequel il réside, et qu'il s'y est soumis à la juridiction consulaire de France. (*27 vend. 2. art 12.*)

Un navire français, réparé en pays étranger, perd les avantages de sa francisation, si les frais de ce radoub excédent six francs par tonneau. (*27 vend. 2. art. 8.*)

Formalités pour obtenir l'Acte de francisation.

1°. Rapporter au bureau de la douane les anciens congés, si le bâtiment a déjà voyagé. (*21 sept. 1793, art. 2.*)

2°. Y déposer les titres de propriété. (*Même art. et autre loi du même jour.*)

3°. Justifier, par acte délivré par le juge de paix, qu'on a passé la déclaration et prêté le serment prescrit par l'article 2 du même décret, et par l'article 15 de celui du 27 vendémiaire an 2. (*21 sept. 1793, art 2.*) (1).

4°. Signer cette même déclaration sur les registres des bâtimens français, au bureau de la douane. [*21 sept. 1793, art. 2.*]

5°. Représenter le certificat d'un mesureur-vérificateur constatant la nature, les dimensions et la contenance du bâtiment. [*21 sept. 1793, art. 2.*]

6°. Passer sa soumission, et fournir la caution exigée par les articles 11 et 16 de la loi du 27 vendémiaire 2. [*DM. 7 fruct. an 3.*]

---

(1) Cette déclaration doit être passée devant un juge-de-paix, ou tout autre officier public. (*Lettre au direct. de Nice du 21 frim. an 6*).

Tarif de l'Acte de francisation.

D'après l'art. 26 de la loi du 27 vendémiaire an 2, il sera perçu pour l'acte de francisation :

Par bât. de 100 tonneaux et au-dessous. . . . . 9 fr.
de 100 tonneaux jusques et y compris 200. 18 fr.
de 200 tonneaux et au-dessous de 300. . . 24 fr.
de 300 tonneaux et au-dessus, 6 fr. *par chaque cent tonneaux de plus.*

L'acte de francisation est délivré au bureau de la douane dans l'arrondissement duquel se trouve le port auquel appartient le bâtiment. (*27 vend. 2. art.* 10.)

Le sceau de l'État, que portent les actes de francisation, ne les dispense pas du timbre auquel ils sont assujettis, conformément aux lois du 14 thermidor 4 et 13 brumaire 7, comme pièce faisant titre à la décharge ou à l'avantage des propriétaires des bâtimens. (*CA.* 19 *ventôse* 7.)

Les actes de francisation seront désormais sur parchemin et seront payés 1 fr. 20 c. indépendamment du timbre. (*LD.* 24 *prairial an* 13.)

Bâtimens non assujettis à l'acte de francisation.

Ne sont point assujettis à l'acte de francisation,

1°. Les bâtimens français frétés pour le compte du Gouvernement. [*27 vend. 2, art.* 3.] (1)

2°. Les bâtimens armés en course, lesquels reçoivent leurs expéditions de la marine seulement. [*DM.* 22 *vend. an* 6.]

3°. Les navires de prises voyageant sous pavillon neutre avec autorisation du Gouvernement. [*Lett. du* 5 *pluv. an* 2.]

4°. Les bâtimens désarmés tant qu'ils ne mettent point en mer. [*Décis. du* 21 *nivôse an* 2.]

5°. Les bâtimens qui ne font que la navigation des rivières, sans aller du côté de la mer, au-delà du premier bureau intérieur des douanes, quand ces bâtimens sont non pontés, et au-dessous de 30 tonneaux. *Voyez* CONGÉS. [*Lett. du* 5 *pluv. an* 2.]

Bâtiment navigant sans l'acte de francisation.

Aucun autre bâtiment ne peut être exempt de l'acte de francisation et naviguer sans lui, sous peine d'être traité comme étranger. [*LM.* 21 *nivôse* 2.]

Acte de francisation perdu, retrouvé, tombé au pouvoir de l'ennemi.

Si l'acte de francisation est perdu, le propriétaire, en affirmant la sincérité de cette perte, en obtiendra un nouveau, en observant les mêmes formalités que pour l'obtention du premier [27 *vend.* 2 , *art.* 20.] Si le premier se retrouve, on annulle le deuxième, et mention est faite en marge de la soumission. . . . Dans le cas où un acte de francisation seroit tombé au pouvoir de l'ennemi, cette mention porteroit que l'acte devient nul et de nul effet, et qu'en conséquence les soumissionnaires sont déchargés de leur cautionnement. Dans les deux cas il n'y a pas lieu à la restitution des droits.

Si un bâtiment est pris par l'ennemi, brûlé ou perdu, sa perte doit être constatée par des pièces régulières, dans les délais fixés par l'art. 16 de la loi du 27 vendémiaire an 2.

Acte de francisation ne pouvant plus servir par vétusté.

L'acte de francisation dure autant que le bâtiment ; son état de vétusté nécessitant la délivrance d'un nouvel acte, ne donne pas ouverture à la perception du droit fixé par l'article 26 de la loi du 27 vendémiaire an 2 : il n'y a lieu qu'au remboursement du timbre, et l'on doit énoncer sur le nouvel acte que l'original a été déposé pour cause de vétusté. (*LD.* 7 *frimaire* 13.)

Acte de francisation ne présentant plus de blanc.

On doit ajouter une feuille blanche à l'acte de francisation qui ne présente plus de blanc. (*LA. au direct. de Rouen du* 14 *brum. an* 10.)

Jauge inexacte rectifiée sur l'acte de francisation.

Si la jauge avoit été prise d'une manière inexacte, il n'y auroit pas lieu à délivrer un nouvel acte de francisation, expédition qui donneroit lieu à un droit que les capitaines ne doivent pas, puisque l'erreur ne peut leur être imputée ; on se borne donc à rectifier cette jauge sur l'acte dont ils sont déjà munis. (*Lettre au direct. de Marseille du* 28 *frimaire an* 5.)

Changement de Nom permis, en prenant un nouvel acte.

Un armateur peut changer le nom de son navire, en prenant un nouvel acte de francisation, et en remplissant les formalités d'usage près du commissaire de la marine. (*Lettre au direct. de Rouen du* 29 *niv. an* 5.)

Si un bâtiment est changé dans sa forme, son tonnage, son nom ou de toute autre manière, le propriétaire obtiendra un nouvel acte de francisation, autrement le bâtiment seroit réputé étranger. (*27 vend. 2, art.* 21.)

Chaloupes et Canots comment traités.

Les chaloupes et canots d'un bâtiment ne sont pas assujettis à l'acte de francisation ; mais il doit leur en être délivré un particulier, ainsi qu'un congé, s'ils sont employés à d'autres usages que ceux qui leur sont propres, et que pour le service des bâtimens dont ils dépendent. [*Lettre au direct. de Brest du* 25 *fruct. an* 7.]

Paquebots comment traités.

Les paquebots français doivent être francisés dans les formes et avec les formalités ordinaires. (*LM. au Commissaire central près l'Administration des postes, du* 28 *pluviôse an* 10.)

Exploités par cette administration, ils sont considérés comme bâtimens de l'État lorsqu'ils ne transportent que les dépêches et les passagers. (*Décision du* 15 *floréal an* 10.)

---

(1) Dans plusieurs ports on a dispensé du paiement des droits de navigation indistinctement tous bâtimens frétés extraordinairement pour le Gouvernement, comme ceux de la marine impériale. Il est essentiel de distinguer les bâtimens en trois classes.

1.° Les bâtimens appartenant à Sa Majesté ou mis en réquisition par Elle, et dont les équipages sont à sa solde.... Ceux-là sont exempts de tous droits de navigation.

2°. Ceux frétés pour l'État à tant par tonneau, et dont les équipages ne sont pas à sa solde... Ceux-là sont assujettis aux droits de navigation, mais exempts de francisation et congés.

3° Les bâtimens qui ne sont ni frétés ni salariés par l'État. Ceux-là sont bâtimens de Commerce, et comme tels assujettis à tous les droits de navigation. [*Lettre de la commiss. des revenus nation. à l'inspect. de Rouen.*]

NAVIRES ÉTRANGERS.

Quoique la loi du 19 mai 1793 ait permis l'entrée des navires étrangers, la francisation doit en être refusée. (*Circ. du 23 pluviôse 10.*)

VENTE DES BATIMENS.

Le droit pour l'inscription au dos de l'acte de francisation de la vente, en tout ou en partie, d'un bâtiment est de 6 fr. (*27 vend. 2, art. 17.*)

L'acte de vente doit contenir copie de l'acte de francisation.

Vente partielle.

Si on le vendoit en quatre portions distinctes, il y auroit quatre endossemens ; il seroit dû autant de 6 fr.

Propriété par héritage.

Celui qu'un héritage rend propriétaire d'un bâtiment, doit le droit, parce qu'il y a mutation de propriété à inscrire. (*Décis. du 2 germ. an 7.*)

Droit non acquitté, perçu lors d'une seconde vente.

Si, lors d'une seconde vente ou transmission, on reconnoissoit que celle antérieure n'auroit point été inscrite, il faudroit faire payer, avec le second droit, le premier non acquitté. (*Lettre du 12 vendémiaire 6.*)

Courtiers peuvent faire les ventes.

Les ventes de navires peuvent être reçues par les courtiers. (*LM. 15 ventose 12.*)

Inscription d'une vente au dos de l'acte, autorisée relativement aux lois de l'enregistrement.

L'inscription d'une vente au dos de l'acte de francisation n'étant point un contrat nouveau, n'est point comprise dans la défense portée par l'article 23 de la loi du 13 brumaire an 7, relative à l'enregistrement, lequel interdit la transcription de plusieurs actes sur la même feuille. (*Lettre au direct. de S.-Valery, du 19 messidor an 7.*)

Mais comme effet mobilier ; tout navire vendu doit, indépendamment des droits ci-dessus, celui de 2 francs o cent. par 100 fr. de vente, par application de la loi du 22 frimaire an 7.

Inscription d'une vente partielle faite au port auquel le navire appartient.

L'inscription de la vente partielle doit être faite au port auquel le navire appartient, attendu que les soumissions et cautionnemens prescrits par les articles 11 et 16 de la loi du 27 vendémiaire an 2 ne peuvent se subdiviser en plusieurs bureaux. (*Lettre du 16 fruct. an 8.*)

Bâtiment appartenant à un port et passant à un autre.

L'acquéreur d'un bâtiment appartenant à un port, et qui veut l'attacher à un autre, doit déposer son contrat d'acquet au bureau de navigation, déclarer l'attacher à son port, et passer la soumission cautionnée voulue par la loi. En conséquence mention de cette vente doit être inscrite au dos de l'acte de francisation, et un certificat énonçant toutes ces formalités remplies sera délivré pour que le vendeur fasse annuler la soumission relative à l'acte de francisation. (*LD. au direct. de Rouen, du 10 vend. an 11.*)

Si, dans le cas ci-dessus, l'ancien acte de francisation se trouve égaré, les vendeurs déclareront à la douane du port où l'acte de francisation a été délivré, qu'ils ont adressé l'acte de francisation au nouvel acquéreur,

qui, pour se conformer à l'article 20 de la loi du 27 vendémiaire an 2, devra déclarer à la douane de son port qu'il ne lui est pas parvenu. Ces deux déclarations remises constatent la perte, et un nouvel acte doit être délivré, en remplissant les formalités des articles 11 et 16 de la même loi.

CONGÉS.

Formalités. Avant de délivrer un congé, le préposé doit s'assurer que les formalités relatives à la marque et aux inscriptions des noms ont été remplies conformément à l'article 19 de la loi du 27 vendémiaire an 2. — On y fera mention du changement de nom, s'il y en a. (*Circul. du 12 vend. an 3.*) (1)

Tarif des Congés.

Pour un bâtiment non ponté. (*Art. 6*) . . . 1 fr.
Un bâtiment ponté, au-dessous de trente tonneaux. (*Même art. 6.*) 3
Ces congés sont bons pour un an.
Un bâtiment ponté, de 30 tonneaux et au-dessus. (*Art. 26.*) 6

Quoique ces derniers congés ne soient valables que pour un voyage, les bâtimens expédiés pour un port étranger peuvent y prendre des chargemens à toute destination ; mais ils sont tenus de revenir dans un port de France, à l'effet d'y renouveler leurs congés, au moins dans le cours de l'année. (*Décision du 5 pluviôse an 11.*)

Souvent un navire expédié d'un port pour un autre de France, ne revient pas directement dans le port du départ ; si, dans celui de sa destination, il prend un chargement pour l'étranger ou pour un autre port de France, il fait un second voyage, dès-lors il doit renouveler son congé. (*Même décision.*) — Ce nouveau congé relatera les précédens, afin de conserver la trace de celui délivré au port duquel le navire dépend.

Les bâtimens employés dans le Levant, qui ne seront pas revenus en France une année après la date du congé qui leur aura été délivré lors de leur départ, paieront double le droit du premier congé qui leur sera expédié à leur retour. Les armateurs et capitaines seront même tenus de justifier, par des certificats des commissaires des relations commerciales, des causes qui auront empêché les bâtimens de revenir en France dans le délai d'une année. (*Même décision.*)

A l'égard de ceux qui ne seroient pas revenus en France dans l'espace de deux années, la soumission qu'ils auront souscrite, conformément à l'article 11 de la loi du 27 vendémiaire an 2, sera exécutée. (*Même décision.*)

La durée des congés des bâtimens navigant du Hâvre à Rouen et dans toutes les rivières lorsqu'ils ne vont point en mer, ainsi que ceux employés à la pêche, quoiqu'ils soient de plus de 30 tonneaux, sera d'un mois, de même que pour les navires pêcheurs de Dunkerque et d'Ostende, conformément à la décision du 22 prairial an 5. (*Décision du 27 nivôse 8.*)

Cette décision, pour la durée des congés, sera appliquée aux bateaux pontés au-dessus de 30 tonneaux qui font le cabotage entre le Hâvre et Honfleur. (*LM. 28 mars 1812.*)

---

(1) Les soumissions se rapportant à l'acte de francisation, ne peuvent pas être renouvelées avec les congés qui se délivrent chaque voyage, puisque leur effet coexiste avec celui de l'acte primitif. (*Lettre au directeur de Lorient du 28 therm. an 5.*)

Enfin tout bâtiment non ponté, navigant dans la Seine et ne pouvant en raison de sa construction sortir de cette rivière, quelle que soit sa contenance, n'est soumis qu'au congé annuel d'un franc. (*D.* 18 *germinal* 8). (1)

Bâtimens exempts d'un nouveau Congé.

Un bâtiment parti de Rouen pour le Havre en lest, ayant relâché à Honfleur, où il a chargé pour Rouen, n'est point soumis à un nouveau congé ; le retour étant consommé, conformément aux dispositions supplétives de la circulaire du 13 ventôse an 11, laquelle déclare, pour le cas de cabotage, passibles d'un nouveau congé les seuls bâtimens qui ne font point leur retour au port dont ils dépendent. (*LD.* 7 *frimaire* 12, *au directeur de Rouen.*)

Des derniers termes de cette lettre, il sembleroit découler que le renouvellement des congés, pour ceux des bâtimens assujettis à en prendre un autre à chaque voyage, devroit avoir lieu toutes les fois que le navire prendroit une autre destination que celle du port où il a été francisé ; tandis qu'au contraire, par le sens même du second paragraphe de l'article 11 de la loi du 27 vendémiaire an 2, *les congés étant bons pour un voyage*, il est évident qu'on ne doit lever un nouveau congé que lorsque le bâtiment ne repart pas pour le port d'où il est venu, que ce port soit ou non celui de sa francisation, et ceci se prouve par cela qu'un voyage se composant du départ et du retour, ne peut se parfaire que par le retour au lieu même du départ.... Prendre une autre destination que celle du départ, ce n'est pas retourner, c'est entreprendre un autre voyage.

Abus des Congés.

Sauf les exceptions ci-dessus :

Tous les ans les bâtimens au-dessous de 30 tonneaux doivent prendre un nouveau congé, sous peine de confiscation et de 100 fr. d'amende, s'ils sont trouvés navigant (27 *vend.* 2, *art.* 5.)

Les propriétaires des autres bâtimens qui ne renouvelleroient pas leurs congés, au moins dans le cours de l'année, encourroient les peines prononcées par l'article 11 de la loi du 27 vendémiaire an 2 ; elles sont une amende de 20 fr. par tonneau si le bâtiment est au-dessous de 200 tonneaux, de 30 fr. s'il est au-dessus, et de 40 fr. s'il a plus de 400 tonneaux. (*D M.* 5 *pluviôse* 11.)

Les bâtimens employés dans le Levant ne paient que le double droit du premier congé pour n'être pas revenus une année après sa date ; mais à défaut de rentrer dans l'espace de deux ans, l'amende ci-dessus est encourue. (*CD.* 13 *pluv. et* 13 *vent.* 11.)

Congés déposés.

Les congés doivent être déposés dans les 24 heures de l'arrivée, au bureau de la douane et y rester jusqu'au départ. (27 *vend.* 2, *art.* 28.) (2).

---

(1) LA NAVIGATION INTÉRIEURE DES RIVIÈRES, qui assujettit les bâtimens aux congés, s'entend de celle qui se fait depuis la mer jusqu'au port en rivière où se trouve le dernier bureau des douanes ; *par exemple*, du Havre à Rouen, de Paimbeuf à Nantes : celle qui se fait en-deça de ce bureau, comme de Rouen à Paris, de Nantes à Ingrande, ne donne point ouverture au congé.

(2) Les patentes que les capitaines étrangers présentent pour justifier de quelle nature est le bâtiment, doivent être retenues, comme les congés, jusqu'au départ.

Perte des Congés.

En cas de perte du congé, on en délivre un second sur le rapport certifié de l'équipage constatant cette perte.

Défaut d'imprimés.

Lorsqu'à défaut d'imprimés pour les congés ou passavans, les préposés sont obligés d'y suppléer par visa, le droit doit être également perçu. (*Lettre au directeur de Toulon, du* 24 *nivôse an* 5.)

DROITS DE NAVIGATION.

Les taxes dont il vient d'être question, celles enfin fixées pour la délivrance des actes de francisation et congés ne sont pas, à proprement parler, des droits, et il n'y a de droits de navigation que ceux dont il va être parlé... Cette distinction est importante à établir à raison du droit d'acquit.

DROIT DE TONNAGE.

Le droit de tonnage concerne le bâtiment et non la cargaison.

Ce droit étant imposé sur la contenance et non sur le volume du navire, les dimensions pour la jauge doivent toutes être intérieures. (*Circul. du* 8 *therm. an* 10.)

Il n'est exigible que vingt jours après l'arrivée du bâtiment ; mais il doit être acquitté avant le départ. (4 *germinal an* 2, *titre* 3, *art.* 12.) On peut prendre des sûretés pour en assurer le paiement.

Sa quotité par tonneau.

Sur bâtiment français au-dessus de 30 tonneaux,
Venant d'un port de France sur l'Océan dans un autre port sur l'Océan, ou d'un port français sur la Méditerranée dans un autre sur la Méditerranée, doit (*art.* 30). . . . . 0 fr. 15 c.

— Venant d'un port de France sur l'Océan dans un autre port sur la Méditerranée, et réversiblement (*même art.*). . . . . 0 fr. 20 c.

— Venant des colonies et comptoirs français d'Asie, d'Afrique, ou Amérique, dans un port de France (*article* 31.). . . . . 0 fr. 30 c.

Sur bâtimens étrangers (1) de toute contenance, venant dans un port de France (*article* 33). . . . . 2 fr. 50 c.

Droit de Tonnage, relativement aux chargemens et déchargemens dans différens ports.

Un bâtiment étranger qui charge dans un port de France des barriques vides pour aller les remplir dans un autre port français, ne doit point de droit de tonnage dans ce second port ; ce transport ne devant être regardé que comme un chargement commencé dans un port, et consommé dans un autre. (*LA.* 1.er *ventôse* 5, *au directeur de Toulon.*) (2)

Un bâtiment étranger qui, après avoir chargé des productions nationales dans un port de France, va completter sa cargaison en marchandises aussi nationales dans un autre port où il ne fait pas de déchargement et ne reçoit point de réparation, n'est assujetti qu'à un seul droit de tonnage. (*Décision du* 8 *frimaire an* 10.)

Il ne seroit également dû qu'un droit de tonnage sur

---

(1) Quand même le bâtiment ne porteroit que des passagers. [*Décis. du* 5 *niv. an* 5.]

(2) Les droits de navigation ne devront être perçus au Havre, sur les bâtimens venant à Rouen, que lorsqu'une partie du chargement sera destinée pour le premier port. [*Direct. génér.* 1er *flor. an* 11.]

un bâtiment dont la majeure partie du chargement consisteroit en comestibles, quoique le déchargement s'en fît dans plusieurs ports, et que, même après, ce navire allât sur son lest dans un autre port pour y prendre un chargement de retour (1). (*Arrêté du 26 ventôse 4, art. 1er.*)

Le ministre avoit décidé, le 11 ventôse an 5, qu'un bâtiment qui, après avoir déchargé sa cargaison dans un port, se rendoit dans un autre port pour y prendre un chargement, devoit dans ce dernier port un nouveau droit de tonnage ; mais le directeur général lui ayant observé qu'il arrivoit souvent qu'un navire étranger étoit obligé de repartir du premier port d'arrivée sur son lest, ou de n'y charger que des marchandises extraites d'entrepôts, et de se rendre dans d'autres ports, afin de former ou de completter sa cargaison, il en est résulté la disposition suivante : « Les navires » neutres qui, après avoir effectué leurs déchargemens » dans un port de France, se rendent dans un ou plu- » sieurs autres ports pour y faire ou completter leurs » cargaisons de retour, ne seront point assujettis à un » deuxième droit de tonnage, soit qu'ils aient ou non » commencé leur chargement dans le port de prime » abord, soit que le chargement commencé et celui » qui sera effectué soient composés en tout ou en partie » de marchandises étrangères prises en entrepôt. » (*DM.* 12 *germ.* 13.) Il importe, d'après cette décision, de s'assurer que les navires étrangers, arrivant sur leur lest et annoncés venir d'un autre port en France, y ont réellement abordé et payé les droits ; à cet effet il sera délivré un passavant au bureau de prime abord, annonçant le port où le capitaine aura déclaré vouloir se rendre, en relatant la date, le numéro et le montant de l'acquit de paiement des droits. Cet acquit sera reproduit au 2.e bureau avec le passavant qui y sera conservé comme pièce justificative des motifs de la non itérative perception. (*CD.* 18 *germ.* 13.)

La loi du 27 vendémiaire an 2, n'ayant point dérogé au réglement de 1701, qui n'assujettissoit qu'à un seul droit de fret les vaisseaux entrant dans les rivières, quoique leur chargement ou déchargement eût lieu dans plusieurs ports desdites rivières, il ne doit également être perçu dans ce cas qu'un droit de tonnage.

Droit de Tonnage relativement aux relâches forcées.

Le droit de tonnage est essentiellement droit d'abord perceptible par le seul fait de l'entrée d'un navire dans nos ports ; aussi est-il dû, même dans le cas de relâche forcée (4 *germinal* 2, *tit.* 2, *art.* 6), et quand même le bâtiment ne resteroit pas vingt-quatre heures dans le port. (*Lettre du* 25 *prairial* 2.)

Il est dû par un bâtiment échoué, conduit dans un port pour y être radoubé.

---

(1) Le rechargement partiel d'un bâtiment qui étoit chargé de comestibles, ne le rend pas plus passible du droit de tonnage à chacune de ses opérations que le déchargement. [*Lettre au direct. de Toulon, du* 12 *pluv. an* 5.]

On n'entend par comestibles que les grains, farines, légumes, et toutes subsistances exemptes du droit d'entrée. Les huiles et le poisson salé n'étant point objets de première nécessité, et ayant été taxés à des droits assez forts, ne doivent pas être rangés dans cette classe. [*Lettre au direct. de Marseille, du* 13 *therm. an* 8.].. — Les marrons ne peuvent plus être considérés comme comestibles, ayant aussi été taxés à des droits, par la loi du 30. avril 1806.

Mais on a excepté les bâtimens étrangers à destination pour un port de France, entrant par détresse dans un autre port, lorsqu'ils n'y font aucune opération de commerce ou n'y reçoivent pas de réparations (1). (*Arrêté du* 26 *vent.* 4, *art.* 2.) — Ainsi un navire étranger qui va d'un port de France dans un autre, pour se réparer, est passible du droit, mais si le besoin de réparation provient d'accidens survenus, soit dans le port, soit à son entrée, soit même dans le trajet, pourvu qu'il prenne une cargaison de retour, il a rempli le but de la franchise qui est de favoriser le commerce extérieur et les exportations ; en conséquence il ne doit point être assujetti à une seconde perception. (*CD.* 8 *octobre* 1806.)

On a aussi excepté ceux qui, chargés dans un de nos ports, sont forcés de relâcher dans un autre en retournant à l'étranger. (*DM.* 27 *fructidor* 4.) (2)

Les bâtimens français expédiés d'un port de France à un autre ; lorsque, dans ceux de relâche, ils ne déchargent pas une partie essentielle de leur cargaison. (*Décision du* 7 *nivôse an* 11.)

On doit entendre par partie essentielle de la cargaison, le dixième en volume, et non en valeur du chargement. (*DM.* 24 *novembre* 1812.)

DEMI-DROIT DE TONNAGE.

Il sera perçu sur les navires français et étrangers une contribution égale à la moitié du droit de tonnage. (14 *floréal* 10.)

Ce nouveau droit est passible du décime par franc. (*LM.* 23 *floréal* 11.)

Il fut d'abord destiné uniquement aux frais de réparation des ports où le recouvrement s'en effectuoit, et les receveurs des douanes en étoient dépositaires ; mais ce produit n'est plus affecté exclusivement à cet entretien, et les receveurs, au lieu d'en être dépositaires, doivent le verser comme leurs autres recettes aux caisses des départemens. (*DI.* 17 *janvier* 1806.)

Les quittances du demi-droit de tonnage sont séparées de celles du droit principal. (*Lettres du* 10 *messidor* 10 et 9 *thermidor* 12.)

Elles ne sont pas soumises au droit d'acquit, mais seulement au remboursement du prix du timbre. (*LD.* 29. *therm.* 10.)

Les bâtimens français de 30 tonneaux et au-dessous étant exempts du droit de tonnage, ne sont point passibles de ce demi-droit. (*Décision du* 29 *thermidor an* 10.)

FRAIS D'EXPÉDITION ; *leur quotité.*

Les frais d'expédition, d'entrée et de sortie d'un bâtiment étranger de 200 tonneaux et au-dessous ; etc. (*Art.* 35.)......................... 18. 00
Au-dessus de 200 tonneaux. (*Même art.*).. 36 00
Bâtiment français de 30 à 150 tonneaux. (Il n'est rien dû jusqu'à 30 inclusivement.) (*Article* 36.)........................... 2 00
De 150 à 300. (*Même article.*)............ 6 00
Au-dessus de 300 tonneaux. (*Même article.*) 15 00

---

(1) La relâche pour remplacement d'un mât ne donne pas ouverture au droit, la Régie ayant décidé que cette opération n'est pas une véritable réparation. [*Lettre au direct. de Marseille, du* 4 *floréal an* 8.]

(2) Cette exemption ayant pour objet unique de favoriser nos exportations, n'est point applicable aux bâtimens étrangers sur leur lest. (*Décis. de la régie, du* 5 *pluv. an* 5.)

Le bâtiment exempt du droit de tonnage l'est aussi des frais d'expédition. (*Décis. du 23 pluv. an 2.*)

On a également affranchi des frais d'expédition les barques espagnoles de quatre à cinq tonneaux qui, en retournant de France en Espagne, cherchent, pendant la nuit, un abri dans un port de la Méditerranée. Ils ne doivent dans leurs diverses relâches, soit volontaires ou forcées, que le droit de tonnage, suivant les circonstances. (*Décis. du 19 brum. an 10, et circul. du 22.*)

Mais ces frais sont dus par un bâtiment parlementaire qui charge au retour des marchandises ou des voyageurs. (*Lettre du 3 nivose an 5.*)

Et par le navire qui met en mer pour la première fois, mais dans ce cas il ne peut devoir que les frais d'expédition de sortie; voir au Code sous le n.° 1042.

DROITS D'ACQUITS, PERMIS et CERTIFICATS.

Pour tout acquit, permis et certificat relatifs à une cargaison étrangère. (*Art. 37.*) 1 00

Les mêmes droits pour une cargaison française ne seront (*Même article*) que de. . . . . . o 50

DROIT DE PERMIS.—Il résulte de la décision du 17 floréal an 4, qu'il faut que le droit de permis soit perçu sur chaque déclaration de chargement et de déchargement en tel nombre que soient les déclarans. . . . . Mais il ne doit être délivré qu'un permis pour la même partie de marchandises, quelle que soit la durée de son chargement ou déchargement. (*Opinion de la régie, du 16 ventose an 4.*)

Ainsi le permis est relatif à la cargaison ; donc son droit n'est pas perceptible lorsque le navire part ou arrive sur son lest... Par la conséquence contraire, il est dû dès qu'il y a lieu à embarquement ou débarquement de marchandises, même sur les navires exempts des droits de tonnage, tels que bâtimens français revenant d'un port étranger, etc... mais les produits de la pêche faite sur nos côtes en sont affranchis par faveur spéciale. (*Voir* BATIMENT VENANT DE LA PÊCHE.). . . . Et en ont aussi été dispensés les bâtimens pontés ou non pontés qui naviguent en rivière sans emprunt de la mer. (*LD. 23 août 1809.*)

Cependant le particulier qui déclare embarquer une marchandise exempte de droit, ne doit pas payer cinquante centimes pour le passavant et cinquante centimes pour le permis, parce que le passavant devient le permis d'embarquer. (*LA. 5 floreal an 4.*)

Les provisions de beurre et de tabac, à l'usage des équipages, en ont aussi été dispensées, lorsque les quantités n'excèdent pas dix - sept à vingt kilogrammes de beurre et douze à quinze kilogrammes de tabac par personne. (*LA. 18 messidor an 4.*)

Le transbordement néanmoins ne donne pas ouverture au droit de permis lorsqu'il n'a lieu que par la raison que les navires sont d'une trop forte contenance pour remonter les rivières ; . . . . . une lettre au directeur de Nantes, du 18 prairial an 7, l'a décidé ainsi relativement aux navires qui, ne pouvant entrer dans la Loire, restent au Daro, où ils reçoivent leurs cargaisons des gabares expédiées de Nantes.

Les habitans de l'île de Bréhat ne paient qu'un seul droit de permis pour le chargement et déchargement des objets qu'ils font venir de la terre ferme sur des barques de quatre à cinq tonneaux ; sous la condition d'affecter particulièrement, au transport de ces objets, un bateau dont le patron est choisi par le receveur des douanes et qui ne peut charger aucun autre objet. (*Arrêté du 25 brumaire an 6.*)

DROIT DE CERTIFICAT. — Par assimilation on perçoit le droit de certificat pour la délivrance des passeports.

LE PASSEPORT a pour objet de faire connoître que le bâtiment étranger qui sort du port y a présenté les pièces justificatives de son origine, payé les droits de navigation et rempli toutes les formalités.

Aucun bâtiment étranger ne peut mettre en mer sans cette expédition ; il doit en être délivré même aux capitaines des bâtimens en relâche, pourvu que, pour le même voyage, ils n'en aient pas pris déjà dans un port de France, auquel cas on se borne à viser ce dernier.

Les passeports se délivrent sans cautionnement. Lors de leur délivrance, le préposé expédie un acquit de paiement et fait mention, sur la souche restante, de cette délivrance et du droit perçu.

DROIT D'ACQUIT. — Une lettre de M. le directeur général, du 23 janvier 1807, adressée à l'un des inspecteurs généraux, a donné, sur l'ouverture de ce droit, des renseignemens bien précis ; tels en sont les termes : — « Vous m'avez marqué, Monsieur, par votre lettre » du 31 janvier dernier, que la perception du droit » d'acquit ne s'effectuoit pas uniformément dans les » bureaux que vous avez vérifiés.... J'ai rappelé aux » directeurs le principe du droit d'acquit, lequel » étant essentiellement accessoire du droit principal, » n'est exigible que dans les cas où celui-ci est percep- » tible. — Vous demandez, par une seconde lettre du » 17 de ce mois, la définition du droit principal ;.... je » l'ai donnée dans diverses circulaires sur les lois de na- » vigation ; ce sont les droits de tonnage et d'expédition. » ... Il vous paroît qu'on doit y ajouter ceux de franci- » cisation et congés.... La quittance du droit de franci- » sation étant inscrite au dos de l'acte, il n'y a pas lieu » à l'expédition de l'acquit, ni par conséquent à la per- » ception du droit d'acquit..... Le droit de congé est » trop foible pour supporter un accessoire qui en feroit » quelquefois le doublement. C'est par ce motif ex- » primé dans mes instructions que j'ai décidé que sa » perception n'entrainoit pas celle du droit d'acquit ».

Le droit de permis ne donne conséquemment pas ouverture à celui d'acquit. (*Lettre au directeur de Nice, du 9 vendémiaire an 7.*) — Ni ce droit d'acquit ne peut être perçu sur celui des certificats auxquels se trouvent assimilés les passeports délivrés aux vaisseaux étrangers. (*Lettre au directeur de Toulon, du 5 pluviôse an 5.*)

BATIMENS EXEMPTS DES DROITS DE NAVIGATION.

Les bâtimens français venant de la pêche, de la course, ou d'un port étranger ne paieront aucun droit. (*27 vendémiaire an 2, art. 32.*)

BATIMENS VENANT DE LA PÊCHE. Pour jouir de l'exemption, ces bâtimens ne doivent avoir à bord que les produits de leur pêche...... Si cependant il s'y trouvoit d'autres marchandises qui eussent été chargées à l'étranger, la circonstance du retour d'un port étranger, suffiroit pour les affranchir des droits de navigation.

Une décision du 28 pluviôse an 10, porte que l'immunité accordée aux navires pêcheurs, par cet article 32 de la loi du 27 vendémiaire, est étendue à ceux qui les suppléent en transportant les produits de la pêche aux lieux les plus avantageux de la vente. Le navire français qui pêche sous pavillon neutre jouit de la même franchise. (*DM. 22 ventôse an 4.*)

L'immunité n'étant accordée qu'à la pêche française, il faut, en conséquence, qu'il soit bien constant que le produit rapporté n'ait pas été acheté sur mer à des pêcheurs étrangers.

« Les navires expédiés pour la pêche nationale sur les » côtes, sont dispensés du droit de permis établi par » l'article 37 de la loi du 27 vendémiaire an 2, sur les » produits de cette pêche ». (*DI.* 10 *mars* 1809.) — Ainsi ces bâtimens se trouvent aussi affranchis du droit de permis de 50 cent., auquel sont soumises toutes les déclarations de chargement ou de déchargement de cargaisons françaises; mais cette franchise, aux termes du décret, ne peut s'appliquer aux navires français qui seroient expédiés pour des destinations lointaines; elle concerne donc uniquement la pêche que nos barques, bateaux et autres petits bâtimens font dans les parages de France, où ils vont journellement. (*Conséquence de la circulaire du 22 mars* 1809.)

Voir, pour d'autres immunités, le titre **PRIMES** *pour la pêche*, au livre 4 du Code.

BATIMENS VENANT DE LA COURSE. Ils ne doivent avoir à bord, pour jouir de l'exemption, que les marchandises composant la cargaison du navire capturé.

Les navires de prises ont été affranchis de tous droits, tant de ceux de douane par l'article 5 de la loi du 19 mai 1793, que de ceux de navigation par décisions ministérielles des 9 vendémiaire an 6, 5 thermidor an 12, et circulaire du 9 *dito*.... Fussent-ils même déclarés n'être pas de bonne prise, encore seroient-ils exempts, par suite, de la décision du 6 ventôse an 7, à moins cependant qu'il ne fut vendu de leur cargaison après avoir été relâchés.

BATIMENS VENANT D'UN PORT ÉTRANGER. — Il est clair que l'exemption ne s'applique qu'aux bâtimens français, que pour autant qu'ils reviennent effectivement d'un port étranger........ Car s'ils s'étoient procuré leurs cargaisons de retour en mer, ils n'auroient pas acquis le privilége, puisque la loi l'attache au voyage chez l'étranger et non pas à la marchandise de l'étranger.

De la combinaison des diverses dispositions sur la Navigation, il dérive encore d'autres exemptions que celles rapportées ci-dessus.... pour que, dans ce paragraphe, on les ait toutes sous les yeux, voici un relevé des autres bâtimens affranchis :

1°. Bâtimens de la marine impériale, et ceux français ou étrangers fretés pour le compte de l'État..... (*Conséquence de l'art. 3 de la loi du 27 vendémiaire an 2.*)

2°. Paquebots qui ne transportent que les dépêches et les passagers. (*DM.* 15 *floréal an* 12... (*Même conséquence, par cela qu'ils sont considérés comme étant alors au service de l'Etat.*)

3°. Bâtimens parlementaires à l'usage unique du Gouvernement... (*Même conséquence.*) — Mais si les parlementaires chargeoient en retour des marchandises ou des voyageurs, ils devroient les frais d'expédition. (*DM.* 3 *nivôse an* 5.) Les droits d'acquit et de permis seroient dus, dans ce cas, également. (*LM.* 2 *floréal an* 7.) — Les bâtimens qui transportent des troupes et des prisonniers ne peuvent être assimilés aux parlementaires. (*LM.* 3 *nivôse an* 8.) Cependant les bâtimens affrétés par des prisonniers de guerre munis du sauf-conduit du commissaire d'échange, jouiroient de l'immunité des parlementaires, s'ils n'avoient pas d'autres chargemens. (*DM.* 28 *nivôse an* 9.)

4°. Bâtimens trouvés abandonnés... (*Même cons-*

quence, *par cela qu'étant épaves de mer, ils deviennent propriété de l'Etat.*)

5°. Bâtimens de commerce, français ou neutres, naviguant sous l'escorte des vaisseaux de la marine impériale, lorsqu'ils ne font aucune opération de commerce. (*Lettre du* 9 *pluviose an* 8.)

6°. Bâtimens venant de Hollande, chargés de fascines, madriers, etc. pour la réparation des digues et polders des départemens de l'Escaut et des Deux-Nèthes. (*DM.* 2 *thermidor an* 4, 25 *thermidor an* 5, 12 *prairial an* 6, et *CD.* 28 *thermidor an* 12 *et* 5 *brumaire an* 13. — Les navires qui sont employés dans les ports à transporter des pierres pour les réparations que le Gouvernement fait faire, ne sont pas non plus soumis aux droits de navigation. (*DM.* 16 *vendémiaire an* 14 *et LD.* 18 *dito.*)

7°. Bâtimens échoués, dont le capitaine fait l'abandon, encore que la cargaison soit sauvée. (*DM.* 7 *frimaire an* 3.)

8°. Bâtimens qui, forcés d'entrer dans un port et d'y décharger leurs cargaisons, sont condamnés comme ne pouvant plus tenir la mer. (*DM.* 7 *frimaire an* 6.) Voici une lettre explicative de cette disposition : « Comme la décision du 7 frimaire an 6, portant » exemption du droit de tonnage pour les bâtimens » condamnés, suppose qu'ils ont entré par relâche forcée » dans un port qui n'étoit pas sa destination, où ils » ont été obligés de décharger leur cargaison, elle ne » pourroit être applicable que dans ce cas ou dans celui » où les bâtimens arriveroient sur leur lest. — En effet, » les droits de navigation affectent le bâtiment navigant » qui transporte des marchandises et effectue son voyage, » ainsi on doit les percevoir toutes les fois qu'il remplit » l'office qui lui est propre, quel que soit l'état où il peut » être ultérieurement réduit. — D'après ces principes » conformes à la lettre et à l'esprit de la loi, le droit de » tonnage perceptible à l'entrée, et LA MOITIÉ DE CELUI » D'EXPÉDITION (*ce dernier droit est donc divisible;*) » doivent être exigés, à moins que le bâtiment ne soit » pas destiné pour le port de relâche, ou qu'il soit arrivé » sur son lest dans celui de destination ; ces deux cas seuls » pouvant faire exception ». (*LD.* 19 *floréal an* 13.)

9°. Bâtimens en relâche pour remplacement d'un mât. (*Lettre du* 4 *floréal an* 8.)... *Voir* la note de la page 217.

10°. Bâtimens en relâche dans les golfes, anses, bayes où il n'y a pas de bureaux; ceux ancrés sur rade ou posés devant un port... Mais dans ce cas, les capitaines ne peuvent faire aucuns versemens sans s'exposer à la saisie. (*DM.* 27 *brumaire an* 5.)

11°. Bâtimens navigant dans l'intérieur des rivières seulement, sans emprunt de la mer. (*DM.* 11 *fructidor an* 5.)... Mais la navigation d'un port en rivière à un autre port en rivière, par emprunt de la mer, par exemple, de Rouen à Caen, donneroit ouverture aux droits;... toutefois comme l'intérêt du commerce a fait réputer ports de mer quelques ports situés dans l'intérieur des rivières ; il n'en faut pas conclure que les parties de rivières qui se trouvent entre ces ports et la mer soient réputées Mer, ni que les bâtimens qui viennent d'un de ces ports dans un autre de la même rivière, soient assujettis aux droits de navigation. (*DM.* 7 *prairial an* 4.) Ainsi il seroit contraire au vœu de la loi de vouloir traiter comme frontières maritimes les deux bords de la rivière depuis Rouen jusqu'au Havre.... (*LA.* 7 *frimaire an* 4.)

Ainsi le navire qui, à son entrée dans l'*Escaut*, a

acquitté les droits de navigation, peut ensuite parcourir, s'il n'en sort pas, le même fleuve, sans être assujetti à de secondes perceptions. (*LD.* 23 *octobre* 1810.)

Ainsi la navigation qui se fait dans le *Zuiderzée*, en deçà de la ligne d'embarcation entre Enkhuisen et Staveren, n'est pas soumise au droit de tonnage. (*LM.* 24 *juillet* 1812.)

Ainsi les bâtimens qui naviguent dans *l'Elbe* sans prendre la mer ne doivent pas de droits de navigation. (*LM.* 11 *septembre* 1812.)

12°. Bâtimens employés, comme allèges, à recevoir les cargaisons des navires, qui, ne pouvant remonter les fleuves ou rivières, effectuent leurs déchargemens dans le premier port d'arrivée. (DM. 25 *mars* 1806.) — Cette décision est fondée sur ce que ce seroit percevoir, partiellement, deux fois le même droit sur un même navire, si on y assujettissoit les allèges qui en sont en quelque sorte le doublement.

13°. Enfin, tout bâtiment français de trente tonneaux et au-dessous... (*Conséquence de l'article* 30 *de la loi du* 27 *vendémiaire an* 2, *qui n'impose que les bâtimens au-dessus de trente tonneaux.*)

CABOTAGE.

L'article 4 de l'acte de navigation, (Code, n°. 997,) interdit le cabotage dans nos ports aux navires étrangers pour le réserver aux nationaux.

Cette disposition à laquelle il avoit été temporairement dérogé, vient d'être remise en pleine vigueur par ordre de S. M., transmis par lettre ministérielle du 2 juillet 1810.

Ainsi tout transport d'un port de France à un autre de l'Empire, ne pourra être fait que par des bâtimens francisés, et il est interdit à ceux étrangers, s'il ne leur est accordé une permission signée de la main de Sa Majesté. (CD. 7 *juillet* 1810.)

NAVIRES NEUTRALISÉS.

Les navires français peuvent être neutralisés sous condition de réintégration. (AC. 13 *prairial an* 11.)

Le commissaire de la marine du port auquel ils appartiennent pourra accorder ces neutralisations pour un an.

Ces simulations annuelles seront néanmoins renouvelées toutes les fois que le bâtiment changera de pavillon sous lequel elles auront été accordées.

L'exportation des bleds, légumes, huiles, etc. et autres objets de première nécessité pour une puissance ennemie, ne pourra avoir lieu à l'avenir que sur navires français simulés ou non simulés, lorsque la sortie n'en sera pas défendue.

A l'avenir il ne sera plus accordé de licences qu'à des bâtimens français. (CD. 7 *juillet* 1810.)

BATIMENS ITALIENS.

Les bâtimens italiens qui abordent dans nos ports ne doivent, aux termes de l'art. 17 d'un traité de commerce conclu à Paris le 20 juin 1808 entre la France et le royaume d'Italie, par mesure de réciprocité, que la moitié des droits de navigation qu'acquittent ceux étrangers, sans distinction de droits principaux et accessoires. (*CD.* 7 *sept.* 1808.)

Les bâtimens français et illyriens qui entreront dans les ports du royaume d'Italie, et les bâtimens italiens qui entreront dans les ports de France et Illyriens ne paieront que la moitié des droits de navigation imposés sur les bâtimens étrangers. (*DI.* 17 *juillet* 1811, *art.* 16.)

— Cette disposition s'applique tant aux droits principaux qu'à ceux accessoires. (*CD.* ... *juillet* 1811.)

RAPPORTS DE MER.

Le capitaine est tenu, dans les vingt-quatre heures de son arrivée, de faire viser son registre et de faire son rapport. (*Code de Commerce*, *art.* 242.)... — Le rapport est fait au greffe devant le président du tribunal de commerce; là où il n'y a pas de tribunal, le rapport est fait au juge de paix de l'arrondissement. *art.* 243.)

Nonobstant ces deux articles du code de commerce le rapport doit se faire également au bureau de la douane, puisque l'art 2 de la loi du 21 septembre 1793, qui attribue à l'Administration des Douanes la perception des droits de navigation, le veut ainsi...... — Cette disposition n'a jamais été abrogée, et chaque fois même qu'on s'en est écarté, des décisions ministérielles l'ont rétablie, notamment celle du 17 germinal an 5. — Ce qui prouve en outre que le rapport doit se faire même primitivement à la douane, c'est l'art. 2 du décret du 23 novembre 1807, qui enjoint aux capitaines des bâtimens entrant dans nos ports, de faire, *dans le jour de l'arrivée*, leur déclaration, au bureau de la douane, du lieu de leur départ, de ceux où ils ont dû relâcher, d'y présenter leurs manifestes, connoissemens, papiers de mer et livres de bord, d'après lesquels on doit procéder à l'interrogatoire des matelots.... Cette déclaration qui doit énoncer si le navire a été en Angleterre, ou visité par les Anglais, est de nouveau prescrite devant le chef de la douane par le décret impérial du 11 janvier 1808.....

Ainsi deux rapports de mer doivent se faire, l'un, dans le jour de l'arrivée, au bureau de la douane; et l'autre, dans les vingt-quatre heures, au tribunal de commerce ou au juge de paix..... Le premier ne dispense pas du second; tous deux sont de rigueur.... Cependant il a été décidé ministériellement le 1er. juin 1808, que là où il n'existoit ni tribunal de commerce ni justice de paix, le rapport primitif aux douanes pourroit suffire.

Les rapports de mer n'étant qu'un objet de police maritime, n'ont aucune analogie avec les certificats relatifs aux cargaisons; ainsi on peut d'autant moins les soumettre au droit imposé sur ces certificats, que toute perception doit être fondée sur un titre positif et précis. (*Lettre au direct. de Rouen*, *du* 4 *messidor an* 7.)

Les commis à la navigation ne peuvent exiger pour les expéditions qu'ils délivrent des rapports de mer, plus que les greffiers des tribunaux auxquels la loi n'accorde qu'un franc par rôle, chaque page contenant 20 lignes et chaque ligne 7 mots. (*LD.* 30 *ventôse* 12.)

DES TAXES SUPPLÉMENTAIRES

et spéciales à certains ports.

PORTS DE CETTE, AGDE, PORT-VENDRE ET NOUVELLE.

Le droit établi, par la loi du 13 floréal 11, sur les vins et eaux-de-vie dans le port de Cette, est prorogé pendant cinq ans.... Un semblable droit sera perçu pendant le même espace de temps dans les autres ports du golfe, depuis les Bouches du Rhône jusqu'aux côtes d'Espagne. (*Loi du* 21 *novembre* 1808.)

Taxe sur les vins et eaux-de-vie expédiés soit pour l'étranger, soit pour les ports de France.

Un muid de vin de 268 litres............ 1 fr.
Un *idem* d'eau-de-vie................ 3

Le montant de cette perception sera versé dans la caisse du Receveur principal des Douanes. (*Loi du 13 flor. 11.*)

Le produit de ces droits formeront une masse dont le montant sera incessamment appliqué à ceux de ces ports qui présentent les besoins les plus urgens (*Loi du 21 novembre 1808.*)

PORTS DU HAVRE, D'OSTENDE, DE BRUGES ET DE LA ROCHELLE.

Taxe sur les navires admis à entrer et à séjourner dans les bassins à flot desdits ports.

Par tonneau pour chacun des deux premiers mois de séjour.

Bâtimens étrangers............... 75 cent.
Idem français.................. 30
Idem de petit cabotage........... 15

Moitié pour le troisième et quatrième mois, le quart pour les suivans.

Le moindre séjour compte pour demi-mois ; droit modéré à un dixième de la taxe pour les bâtimens français seulement, qui trois mois après avoir désarmé, séjourneroient dans lesdits bassins. En cas de réarmement, ils seroient de nouveau soumis au droit imposé dans les proportions établies ci-dessus. (*Il en est de même pour Anvers.*)

Ces dispositions sont applicables au bassin nouvellement construit à la Rochelle (*22 février 1810.*)

Le montant de cette taxe est versé et employé comme pour le port de Cette. (*12 floréal 11.*)

Il sera aussi perçu dans les bassins non à flot desdits ports du Havre, Ostende et Bruges, sur les navires admis à y entrer et à y séjourner, une taxe d'entretien égale à la moitié de celle établie pour les bassins à flot dans lesdits ports par la loi du 12 floréal an 11.

Les navires du port de 40 tonneaux et au-dessous, employés au petit cabotage, les bateaux passagers et les bateaux pêcheurs, ne seront pas assujettis à ce droit.

Montant versé et employé comme pour les droits de même nature marqués ci-dessus. (*DI. 25 mars 1806.*)

PORT DE QUILLEBŒUF.

Pour subvenir aux dépenses du rétablissement du magasin de sauvetage à Quillebœuf, il sera perçu un droit additionnel au droit de tonnage sur chacun des navires ou bâtimens de mer ou de rivière qui traverseront le passage de la Seine vers Quillebœuf, savoir :

1°. Sur tous bâtimens français, navires ou allèges, navigant des ports ou anses des départemens de la Seine-Inférieure, de l'Eure et du Calvados, situés en rivière, à Rouen, et de Rouen auxdits ports et anses, *par tonneau*.......... o fr. 1 ½ c.

2°. Sur tous navires français venant de quelque autre port français de l'Océan ou y allant et passant devant Quillebœuf. . . o fr. 3 c.

3°. Sur tous navires français venant de quelque port étranger de l'Europe, situé sur l'Océan ou sur les mers du Nord, ou y allant, ou bien venant de quelque port français de la Méditerranée ou y allant. o fr. 5 c.

4°. Sur tous navires français venant des Colonies ou y allant, ou faisant tout autre voyage au long cours.......... o fr. 10 c.

5°. Sur tous bâtimens navigant sous pavillon étranger, quel que soit leur voyage. . . o fr. 15 c.

Les bâtimens français de vingt tonneaux et au-dessous, quelle que soit leur navigation, ne paieront rien. (*DI. 3 mai 1810, art. 6.*)

Le droit ne sera acquitté qu'une fois par voyage, comprenant l'aller et le retour, et ce, en descendant la rivière : il sera perçu par le receveur de la douane à Quillebœuf, qui en tiendra le produit, mois par mois, à la disposition de la chambre de commerce de Rouen. (*Même décret, art. 7.*)

PORT D'ANVERS.

Perception d'un droit de Bassin sur tous les bâtimens de mer qui y entreront, soit qu'ils fassent usage ou non des bassins.

Ce droit est réglé ainsi qu'il suit :

Navires de 50 à 100 tonneaux. 25 cent. par ton.
Idem de 100 à 250......... 50 *Idem.*
Au-dessus de 250.......... 75 *Idem.*

L'article de la loi du 12 floréal 11, qui n'exige des navires entrés dans les bassins à flots des ports du Havre, d'Ostende et de Bruges, que le dixième du droit pour chaque mois de séjour excédant trois mois après le désarmement, sera commun au port d'Anvers (*DI. 23 avril 1807.*)

Ce droit supplémentaire n'est point applicable aux navires qui cherchent un asile dans la partie supérieure de l'Escaut et de ses affluens : en conséquence le droit n'est pas exigible dans le Ruppel ni dans la partie de l'Escaut supérieure à Ruppelmonde. (*DM. 18 novem. 1808.*)

Les navires au-dessous de 50 tonneaux, et ceux exclusivement employés à la pêche, seront exempts desdits droits.

Il sera également perçu dans ledit port, à dater de la publication de la loi du 24 ventose 12, et conformément au tableau ci-annexé, un droit de colis sur toutes les marchandises qui arriveront par l'Escaut, soit sur navires de mer, soit sur tout autre bateau venant de la Hollande ou de Flessingue.

Le droit sera payé indistinctement sur toutes les marchandises même déchargées de bord à bord ou passant en transit.

Il sera dû sur les déclarations faites en Douane. (*24 ventose 12.*)

Le décime par franc, établi par la loi du 9 prairial an 7, n'est pas perceptible sur ce droit de colis. (*LD. 30 messidor 12.*)

La perception des diverses taxes du port d'Anvers sera faite par les préposés des Douanes.

Les produits des droits de bassin et colis seront appliqués indistinctement tant à l'entretien et au balisage, qu'aux travaux du port d'échouage et du bassin d'Anvers, et aux dépenses autorisées par les art. 7 et 8 de la loi du 24 ventose an 12. (*DI. 25 octobre 1806.*)

Tarif des Droits de Colis au Port d'Anvers.

ALUN, autre qu'en caisses. Les 2,000 livres poids de marc	0	50
BOIS de teinture en bloc, autres qu'en caisses. Les 2,000 livres	0	50
de construction, planches, poutres et mâts. Le tonneau de 2,000 livres	0	25
d'acajou, d'ébène, etc. Les 2,000 livres	1	00
CACAO. Barrique de 800 à 1,000 livres	1	00
de 400 à 500 livres	0	75
Balle	0	15
CAFÉ. Barrique de 800 à 1,000 livres	1	00
de 400 à 500 livres	0	50
de 200 à 300 livres	0	30
Balle de 200 à 300 livres	0	30
de 80 à 180 livres	0	10
CHANVRE. Les 2,000 livres	0	75
CHARBON. Idem	0	15
CIRE. La barique de 800 à 1000 livres	1	00
COCHENILLE. Suron et caisse	1	50
Balle	1	00
COLLE de poisson. Barrique. (*Décr. du 29 fruct. an 12*)	1	50
Suron	0	50
CORDAGES. Les 2,000 livres	1	00
COTON en laine. Les 250 livres et au-dessus	0	50
Les 150 livres et au-dessous	0	30
En canastres	0	30
COTON filé, comme mousseline. Balle	2	00
CUIRS secs, de bœufs, vaches. La pièce. (*DI. du 29 fruct. an 12*)	0	3
verts. La pièce	0	5
CUIVRE, autre qu'en caisses. Les 2,000 livres	0	50
EAUX-DE-VIE. Les 27 veltes	0	75
FERS, autres qu'en caisses. Les 2,000 livres	0	50
GARANCE. Barrique	1	00
GOMMES. Barrique	1	50
Suron	0	50
GRAINS, graines, semences, féves, etc. Le tonneau de 2,000 livres	1	00
HUILES de Gallipoli, d'Aix ou de toute autre espèce. Les 18 veltes	0 50 / 1 50
INDIGO. Baril, caisse ou suron	1	00
Demi-suron	1	00
LAINES du Nord, de Portugal, d'Espagne ou d'Italie. La balle de 250 à 300 livres	1	00
de 100 à 200 livres	0	75
PELLETERIE. Peaux de lièvres, d'ours, de chevreuils. La barrique ou balle	2	00
PLOMBS, autres qu'en caisses. Les 2,000 livres	0	50
POILS de chèvres ou de lapins. Balle	0	75
POIVRE. La balle de 250 livres et au-dessus	0	25
de 150 et au-dessous	0	15
POTASSE du Nord, en grosses barriques	1	00
en barrique de 300 à 500 liv.	0	50
RIZ. Baril	0	35
Balles du Piémont	0	15
SOUDE, en grenier. Les 2,000 livres	0	25
SUCRE brut, terré et raffiné. Barrique	1	00
Dito, caisse du Brésil	1	25

SUCRE tierçon	0	60
tierçon de la Havanne	0	40
sac ou canastre	0	10
SUCRE CANDI. Caisse ou demi-caisse	0	10
TABACS en feuilles, en boucauts	1	00
en paniers d'Amersford	1	00
en canastres du Brésil	0	75
en rouleaux de Vazinas, Portorico, etc. Par paquet de 10 à 50 livres.	0	15
en toute autre espèce d'emballage non dénommé. Par chaque 100 livres.	0	15
Les 250 livres pesant et au-dessus.	0	50
THÉ. Caisses entières	0	50
Demi-caisse ou quart	0	25
TOILES de coton blanches ou imprimées, à carreaux bleus, mouchoirs des Indes, nankins, mousselines, etc. La balle.	2	00
à voiles, de Russie, de Pologne, pour emballage. La balle.	0	50
de Silésie, de Harlem, d'Aberfelt, et de ce genre. La balle	2	00
VINS, de toute espèce. Les 27 veltes	0	50

MARCHANDISES non dénommées. Le quintal métrique. (*DI. 29 fruct. 12.*)	0	10
FUMIERS et ENGRAIS de toute sorte, servant à l'agriculture, ainsi que les LÉGUMES verts et secs, sont exempts. (*DI. 29 fructidor 12.*)		

DE LA JAUGE DES BATIMENS.

Le tonnage des bâtimens sera calculé de la manière suivante :

Ajouter la longueur du pont, prise de tête en tête, à celle de l'étrave à l'estambord ; déduire la moitié du produit ; multiplier le reste par la plus grande largeur du navire ou maitre-bau ; multiplier encore le produit par la hauteur de la cale et de l'entrepont, et diviser par 94.

Si le bâtiment n'a qu'un pont, prendre la plus grande longueur du bâtiment ; multiplier par la plus grande largeur du navire ou maitre-bau, et le produit par la plus grande hauteur ; puis diviser par 94. (*12 nivose an 2.*)

On opère de même pour les bâtimens non pontés, à l'exception qu'au lieu de prendre la longueur de l'étrave à l'estambord, on prend celle du bateau.

On nomme BAU, les solives placées d'un flanc à l'autre du navire pour affermir ses bordages et soutenir le pont. — La CARLINGUE est la pièce sur laquelle porte le mât. — L'ESTAMBORD est la pièce qui soutient la poupe du navire et surtout le gouvernail. — L'ÉTRAVE est la pièce qui forme la proue du navire. — La QUILLE est la pièce qui sert de fondement au navire ; elle se prolonge de poupe en proue.

La longueur d'un navire de l'étrave à l'estambord doit être prise sur la quille. (*Décision du 19 floréal an 2.*)

La hauteur se prend de planches sous planches, sans avoir égard à la carlingue ni aux barrots.

Les COUPÉES qui se trouvent dans les navires, doivent être défalquées des calculs faits pour la jauge. (*Ainsi décidé par l'administration, le 5 décembre 1807, à l'égard d'un navire du port de Granville où il existoit un retranchement de sept pouces et demi.* — On nomme *coupée*, le retranchement qui existe quelquefois au pont du bâtiment, soit sur l'avant, soit sur l'arrière, ce qui fait que dans cette partie le pont est plus bas que dans l'autre partie.

Toutes les dimensions pour la jauge doivent être prises intérieurement; elles donneroient un rapport exagéré si elles s'étendoient à l'épaisseur des planches et à la saillie des extrémités du bâtiment. (CD. 8 *thermidor an* 10.)

La méthode ordonnée ci-dessus n'exigeant que la connoissance de deux ou trois dimensions, il est toujours aisé de les obtenir; cependant dans le cas d'impossibilité par le chargement du bâtiment, ou pour toute autre cause, les droits seroient perçus d'après la contenance déclarée. (LA. 13 *pluviôse an* 3.)

On ne doit négliger aucune fraction résultant de l'opération, lorsqu'elle est d'un 94.ᵉ ou au-dessus.

On ne peut, à raison de ce qu'une fraction seroit au-dessus de $\frac{47}{94}$, percevoir le droit d'un tonneau entier; ce seroit un forcement de perception.

La vérification du tonnage peut être faite dans les différens ports d'arrivée, afin de s'assurer que le bâtiment est véritablement celui pour lequel on a délivré le congé.

Pour prévenir les erreurs et fixer l'attention des préposés, ou les rendre responsables des variations que présente la jauge des bâtimens, ils doivent énoncer au dos de l'acquit des droits de navigation, les dimensions qui ont servi de base à leurs calculs. (*CA.* 6 *vendémiaire an* 7.)

Un arrêté du 13 brumaire an 9, sur les poids et mesures, a définitivement fixé le poids d'un tonneau de mer, au poids du volume d'un mètre cube d'eau qui est de 1000 kilogrammes. — S'il ne se calcule en douanes que sur 98 myriagrammes, c'est par erreur.

Exemple de l'opération du Jaugeage d'un navire à deux ponts, ayant

```
          95 pieds de tête en tête.
          80        de l'étrave à l'estambord.
          25        de largeur au maître-bau.
          16        de hauteur sous planches.
Réunir les deux longueurs. . . . . . . .    95 pieds.
                                            80
                                          ─────
                                          175
Les réduire à moitié. . . . . . . . . .    86½
Multiplier par la largeur. . . . . . . .   25
                                          ─────
                                          430
                                          172.
                                           12        6 pouces.
                                        ───────────────────────
                                        2162 pieds 6 pouces.
Multiplier par la hauteur. . . . . . . .   16
                                        ───────────────────────
                                        12972
                                         2162.
                                            8
                                        ───────────
                                        5,600
Diviser par.  .        . . . . . . . . ────────┐ 94
                                          650   │ ───
                                          760   │ 368
                                            8   │
Le produit est 368 tonneaux 96⁄94.
```

Exemple de l'opération du Jaugeage d'un bâtiment à un pont, ayant

```
          60 pieds de longueur.
          16        de largeur.
          11        de hauteur.
Multiplier la longueur. . . . . . . .    60 pieds.
Par la largeur. . . . . . . . . . . .    16
                                       ──────
                                       360
                                        60
                                       ──────
                                       960
Multiplier par la hauteur. . . . . . .   11
                                       ──────
                                       960
                                       960
                                     ──────────
                                     10560
Diviser par.  .        . . . . . . ──────┐ 94
                                     116  │ ───
                                     220  │ 112
                                      32  │
Le produit est 112 tonneaux 12⁄94.
```

TABLEAU ANALYTIQUE

DES CONTRAVENTIONS

AUX LOIS DES DOUANES,

DESIGNANT LES PEINES ET AMENDES QU'ELLES DETERMINENT.

TABLE des différentes Contraventions développées dans le Tableau suivant.

TABLEAU DES CONTRAVENTIONS

Avec les peines et amendes que la loi détermine pour chaque circonstance.

Titre Iᵉʳ. — DU BLOCUS.

CONTRAVENTIONS.

PEINES.

1. Tout bâtiment, *de quelque nation qu'il soit et quel que soit son chargement*, expédié d'Angleterre, de ses colonies ou des pays occupés par ses troupes, — ou qui aura souffert la visite d'un vaisseau anglais, touché en Angleterre, ou payé une imposition quelconque à ce gouvernement. (Code, N°. 224, et Législation, N°. 271.)

Saisie et confiscation du bâtiment et de la cargaison. (*DI.* 25 *nov. et* 17 *déc.* 1807.)

Nota. Par application de la loi du 10 brumaire an 5, il y auroit lieu à la triple amende et à l'emprisonnement, si le capitaine avoit cherché à introduire sa cargaison en France.—Le décret du 8 mars 1811 prononce également une amende triple de la valeur des objets prohibés qu'on tenteroit d'introduire.

2. Capitaine qui auroit faussement déclaré n'avoir pas touché en Angleterre. (Code, N°. 225, et Législation, N°. 272.)

Obs. *Les affaires relatives aux bâtimens saisis pour contraventions au* blocus, *sont de la compétence du conseil des prises.*

Arrestation du capitaine pour n'être remis en liberté qu'après avoir payé une somme de 6,000 francs pour son amende personnelle et celle de 500 francs pour chacun des matelots arrêtés, sans préjudice des peines encourues pour falsification des papiers de mer et livres de bord, (*DI.* 23 *novembre* 1807, *art.* 2.)

Il s'ensuit aussi confiscation du bâtiment et de sa cargaison. (*Même article.*)

3. Tout fonctionnaire ou agent du gouvernement qui seroit convaincu d'avoir favorisé des contraventions aux décrets des 23 novembre et 17 décembre 1807, relatifs au blocus. (Code, N°. 68, et Législation, N°. 1168.)

Leur traduction devant la cour criminelle du département de la Seine, qui se formera en tribunal spécial, pour les punir comme coupables de haute trahison. (*DI.* 11 *janvier* 1808, *art.* 3.)

Titre II. — DE LA CONTREBANDE A MAIN ARMÉE.

4. Sont marchandises de contrebande, celles dont l'exportation ou l'importation est prohibée, ou celles qui, étant assujetties aux droits et ne pouvant circuler dans l'étendue du territoire soumis à la police des Douanes sans quittances, acquits-à-caution ou passavans, y sont transportées et saisies sans ces expéditions. (Code, N°. 197, et Législation, N°. 1153.)

Art. 2 de la loi du 13 floréal an 11.

OBS. *Les différentes peines indiquées dans ce chapitre et dans les deux qui suivent*, *sont indépendantes de celles spéciales aux contraventions qui pourroient être commises cumulativement.* (Code n°. 205.) .... *Ainsi les unes et les autres doivent être appliquées si les unes et les autres sont encourues.*

5. Pour contrebande avec attroupement et port d'armes. (Code, N°. 202, et Législation, N°. 1155.)

La contrebande est avec attroupement et port d'armes lorsqu'elle est faite par trois personnes, ou plus, et que dans le nombre, une ou plusieurs sont porteurs d'armes en évidence ou cachées, tels que fusils, pistolets, et autres armes à feu; sabres, épées, poignards, massues, et généralement de tous instrumens tranchans, perçans ou contondans.

Ni les cannes ordinaires sans dards ni ferremens, ni les couteaux fermans et servant aux usages ordinaires, ne sont réputés armes. (Code, N°. 204, et Législation, N°. 1154.)

Arrestation des prévenus et de leurs complices, leur traduction à la cour prévôtale; peine de mort.

Sont complices et punis comme les contrebandiers, les assureurs de la contrebande, et tous ceux qui sciemment auroient favorisé ou protégé les coupables dans les faits qui ont préparé ou suivi la contrebande.

S'ils ignoroient qu'elle étoit faite avec attroupement et port d'armes, ils ne seront condamnés qu'à la peine des fers, pour 15 ans au plus et 10 ans au moins, suivant la gravité des circonstances. (*Art.* 4 *de la loi du* 13 *floréal* 11.)

Pourront les tribunaux, lorsque les contrebandiers n'auront point fait usage de leurs armes, ne prononcer contr'eux que la peine des fers ci-dessus. (*Art.* 5. *et code* 205.)

A aaa. 277. [Contraventions 2.]

6. Tout contrebandier qui, ayant fait résistance, aura tué ou blessé un militaire ou un préposé des douanes. (Code, N°. 201, et Législation, sous le N°. 1154.)

Peine de mort. (*AC.* 16 *frimaire an* 11, *art.* 14.)

7. Les préposés des Douanes et toutes personnes chargées de leur prêter main-forte qui seroient convaincus d'avoir favorisé la contrebande, même sans attroupement et port d'armes. (Code, N°. 67, et Législation, N°. 1167.)

Punition de la peine des fers qui ne pourra être prononcée pour moins de 5 ans ni pour plus de 15.

Ils seroient punis de la peine de mort si la contrebande qu'ils auroient favorisée avoit été faite avec attroupement et port d'armes. (*Loi du* 13 *floréal* 11, *art.* 6.)

Titre III. — DE LA FRAUDE PAR COMPLICITÉ.

§. Ier. *EN MARCHANDISES PROHIBÉES.*

8. Les entrepreneurs de fraude en marchandises et denrées prohibées, les assureurs, les intéressés et les complices dans lesdites entreprises, les chefs de bandes, directeurs et conducteurs des réunions de fraudeurs en marchandises prohibées. (Bulletin, N°. 1159, et Législation, N°. 1157 et 1158.)

Seront punis de dix ans de travaux forcés, et de la marque des lettres *V. D.* ; le tout sans préjudice des dommages-intérêts envers l'État, proportionnés aux bénéfices qu'ils auront pu retirer. (*DI.* 18 *octobre* 1810, *art.* 15.)

Nota. Les simples porteurs pourront n'être punis que de peines correctionnelles, s'il y a en leur faveur des circonstances atténuantes; mais ils seront en outre renvoyés sous la surveillance de la haute police, pour un temps qui ne sera pas moindre de cinq ans, et ne pourra excéder dix ans. — Les cautionnemens qu'ils devront fournir pour jouir de leur liberté seront fixés d'après la demande que le directeur des douanes aura faite. (*Même décret, art.* 16.)

§. II. *EN MARCHANDISES TARIFÉES.*

9. Les entrepreneurs de fraude en marchandises tarifées, ceux qui auront conduit ou dirigé les réunions de fraudeurs, les assureurs, les intéressés et leurs complices. (Bulletin, N°. 1159, et Législation, N°. 1159 et 1160.)

Seront punis de quatre ans de travaux forcés, sans préjudice des dommages-intérêts envers l'Etat, proportionnés aux bénéfices qu'ils auront pu retirer de la fraude. (*DI.* 18 *octobre* 1810, *art.* 17.)

Nota. Les simples porteurs pourront, en cas de circonstances atténuantes, n'être punis que conformément à l'art. 16. (*Même Décret. art.* 18.) — Le voir ci-dessus.

Titre IV. — DE LA FRAUDE SIMPLE.

10. Toute personne qui sans concert ni relations propres à constituer une entreprise ou une assurance, sera

Sera punie de peines de police correctionnelle, conformément aux lois actuellement existantes, et renvoyée sous la surveillance

278. (Contraventions 3.)

trouvée introduisant des marchandises en fraude des droits de douanes. (Bulletin, N°. 1159, et Législation, N°. 1161.)

spéciale de la haute police, pour un temps qui ne sera pas moindre de trois ans e' n'en excédera pas six, en se conformant à l'article 16 ci-dessus (*DI*. 18 *octobre* 1810, *art*. 19.)

Nota. C'est sans doute l'article 26 de la loi du 22 ventôse an 12 que la disposition ci-dessus rappelle ; cet article est ainsi conçu : « Tout individu surpris au moment où il introduiroit d s mar- » chandises.... en fraude des droits, . . . des tabacs en feuilles, » des denrées coloniales, sera condamné, pour la première fois, » à six mois de prison, et pour la seconde, à un an. (Code, » N°. 200.) »

Titre V. — DES MARCHANDISES PROHIBÉES.

§ I. *PROHIBITION ABSOLUE.*

11. Pour introduction de marchandises dont la consommation est défendue. (Code, N°. 215, et *Bulletin*, N°s. 1159 et 1323 ; — Législation, N°s. 177, 261, 262 et 265.)

Arrestation des fraudeurs, saisie et confiscation des marchandises, amende triple des objets saisis et leur brûlement. (*DI*. 18 *octobre* 1810, *art*. 20, 25 et 26 et *DI*. 8 *mars* 1811, *art*. 1.)

Les moyens de transport doivent aussi être saisis par application, soit de l'article 1 du titre 5 de la loi du 22 août 1791, soit de l'art, 15 de la loi du 10 brumaire an 5.

12. Dépôt, ou circulation de marchandises anglaises ou réputées telles. (*En voir la nomenclature au tarif*, titre Marchandises anglaises, au Code, N°. 209, ou à la Législation, N°. 257.)

Arrestation des prévenus ; amende triple de la valeur des marchandises outre leur confiscation et celle des bâtimens, voitures, et chevaux, lorsqu'il y a transport. (*Loi du 10 brumaire an 5*, *art*. 15, *et AC. 4 compl. an 11*, *art*. 1 à 3.)

Ces marchandises seront brûlées. (*DI*. 19 *octobre* 1810, *art*. 2.)

13. Pour marchandises remises à charge de réexportation, laquelle auroit été différée au-delà du délai de trois mois, à compter du jour de la remise. (Code, N°. 329, et voir Législation, sous le N° 349)

Confiscation de ces marchandises. (22 août 1791, *art*. 6 *tit*. 7.)

Les juges qui en feroient la remise seroient condamnés au payement de la valeur desdites marchandises et à une amende de 500 fr. (*Même article.*)

14. N'avoir pas, dans une relâche forcée qui exige des réparations, fait conduire, après la déclaration, les marchandises prohibées dans un magasin sous la clef des préposés des Douanes. (Code, N°. 320 à 322, et Législation, N°s. 1173 à 1175.)

Confiscation avec amende triple de leur valeur (22 *août* 1791, *titre 6*, *art*. 1 et 3 *pour la confiscation ; et DI. 8 mars 1811 pour l'amende.*)

Nota. Si les marchandises sont de fabrication anglaise elles doivent être saisies et brûlées nonobstant la déclaration. (*DI*. 19 *octobre* 1810, *art*. 2.)

15. Marchandises prohibées qui n'ont pas un régime spécial qu'on tenteroit d'importer ou d'exporter par mer ou par terre... — Les mêmes marchandises chargées à bord ou reportées à terre. (Code, N°s. 229 et 231 ; Bulletin, N°. 1323, et Législation, N°s. 266 et 268.)

Obs. *Les Marchandises prohibées qui sont présentées au bureau des douanes, et déclarées sous leur propre dénomination, ne sont point assujetties à la saisie...... Cette disposition toutefois n'est pas applicable aux marchandises réputées anglaises qui sont toujours saisissables quel que soit l'endroit où on les trouve.*

Confiscation des marchandises, bâtimens, voitures, chevaux, etc. avec amende solidaire de 500 fr. (*Art* 1 et 3, *tit*. 5 *de la loi du 22 août 1791, et art*. 10, *tit*. 2 *de celle du 4 germinal an 2*.)

Nota. *L'on doit offrir main-levée sous caution, des voitures, chevaux ou bâtimens saisis ayant servi au transport des marchandises dont la consommation n'est pas absolument défendue.*

§ II. *PROHIBITION LOCALE.*

16. Marchandises qu'on importeroit ou exporteroit par un autre port ou bureau que celui fixé pour leur entrée ou sortie. (Code, N°. 233, et Législation, N°. 288.)

Confiscation, avec amende de 100 fr. (*Art*. 8, *tit*. 4, *loi du 22 août* 1791.)

Si les marchandises qu'on voudroit introduire n'étoient pas d'ailleurs accompagnées de certificat d'origine, il y auroit alors contravention à l'art. 13 de la loi du 10 brumaire an 5, et conséquemment amende triple de leur valeur.

§ III. *PROHIBITION RELATIVE.*

17. Aucune marchandise, ni denrée coloniale ne pouvant être admise sans être accompagnée d'un certi-

Saisie, confiscation et triple amende. (*DI*. 30 *ventôse* 13 *par extension des art*. 14 *et* 15 *de la loi du 22 ventôse 12 et de l'art*. 15 *de celle du 10 brumaire 5.*)

ficat d'origine , celles pour lesquelles on ne représentera pas ce certificat. (CODE, N°. 237 et 242, et Législation, N°⁵. 283 et 285.)

NOTA. S'il résultoit de la vérification des marchandises arrivées avec certificat, qu'elles proviennent des fabriques ou du commerce anglais, elles seront saisies, sans avoir égard aux certificats, dont elles seroient accompagnées. (10 brunaire 5, art 14.) — Voir n°⁵. 11 et 12.

TITRE IV. — DES FORMALITÉS DE DOUANES.

§. Ier. *ENTRÉE ET SORTIE DES MARCHANDISES DANS LE RAYON.*

18. N'avoir pas conduit les marchandises directement au premier bureau de la ligne extérieure pour l'*Entrée*, et de la ligne intérieure pour la *Sortie*. (CODE, N°. 246, et Législation, N°. 289.)

NOTA. *On entend par bureau de la ligne extérieure, celui qu'on trouve le premier en arrivant de l'étranger; et on nomme bureau de la ligne intérieure, celui qu'on rencontre en sortant de l'intérieur de la France pour passer à l'étranger.*

OBS. *L'exception portée à la fin de l'art. 1, loi de 1791, n'a plus d'effet d'après l'art. 4 de celle de germinal; il en résulte que même les bestiaux, grains et habillemens des voyageurs, qui jouissent d'une exemption absolue, doivent être déclarés à l'entrée.*

Confiscation des marchandises , avec amende de 200 fr. (Art. 4 et 5, tit. 3, loi du 4 germinal an 2, par extension des art. 1 et 3 tit. 2, loi du 22 août 1791.)

OBSERVATION. Cette peine de 200 francs n'auroit pas lieu si les marchandises , ayant déjà franchi une lieue de terrein de l'extrême frontière , étoient rencontrées avant ou après avoir dépassé les bureaux de la deuxième ligne; ce seroit alors une saisie de circulation qui n'emporteroit que la peine de 100 francs, à moins que ces marchandises ne soient de l'espèce de celles saisissables comme anglaises. (*Voyez au tarif* à MARCHANDISES ANGLAISES.)

19. Avoir dépassé les bureaux de l'une ou l'autre ligne. — Avoir pris des chemins obliques. — Avoir déposé les voitures ou marchandises, avant la déclaration , dans d'autres lieux que les hangars des bureaux. (CODE, N°⁵. 248 et 249, et Législation, N°⁵. 290 et 291.)

Confiscation des marchandises , avec amende de 200 fr. (*Art. 4 et 5; tit. 3 , loi du 4 germinal an 2, par extension de l'art. 2, tit. 2 , loi du 22 août 1791.*)
Voir l'observation au n°. 18.

20. Contre les courriers des malles françaises qui introduiroient des marchandises. (CODE, N°. 253, et Législation, N°. 302.)

Confiscation des marchandises, avec amende de 300 fr., exclus de tout emploi dans les postes. (*Art. 7 , tit. 3 , loi du 4 germinal an 2*)

21. Avoir chargé ou déchargé des marchandises sans un permis et en l'absence des préposés. — S'être mis en marche sur mer ou sur les rivières, sans un acquit de payement ou autres expéditions des Douanes. (CODE, N°. 263, et Législation, N°. 297.)

Confiscation des marchandises , avec amende de 100 fr. (*Art. 13 , tit. 2 ; loi du 22 août 1791.*)

22. Pour chargement ou déchargement faits , même avec un permis des préposés, autrement qu'en plein jour, entre le lever et le coucher du soleil, ou ailleurs que dans l'enceinte des ports. (CODE, N°. 262 à 265, et Législation, N°⁵. 296 à 299.)

Confiscation des marchandises. (*Art. 9 , tit. 13 de la loi du 22 août 1791 ; art. 1 et 3 . tit. 6, loi du 4 germinal an 2.*)
NOTA. *Outre la confiscation, l'amende de 100 francs infligée par l'art. 13 du titre 2 de la loi du 22 août 1791 , est également applicable à cette contravention.*

23. Pour versemens de marchandises de bord à bord ainsi que pour les déchargemens à terre, sans permis et sans la présence des préposés ; et encore, pour transport de marchandises, par allèges, d'un bureau à un autre, sans acquit-à-caution, *si leur sortie est défendue ou sujette aux droits.* (CODE, N°. 266, et Législation, N°. 300.)

Confiscation des marchandises, avec amende de 100 fr. (*Art. 11 , tit. 13 , loi du 22 août 1791.*)

24. Si les marchandises, après l'acquittement des droits, 280. (CONTRAVENTIONS 5.)

Confiscation des marchandises , avec amende de 100 francs.

ne sont pas conduites directement à l'étranger. — S'il y a transport rétrograde. — Si, hors le cas d'avarie, elles rentrent dans les magasins des marchands, ou si elles sont entreposées dans d'autres maisons. (Code, N°⁵. 252 et 267, et Législation, N°. 293 et 295.)

(*Art.* 26, *tit.* 2, *loi du* 22 *août* 1791.)

§. II. *DÉCLARATIONS.*

25. Pour importation par mer, soit d'un port étranger, soit d'un port français, de marchandises sans un manifeste signé du capitaine, qui exprime la nature de la cargaison, avec les marques et numéros en toutes lettres des caisses, balles, barils, boucauts... — Si le manifeste n'est pas exhibé, si quelques marchandises n'y sont pas comprises ou s'il y a différence entre les marchandises et le manifeste. (Code, N°⁵. 255 et 256, et Législation, N°⁵ 305 et 306.)

Amende de 1000 fr. personnelle au capitaine, plus une somme égale à la valeur des marchandises omises ou différentes. (Art. 2, titre 2, loi du 4 germinal 2.)
Nota. *Dans ce cas, comme dans tout autre, les Marchandises et le Bâtiment doivent être retenus pour sûreté de l'amende, conformément à l'art. 4 du titre 2 de la loi du 22 août 1791. (CD. 5 floréal 11.).... Il n'y a donc d'abrogé de cet article que le taux de l'amende pour le Manifeste; (il n'étoit que de 500 fr.) la faculté de retenir les Bâtimens et Marchandises reste dans toute sa vigueur, malgré même la revendication qu'exerceroient les personnes à qui elles appartiennent. (* Arrêt de cassation du 11 floréal 9.)

26. N'avoir pas au port de relâche et d'arrivée, fait, dans les 24 heures (*jours de repos exceptés*), une déclaration sommaire du nombre de caisses, balles, ballots et tonneaux du chargement. — La déclaration des bâtimens devra être faite quand même ils seroient sur le lest. (Code, N°⁵. 258 et 259, et Législation, N°⁵. 307 et 308.)

Amende de 500 fr., pour sûreté de laquelle seront retenus les vaisseaux et marchandises. (Art. 4 et 5, titre 2, loi du 22 août 1791.)
Nota. *Les mêmes dispositions et celles énoncées au n°. 21 ci-dessus, sont applicables aux vaisseaux de guerre ou autres employés pour le service du gouvernement, avec la réserve qu'ils ne peuvent être retenus pour défaut de payement de l'amende, ni sous aucun autre prétexte.*

27. Contre les conducteurs de messageries pour marchandises non portées sur leurs feuilles de voyage et non déclarées. (Code, N°. 254, et Législation, N°. 303.)

Confiscation des marchandises, voitures, chevaux, avec amende de 500 fr., personnelle aux conducteurs, mais solidaire aux entrepreneurs de ces messageries. (Art. 8, tit. 3, loi du 4 germinal an 2.)

28. Voituriers ou conducteurs entrant et sortant par terre, qui ne présenteroient pas de déclaration des marchandises. (Code, N°. 250, et Législation, N°. 314.)

Amende de 100 francs et confiscation des marchandises. (22 *août* 1791, *art.* 8, *titre* 2.)
Toutefois l'usage est de requérir l'amende de 200 fr. par invocation de l'art 4, titre 3 de la loi du 4 germinal an 2.

29. Si, outre les manifestes donnés par les capitaines et les déclarations sommaires faites par les conducteurs par terre, des déclarations en détail ne sont pas présentées. (Code, N°. 268, et Législation, N°. 311.)

Les marchandises seront retenues pendant deux mois, et après ce délai vendues au profit du trésor public s'il n'y a pas réclamation et déclaration en détail. (4 *germinal* 2, *art.*9, *titre* 2.)

30. Pour fausse déclaration dans la qualité ou dans l'espèce, sauf les cas prononcés par les lois prohibitives. (Code, N°. 284, et Législation, N°. 326.)

Confiscation, avec amende de 100 fr. (Art. 21, tit. 2, loi du 22 août 1791.) Cependant si le droit fraudé est au-dessous de 12 fr., il y aura seulement lieu à l'amende sans confiscation, sauf à retenir les marchandises jusqu'au paiement d'icelle : c'est le résultat des dispositions dudit art. 21. Mais lesdites peines n'auront pas lieu en cas de vol ou de substitution juridiquement prouvée.

31. Déficit dans le nombre des balles, ballots, caisB bbb. 281. (Contraventions 6.)

Amende de 500 fr. pour chaque ballot ou tonneau manquant,

ses, etc., sauf le cas où il seroit justifié de naufrage ou de vol de ces marchandises. (Code, N°. 285, et Législation, N°. 329.)

pour sûreté de laquelle les bâtimens de mer, bateaux, voitures et chevaux ayant servi au transport seront retenus. (Art. 22, tit 2, loi du 22 août 1791.)

32. Pour excédant dans le nombre de balles, ballots, caisses, tonneaux et futailles; (ce qu'il ne faut pas confondre avec excédant de marchandises.) (Code, N°. 283, et Législation, N°. 328.)

Confiscation de l'excédant, avec amende de 100 fr. (Art. 20, tit. 2, loi du 22 août 1791.)

Nota. La contrariété de cet article avec le 2°. du titre 2 de la loi du 4 germinal 2, produit nécessairement dérogation à cette peine, relativement aux importations par mer, pour appliquer, mais aux capitaines seulement, celle portée par l'art. 2, titre 2 de la loi du 4 germinal 2. (Voyez n°. 25.)

33. Pour tout excédant dans le poids, la mesure et le nombre des marchandises, sauf le vingtième pour les métaux et un dixième pour les autres objets; sauf aussi les liquides et sucres bruts qu'on peut ne déclarer que par espèce et par nombre de tonneaux. (Code, N°. 281, et Législation, N°. 327.)

Double droit pour l'excédant, quelque petit qu'il soit. (Article 18, du titre 2, de la loi du 22 août 1791.)

Obs. sur les liquides et sucres bruts. Ces marchandises ne sont pas soumises à la déclaration du poids et de la mesure, on doit en présenter les manifestes et connoissemens qui les énoncent au port du chargement; mais si la déclaration en est faite, et qu'il y ait déficit, on y a égard comme étant l'effet du coulage. Si au contraire il se trouve un excédant, la peine du double droit est encourue, puisqu'on ne peut attribuer cet excédant qu'à l'intention de fraude. (*LD* du 18 prairial 10, renouvelée à Anvers le 22 frimaire 15.)

Nota. Les peines portées par l'art. 18 du titre 2 de la loi du 22 août 1791, sont les seules applicables aux fausses déclarations du tonnage des bâtimens. (*LD. 29 novembre 1810.*)

34. Si les marchandises dont les droits sont perceptibles à la valeur sont portées dans la déclaration à une valeur au-dessous de celle réelle. (Code, N°. 97, et Législation, N°. 167 et 168.)

Retenue de la marchandise en payant le dixième en sus de la valeur déclarée. (Art. 1, loi du 4 floréal an 4.)

Nota. Les préposés qui font la retenue des marchandises ont quinze jours pour effectuer ce paiement.

§. III. *CIRCULATION DANS LE RAYON DES DOUANES.*

35. Pour tous objets, qui n'ont pas un régime particulier, circulant dans les deux myriamètres frontières *sans le passavant* prescrit par l'article 7 de l'arrêté du 22 thermidor an 10. (Code, N°. 166, et Législation, N°. 587.)

Obs. Il y a exception pour les coupons d'étoffes et pour quelques denrées conduites aux marchés. (Code, N°. 164, et Législation, N°. 585.)

Confiscation des marchandises, avec amende de 100 fr. (Art. 15, tit. 5, loi du 22 août 1791.)

Nota. Pour la circulation des marchandises réputées anglaise, voir N°. 12.

36. Pour toute circulation *nocturne* dans les deux myriamètres frontières, même *avec passavant*, hors les heures fixées, en s'écartant de la route prescrite, si les marchandises n'ont pas un régime particulier. (Code, N°s. 162 *et* 163, et Législation, N°. 583 et 584.)

Confiscation. (Art. 3, loi du 19 vendémiaire an 6.) *Voir l'art. 8 de l'arrêté du 22 thermidor an 10, qui confirme cette disposition, à moins que le passavant n'en porte la permission.*

Outre la confiscation, il y a amende de 100 francs par suite de l'art. 15, titre 5 de la loi du 22 août 1791.

37. Tout bateau chargé de marchandises prohibées ou sujettes à des droits d'entrée, naviguant entre les deux soleils, en abordant le sol des quatre départemens du Rhin. (Code, N°. 172, et Législation, N°. 393.)

Confiscation des marchandises. (Arrêté du commissaire du Gouvernement du 20 thermidor an 6.)

Nota. Il s'ensuit la saisie du bateau et l'amende d'après les dispositions des lois sur cette partie, comme introduisant des marchandises en fraude. (Expression dudit arrêté.)

Les fraudeurs doivent aussi être arrêtés.

38. Pour transport et circulation, *pendant la nuit,*

Confiscation des marchandises et amende de 500 francs. (8 flo-

dans la distance d'un myriamètre des côtes et rives des rivières qui conduisent de la mer dans les ports intérieurs , de toute espèce de toiles de coton blanches, teintes ou peintes , de toiles de Nankin , de mousselines, bonneterie, rubannerie, sucres raffinés , bruts , têtes et terrés, des cafés et autres denrées coloniales , de poissons salés , cotons filés , tabacs en feuilles et fabriqués. (CODE, N° 151, et Législation, N°. 365.) — floréal 11, art. 85.)

39. Bâtimens au-dessous de 100 tonneaux , étant à l'ancre ou louvoyant dans les deux myriamètres des côtes, hors le cas de force majeure, qui auroient à bord des marchandises dont l'entrée ou la sortie est prohibée en France. (CODE, N° 73 , et Législation, N°. 114.) — Confiscation des bâtimens et des cargaisons avec amende de 500 fr. (*4 germinal an 2 , art. 7, titre 2.*) L'amende seroit triple de la valeur des marchandises, si elles étoient anglaises, ou réputées telles.

40. Contre les capitaines de vaisseaux , entrant ou sortant des ports , rades ou embouchures des rivières, qui se refusent à la visite des préposés. (CODE, N° 76, et Législation, N°. 117.) — Amende de 500 fr. , et déchéance de leur grade (*Article 8 , titre 13 de la loi du 22 août 1791.*) *NOTA.* Ils seroient en outre passibles des condamnations dérivant des contraventions qui seroient découvertes.

§. IV. *TRANSIT.*

41. Si les marchandises expédiées en transit sont reconnues être d'espèces différentes de celles déclarées. (CODE, N° 663, et Législation, N°. 844.) — Condamnation à titre de confiscation , au paiement de la valeur des marchandises déclarées et à une amende de 500 fr. (*8 floréal an 11 , second paragr. de l'art. 57.*)

42. Si les mêmes marchandises ont été soustraites. (CODE, N° 663, et Législation, N°. 844.) — Quadruple des droits de consommation et amende de 500 fr. (*8 floréal an 11 , premier paragr. de l'art. 57.*)

43. DENRÉES *coloniales* déclarées en transit, lorsqu'il est permis, qui auroient été soustraites et auxquelles il en auroit été substitué d'autres. (CODE, N° 684.) — Quadruple des droits de consommation et amende de 500 fr. (*8 floréal an 11 , art. 54.*)

44. Marchandises prohibées ou non accompagnées de certificats d'origine qui transiteroient sur le territoire français. (CODE, *dernier paragraphe de la note du N°* 685, et Législation, sous le N°. 864.) — Saisie et confiscation , avec application de l'amende et des peines spéciales à la marchandise. (*Conséquence de deux arrêts de cassation , rapportés sous le* n°. 258 *du code.*)

§. V. *ACQUITS-A-CAUTION.*

45. N'avoir point rapporté, dans le délai fixé, certificat de décharge d'un acquit-à-caution pour marchandises *prohibées à la sortie* et expédiées *par terre.* (CODE , N° 649, et Législation, N°. 851.) — Amende de 500 fr. et paiement de la valeur de la marchandise à poursuivre contre les expéditionnaires et leur caution , par voie de contrainte. (*Art.* 13, *tit.* 3, *loi du 21 août 1791.*) Voir le nota du n°. 56.

46. N'avoir point rapporté, dans le délai fixé, certificat de décharge d'un acquit-à-caution pour marchandises *prohibées à la sortie* et expédiées *par mer.* (CODE, N° 640, et Législation, N°. 822.) — Amende de 600 fr. et paiement de la valeur de la marchandise, à poursuivre contre les expéditionnaires et leur caution , par voie de contrainte. (*Art.* 1 , *tit.* 7 , *loi du 4 germinal an 2.*) Voir le nota du n°. 56.

CONTRAVENTIONS.	PEINES.
47. Si les marchandises pour lesquelles l'acquit-à-caution n'a pas été rapporté déchargé sont des *Grains*, *Farines*, ou autres similaires expédiés *par mer* ou *par emprunt de territoire étranger*. (Code, N°ˢ 393 et 394, et Législation, N° 471 à 473.)	Le dépôt de la valeur égale à celle des grains exportés sera acquis à l'État, ou les cautions, s'il y en a, seront poursuivies pour réaliser le montant de cette valeur. (*AC.* 19 *ventôse* 8, *art.* 5 et *AC.* 4 *frimaire* 9, *art.* 2.) L'amende indiquée sous le N° 64 doit aussi être poursuivie. (*D.M.* 27 *frimaire an* 10.)
48. Pour non rapport d'un acquit-à-caution délivré pour la *circulation* des *Drilles* ou *Chiffes* dans les 15 kilomètres en-deçà des côtes. (Code, N°ˢ 360 et 361, et Législation, N°ˢ 444 et 445.)	Poursuites pour le paiement de leur valeur et amende de 500 fr. (*conformément aux lois des 3 avril et 15 août 1793, et à l'art. 13, titre 3 de celle du 22 août 1791.*)
49. Si la marchandise pour laquelle l'acquit-à-caution n'a point été rapporté déchargé, n'est *pas prohibée à la sortie*. (Code, N° 648, et Législation, N° 830.)	Double droit à exiger, par contrainte, de l'expéditionnaire et de sa caution (*Art.* 12, *titre* 3, *loi du* 22 *août* 1791.) *Nota.* S'il s'agissoit d'ouvrages d'or et d'argent expédiés pour un bureau de garantie, il y auroit confiscation des objets et amende égale au quadruple des droits fraudés. (5 *ventôse* 12, *art.* 76.)
50. Si la marchandise qu'on veut faire caboter est inférieure à celle portée sur la déclaration, et que le *déficit* excède le vingtième de la marchandise déclarée. (Code, N° 641, et Législation, N° 823.)	Estimation de la valeur des quantités manquantes suivant le prix courant du commerce au moment de l'expédition, et le déclarant obligé de payer, à titre de confiscation, la somme ainsi réglée, et, de plus, une amende de 500 fr. (*Loi du 8 floréal an 11, art.* 74.)
51. Si, dans le même cas que ci-dessus, les marchandises se trouvent être d'espèces différentes. (Code, N° 642, et Législation, N° 824.)	Elles seront saisies et confisquées, et le déclarant condamné à payer, à titre de confiscation, une somme égale à la valeur des objets portés dans la déclaration, suivant le prix courant du commerce et une amende de 500 francs. (8 *floréal an 11, art.* 75.)
52. Si, sauf les cas fortuits justifiés, les marchandises expédiées par acquit-à-caution sont représentées au bureau de la destination ou du passage, après le délai fixé par l'acquit-à-caution. (Code, N° 654, et Législation, N°. 857.)	Elles acquitteront le droit d'entrée comme si elles venoient de l'étranger, sans préjudice du double droit de sortie à poursuivre au bureau de départ. (22 *août* 1791, *art* 7, *titre* 3.)
53. Si dans les bureaux de passage ou dans celui de destination, il y a excédant aux termes de l'article 19, titre 2 de la loi du 22 août 1791, dans les marchandises énoncées en l'acquit-à-caution et expédiées par terre. (Code, N° 652, Législation, N°. 834.)	L'excédant sera soumis au double droit, si la marchandise n'est pas prohibée à l'entrée. Dans le cas de cette prohibition, la marchandise représentée sera confisquée avec amende de 500 francs, (ou de la triple valeur si elle est anglaise,) indépendamment des poursuites à exercer au bureau du départ pour défaut de réalisation des soumissions. (22 *août*, *art.* 9, *titre* 3.)
54. Si, au port de destination, il y a *excédant* de marchandises portées par l'acquit-à-caution, quoique de même nature. (Code, N° 653, et Législation, N°. 835.)	Confiscation de l'excédant, et une amende de 500 fr. pour les marchandises expédiées *par mer*. (8 *floréal* 11, *art.* 76.) *Nota. Si l'excédant n'étoit que du vingtième de la quantité portée sur l'expédition, il n'y auroit lieu qu'à la perception des droits imposés sur les Marchandises ou denrées de même nature, venant de l'étranger.*

284. (Contraventions 9.)

55. Si , dans le lieu de destination ou dans les bureaux de passage , les marchandises mentionnées en l'acquit-à-caution se trouvent différentes dans l'espèce. (CODE, N° 652, et Législation, N° 834.)

Saisie et confiscation avec amende de 100 fr. (22 *août* 1791 , *art.* 6 , *titre* 3.)

OBS. Cette amende de 100 francs ne seroit pas celle à invoquer si la marchandise représentée avoit un régime plus sévère . . . il faudroit , dans ce cas , requérir l'application de la peine spéciale à la marchandise , comme dans la circonstance suivante :

56. Si les marchandises *substituées* sont de l'espèce de celles que désigne l'article 5 de la loi du 10 brumaire an 5 , comme ANGLAISES. (CODE, N° 215, et Législation, N° 261.)

Arrestation des prévenus ; amende triple de la valeur des marchandises , outre leur confiscation et celle des bâtimens , voitures , etc. (*Art.* 15. *loi du* 10 *brumaire an* 5.)

Ces marchandises seront brûlées. (*DI.* 19 *oct.* 1810 , *art.* 2.)

NOTA. *Les peines appliquées au bureau de destination , ne dispensent pas les soumissionnaires des acquits-à-caution (les certificats n'étant point rapportés), des peines et de l'effet de leur soumission au bureau du départ.*

TITRE VII. — RÉGIME PARTICULIER DE CERTAINES MARCHANDISES.

57. ARMES de guerre , circulant dans l'intérieur , sans acquit-à-caution. (CODE, N° 336, et Législation, N° 408.)

Saisie et confiscation .(22 *août* 1792 , *art.* 2.)

58. ARMES qu'on tenteroit d'exporter. (CODE, N° 339 , et Législation, N° 411.)

Confiscation des armes et moyens de transport avec amende de 50 fr. par arme. (*Loi du* 21 *juillet* 1792 , *art.* 2.)

59. BOISSONS transportées sans expéditions des employés des droits réunis. (CODE, N° 349, et Législation, N° 422.)

Confiscation des objets saisis et amende de 100 fr. (24 *avril* 1806 , *art.* 37)

60. CARTES *à jouer* saisies sans le filigrane ni le timbre ordonnés , à l'exception de celles dites *tarots* et autres , dont la forme ou la dimension diffère des cartes usitées en France. (CODE, N° 557, et Législation, N° 429.)

Confiscation et amende de 1000 francs sans préjudice des poursuites extraordinaires , et punition comme pour crime de faux , s'il y a contrefaçon du timbre. (*DI.* 4 *prairial* 13.)

61. COCONS *de ver-à-soie* que les fabricans autorisés dans le myriamètre , n'auront pas enregistrés : ceux excédant les quantités qu'ils auroient pu recevoir : ceux qu'ils ne représenteroient pas en nature ou en produit de la filature : enfin les cocons ou leurs produits transportés sans expédition. (CODE, N° 541 , et Législation, N° 708.)

Confiscation avec amende de 500 fr. (30 *avril* 1806 , *art.* 14.)

62. Drilles ou chiffes en entrepôt, ou circulant dans les trois lieues frontières, soit de terre ou de mer, sans acquit-à-caution portant destination pour l'intérieur. (Code, N°⁰ 360 et 361 , et Législation , N° 444 et 445.)

Confiscation des drilles et de leurs moyens de transports, avec amende de 500 fr. (Lois des 3 avril 1793 , art. 2 et 3; et 15 août même année, art. 5.)

Nota. *Si les drilles circuloient dans la quatrième lieue sans passavant, ce seroit simplement la confiscation et l'amende de 100 francs.*

Et si l'entrepôt des drilles est saisi dans les 5 kilomètres (la quatrième lieue ancienne vers l'intérieur), on rentre dans la question générale de l'entrepôt frauduleux.

63. Drilles ou chiffes que l'on tenteroit d'exporter. (Code sous le N° 361 , et Législation , N° 445.)

Confiscation des objets, celle des bâtimens, des voitures, chevaux, etc., et amende de 500 fr. (*Loi du* 15 *août* 1793 , *art.* 5 *et loi du* 4 *germinal* 2 , *art.* 10 , *tit* 2.)

64. Grains et **Farines.** Pour exportation , circulation nocturne ou sans passavant et entrepôt des Grains et Farines dans les 5 kilomètres (*une lieue*) en deçà des frontières de terre, ou dans les 25 hectomètres (*une demi-lieue*) des côtes maritimes. (Code, N° 373, et Législation , N° 455.)

Mais sont exceptés du passavant les grains portés de jour au moulin et les farines en revenant, dont le poids n'excedera pas six myriagrammes. (Code, N° 374, et Législation , N° 460.)

NB. *par D.M. du 10 octobre 1806 , les grains peuvent circuler librement dans les 25 hectomètres des côtes , tant que la liberté de leur exportation subsiste , mais dès qu'elle cesse le passavant est de nouveau de rigueur.*

Confiscation des grains et farines, des moyens de transport, et amende de 10 fr. par 5 myriagrammes de grains , et de 12 fr. par 5 myriagr. de farine. (26 *ventôse* 5 , *art.* 2 et 6.)

Et dans les 5 kilomètres des rives de l'Escaut, du Hondt, de la Meuse , du Rhin et du lac Léman, arrestation des prévenus jusqu'à l'ordre du ministre de la justice. (*AD.* 17 *prairial* 7 *et AC.* 28 *germinal* 8.)

65. Lettres ou **Journaux** du poids d'un kilogramme et au-dessous, transportés par autre voie que celle de la poste. (Code , N° 395 , et Législation , N° 476.)

Amende de 150 fr. au moins et de 500 fr. au plus par chaque contravention ; remise des lettres et paquets saisis au bureau de la poste pour être envoyés à leur destination. (*AC.* 27 *prairial an* 9.)

66. Livres *en langue française et latiné , imprimés à l'étranger*, présentés à l'entrée sans permission du directeur général de l'imprimerie, ou circulant sans être estampillés , ou s'ils sont de contrefaçon. (Bulletin , N° 1072, et Législation , N° 495.)

Confiscation et amende au profit de l'Etat. (*DI*, 5 *février* 1810, *art.* 41.)

Dans le cas de contrefaçon , il y aura en outre lieu à des dommages-intérêts envers l'auteur, ou ses ayant cause et la confiscation sera à leur profit. (*Même décret, art.* 42.)

67. Livres introduits en fraude des droits, à l'aide d'un faux frontispice. (*Bulletin*, N° 1190, et Législation , N° 494.)

Confiscation , et les auteurs de la fraude poursuivis et punis conformément à l'article 287 du nouveau Code Pénal. (*DI.* 14 *décembre* 1810, *art.* 6.)

68. Munitions de Guerre qu'on tenteroit d'exporter. (Code, N° 339, et Législation , N° 411.)

Confiscation des munitions et moyens de transport avec amende de trois fois la valeur réelle des munitions. (*Loi du* 21 *juillet* 1792 , *art.* 2)

Si l'exportation tentée avoit lieu pendant la guerre et en faveur de l'ennemi, il y auroit alors peine du crime de trahison. (*Loi du* 22 *août* 1792 , *art.* 5.)

69. Ouvrages d'or et d'argent dont on chercheroit à frauder le droit de garantie. (Code, N° 416, et Législation, N° 564.)

Confiscation des objets de fraude et amende égale au quadruple des droits fraudés. (5 *ventôse* 12, *art.* 76.)
Le droit est de 20 fr. par hectogramme d'or et d'un franc par hectogramme d'argent. (Code n°. 414.)

70. Pierres a feu exportées pendant la guerre, de quelque espèce ou qualité qu'elles soient. (Code, N° 422, et Législation, N° 569.)

Confiscation des pierres à feu, avec amende de 500 fr. (Loi du 19 brumaire an 8.)
Toutefois cette loi n'est en vigueur que lorsque les pierres à feu sont prohibées; il faut donc en voir le régime au tarif.

71. Poids et Mesures destinés à peser ou mesurer suivant l'ancien usage. (Code, N° 423, et Législation, N° 571.)

Confiscation et amende du double de la valeur desdits objets. (Art. 24, loi du 18 germinal an 5.)

72. Poudres et Salpétres, importés ou exportés sans autorisation particulière. (Code, N° 424, et Législation, N° 572.)

Confiscation des poudres et salpétres, dépôt au magasin national, et amende de 10 fr. par livre ancienne ou 20 fr. 40 cent. par kilogramme; amende double si l'importation est faite par mer, (Art. 21 et 22, loi du 13 fructidor an 5.)
Nota. Si les voitures sont chargées de plus de 5 kilogrammes de poudre, elles seront confisquées ainsi que les chevaux, et les voyageurs ou conducteur arrêtés. (Art. 30.)— ... Dans le rayon des douanes, les moyens de transports devroient être confisqués, quelque petite que soit la quantité voiturée.
Les capitaines de vaisseaux qui entreront dans les ports maritimes, déclareront, dans les vingt-quatre heures, les poudres qu'ils ont à bord et les déposeront, le jour suivant, dans les magasins nationaux, sous peine de 500 fr. d'amende. (Art. 31, même loi et Code, N°. 425, ou Législation, N°. 575.)

73. Poissons. Pendant la durée de la pêche, Harengs de plus de trois nuits qu'on débarqueroit comme frais. (Bulletin, N°. 1150.)

Confiscation et amende de 100 francs par chaque contravention. (*DI.* 8 *octobre* 1810, *art.* 6.)

74. Harengs de plus de deux nuits qu'on caqueroit, saleroit ou brailleroit pour saurer au roussable. (Législation, N° 680.)

Confiscation et amende de 100 francs pour chaque contravention. (*DI.* 8 *octobre* 1810, *art.* 7.)

75. Harengs de quatre nuits qu'on apporteroit ou vendroit sous quelque prétexte que ce soit. (*Bulletin,* N° 1150.)

Confiscation et amende de 10 francs. (*DI.* 8 *octobre* 1810, *art.* 9.

76. Harengs qu'on caqueroit à terre ou en mer après avoir été d'abord braillés en grenier ou en baril, ou qu'on embarilleroit ou mêleroit avec les autres harengs caqués et salés, soit en mer, soit à terre. (Législation, N° 681.)

Confiscation et amende de 500 francs. (*DI.* 8 *octobre* 1810, *art.* 10.)

CONTRAVENTIONS.	PEINES.
77. Pour choix, triage ou séparation des gros Harengs d'avec les petits, avant et pendant la vente, ou lors de la livraison de la batelée. (*Bulletin*, N° 1150.)	Emprisonnement pendant trois jours; et en cas d'attroupement, application des peines portées par les lois contre ce crime. (*DI.* 8 *octobre* 1810, *art.* 11.) Le même article inflige l'amende de 100 francs contre les maître et matelots des bateaux qui toléreroient ces triages.
78. Harengs qu'on mesureroit avec des pelles ferrées. (*Bulletin*, N° 1150.)	Amende de 20 francs contre le pêcheur. (*DI.* 8 *octobre* 1810, *art.* 16.)
79. Baril de Harengs, arrivant de la mer, salés en vrac, qui pèseroit moins de 140 kilogrammes, y compris la tare, et qui ne seroit pas plein à 81 millimètres au-dessous du jable, ou qui contiendroit du hareng de rebut. (Législation, sous le N° 655.)	Amende de 100 francs pour chaque contravention. (*DI.* 8 *octobre* 1810, *art.* 19.)
80. Barils de Harengs de plus de deux nuits qui seroient marqués à feu. (Législation, N° 667.)	Confiscation au profit de l'hospice civil le plus prochain, et amende de 500 francs, dont le tiers pour le dénonciateur, et les deux autres tiers pour ledit hospice. (*DI.* 8 *octobre* 1810, *art.* 26.)
81. Sels transportés dans l'étendue soumise à la surveillance des préposés, sans acquit-à-caution; et ceux qui seroient enlevés ou circuleroient dans la même étendue, avant le lever ou après le coucher du soleil, sans permission expresse de transport pendant la nuit. (Code, N°s 465 et 464, et Législation, N°s 609 et 610.)	Saisie et confiscation des sels. (DI. 11 juin 1806, art. 7.) . . . et de plus celles des moyens de transport avec amende de 100 fr. (*DI.* 25 *janvier* 1807, *art.* 2.) Nota. *Toutes les saisies qui donneront lieu à la confiscation des sels, emporteront aussi celle des chevaux, ânes, mulets, voitures, bateaux, et autres embarcations employées au transport.* (DI. 11 juin 1806 art. 16.) Les condamnations seront poursuivies par voie de police correctionnelle, et punies de la confiscation des objets saisis, outre l'amende de 100 fr. (24 *avril* 1806, *art.* 57.) Nota. L'amende de 100 fr. est encourue individuellement et non collectivement, par tous porteurs surpris en fraudant du Sel; ces porteurs faisant partie d'un même attroupement et désignés dans un seul procès-verbal. [*Explications envoyées par le Grand-Juge aux Commissaires Impériaux.*]
82. Sels enlevés dans les limites sans déclaration préalable et sans avoir pris un congé ou un acquit-à-caution. (Code, N° 455, et Législation, N° 605.)	Saisie et confiscation des sels par application de l'art. 7 du DI. 11 juin 1806 . . et de plus confiscation des moyens de transport et amende de 100 fr. (*DI.* 25 *janvier* 1807, *art.* 2.)
83. Fabrique ou chaudière de Sel qui seroit établie sans déclaration préalable. (Code, N° 457, et Législation, N° 597.)	Confiscation des ustensiles propres à la fabrication et amende de 100 fr. (24 *avril* 1806, *art.* 51.)
84. Sels reçus en magasins ou ateliers de salaisons, dont les droits n'auroient pas été acquittés ou soumissionnés. (Code, N° 501, et Législation, N° 673.)	Amende de 100 fr. et le triple des droits fraudés. En cas de récidive, privation de la franchise accordée pour les salaisons, outre les peines ci-dessus. (DI. 11 juin 1806, art. 45.) Nota. *Les peines ci-dessus seront prononcées contre ceux qui, pour masquer la fraude, supposeront des salaisons qu'ils n'ont pas faites, ou substitueront, dans des barriques ou barils, à des poissons pressés, toute autre matière.* (Même décret, art 46.)

85. Sels employés en salaisons de poissons sans déclaration préalable, ou en dépôt dans les lieux où se font lesdites salaisons sans qu'il soit justifié de l'acquit ou de la soumission du droit. (Code, N° 496, et Législation, N° 661.)

Saisie et confiscation du sel et des salaisons, avec amende du double des droits fraudés. (*DI.* 11 *juin* 1806, *art.* 40.)

86. Si dans les barriques et barils de salaisons la quantité de poisson pressé n'est pas proportionnée à la quantité de sel prétendue consommée. (Code, N° 499, et Législation, N° 671.)

Amende de 100 fr. et en outre le double des droits fraudés. (*DI.* 11 *juin* 1806, *art.* 43.)

87. Sel neuf trouvé à bord d'un bâtiment chargé de salaisons, dont la déclaration n'auroit pas été faite. (Code, N° 510, et Législation, N° 655.)

Confiscation du sel seulement, triple droit et amende de 100 fr. (Même décret, art. 54.)
Le bâtiment peut être retenu pour sûreté de l'amende. (*Idem.*)

88. Salaisons abordées dans un port sans être munies d'un acquit-à-caution pour justifier que le sel qui a été employé à ces salaisons, a été levé aux marais salans de France, et que les droits en ont été assurés. (Code, N° 506, et Législation, N° 651.)

Confiscation des sels et salaisons, avec amende de 100 fr. (Décret du 11 juin 1806, art. 50.)

89. Salaisons rencontrées en mer par une embarcation de Douanes, sans être munies d'expédition qui justifie l'origine du sel, et que les droits en ont été cautionnés. (Code, N° 507, et Législation, N° 652.)

Confiscation des sels et salaisons, avec amende de 100 fr. (Même décret, art 51.)

90. Salaisons dont la quantité ne seroit pas proportionnée à celle du sel consommé. (Code, N° 509, et Législation, N° 654.)

Amende de 100 fr. et le triple du droit dont le sel non représenté auroit été susceptible. (Même décret, art. 53.)
Le bâtiment peut être retenu pour sûreté de l'amende. (Art. 54)

91. Sels sortis de la ligne des Douanes pour les fabriques de soude dont il ne seroit pas justifié du transport dans ces fabriques en rapportant l'acquit-à-caution valablement déchargé. (Code, N° 518, et Législation, N° 518.)

Quadruple des droits sur le sel manquant à poursuivre sur les soumissionnaires. (*DI.* 13 *octobre* 1809, *art.* 4.)

92. Fabriquant de soude qui ne pourroit justifier que le sel qui lui a été livré en exemption de droits, a été employé à la fabrication de la soude. (Code, N° 524, et Législation, N° 656.)

Indépendamment du paiement des droits auxquels il sera assujetti, il pourra être privé de l'exemption. (*DI.* 13 *octobre* 1809, *art.* 10.)

93. Pour importation de sels dans les départemens au-delà des Alpes, lorsqu'ils ne sont pas destinés à l'approvisionnement de la Régie impériale. (Code, N° 532, et Législation, N° 698.)

Confiscation des sels et moyens de transport avec amende de 500 fr. (*Loi du* 12 *pluviôse an* 13.)

94. Sels levés sans acquit-à-caution avec destination de l'un des ports situés au-delà des Alpes, qui ne seroient pas représentés en même quantité, déduction faite du déchet de cinq pour cent, et sauf les avaries. (Code, N° 533, et Législation, N° 697.)

Double droit sur les quantités manquantes et en outre amende qui ne pourra être au-dessous de 50 fr. ni excéder 500 fr. (*DI.* 11 *janvier* 1808.

95. TABACS EN FEUILLES qui circuleroient sans acquit-à-caution. (*Bulletin*, N° 1198, et Législation, N° 719.)

Confiscation des tabacs et moyens de transport, et amende solidaire de 500 fr., par application de l'art. 1 du titre 5 de la loi du 22 août 1791. (*DI.* 29 *décembre* 1810, *art.* 25.)

96. TABACS FABRIQUÉS d'une quantité au-dessus de dix kilogrammes, qui circuleroient sans acquit-à-caution, quoique revêtus des marques de la régie. (*Bulletin*, N° 1198, et Législation, N°⁰ˢ 716 et 722.)

Confiscation des tabacs et amende de mille francs (*DI.* 29 *décembre* 1810, *art.* 21 *et* 28.)

Nota. Ceux qui colportent des tabacs seront, en outre, arrêtés et constitués prisonniers, s'ils ne fournissent caution. (*Même décret, art.* 24.)

Si la contrebande en tabac est faite avec attroupement et port d'armes, elle sera poursuivie et jugée en conformité de la loi du 15 floréal an 11. (*DI.* 29 *décembre* 1810, *art.* 30.)

97. TABACS en feuilles ou fabriqués, que des particuliers auroient chez eux, en contravention des articles 23 et 26 du décret du 29 décembre 1810. (*Bulletin*, N° 1198, et Législation, N° 722.)

Confiscation des tabacs, et amende de mille francs. (*DI.* 29 *décembre* 1810, *art.* 28.)

98. TABAC qu'on tenteroit d'exporter. (CODE, N°. 588, et Législation, N° 7-7.)

Confiscation tant de cette matière que de la voiture et des chevaux, avec amende de 300 fr. (16 *nivose an* 2.)

TITRE VIII.—*ENTREPOTS FRAUDULEUX.*

99. Pour entrepôt de marchandises manufacturées ou dont le droit d'entrée excède 24 fr. 48 c. par quintal décimal, ou enfin dont la sortie est prohibée, autres que du cru du pays, dans une commune au-dessous de 2,000 habitans, située dans les deux myriamètres frontières. (CODE, N° 192, et Législation, N° 250.)

NOTA. Dans les bureaux de terre au-dessous de 2,000 habitans, situés dans la demi-lieue frontière, l'origine des marchandises est justifiée par leur inscription sur un registre à ce destiné. Cette inscription doit avoir lieu, au moment de leur arrivée dans la commune, en représentant l'acquit de paiement des droits d'entrée ou le passavant d'un bureau de Douane. (AC. 22 therm. 10, et CODE, N° 157, ou Législation, N° 378.)

Dans le reste de l'étendue du rayon des Douanes il n'y a point de registre; mais on ne peut délivrer de permis de circulation que sur la représentation de l'acquit du droit d'entrée pour les objets importés, ou de l'expédition du premier bureau de la ligne pour ceux provenant de l'intérieur. (Même arrêté, et CODE, N° 159, ou Législation, N° 380.)

Confiscation des marchandises, avec amende de 100 fr. si elle n'a pas un régime particulier. (*Art.* 59, *tit.* 13, *loi du 22 août* 1791.)

OBS. La loi du premier vendémiaire an 4 porte que la population des hameaux ou écarts ne concoure point à former le nombre de 2000 ames : que ce nombre doit se trouver au moins dans l'enceinte où l'on veut établir des entrepôts.

Cet article relativement aux vérifications, est subordonné au chapitre suivant, puisque les visites ont pour but de s'assurer, 1°. que les marchandises inscrites existent dans les dépôts; (si elles ne s'y trouvoient pas il en seroit rédigé rapport, et l'inscription seroit annulée); 2°. que les objets pour lesquels on demande un passavant sont des mêmes espèces et quantités que ceux énoncés dans les inscriptions, ainsi que dans les acquits d'entrée, et autres expéditions. S'il y avoit déficit, les passavans ne seroient délivrés que pour les quantités existantes.

En cas d'excédant ou de substitution, il seroit procédé à la saisie de l'excédant ou des marchandises différentes en qualité.

Si les marchandises étoient saisissables comme anglaises, *voyez plus bas.*

100. Si les propriétaires ou conducteurs de marchandises et denrées déclarées être en dépôt dans l'étendue des quatre lieues frontières, pour y circuler ou être transportées dans l'intérieur, refusoient ou ne pouvoient faire la représentation desdites marchandises aux préposés qui en demanderoient la vérification au moment de l'enlèvement. (CODE, N° 168, et Législation, N°ˢ 389 et 390.)

NB. *Les contraventions qui concernent les entrepôts autorisés, sont indiquées au titre* INSTRUCTIONS, *pages 4 et suivantes.*

L'application de la peine de cette contravention indiquée par l'art. 2 de la loi du 19 vendémiaire an 6, paroît dépendre actuellement de l'espèce de marchandises.

Ainsi, si la marchandise est de celles désignées par l'art. 1 et 2 de l'arrêté du 22 thermidor an 10, on doit, immédiatement après la déclaration, en exiger la représentation et la justification de l'origine avant la délivrance de l'expédition des Douanes; dans le cas de refus ou d'ignorance, le déclarant devra être poursuivi pour l'amende de 500 fr., outre la saisie, en conformité de l'art. 2 de la loi du 19 vendémiaire 6.

S'il s'agit de marchandises saisissables comme anglaises (en voir la nomenclature au titre des MARCHANDISES ANGLAISES): il y a, outre la confiscation, amende triple de leur valeur. (Loi du 10 brumaire 5 et AC. du 9 vendémiaire 6.)—Voir aussi n°. 12.

Lorsque ce sont d'autres marchandises que celles ci-dessus, et qu'elles n'ont pas un régime particulier comme les *cocons*, les *drilles*, les *grains*, les *sels*, etc., elles restent en magasin si la commune a plus de 2000 habitans; dans un autre lieu, la marchandise est saisissable avec amende de 100 fr. (Voir aussi le n°. 99.)

NOTA. *On conçoit que ce chapitre n'ayant rapport qu'à l'enlèvement des marchandises dans le rayon des Douanes, on ne peut appliquer ici les peines relatives aux importations ou exportations frauduleuses.*

101. Fabriques, manufactures ou moulins situés dans la ligne des douanes, lesquels favoriseroient la contrebande. (CODE, N°ˢ 189 et 191, et Législation, N°ˢ 247 et 249.)

Seront frappés d'interdiction et le déplacement ordonné. (21 *ventose an 11*, *art. 1*, *et 30 avril 1806 art. 76*.)

TITRE IX. — DISPOSITIONS RELATIVES AU COMMERCE PAR LICENCES.

102. Marchandises, faisant partie des cargaisons d'exportation par navires licenciés, qui n'auroient pas été mises à bord ou qui en auroient été retirées. (BULLETIN, N°. 1178, et Législation, N° 809.)

Confiscation du bâtiment et de son chargement. (*DI. 25 novembre 1810, art. 2.*)
Voir aussi le note à l'article suivant.

103. Marchandises faisant partie de la cargaison de retour des navires licenciés, qui seroient trouvées sur le navire ou au débarquement sans qu'elles aient été déclarées aux préposés qui montent à bord. (BULLETIN, N°. 1178, et Législation, N° 810.)

Confiscation de ces marchandises ainsi que du bâtiment et de toute la cargaison d'importation. (*DI. 25 novembre 1810, art. 5.*)
NOTA Ceux qui se rendront coupables de la fraude indiquée par cet article et le précédent, seront condamnés, outre les confiscations et amendes, à deux mois de prison, et privés de licences. (*Même décret, art. 5.*)

104. Navire pourvu de licence qui feroit son retour d'Angleterre avec une cargaison d'une valeur supérieure à 25 pour 100 au-dessus de celle de la cargaison exportée. (Législation, N° 816.)

Confiscation de l'excédant. (*Décision impér. du 2 avril 1811.*)

105. Passager qui se trouveroit à bord de bâtiment pourvu de licence, allant en Angleterre ou en revenant, sans un passeport signé de Sa Majesté. (BULLETIN, N° 1127, et Législation, N° 779.)

Arrestation du passager et séquestre du bâtiment jusqu'à l'ordre de Sa Majesté. (*DI. 28 août 1810, art. 2 et 3.*)

TITRE X. DISPOSITIONS GÉNÉRALES.

106. Tous négocians et commissionnaires convaincus d'avoir importé ou exporté, en fraude, des denrées ou
291. (CONTRAVENTIONS 16.)

Outre les peines portées par les lois, ils pourront être privés,

CONTRAVENTIONS.	PEINES.
marchandises, ou d'avoir, à la faveur de l'entrepôt et du transit, effectué des soustractions ou versemens dans l'intérieur, ou d'avoir prêté leurs noms pour ces fraudes. (Code, N°. 199, et Législation, n° 1162.)	par arrêté spécial du Gouvernement, de la faculté de l'entrepôt et du transit, ainsi que de tout crédit de droits. (8 *floréal an* 11, *art.* 83.)
107. Droits, confiscations, amendes et dépens encourus par le fait des facteurs, comme agens et domestiques. (Code, N°. 290, et Législation, N° 8.)	Responsabilité des maîtres et propriétaires. (*Art.* 20, *tit.* 15, *loi du* 22 *août* 1791.)
108. Lettres de voiture, connoissemens, chartes-parties et polices d'assurance des marchandises et autres objets dont le transport se fait par terre et par eau, lesquels ne seroient pas écrits sur papier timbré. (Code, N°ˢ. 82 et 83, et Législation, N°ˢ 120 et 121.)	Amende, contre les souscripteurs et porteurs solidairement, de 25 fr. pour la première fois, de 50 fr. pour la seconde, et de 100 francs pour chacune des autres récidives, indépendamment de la restitution des droits fraudés. (*DI.* 16 *messidor an* 13, *art.* 2, *appliquant la loi du* 6 *prairial an* 7 *sur le timbre.*)
109. Personnes qui s'opposeront à l'exercice des préposés des douanes. (Code, N°. 70, et Législation, N° 1163.)	Amende individuelle de 500 fr. (*art.* 2, *tit.* 4, *loi du* 4 *germ. an* 2.) NOTA. *Dans le cas où il y auroit voie de fait, on en poursuivroit les auteurs au criminel pour les faire condamner aux peines portées par le code pénal contre ceux qui s'opposent avec violence, à l'exercice des fonctions publiques.*
110. Pour enlèvement de marchandises naufragées fait sans autorisation. (Code, N° 330, et Législation, N° 549.)	Même peine que pour le vol. (Article 7 du titre 7 de la loi du 22 août 1791.) NOTA. *Les communes sont responsables des délits commis lors de l'échouement, lorsqu'elles ne justifieront pas avoir pris les mesures convenables pour les réprimer.* (Lettre du 21 pluviôse 7.)
111. Pour faux ou altération des expéditions de douanes, marques de marchandises, plombs, etc. (Code, N°. 944, et Législation, N° 1054.)	Par le Code pénal de 1811, les peines sont : 1°. *Pour contrefaction ou usage de fausses marques ou de faux plombs*, la réclusion. (*Art.* 142.) 2°. *Pour fausses expéditions*, les travaux forcés à temps. (*Art.* 147.) NOTA. *Ces peines sont et seront indépendantes de celles résultantes des lois de douanes pour la fraude tentée.*
112. Communes sur le territoire desquelles des attrou-	Sont responsables des délits et des dommages-intérêts aux-

pemens se seroient portés au pillage des bureaux de douanes. (CODE, N° 144, et Législation, N° 228.)

quels ils donneront lieu. (*AD. 8 nivose an 6, art.* 1, *et AC. compl. an* 11, *art.* 13.)

Lorsque par suite de ces rassemblemens un préposé aura été pillé, maltraité ou homicidé, tous les habitans sont tenus de lui payer, ou en cas de mort à sa veuve et enfans, des dommages-intérêts (*Mêmes arrêtés art.* 2 *et* 14 *et loi du* 10 *vend. an* 4, *art.* 6.

§ Iᵉʳ. DISPOSITIONS PARTICULIÈRES AUX AUTORITÉS.

113. Autorité civile ou militaire qui disposeroit d'aucune somme versée dans la caisse des douanes, sans ordonnance du Ministre des finances. (CODE, N° 133, et Législation, N° 161.)

Responsabilité personnelle. (*AC.* 13 *nivose an* 8, *art* 9.

114. Contre les commandans, capitaines et autres officiers de marine, pour refus d'accompagner les préposés dans leurs visites entre le lever et le coucher du soleil sur les bâtimens de guerre. (CODE, N° 77, et Législation, N° 118.)

Amende de 500 fr. contre les commandans, capitaines et autres officiers, sauf les autres peines, s'il y a lieu à la contravention. (*Art.* 10, *tit.* 13, *loi du* 22 *août* 1791.)

§ II. DISPOSITIONS PARTICULIÈRES AUX TRIBUNAUX.

115. Juges qui, sous quelque prétexte que ce soit, refuseroient de viser les contraintes décernées tant pour le recouvrement des droits dont il auroit été fait crédit, que pour défaut de rapport du certificat de décharge des acquits-à-caution. (CODE, N° 36, et Législation, N° 355.)

Peine d'être, en leur propre et privé nom, responsables des objets pour lesquels les contraintes auront été données. (22 *août* 1791, *article* 32, *titre* 13.)

116. Juges qui donneroient aucunes défenses ou surséances contre les contraintes décernées par les receveurs des douanes. (CODE, N° 37, et Législation, N° 356.)

Même peine que ci-dessus. (22 *août* 1791, *art.* 33, *tit.* 13.) NOTA. *Les défenses données seroient nulles et de nul effet, sur les dommages et intérêts de la partie.* (Même article.)

117. Juges qui excuseroient les contrevenans sur l'intention. (CODE, N° 958, et Législation, N° 1093.)

Nullité des jugemens. (*Par application de l'art.* 66 *de la constitution à l'art.* 18 *titre* 4 *de la loi du* 9 *floréal an* 7.)

118. Juges qui modéreroient les droits, confiscations ou amendes. (CODE, N° 985, et Législation, N° 1094.)

Responsabilité personnelle. (4 *germinal an* 2, *art.* 23 *tit.* 6.)

119. Juges qui expédieroient des acquits de paiement ou à caution, congés, passavans, réceptions ou décharges de soumissions, ou qui rendroient des jugemens pour en tenir lieu. (CODE, N° 960, et Législation, N° 1095.)

Nullité desdits actes. (*Par application de l'art.* 66 *de la constitution à l'art.* 2 *titre* 11 *de la loi du* 22 *août* 1791.)

120. Procureur impérial qui ne décerneroit pas le mandat de dépôt contre les prévenus de délits de douanes, ou qui ne les poursuivroit pas sans aucune espèce d'interception ni de retard. (Code, N° 969, et Législation, N° 1130.)

Responsabilité personnelle. (*AC. 4 comp. an 11, art. 7.*)

121. Huissiers qui feroient aucun acte pour saisir le produit des droits de douanes, soit entre les mains des receveurs ou en celles des redevables. (Code, N° 989, et Législation, N° 1102.)

Nullité desdites saisies, interdiction de l'huissier et sa condamnation en l'amende de 1,000 francs, indépendamment de dommages-intérêts contre l'huissier et contre les saisissans. (*22 août 1791, article 9, titre 12.*)

§ III. *DISPOSITIONS PARTICULIÈRES AUX DOUANES.*

122. Douane qui n'auroit pas au-dessus de la porte de son bureau ou en un lieu apparent près ladite porte, un tableau portant ces mots : *Bureau des droits d'entrée et de sortie des Douanes impériales.* (Code, N° 138, et Législation, N° 226.)

La saisie des marchandises qui auroient dépassé le bureau à l'égard duquel l'apposition dudit tableau n'auroit pas eu lieu, seroit nulle et de nul effet. (*22 août 1791, art 3, titre 13.*)

123. Pour saisie non fondée, (ce qu'il ne faut pas confondre avec nullité de la saisie.) (Code, N°. 951, et Législation, N° 1074.)

Indemnité à raison d'un pour cent par mois de la valeur des objets saisis. (*9 floréal an 7, art. 16, titre 4.*)
Si le bâtiment sur lequel étoient les objets saisis avoit été retenu, il seroit dû au capitaine une autre indemnité proportionnée au dommage qu'il auroit souffert par cette retenue. (*Arrêt de cassation du 2 messidor an 11.*)

124. Pour faux dans les procès-verbaux de saisie. (Code, N° 962, et Législation, N° 1076.)

Les travaux forcés à perpétuité. (*art. 145 et 146 du Code pénal de 1811.*) Et de plus condamnation à des dommages intérêts.

125. Directeurs, Inspecteurs et Receveurs des douanes qui ne prendront pas les mesures nécessaires pour prévenir les fraudes et soustractions lors de l'admission des marchandises de prises. (Code, N° 608, et Législation, N° 538.)

Ils en seroient personnellement responsables. (*AC. 2 prairial an 11, art. 87.*)

126. Tout receveur général et particulier et généralement tout comptable convaincu d'avoir omis ou retardé de se charger en recette sur les journaux et bordereaux de situation, des sommes qui lui auront été versées pour le service public. (Code, N° 131, et Législation, N° 163.)

Destitution et peine de 15 années de fers. (*AC. 27 prairial an 10, art. 4.*)

127. Préposés à la perception des droits qui percevroient d'autres et de plus forts droits que ceux fixés. (CODE, N°. 30, et Législation, N° 360.)

Peine de concussion. (22 *août* 1791, *art.* 23 , *titre* 13.)
Par le code pénal de 1811, cette peine est la réclusion pendant 5 années au moins et 10 années au plus, et les condamnés restent en état d'interdiction légale.

128. Receveur des douanes qui auroit exigé pour indemnité de sa correspondance avec les vérificateurs des draps pour le Levant , plus de trois francs par colis de 80 kilogrammes , ou de cinq francs pour toute caisse ou balle d'un poids supérieur. (*Bulletin*, N° 1187, et Législation, sous le N° 765.)

Sera puni comme concussionnaire. (*DI.* 9 *décemb.* 1810, *art.* 17.)

129. Receveurs qui auroient admis en paiement des droits , au-delà de la somme légale en monnoie de cuivre. (CODE, N° 119, et Législation, N° 142.)

Seront personnellement comptables du surplus en espèces d'or ou d'argent. (*AD.* 14 *nivose an* 4.)
Il en seroit de même pour une recette quelconque en monnoie de cuivre et de billon de fabrique étrangère. (*DI.* 11 *mai* 1807 , *art.* 2 , code n°. 120.)

130. Préposés qui, sans motifs légaux, refuseroient de délivrer les acquits de paiement ou à caution , congés ou passavans. (CODE, N° 960, et Législation, N° 1095.)

Dommages-intérêts à régler par les juges. (22 *août* 1791 , *art.* 2 , *titre* 11.)

131. Les préposés prévenus d'avoir reçu directement ou indirectement quelque récompense, gratification ou présent, et de s'être laissé corrompre. (CODE, N° 66, et Législation, N° 1165.)

Condamnation aux peines portées dans le code pénal contre les fonctionnaires publics qui se laissent corrompre. (*Art.* 4. *tit.* 4, *loi du* 4 *germinal an* 2.)
Ces peines étoient par le code pénal de 1791, la dégradation civique qui entraînoit la mise au carcan pendant deux heures, et une amende égale à la valeur de la somme ou de l'objet reçu.
Par le code pénal de 1811 , il y a également peine du carcan , et l'amende est double. (*art.* 177.)
Voir aussi n°. 7.

132. Préposé destitué ou démissionnaire qui ne remettroit pas sa commission, les registres et autres effets dont il est chargé, ou qui ne rendroit pas ses comptes. (CODE, N° 64, et Législation, N° 108.)

Contrainte par corps. (22 *août* 1791 , *art.* 24 , *titre* 13.)
Leur traduction devant les cours criminelles pour l'application des peines encourues pour rétention des deniers ou effets publics. (*Avis du Conseil d'État du* 16 *mars* 1807.)

295. (CONTRAVENTIONS 20.)

FIN DE L'OUVRAGE.